丛书顾问

丛书编委会

梁漱溟

教育薪火书系·第一辑

新儒家梁漱溟的教育事业

吴洪成　姜柏强◎著

山西出版传媒集团
山西人民出版社

图书在版编目（CIP）数据

新儒家梁漱溟的教育事业 / 吴洪成，姜柏强著. —太原：山西人民出版社，2018.5
（教育薪火书系/张斌贤主编）
ISBN 978-7-203-10406-3

Ⅰ. ①新… Ⅱ. ①吴… ②姜… Ⅲ. ①梁漱溟（1893—1988）-教育思想-研究 Ⅳ. ①G40-092.7

中国版本图书馆CIP数据核字（2018）第094781号

新儒家梁漱溟的教育事业

著　　者：吴洪成　姜柏强
责任编辑：张书剑
复　　审：贾　娟
终　　审：秦继华
装帧设计：李尚斌　张国仁

出 版 者：山西出版传媒集团·山西人民出版社
地　　址：太原市建设南路21号
邮　　编：030012
发行营销：0351-4922220　4955996　4956039　4922127（传真）
天猫官网：http://sxrmcbs.tmall.com　电话：0351-4922159
E - mail：sxskcb@163.com　发行部
sxskcb@126.com　总编室
网　　址：www.sxskcb.com

经 销 者：山西出版传媒集团·山西人民出版社
承 印 厂：山西出版传媒集团·山西人民印刷有限责任公司

开　　本：787mm × 1092mm　1/16
印　　张：24.5
字　　数：430千字
印　　数：1—3000册
版　　次：2018年5月　第1版
印　　次：2018年5月　第1次印刷
书　　号：ISBN 978-7-203-10406-3
定　　价：98.00元

教育薪火　传承不息(总序)

钟秉林

在人类的历史长河中,教育一直伴随人类的文明进程在不断发展进步,那些弥足珍贵的教育著作、教育思想、教育人物和事迹,无时无刻不在拨动着教育工作者的心弦。我们永远无法忘记那些给我们留下宝贵思想财富的教育家,他们的思想、言论和实践,依然是激励我们教育工作者前进的动力。时至今日,教育的发展与变革更成为世界各国应对日趋激烈的国际竞争的重要战略。在科教兴国战略的指导下,党和国家对教育工作给予了高度的重视,深刻认识到教育家对教育事业的重要性。《国家中长期教育改革和发展规划纲要(2010—2020年)》就明确提出:“创造有利条件,鼓励教师和校长在实践中大胆探索,创新教育模式和教育方法,形成教学特色和办学风格,造就一批教育家,倡导教育家办学。”

要想成长为教育家或者在教育实践中能够起到扛鼎作用并非易事,需要我们教育工作者吸收过往教育家留下来的丰富教育营养,清晰地认识什么是真正的教育家,教育家应该具备什么样的素质和条件,做到融会贯通,大胆实践,自成一家。与此同时,在教育改革的大背景下,普通教师同样迫切需要能够在教书育人过程中得到启迪和突破的催化剂,教育家的思想和实践是经过检验的真理,是教学启迪催化剂的最佳选择。

然而,在浩瀚的书海中,以教育家为主线、囊括中外、跨越古今、自成体系的书系并没有面世。山西的《新课程》杂志社和《现代职业教育》杂志社,在教育的广袤园地上深耕多年,熟知一线教师的需求,希望为普通教师策划一套教育理论普及读物，以使广大中小学教师能够“近距离”地接触中外历代教育家的教育思想、实践经验和办学理念，促进教育理论水平的提高，从而更好地开展教育教学实践。书系的策划人与张斌贤教授为理事长的中国教育学会教育史分会的夙愿不谋而合，合作编写一套大规模的、以教育家为主线的书系的想法随之形成。

策划团队把书系命名为“教育薪火”，是希望教育家的教育思想能够薪火相传，不断推动人类文明的发展。“教育薪火”书系拟分为三辑出版，按照中国古代、中国近现代、外国古代和外国近现代分类。第一辑共选择了一百余位中外教育家，一位教育家一本书，规模宏大，应该说能够在中国教育出版史上留下浓墨重彩的一笔。所选教育家都是经过书系编委会认真研究、充分论证而定的，他们在教育史上有较大的影响，能够启迪或者感染教育工作者，推进教育和教学的发展。当然，其中有的教育家更为名声在外的不是在教育上，但是他们在教育上的贡献毫不逊色于其他方面的贡献，比如我们熟知的一些革命家；另外，还包括了一些具有地方特色的教育家以及还没有被人们真正认识的教育家。

必须提及的是，中国教育学会教育史分会非常荣幸地邀请到我国著名的教育学者顾明远教授、叶澜教授、史宁中教授、宋乃庆教授、田正平教授、裴娣娜教授和朱小蔓教授等担任书系的顾问，成立了由40位教育学界具有重要影响的学者组成的编委会，为书系的质量保驾护航。

还需提及的是，《新课程》杂志社和《现代职业教育》杂志社为物色学有专长的作者付出了巨大的辛劳。书系的作者地域和院校分布广泛，既有北京师范大学、华东师范大学、东北师范大学、华中师范大学、陕西师范大学、南京师范大学、首都师范大学等师范院校的学者，也包括武汉大学、四川大学、南京大学、南开大学、天津大学、河北大学、河南大学等综合大学的教师。作者以教育史专业的中青年教师为主力军，他们朝气蓬勃、时代感强，研究范围涉猎较广，能大胆地探索和怀疑，一些新的教育研究成果不断涌现，为书系注入了难得的新鲜气息；他们与一线中青年教师同处一个频道，其思维模式很容易被接受。

客观而言，现在每年出版的教育类图书很多很多。一类为实践性强和操作性强的教学类图书，教师拿来就可以在课堂上使用；另一类为理论性强和学术性强的图书，印数少，流通范围小，普通教师往往望而却步。然而，教育理论只有指导教育实践才有存在的价值。在我看来，书系最具特色的价值就是秉承了教育理论通俗化这一理念，在教育理论研究者和普通教师之间架起了一道桥梁。书系以教育家为主线，坚持学术性与普及性并重，用通俗化的语言，或阐述教育家的教育思想精华，或叙写教育家的精彩教育事迹和教育实践，力图“润物细无声”，让教师喜欢读，在读中提高素养，深刻理解教育家，形成自己的理论，推进“教育家办学”。

当然，书系在真实性上也颇下功夫。以史料为依据，实事求是叙述，客观全面评价，不有意拔高教育家的贡献，注重教育家闪光点的挖掘和传播，是教育家历史画卷现代版的呈现。书系成规模、系统化，学术性和可读性强，具有较强的收藏价值，非常适合各中小学图书室和大学图书馆选择配置。

中国教育学会教育史分会为教育事业做了一件好事，张斌贤理事长请我作序，我觉得理应支持，欣然应允。

希望广大教育工作者能够认真阅读这套图书，为自己的教育职业生涯发展打下坚实基础，为成长为新时期的教育家而不懈努力。

丁酉年正月于北京

（作者系中国教育学会会长、北京师范大学原校长）

前　言

一

梁漱溟（1893—1988），原名焕鼎，字寿铭，又字漱溟，以漱溟行世。中国现代著名爱国民主人士，国内外享有盛誉的哲学家、教育家、乡村建设运动的倡导者和重要代表人物，他一生活动广泛，内容丰富，领域甚广，思想深刻。一般的学者定义他为“我国现代著名学者、教育家、乡村建设运动的倡导者”，又称“他的学术观点代表了一个重要流派，在中国现代教育史、文化史、哲学史以及政治学史上都产生过一定的影响”。

1911 年梁漱溟于顺天中等学堂毕业后，次年参加辛亥革命，组织中国革命同盟会京津支部，任《民国报》记者，从事革命活动。他对封建专制社会强烈不满，一度热衷空想社会主义，曾经潜心研究佛学，在《东方杂志》发表《究元决疑论》长文，引起时任北京大学校长蔡元培的注意。1917 年梁漱溟受蔡元培聘用至北京大学哲学系讲授印度哲学与儒家哲学。在五四运动“打到孔家店”的口号声中，1921 年，他写作了《东西方文化及其哲学》一书，提出人类文化中、西、印三种路向之说，并揭示出以中国传统文化治世救国的主张，是一部阐明新儒家思想的代表作，在学术界颇有影响。①

梁漱溟绝非一个纯书斋型的学者，他非常注重实践，始终以天下苍生为念。换言之，他是一个社会活动者、探索者或教育实验家。1924 年他离开北京大学，应山东曹州中学之约，办理该校高级中学部。1927 年 5 月，南下广州，任广东省政府委员、广州政治分会建设委员会主席、广东省立第一中学（今广雅中学）校长，他将该校精神提炼为“务本求实”四字，并成为延续至今的校训。1928 年，他仿照中国古代的《吕氏乡约》，提出改造社会要从乡村着手的“乡治”主张，拟定开办“乡治讲习所”的方案得到国民党中央政治会议的批准，后至山西、河北等地考察村政。1929 年，他赴河南辉县（今属河南省新乡市，时属开封市）百泉村参与创办河南村治学院，自任教务长。1930 年在北京主编《村治月刊》，宣传他的乡

①宋恩荣编：《梁漱溟教育文集》，南京：江苏教育出版社，1987 年版，第 429 页。

村政治理论。1931年，在国民党山东省地方政府的支持下，他在邹平县与梁仲华等创办山东乡村建设研究院，并以邹平及菏泽两县为实验县，研究乡村教育的理论和方案，设立研究部和训练部，以培养乡村建设运动的干部。他曾先后任研究部主任、院长，期间发表《中国民族自救运动之最后觉悟》《乡村建设大意》《乡村建设理论》等著作，推动乡村建设运动。他以儒家学说改造西化流弊，重构社会风俗，希望能够实现中华文化自下而上的复兴。这场运动后来被称作20世纪中国最伟大的新儒家社会改造与建设活动。

二

梁漱溟在《东西文化及其哲学》一书中并不满意当时学术界对中国和西方文化作简单的表层划分，如静与动、自然与人为、依赖与独立、直觉与理智、精神与物质等。他要求在哲学层次上解决中西文化的区别问题，中西两种文化的根源不同，因"意欲"的差异而造成的生活方式也不同。他认为，人类文化分为三个路向：以意欲向前要求为根本精神的西洋文化、以意欲自我调和持中为根本精神的中国文化和以意欲反向向后要求为根本精神的印度文化。它们的思维结构也不相同，西方文化"着眼研究者在外界物质，其所用的是理智"；中国文化"着眼研究者在内界生命，其所用的是直觉"；印度文化"着眼研究者在无生本体，其所用的是现量"。在梁漱溟看来，中、西、印三种文化实际上标志着人类文化发展的三个基本步骤：第一步是西方文化；第二步是中国文化；第三部是印度文化。他认为人类文化的发展，按正常顺序，都要经过这三个阶段，中国与印度文化具有跳跃发展的特征，在第一步问题没有很好的解决之际，就过早进入第二步或第三步了。与东方的中国和印度文化相比，西方文化不外两样特长，"一个便是科学的方法，一个便是人的个性伸展，社会性发达，前一个是西方学术特别精神，后一个是西方社会特别精神"。正由于这两个特别精神，使西方文化具有"物质生活方面的征服自然""学术思想方面的科学方法"和"社会生活方面的'德谟克拉西'"的"特异色彩"。而这是东方的中国文化和印度文化所不具有的。中国文化"安分知足，寡欲摄生，而绝没有提倡要求物质享乐的，却亦没有印度的禁欲思想（和尚和道士的不娶妻、尚苦行是印度文化的模仿，非中国原有）"，不论境遇如何他都可以满足享受，并不定要求改造一个局面，形成的是物我、人我和自身之间统一和谐的"特质色彩"。至于印度文化，"其物质文明之无成就，与社会生活之不进化，不但不及西方且不如中国。他们的文化中具无甚可说，唯一独盛的只有宗教一物。而哲学、文学、科学、艺术附属之。与生活三方面成了精神生活的畸形发展，而于精神生活各方面又为宗教的畸形发达”①。

梁漱溟并没有仅仅停留在向西方学习这一层面。由于西方只注重对物质的追求，造成了精神层面的缺少，以至于较高的物质享受也变成了苦事。在中国就没有产生这样的问题，中国文化——尤其是儒学——的伟大就在于，其调和持中的人生态度，从根本上解决了人类身心关系问题。中国文化讲求身心无对，内外无碍，从而避免了只讲求功利所带来的精神痛苦。梁漱溟由此指出，中国文化是很有价值的，这种价值尤其体现在原始儒家那里。在他看来，孔子的人生态度原本极好，只可惜没有得到很好的落实，被后世儒者弄偏了，丧失了孔子学说的真精神。现代中国文化失序的现状，皆由此种缺失而起。因此，当下最要紧的不是向别人学习，而是恢复孔子学说在中国的影响。但梁漱溟又是主张学习西方的，这两种观点不无抵牾之处。这表明了梁漱溟既羡慕西方的科学和民主制度，又对中国传统文化痴心不改的矛盾心情。②

早在抗日战争爆发之前，中国的贫穷与落后就深深刺激着包括梁漱溟在内的近代许多仁人志士的心灵。他们意识到，正是这种贫穷与落后导致了帝国主义列强的多次蹂躏，所以，如何救亡图存，挽救危如累丸的国家，如何富国强兵，振兴民族，实现中国社会的现代化就一直是他们苦苦追寻的目标。因为只有国家发展强盛了，中华民族才能从根本上改变受欺凌的地位。在梁漱溟看来，日本帝国主义对中国的全面侵略，无非过去帝国主义侵略和欺凌中国的历史继续，其根本原因仍然是中国的贫弱，要摆脱日本帝国主义的侵略，以致打败日本帝国主义，最根本的还是要使中国由落后走向先进，由贫穷柔弱走向富裕强大，而一个贫穷落后的中国要想摆脱被动挨打的困境是不可能的。面对来势凶猛的日本侵略者，梁漱溟更坚定了他的信念：中国要想繁荣昌盛，只有走乡村建设的道路；而要使中国逐步发展起来，最终战胜日本帝国主义，也唯有以乡村建设为本。可以说，舍此之外，别无他途。

乡村建设是梁漱溟设计的拯救中国、恢复伦理本位社会的出路。依据他的观察及分析，中国社会为“伦理本位，职业分途，没有阶级对立”的社会，改造中国社会，不能依靠暴力革命，只能依靠“理性”，即通过教育工程，进行乡村建设。他又

---

①梁漱溟：《东西文化及其哲学》，中国文化书院学术委员会编：《梁漱溟全集》（第一卷），济南：山东人民出版社，2005年版，第382页。

②刘宗贤、蔡德贵主编：《当代东方儒学》，北京：新华出版社，2003年版，第182—183页。

从民族认同观念及社会群性凝聚力方面进一步加深分析。

乡村和民族精神是中国文化的根本。近百年来西方资本主义的入侵,乡村社会受西洋潮流的刺激,引起社会风气改变,乡下人精神“破产”,这是“乡村破坏”的主要方面。因此,社会问题的解决或出路并不是对谁革命,而是要走乡村建设的道路,通过广义的教育功夫,使政治伦理化、经济合作化,力求乡村内部“团结自救”。这又端赖他对教育的理解及功能的认识。教育是一个“很宽泛的东西”,其作用在于“绵续文化而求进步”,“如果教育能尽其功用,论理说社会上不应当再有暴力革命了”。[①]他提倡的乡村建设运动就是试图通过乡村教育的普遍推行来改造中国的农村,进而改造中国社会。

以教育为核心工具的乡村建设的具体措施或手段是什么呢?他主张学校应当成为地方社会的中心,教员应以社会之指导者自任,通过乡农学校、乡学村学,尽量用“情意教育”“道德教育”去进行“精神陶炼”;建立“情谊化”的乡村社会组织,以便恢复固有的中国民族精神,从而保持乡村文明。在他拟定的《社会本位的教育系统草案》中,提出办理教育的三条根本原则:“学校教育社会教育不可分”“教育宜放长及于成年乃至终身”“教育应尽其推进文化改造社会之功”。[②]

这个教育纲领标志着梁漱溟乡村教育理论的成熟。为实现这个方案,他不遗余力地开办曹州六中、广州一中、重庆勉仁中学、勉仁文学院,大办乡学、村学等,同时提倡建立民众教育馆、图书博物馆、公共体育场、公共剧场、民众识字班等。就是在内忧外患的时期,梁漱溟还是坚持自己的教育思想,并在重庆将他的教育思想大量付诸实践。这与他之前的思想是一脉相承的。

1935年7月,《何梅协定》出笼,山东局势日危。梁漱溟向韩复榘提出了改革地方行政的“三年计划”,其主要内容包括:在省与县之间设立10个行政专员区,以加强省政府对各县的领导;推进县政改革,撤区设乡,乡设乡农学校、乡学,村设村学,代行基层行政职能;加强民众自卫训练,寓兵于农。改革计划于1936年1月开始实行。先以济宁为中心设立第一专员区,以菏泽为中心设立第二专员区,以临沂为中心设立第三专员区。各专员区的专员都由乡村建设研究院的领导人

①梁漱溟:《社会教育与乡村建设之交流》,中国文化书院学术委员会编:《梁漱溟全集》(第五卷),济南:山东人民出版社,2005年版,第433页。

②梁漱溟:《社会本位的教育系统草案》,中国文化书院学术委员会编:《梁漱溟全集》(第五卷),济南:山东人民出版社,2005年版,第394—397页。

担任，梁仲华、孙则让、张里元分别当上了3个区的专员。为迅速培训大批乡村建设工作人员，是年，在济宁设立山东乡村服务人员训练处，调集省内8所师范的毕业生800余人，进行为期8个月的集中训练。这些学生都被充实到各个乡村建设的岗位上。1937年是“三年计划”的第二年，又增设了鲁西、鲁北、鲁东等4个专员区。约有40个县成立了相应的学校教育机构。“七七事变”后，梁漱溟曾力劝山东军阀、时任国民党第三集团军总司令兼第五战区副司令长官的韩复榘守土抗战，终不能奏效。随着韩复榘军队的南撤，梁漱溟及大部分“乡建派”人员撤离了山东，坚持了7年之久的山东乡村建设与教育实验与建设运动落下帷幕。①

三

1937年“七七事变”之后，全面抗战开始。梁漱溟作为一个社会活动家的角色更加耀眼，身份作用及责任担当引起公众的广泛关注。1939年11月，他与沈钧儒等发起组织统一建国同志会。反对日本军国主义侵略中国是各党派和人民的共同任务，是中华民族的生死存亡问题。作为一个爱国主义者，他被迫放弃了山东邹平的乡村建设事业，全身心投入抗日救亡的斗争，反对国民党的先安内后攘外、消极抗日、在抗日前线搞摩擦等反共政策，拥护共产党的团结抗日主张，并深入抗日前线动员和宣传抗日。1940年12月，他与黄炎培、张澜等发起组织中国民主政团同盟，任执行委员。次年，在香港创办民盟机关刊物《光明报》。抗日战争期间，又以“第三方面”（乡村建设派）身份，协调共产党与国民党之间的关系，与共产党合作，与国民党反动势力做斗争，为抗日战争取得胜利而尽力奔走。抗战胜利后，梁先生受国民党和共产党两党的邀请，1946年以中国民盟代表身份参加政治协商会议。后任民盟秘书长，参加国共和谈，为国内和平的调停奔走，与其他民主人士一道，多次奔走于马歇尔、蒋介石和周恩来之间。10月底，眼见和平无望时，他便辞去了民盟秘书长的职务，最后远离都市，寄身于重庆嘉陵江畔小城北碚，主办勉仁国学专科学校、勉仁文学院，从事国学教育，复兴儒学文化，并撰写《中国文化要义》。总之，他为抗战、和平建国以及重庆现代教育做出了自己应有的贡献。

梁漱溟及其主导下的师友团体所创办的重庆北碚“勉仁”系列学校，特别是勉仁文学院，在中国现代教育史有较大影响，在新儒学发展史上亦具重要地位。正因为勉仁中学、勉仁文学院（含其前身勉仁国学专科学校）、勉仁书院的存在，也因为梁漱溟在“勉仁”学系实践其一贯行仁道、以文化救世的主张，身居重庆北碚

①赵承福主编：《山东教育通史》，济南：山东人民出版社，2002年版，第186页。

的这个时期不仅在他个人一生中很重要，对现代新儒学也有特殊意义，进而对传统文化在缙云山、重庆乃至全国的传播也发生了不可估量的影响。新儒学两位大师梁漱溟和熊十力在北碚兴办教育、讲学著述，推动了新儒学的现代发展，有学者把这一时期称作新儒学历史上的北碚阶段。勉仁学院作为新儒学北碚阶段标志性存在的机构，“勉仁”作为儒家文化标牌的确立，以及梁漱溟本人以“勉仁”为阵地与导向对儒家学术传统的继承和发扬，这一切都值得人们深思。1950年1月，勉仁文学院由西南文教部接收，大半并入新成立的西南师范学院，成为现今西南大学文科的重要组成部分。这对川、渝两地乃至全国高等教育事业都有所贡献。

1950年1月，梁漱溟应毛泽东、周恩来之邀请，由重庆来到北京。4月，赴山东、河南、平原（当时的省份，辖今冀、鲁、豫三省交错的一部分市、县）参观，历时半年。此后梁漱溟认真思考了他于1938年1月赴延安时与毛泽东发生的那场争论。面对在战火中诞生了新中国的这一事实，做了一番考察之后，1951年10月，他在《光明日报》上发表了《两年来我有了哪些转变？》一文，对自己做了一个总结。1952年5月初，又写了《何以我终于落归改良主义？》等文章，送给毛主席看。梁漱溟在文中毫无保留地说：

> 若干年来我坚决不相信的事情，竟然出现在我眼前。这不是旁的事情，就是一个全国统一稳定的政权竟从阶级斗争中而建立，而屹立在世界的东方。我曾经估计它一定要陷于乱斗混战而没有结果的，居然有了结果，而且结果显赫，分明不虚。①

梁漱溟的检讨和反省，虽然没有说清楚自己思想转变的来龙去脉，但却在事实面前承认乡村建设运动对于解决中国社会问题的局限性，当年夸大其作用，甚至作为唯一道路的方案实施，存在着社会改良主义不切实际的一面。

1949年10月1日，中华人民共和国成立，梁漱溟历任第一至四届全国政协委员，第五、六届全国政协常委。1980年后，任宪法修改委员会委员、中国孔子研究会顾问、中国文化书院院务委员会主席。其主要著作有《东西文化及其哲学》《中国民族自救运动之最后觉悟》《乡村建设理论》《中国文化要义》《人生与人心》《东方学术概观》等。其教育论文大多收集在《梁漱溟先生教育文录》（唐现之编，乡村建设研究院，1935年）、《梁漱溟教育论文集》（唐现之编，开明书店，1945年）。1987年8月，江苏教育出版社出版了由当代著名教育史学家、中央教育科

①汪东林：《1949年后的梁漱溟》，北京：当代中国出版社，2007年版，第38页。

学研究所(现中国教育科学研究院)研究员宋恩荣选编的《梁漱溟教育文集》。在该书编后记中,宋先生介绍:除了三分之一的篇幅源自上述“文录”“文集”之外,“其余三分之二篇目是原编本未曾收入的。这些文章分别选自《朝语》《梁漱溟最近文录》以及作者近年来新作《人心与人生》《今天我们应当如何评价孔子》等专著的部分章节。本书还收入了东西文化比较与中国文化的历史分析及前瞻的有关论述”①。可见,该书编辑者之费心竭力、取精用宏,堪为代表。

四

梁漱溟的乡村建设运动是一项社会实验事业,由于是以教育实验为中心的设计与推行工作,因此,也是一种教育社会化或大教育的工程实验。该项实验有理论的基础,而通过实验尝试、探索与经验积累,又丰富或调整了独特的、自成派系特色的乡村建设理论。

在20世纪30—40年代,梁漱溟的乡村建设理论在国内外有广泛而深刻的影响。江苏省立教育学院及四川省立教育学院都开设了乡村建设理论课。华西协和大学乡村教育系改为乡村建设系,注重研究乡建理论。中山大学教育研究所主任庄泽教授于抗日战争前赴欧洲出席世界新教育会议时,把山东邹平的乡建工作列入中国新教育工作,并作了长篇报告。美国哈佛大学霍金教授、哥伦比亚大学罗格教授等来华考察教育时,认为梁先生致力的乡建运动是一种新教育运动。在日本也早有梁先生《乡村建设理论》一书的日文译本。②

梁漱溟不仅是我国现代新儒家思想集大成者,而且也是一位著名的社会活动家,更是一位出色的教育家、思想家。20世纪上半叶,以梁漱溟为主要代表的教育家们开辟了多种渠道走向乡村办教育,尤以改造乡村为重点,目的就是想通过改革教育来实现中华民族的复兴。在他们的推动下,乡村教育思潮与实验如火如荼。多年的乡村教育实践活动,形成了丰富的教育理论和深邃的教育思想。梁漱溟的教育理论与实践,有自己的特色,其中有若干精辟的见解和宝贵的经验,对我们当前的教育改革提供了有益的启示,值得我们吸收和借鉴。

从梁漱溟探索乡村教育实验的历程、所处时代及社会形势看,国内矛盾与斗争尖锐复杂;思想战线中革命与改良论争激烈;国共两党及其他政治势力提出不同社会变革方案,并由此发生剧烈的冲突行为,整个社会正处于多元势力角逐竞驰的舞台,甚至时有山河倾泻、地动山摇的惊涛骇浪。这样一来,对梁氏的思想理论及实践方案便会有理解沟通上的差异及评价的分歧。恰如有的学者所称:

①宋恩荣编:《梁漱溟教育文集》,南京:江苏教育出版社,1987年版,第429页。

②马秋帆编:《梁漱溟教育论著选》,北京:人民教育出版社,1994年版,第3—4页。

20世纪20—30年代，在河南辉县百泉和山东邹平、菏泽等地从事乡村建设实验的过程中，逐渐形成和发展了他的乡村建设理论。如同晏阳初一样，梁漱溟其人其事业，在历史上也曾毁誉交加，这是由多种原因造成的。现在，我们应站在新世纪的高度，从人类发展的伟大实践中，实事求是地对他的乡村建设思想与实验予以重新认识和评价，这是社会赋予我们的使命和职责。①

梁漱溟的乡村建设与教育活动不仅在当时产生了很大影响，而且对当今社会主义新农村的建设也有较大的借鉴意义。现在党中央每年都投入大量的人力、物力和财力用于加强社会主义新农村的建设，积极改造农村落后的状况。而梁漱溟的教育思想深刻体现了这一点。他主张提高农民的思想文化观念，增强积极主动的意识，以更好地适应建设农村乃至社会。现今，我国大力提倡开辟中国特色社会主义新农村的道路，增强农民自身文化知识和技术水平，积极普及义务教育，让农民树立"做主人"的主体地位。这样通过发挥人的主体精神，提高农村民众的主动性，有利于更好地解决"三农"问题，振兴农村经济和文化。

梁漱溟通过乡村建设实现保存并光大儒学文明传统的思路，这也是他早期乡村教育思想给予我们的现实启示意义。他满怀着拯救中国，同时又向世界贡献中国人智慧的双重厚望，力图通过乡村教育的形式重构中国文化的做法，走出一条具有中国特色的乡村现代化之路，并向我们表明，旧的价值观念、伦理道德经过批判性的改造不是不能为现代化服务。不可否认，以儒学为代表的中国传统文化既有精华，又有糟粕。传统文化自身所具有的两重性要求我们要学会批判地吸收，既不能一概排斥，又不能盲目继承。这就要求我们坚持历史唯物主义的观点，从民族文化的特质及整体系统的实际出发，通过对民族文化动态系统的整体把握，认真地科学地区分精华和糟粕、优点和缺点。并在此基础上，根据时代的要求，清除其糟粕，汲取和发扬民族文化的生命力，实现传统形态向现代形态的转变。总之，在建设社会主义新农村的过程中，应该努力探索适应自身发展和时代需求的中国乡村现代化建设道路。

本书力图以主人公梁漱溟的人生经历及社会变革的曲折历程为历史背景，交织其教育事业及教育探索的观念与思想，在近现代波澜壮阔、社会风云变幻的历史场域下，立体构建这位独具特色的新儒家从事乡村教育与实验卓毅不凡的人生，借以丰富中国现代教育理论宝库，并有裨于中国特色社会主义教育事业的稳健发展。

吴洪成

于河北保定古城河北大学主楼教科所办公室

①苗春德主编:《中国近代乡村教育史》，北京:人民教育出版社，2004年版，第164页。

目 录

第一章

特殊的“发蒙”和“启智”

——新式学堂的学子

教育是人类社会特有的现象，其活动类型及方式又可分为制度化与非制度化两大类，学校教育是制度化教育的典型。一般而言，儿童的成长与发展主要仰赖于学校培养，就其影响力及深刻性而言，超越其他一切干预或作用的力量。梁漱溟所受的正规教育从传统蒙学教育到近代小学、中学以及清末改制的高等学堂，主体属近代西方教育的体制与模式，但囿于时代特点，也有旧学教育，尤其是传统课程教材的因素。不过，由于梁济的开明与前驱观念，梁漱溟的教育历程也具有不同于当时一般官宦士大夫子弟，乃至耕读传家者的普遍范式，因而带有其鲜明的个性，一如他而立之年以后的文化学术思想及乡村民众教育试验中所呈现的旧中趋新、新中融旧的特性或风格。

第一节　家庭的早期教育

按照马克思主义教育理论关于遗传、教育、环境三者在人成长与发展中的作用及其相互关系的思想观点，遗传作为人个体身心发展的生物前提，是人类赖以发展的物质基础。但是遗传素质只是人发展生理方面的可能性，而不是现成的知识、才能、思想、观点、性格、爱好、道德品质等，不能决定人的前进方向或实然性成就的水平。个体的健康、全面成长还有赖于后天的环境和教育，才能使遗传素质赋予人的可能性变为现实性。

环境主要是指社会因素或力量，包括家庭、邻里、亲戚、朋友、学校、劳动与艺术场地、风俗习惯及其他作用于人的社会关系，其中教育是环境群集中最重要的因素，遗传只提供儿童身心成长的可能性，而环境和教育则规定儿童身心发展的方向和性质，影响着人的身心发展进程和速度。但是，人接受环境的影响不是消极的、被动的，而是积极的、主动的。人一方面接受环境的影响，同时也在改造着环境，并在环境中改造自己。因此，人对待环境的主观态度不同，就有不同的抱负水平和成就。

以上述思想主张观照梁漱溟的成长及教育家本体色彩的形成是合适的。不过，在诠释及理解中应有历史时代性与人物个性特点的把握，还需有人类学及心理学的视域介入。

梁济对儿子的教育确与他的出身、经历及时代人文环境有些不同，他几乎破除了“慈母严父”的形象，也突破了“严家无悍虏”、父训难违的权威教条。传统家庭教育的观念及方法主要体现先秦法家的理念。法家从绝对的“性恶论”出发，在教育上提出“严教”的主张，以韩非为代表。例如，“母厚爱处，子多败，推爱也；父薄爱教笞，子多善，用严也”[①]“夫严家无悍虏，而慈母有败子。吾以此知威势之

①韩非子:《韩非子·六反》,上海:上海古籍出版社,1989 年版,第 145 页。

可以禁暴，而德厚之不足以止乱也”[①]。与此相对，梁济对子弟的教育方法却颇有现代教育的某些思想及行动因子。这在梁漱溟后来的回忆中有丰富的素材，特总结如下。

一、期待教育理念的实践

梁济不是时代的风云人物，但无疑是一个好父亲。他对孩子以开明、积极而向上的理念加以引导及培植。长时间进士功名科考不第的失意也肯定使他对旧式教育抱有很深的成见。他鄙视那些词章之士，甚至对受尊重的清流领袖张佩纶[②]也没有好感，认为像俞樾[③]那样的经学大师对社会毫无用处。1900 年，义和团运动发展到了北京，梁济深切地感受到了基层民众的无知与迷信，“深痛国人之愚昧无知，决然以开民智为急”[④]。他意识到如果没有新式教育事业去影响和教育

①韩非子：《韩非子·显学》，上海：上海古籍出版社，1989 年版，第 160 页。

②张佩纶（1848—1903），字幼樵，一字绳庵，又字蒉斋，直隶丰润（今属河北）人。同治进士，光绪元年（1875）擢侍讲，充日讲起居注官，后入李鸿章幕，1882 年署都察院左副都御史。曾针对法国侵略越南和觊觎中国边疆事，上奏章十数篇，主张抗法。与宝廷、吴大澂、陈宝琛等人，号称“清流派”。1884 年被派赴福建，会办海疆事务。7 月 15 日法舰队闯入马尾港后，他毫无戒备，听任法舰和福建水师舰只同泊港内达一月之久。8 月 23 日法舰发起进攻，福建水师覆灭，马尾船厂被毁。他躲至鼓山彭田乡，被革职充军。期满回京，复入李鸿章幕。1894 年迁居南京。1900 年奉命北上协助李鸿章与八国联军各国代表谈判“和约”，因在对俄态度上与李意见不合，旋回南京，遂称病不出。著有《涧于集》《涧于日记》等。

③俞樾（1821—1907），字荫甫，号曲园，清浙江德江人。道光三十年（1850）进士，曾任翰林院编修、河南学政，以事免归，遂终身从事学术研究和书院教育，为清著名经学大师。先后在苏州紫阳、上海求志、杭州诂经精舍、德清清溪、归安龙湖等书院讲学，以博洽导士。同治、光绪间，主讲杭州诂经精舍达 31 年之久，课士一禀阮元成法，承王昶、孙星衍之绪，不课举业，“专课经义，即旁及词赋，亦多收古体，不涉时趋”，两浙知名之士承闻训迪，蔚为通才甚多，章太炎、吴昌硕、戴望、黄以周、袁昶等即其著者。离诂经后，诸生感恩怀旧，为设长生位于精舍侧第一楼，光绪二十七年（1901）俞重游西湖时，亲手撤去，认为“学问之事，莫大乎通经，通经之道，义理尚矣”，然必须即名物训诂以求义理，而存微言大义其中，称赞阮元崇祀许慎、郑玄之举意义远大，生徒知为学之要“不在乎明心见性之空谈，月露风云之浮躁”。著有《群经平议》《诸子评议》《古书疑义举例》《诂经舍自课文》等，后人集成《春在堂全集》。

④梁漱溟：《桂林梁先生遗书·年谱》，中国文化书院学术委员会编：《梁漱溟全集》（第一卷），济南：山东人民出版社，2005 年版，第 574 页。

民众，就不可能有民族的复兴。于是，他积极帮助朋友彭翼仲创办《启蒙画报》，这是一种专门传播科学常识、世界时事和外国文化的儿童报纸，旨在向少年儿童灌输新的知识。鉴于当时北京只有日本人创办的《顺天时报》，他和彭翼仲又创办了《京话日报》，以开牖普通社会。此报打开风气，得以流传北方各省，远至陕西、甘肃等地。“凡言维新爱国者莫不响应传播。而都下商家百姓于《京话日报》则尤人手一纸，家有其书……”①

在子女教育方面，梁济让四个孩子无一例外地接受西式教育。1903 年，京师译学馆建立，梁济当即决定送长子焕鼐考入学习。而在当时，接受新式教育的儿童并不多见。梁漱溟的两个妹妹接受的也是新式教育，她俩均毕业于北京女子师范学校。除了用新式知识对孩子进行启蒙教育外，梁济在家庭教育上也持一种相当开明的态度。中国传统名门望族中那种严厉的父子关系，在梁济与孩子之间根本看不到。他有意识地在自己和子女之间建立一种友好的、自然的关系，鼓励子女形成独立的精神。②

梁漱溟回忆说：

> 父亲对我完全是宽放的。小时候，只记得大哥挨过打，这亦是很少的事。我则在整个记忆中，一次也没有过。但我似乎并不是不“该打”的孩子。我是既呆笨，又执拗的。他亦是很少正颜厉色地教训过我们。我受父亲影响，并不是受了许多教训，而毋宁说是受一些暗示。我在父亲面前，完全不感到一种精神上的压迫。他从未以端凝严肃的神气对儿童或少年人。我很早入学堂，所以亦没有从父亲受读。③

尽管未曾亲授书业，但梁漱溟的父子关系亲密而和谐，情感沟通自由平等，“不感到精神上的压迫”。这种春风化雨般的引导及富有爱的“暗示”期待效应，极大地发挥了皮格马里翁实验中积极有效的教育力量。

---

①梁漱溟：《桂林梁先生遗书·年谱》，中国文化书院学术委员会编：《梁漱溟全集》（第一卷），济南：山东人民出版社，2005 年版，第 578 页。

②善峰：《梁漱溟社会改造构想研究》，济南：山东大学出版社，1996 年版，第 8—9 页。

③梁培宽编：《梁漱溟自传》，南京：江苏文艺出版社，1998 年版，第 10 页。

二、道德行为习惯的早期培养

行为习惯是道德教育的基本内容，不仅属于个体与他人及社会间行为规范的一部分，而且与知识能力及其他素养形成有某种关系。儿童行为习惯的养成的有关思想主张在中国以宋代理学家朱熹的《童蒙须知》论述最多，而英国近代绅士教育家洛克（John Locke，1632—1704）的《教育漫话》则从经验论哲学及官能心理学角度加以具体讨论，其中论及行为习惯的内容，包括教育诸多方面，但方式方法上则力主与儿童经验及生活结合，注重形象、生动，激发兴趣，活动或行动中体现道德习惯的形成并加以巩固。梁济的家教模式与此相符。梁漱溟这样描述：

> 十岁前后（七八岁至十二三岁）所受父亲的教育，大多是下列三项：一是讲戏，父亲平日喜看京戏，即以戏中故事情节讲给儿女听。一是携同出街，购买日用品，或办一些零碎事；其意盖在练习经理事物，懂得社会人情。一是关于卫生或其他的许多嘱咐；总要儿童知道如何照料自己身体。例如：
>
> 正当出汗之时，不要脱衣服；待汗稍止，气稍定再脱去。
>
> 不要坐在当风地方，如窗口、门口、过道等处。
>
> 太热或太冷的汤水不要喝，太燥太腻的食物不可多吃。
>
> 光线不足，不要看书。
>
> 诸如此类之嘱告或指点，极其多，并且随时随地不放松。①

于细微处见精神。道德教育不在灌输，而在于认识、情感的获得，体验及自主需求愿望倾向的满足，说理、生活化的细微或平和方式的运用，这些也正是建立在儿童心理特点基础之上的儿童早期道德行为习惯培养的有效措施。

三、寓教于乐的自由教育思想的推行

教育行为是双向协作的交流沟通活动，不仅是施教者的设计、实施、反馈及

①梁培宽编：《梁漱溟自传》，南京：江苏文艺出版社，1998 年版，第 10—11 页。

改进过程，同时也是受教者自主、独立、探究、加工及自我体验的过程，是两者的辩证统一。学生知识技能的学习及智能的开发提高，必须自我体验、发挥意志力，但同时也不乏场景性自主建构，尤其是快乐的情绪与需要的满足及由此带来成就愉悦感的促进。只有学生的活动及生长有主体性力量的发挥及自觉精神倾向的积极融入，他的自由性情及快乐体验才能表现并释放。人为的外界力量干预、控制、组织及管理是必要的，有教育管理、提升效率的意义，但其中的向度或张力必须是合适的。以现代教育教学理念观照教育实际行为，梁济的家教活动便带有了现代性。梁漱溟在回忆儿童成长经历的情节中做这样追思：

还记得九岁时，有一次我自己积蓄的一小串钱（那时所用铜钱有小孔，例以麻线贯串之），忽然不见。各处寻问，并向人吵闹，终不可得。隔一天，父亲于庭前桃树枝上发见之，心知是我自家遗忘，并不责斥，亦不喊我来看。他却在纸条上写了一段文字，大略说：

一小儿在桃树下玩耍，偶将一小串钱挂于树枝而忘之。到处向人寻问，吵闹不休。次日，其父亲打扫庭院，见钱悬树上，乃指示之。小儿始自知其糊涂云云。

写后交与我看，亦不作声。我看了，马上省悟，跑去一探即得，不禁自怀惭意。——即此事亦见先父给我教育之一斑。

到十四岁以后，我胸中渐渐自有思想见解，或发于言论，或见之行事。先父认为好的，便明示或暗示鼓励。他不同意的，让我晓得他不同意而止，却从不干涉。十七八九岁时，有些关系颇大之事，他仍然不加干涉，而听我去。就在他不干涉之中，成就了我的自学。①

梁漱溟在后来的回忆录中多次谈到父亲对自己教育的“不干预”，由此产生富有艺术或审美性的教育意义，其实这是自然主义教育思想的精神。这种教育流派的理论典范是法国近代启蒙思想家卢梭（Jean-Jacques Rousseau，1712—1778）在他的教育小说、西方文学名著《爱弥儿》中建立的。但这种理论在先秦道家学派的思想主张中就已闪现，如“为学日益，为道日损，损之又损，以至于无为，无为而无不为”②。多一分人为，就少一分自然；若要求得人的自然，意味着不断地

①梁培宽编：《梁漱溟自传》，南京：江苏文艺出版社，1998年版，第11—12页。

②卢育三：《老子释义》，天津：天津古籍出版社，1987年版，第205页。

摒弃人为。“人之所恶，唯孤、寡、不毂，而王公以为称。故物或损之而益，或益之而损。人之所教，我亦教之。强梁者不得其死，吾将以为教父。”[①]强人所不欲的教育将不会有好结果。

梁漱溟所指的这种不干预教育，其实恰能体现道家或自然主义教育尊重儿童本性、崇尚自由与个性、鼓励主体自觉努力的基本观点，强调“自然后果”教育法，旨在反对约束压抑、教条刻板、僵化机械的人为过分教育，是一种对生命化教育的理性诉求。梁漱溟的教育本体论及道德教育论就充分揭示了这种基于学生主体性发挥与涵养的生命化教育思想内容及方法。

①卢育三:《老子释义》，天津:天津古籍出版社，1987年版，第194页。

第二节　初等教育

初等教育是儿童获得初步文化知识以及道德、心理与能力基本素养的教育时段，大体划分为学前教育和小学教育两部分。在传统教育体制中，私塾、社学等为代表的蒙养教育机构，又称蒙学，涵盖了学前与小学两方面职能，但在清末1904年1月“新学制”改革后，与传统蒙学相并列的新式小学堂纷纷设立，既有官办，也有私立，更有官私兼营合办的诸种学校类型。由于教育体制间新旧转型的剧烈交错与震荡，清末新设学制框架的学校教育机构与传统旧学教育机构之间的分级及学生的转学递升关系又相对灵活和自由。梁漱溟的“发蒙”或“启智”正是处在这种特定时代的教育背景之下。

一、由蒙学到新式小学

清光绪二十四年（1898），梁漱溟刚满5岁，在现今的学制框架下属幼儿园大班。在北京城，一位孟姓塾师开办了家塾，按蒙学类型应称“坐馆”，几位学童入塾，采用个别传授、背诵讲读的组织方法，传授、训练蒙养阶段的文化知识及道德习惯等，教学中主要使用《三字经》《百家姓》《千字文》《千家诗》《龙文鞭影》等蒙学教材。学生中若程度较高，有了相当根基之后，则研习《论语》《孝经》及“四书五经”等经史书籍，以为科举考试做准备。梁漱溟为其中之一的初入学者，在履行了拜孔敬师相关仪式后，便进入“正课”修习。但与一般学童接受教育的课程不同，他在读了《三字经》等蒙书后，即读《地球韵言》，而没有诵习“四书五经”。

《地球韵言》这本书为张之洞的门生张士瀛编著，是当年最为流行的一本世界大势教科书，1892年出生的郭沫若、1893年出生的梁漱溟、1899年出生的老舍，都在幼年时代精读过这部书，也都在后来的回忆中浓墨重彩地渲染过这部书对自己的深刻影响。其实，《地球韵言》只是一本有关世界地理、社会文化概要性的蒙学书。该书以国别为经，编织各大国政治、经济概况，并不以各国地理为主。不过，该书正文确如书名所示，是以四字韵语为句，介绍一些世界知识，主要国家的民族政治、历史及文明等，这显然既反映了时代需求，又为了方便儿童记忆。为加深理解，《地球韵言》仿中国蒙学读物如《三字经》之类，于正文之外附有大量注释，对正文中疑点难点进行详细解释。如“日本第七”正文为：“日本传国，百廿二世；睦仁嗣统，纪元明治。汪洋四岛，普陀正东；三韩斜对，向如两弓。”

《地球韵言》内容多是一些世界民族国家分布，大洋、江河、山脉名称方位等人文自然地理常识，编写体例沿袭魏晋南北朝周兴嗣所纂《千字文》风格，四字一句，押韵成文，朗朗上口，易记易诵，符合儿童喜歌谣、偏记性的年龄特点及学习倾向。梁漱溟对孩童时代求学历程及感受做了如下追述：

> 说起来好似一件奇事，就是我对于四书五经至今没有诵读过，只看过而已。这在同我一般年纪的人是很少的。不读四书，而读《地球韵言》，当然是出于我父亲的意思。他是距今四十五年前，不主张儿童读经的人。这在当时自是一破例的事。为何能如此呢？大约由父亲平素关心国家大局，而中国当那些年间恰是外侮日逼。①

中国近代新式小学堂起步于维新改良运动时期，区域集中于江苏、上海等沿海地区，如 1897 年的无锡三等学堂、上海三等公学堂、上海澄衷小学堂等。1899 年，北京出现了第一个国人自办的新式小学堂，系由新派人物、福建寓京士人陈全荣所办，为早期新式小学堂之一，名曰“中西小学堂”。②梁漱溟奉父命入学，读中文，也念英文。英文所用的课本是《华英初阶》《华英进阶》，其他课程及教材不详。当时维新运动正在蓬勃发展，资产阶级知识分子要求变法自强，热心学习外国语文，而上海又是对外商埠，不少职业青年羡慕做洋行买办，学英语风气尤为盛行。我曾于 20 世纪 80 年代末，即为流行甚广的《教育大辞典》撰写了这两个新式教材的条目。后编入该辞典系列 12 卷中的第 10 卷“中国近现代教育史”，1991 年 6 月由上海教育出版社出版。现介绍其内容如下：

---

①梁培宽编：《梁漱溟自传》，南京：江苏文艺出版社，1998 年版，第 13 页。

②根据梁漱溟的回忆，他在 7 岁时进入北京第一个“洋学堂”——中西小学堂。这一观点为一些著作所袭用，但地方史文献则又有别样的说法。如刘仲华主编的《北京教育史》第 163 页记载：王照和徐世昌创立八旗奉直第一号小学堂，这是北京最早的民办新式小学堂。1898 年，户部郎中王宗基等自筹款项在北城创设“公文学堂”，以讲求“中西实学”为宗旨。聘请翰林院侍讲黄绍箕、修撰张謇任中文教习。

《华英初阶》(*English and Chinese Primer*)主要供教会学校的中国学生高小一年级上学期用,谢鸿赉编,1898年(清光绪二十四年)上海商务印馆印行。课文主要依据英人所编写印度读本逐课翻译加以白话注解而成,每篇课文均附有生词和短语的解释。同年起,本书出版商又组织编译《华英进阶》(*English and Chinese Readers*)初集至第五集陆续面世,供高小一年级下学期和高小二、三年级用,1901年重印,合为一卷,名《华英进阶全集》。课文后增编习题。特点是语音为纲,但不注音标;计划性强,每课生词6个;词汇总量较大,共358个;程度偏高。[①]

1901年,清政府实施变法“新政”,9月14日,颁发《兴学诏书》:“除京师已设大学堂应切实整顿外,着各省所有书院,于省城均改设大学堂,各府厅直隶州均设中学堂,各州县均改设小学堂,并多设蒙养学堂。”[②]随着《壬寅学制》(1902)、《癸卯学制》(1903)以及一系列教育规章制度的制定,清末十年几乎成为近代以来兴学潮的风口浪尖,蔚为第一次高峰,并且足可与20世纪二三十年代现代教育运动相辉映、论长短。

以此教育体制为保障,从总体上来说,梁漱溟的基础教育生涯便得以稳健、持续、有序地伸展。1901年,梁漱溟8岁,庚子事变之后,新势力在戊戌政变的灰烬尘埃中又再次抬头,学堂复兴,他旋入南横街公立小学学习。次年,转入启蒙学堂。该学堂为梁父金兰之女与儿女亲家的彭冀仲(诒孔)所办,教学采商务印书馆编印的教科书,并开设英文课程,学校男女一起学习。1905年下半年改入江苏小学堂。

小学教育是人生发展的始基,现代制度化教育的奠基,自然对人的素质及后续提高有“关键期”的意义。西方列强自工业化以来建立的近现代学制,将小学阶段分为初等、高等两段,合并各占3年的两段称为完全小学,而在现当代教育制变动中,又将之简称为小学低年级、高年级6年的小学学制。19世纪在以世界工商业贸易高涨为象征的现代化运动中,初等教育首先作为义务教育在欧美及日本等国以法制化形式存在,然后延续到中等教育,个别发达国家已经长达12年期限。我国近20年来义务教育突飞猛进,早就完成了“普九“任务,这是一项伟大工程,是里程碑式的历史进步。但从历史的进程来看,在一个多世纪前的中国,现

①教育大辞典编纂委员会编:《教育大辞典》(第十卷),上海:上海教育出版社,1991年版,第379页。

②陈学恂主编:《中国近代教育大事记》,上海:上海教育出版社,1981年版,第111页。

代学制刚刚起步，新式小学在县城及中心乡镇集贸市场以上的地域才能见其踪影，能入学接受教育真可谓凤毛麟角，而能有机会入中等及其以上学堂的人数相对于庞大的儿童人数与全体同龄人口基数更类似于浩瀚寥廓苍穹宇宙中的寥若晨星。从梁漱溟的上述经历看，他所接受的教育“学制”的规范性上虽然不够严格，但大体上包括6年的完全小学教育。在当时的“精英教育”理念下，这也是了不得的“文凭”教育。例如，现代实业家、教育家卢作孚1907年以优异成绩毕业于四川合川县（今重庆合川区）瑞山小学堂以后，走上自学与探索事业的道路，在创办民生实业股份公司之前先后在重庆任中学老师、记者、地方教育行政管理者。

二、自学习惯及能力的培养

梁漱溟的家世和家庭背景与环境，确如他自己对当时各方面环境的评价——“是很方便于自学的”。事实上，因他的成才经历，他那独到而深刻的思想形成完全出于自学和自觉领悟。这也表现了梁漱溟非凡的毅力和悟性。梁漱溟儿童少年时代即形成了自学的兴趣或倾向，并开展自学活动，贯彻于他的一生。小小年纪就自承“天生德于予”，鄙视只谋求一人一家衣食的平庸生活。10多岁就“留心时事，向志事功”，埋头于《启蒙画报》《京话日报》《新民丛报》《德育鉴》《国风报》等书报之中，还写日记不断勉励自己。他读《三名臣书牍》《三星使书牍》时，非常仰慕胡文忠和郭筠仙，常常称道他们。这种行为取向及人生体验一方面有助于培养自主创新能力，丰富了认识闻见；另一方面也激发了他以后从事乡村民众教育的热情与信念。同时，这种教育与发展途径突破了传统师生授受、学业成绩以知识分数测评衡量的樊篱或框架。

梁漱溟的学习自幼即带有独立性的课外自学特色，这就在相当程度上补救了校内教育的欠缺。无论是客观存在的或源于主观自身的，都富有启蒙、解放乃至革命的思想因素。梁漱溟称：“我的自学，作始于小学时代。奇怪的是，在那样新文化初开荒的时候，已有人为我准备了很好的课外读物。这是一种《启蒙画报》和一种《京话日报》。创办人是我的一位父执，而且是对于我关系深切的一位父执。”①

《启蒙画报》是一份专门为10岁以下儿童办的普及知识性画报，图文并茂，浅显易懂，所介绍的内容包括科普知识、历史知识、故事和名人掌故等。一些科

①梁培宽编：《梁漱溟自传》，南京：江苏文艺出版社，1998年版，第15页。

学常识及太平天国、左宗棠平定新疆和庚子赔款等历史事件都在画报上出现过。大多是以故事的形式表现出来,因此受到儿童的欢迎和喜爱。《启蒙画报》出版不久,就从日刊改成旬刊(每册约30多页),另出一小型日报,就是《京话日报》,内容主要是新闻和评论。新闻以当地(北京)社会新闻占三分之二,还有三分之一是"紧要新闻",包含国际国内重大事情。评论多半指摘社会病痛,或鼓吹一种社会运动,如,宣传鼓励维新,以开启民智,鼓励民众接受维新思想,参与中国未来的发展和建设,都甚有推动力量,绝无敷衍篇幅之作,产生了很大影响。它以社会一般人为对象,而不是给"上流社会"看的。"因为是白话,所以我们儿童亦能看,只不过不如对《启蒙画报》之爱看。"①

《京话日报》则基本上以北京市民为对象,内容方面主要是北京本地的新闻和国际国内发生的一些大事。梁漱溟在清末新式小学堂读书时,从上述画报及报纸中收益不少,既增长了知识,也进一步开阔了视野。

三、西学知识的熏陶

梁漱溟儿童时代就接触西方文化及科学知识,而不像绝大多数同时代人一样仍是以记诵传统蒙学读物为主。

美国学者艾恺以"梁漱溟与中国现代化的困境"为选题作为博士学位论文,深得梁氏的信赖,在通信中多次谈及。1980年,艾恺特地来华专访,为其作品印证事实,订正其中未尽正确、周详之处。他对此做了如下评述:

> 梁漱溟的早期教育也许是最彻底的一反惯例的了。他6岁开始受家庭教育时,完全是按照传统习惯请来了塾师。但是,他父亲要塾师一开始便教授一本介绍世界历史地理的启蒙读物《地球韵言》,而不是去记诵"四书"。然而,梁济仍然不认为这是很令人满意的"现代"教育。当北京第一所西式小学"中西小学堂"于翌年(1899年)开办时,他便送小漱溟进了这所小学的初级班。这一年,毛泽东在湖南乡间开始受教育,在塾师随身的戒尺和严厉目光的监视下哼着经书。在安徽上庄村,胡适也正在一家传统私塾中全神贯注地背诵着经书。而7岁的梁漱溟这个未来的旧传统的卫道士却正忙着探寻英文入门读本的奥秘,他念的是ABC,而不是《论语》。由于受的是全盘西

①梁培宽编:《梁漱溟自传》,南京:江苏文艺出版社,1998年版,第17页。

式教育，梁漱溟直到成年也从未背诵和研习过儒家经典。①

这里提到了毛泽东、胡适两位现代名流、社会精英。毛泽东是革命导师、工农运动中推翻三座大山的领袖、新中国的缔造者、马克思主义理论与中国革命与建设事业紧密结合并走向中国化实践的杰出思想家，此处不再细论。胡适是美国实用主义理论在中国传播的代表，全盘西化或"西体中用论"的鼓动及构建者，现代自由主义知识分子的标本。从比较研究方法质的规定性而论，作为新儒学学派鼻祖、兼带文化守旧色彩的梁漱溟与之相比具有极大差异性。两位大师级思想家的价值取向及选择理路有着戏剧性的不同，足以让人惊讶。但胡适在 1904—1910 年进入上海梅溪学堂、澄衷学堂及上海公学接受新教育之前，却主要经历了传统蒙学教育的早期生涯。能够典型说明问题的是胡适自述在读完基本蒙养书籍后，续读经籍所开列的书单：

《孝经》；朱子的《小学》，江永集注本；《论语》，以下四书皆用朱子注本；《孟子》；《大学》与《中庸》（《四书》皆连注文读）；《诗经》，朱子《集传》本；《书经》，蔡沈注本（以下三书不读注文）；《易经》，朱子《本义》本；《礼记》，陈澔注本。②

尽管那时维新运动处在高涨的时期，大清帝国的新教育改革正在日渐深化，为了扫清学校进步障碍，已经准备废除科举，取消八股文，但在一个像梁济这样的书香人家，让自己的孩子以一本介绍世界概况的地理书作为启蒙书籍似乎也不是件很容易的事情。且不少比梁漱溟出生还晚的人仍在以"四书五经"作启蒙读物，如胡适就在少年时代苦读了 9 年的古书。而且很显然的是，这不是梁济一时的心血来潮，更不是他被维新革命热潮鼓动的义气之举。唯一的解释是：这是梁济总结自己的一生之后，在很多年的现实思索中为儿子策划的一条进学之路。

这样的启蒙教育首先给梁漱溟的是一个广阔的视野。他一生很多时候思考事情都不是局限于中国国内的情况，而是具有宽广的世界视野。如他在其著名论著《东西文化及其哲学》中，在考察中国传统文化时便将角度和视野放在整个世界的思想状况中。另一方面，这样的启蒙教育使他的心灵了无羁绊、开放自由，不会囿于某一种学说成见，使他以自己独立的思考、朴素的原创性见解卓然于世。事实也确乎如此。他在乡村教育与建设中探索出路的鲜颖独特，无论在理论抑或是实践上的建树，都足以说明并证实上述论点。

①[美]艾恺：《最后的儒家——梁漱溟与中国现代化的两难》，王宗昱、冀建中译，南京：江苏人民出版社，2003 年版，第 16 页。

②沈卫威：《无地自由——胡适传》，合肥：安徽教育出版社，2005 年版，第 18 页。

第三节　中等教育

清光绪二十二年(1906),清末新政推行新学制“癸卯学制”已三年光阴,从学前教育机构蒙养院到高等学府尖顶京师大学堂陆续建立。步入少年时代的梁漱溟考入北京早期的几所新式中学堂之一的著名的顺天中学堂，进入人生重要而相对漫长的学习阶段——中学教育。

1895年甲午战争的失败,警醒了国人,更多人开始认识到旧教育制度的弊端。康有为、梁启超等维新人士一致认为:中国战败的原因在于教育的不良,要救亡图存,实现变法维新,必须把“兴学校,开民智”放在首位。他们主张改革封建的教育制度。“变法之本,在育人才,人才之兴,在开学校,学校之立,在变科举。”[①]维新派把办学堂、开民智作为推动维新运动的重要手段,他们在全国各地创办了许多学校,一般都以学习西方为宗旨,介绍西学,传播西方近代科学文化和社会政治学说。京师朝野上下也“咸以振兴学校为第一要议”。光绪二十一年(1895)六月,顺天府尹胡燏棻上书朝廷,指出:“泰西各邦,人才辈出,其大本大源,全在设学堂。”而中国的书院、义塾,却仍在学习那些毫无用处的八股。他建议朝廷诏令各省督抚:“务必破除成见,设法变更,弃章句小儒之习,求经济匡世之材,将各省大小书院一律裁撤,开设各项学堂。”[②]

在这种背景下,国内出现了早期的新式中学堂,著名的有1895年由盛宣怀在天津开办的天津中西学堂、1897年在上海创立的南洋公学中等院（二等学堂)。但大批的中学机构则在20世纪初清政府颁发《奏定中学堂章程》等兴学规章及推行之后出现,并实际开展办学活动。顺天中学堂应是清末“兴学”热潮中中学教育在北京的标本之一,且以当今教育程度或水平的视阈分析,还有部分高等教育的成分,或可理解为由中学升级为大学的某些预备及过渡。该教育机构的一部分后来演变为北京河北师范学院，即今坐落在石家庄市东南郊区的河北师

①梁启超:《变法通议》,林志钧编:《饮冰室合集》,北京:中华书局,1932年版,第10页。
②胡燏棻:《变法自强疏》,中国史学会编:《戊戌变法》(二),上海:上海人民出版社,1953年版,第288—289页。

范大学前身。河北师范大学的校史追溯源头有高等教育层次,以此为始,因缘在此。今天河北师范大学校园中坐落了梁漱溟塑像,并作为著名校友成为校园文化的亮丽名片,让师生员工敬仰与缅怀。

一、顺天中学堂概述

北京为首都所在,人称首善之地,为各地表率仿效之区。兴办教育自为开风气之先。但是清末学部较注重京师设立的专门教育,侧重于兴办大学,而地方教育机构则侧重于初等教育,所以北京中学校相对而言则有一定落差。最早的中学是为清室皇族而设的八旗中学,先后建立了三所:1902 年由八旗学务处设立爱新觉罗八旗中学堂,后改八旗高等学堂。1910 年设立左翼八旗中学堂、右翼八旗中学堂。顺天府于 1906 年设立顺天中学堂。以上四校于 1912 年时改隶京师学务局,更名为市立第一、第二、第三、第四中学。[①]

关于五城中学堂与顺天中学堂的开办及其相互关系,今天可查考的资源稀少。梁漱溟自身的回忆却能起填补作用:

> 我于十四岁那一年(1906)的夏天,考入"顺天中学堂"(地址在地安门外兵将局)。此虽不是北京最先成立的一间中学,却是与那最先成立的"五城中学堂"为兄弟者。"五城"指北京的城市,"顺天"指顺天府(京兆)。福建人陈璧,先为五城御史,创五城中学;后为顺天府尹,又设顺天中学。两个学堂的洋文总教习,同由王劭廉先生(天津人,与伍光建同留学英国海军)担任。汉文教习以福建人居多,例如五城以林纾(琴南)为主,我们则以一位跛腿陈先生(忘其名)为主。[②]

有的文献记载的情况与上述回忆相符,可以起到佐证作用。如《本市中等教育概况》内称:本市官立中学堂有京师督学局于 1902 年设立五城中学堂,八旗学务处同年设立八旗中学及 1910 年设立的左翼、右翼八旗中学,顺天府于 1906 年设立的顺天中学。[③]1903 年,清政府颁行张百熙、荣庆、张之洞制定的"癸卯学制",其中的《奏定中等学堂章程》成为中学教育发展的保障,也是法律依据,从而推动了中学的发展。

---

①刘仲华主编:《北京教育史》,北京:人民出版社,2008 年版,第 175 页。

②梁培宽编:《梁漱溟自传》,南京:江苏文艺出版社,1998 年版,第 23 页。

③韩朴、田红编:《北京近代中学教育史料》(上册),北京:北京教育出版社,1995 年版,第 10 页。

表 1.1　各省中学及学生统计表(1907—1909)

年期 行省	光绪三十三年(1907)		光绪三十四年(1908)		宣统元年(1909)	
	学堂数	学生数	学堂数	学生数	学堂数	学生数
京师	21	948	20	1258	22	1587
直隶	31	2039	30	2316	31	2419
奉天	4	342	3	404	5	505
吉林	4	331	5	368	5	526
黑龙江	2	169	1	105	1	156
山东	19	1050	20	1118	22	1206
山西	25	1639	26	1425	15	1360
陕西	13	771	13	799	14	943
河南	22	1331	13	2036	22	2551
江宁	11	1126	20	1598	20	1516
江苏	12	473	9	1119	11	1639
安徽	21	988	22	1533	25	1844
浙江	32	2025	30	2256	23	2430
江西	23	1473	29	2070	33	2286
湖北	17	1391	24	2036	21	2560
湖南	39	3220	42	3734	47	3992
四川	52	5356	50	5323	51	5828
广东	25	2600	27	3058	29	3122
广西	12	1231	12	1440	15	1700
云南	8	458	7	407	7	416
贵州	1	146	2	293	4	445
福建	14	1095	13	1163	15	1044
甘肃	11	477	11	370	11	373
新疆			1	35	1	21
合计	419	31682	440	36364	460	40468

(资料来源:《光绪三十三年教育统计图表》,见陈翊林:《最近三十年中国教育史》,上海太平洋影印公司,1936 年版,第112—114 页。)

表 1.2 京师官立公立中学堂一览表

学堂名称	地点	时间	教职员数	学生数	卒业人数	教科目
五城中学堂（官立）	琉璃厂琉璃窑内	光绪二十八年（1902）	职员 6 人 教员 15 人	130 人	无	读经讲经、国文、算学、历史、地理、本朝掌故、理科、英文、图画、体操。
顺天中学堂（官立）	地安门外冰窖局	光绪三十二年（1906）	职员 13 人 教员 13 人	122 人	无	读经讲经、算学、历史、地理、西史、英文、经济学。
直隶官立中学堂	宣武门外上斜街	光绪三十二年（1906）八月	职员 2 人 教员 7 人	110 人	无	伦理、读经讲经、国文、算学、中史、西史、地理、博物、理化、英文、东文、图画、体操、唱歌。
公立求实中学堂	地安门外南锣鼓巷后古楼院北分厅二区	光绪二十七年（1901）十二月	职员 6 人 教员 12 人	中高初等共 95 人	无	修身、读经讲经、国文、算学、历史、地理、格致、英文、德文、图画、体操、唱歌（中、高、初三中略有不同）。
崇实中学堂（公立）	崇文门内方中巷	光绪三十一年（1905）三月	职员 3 人 教员 8 人	中高初等共 164 人	无	修身、读经讲经、国文、算学、历史、地理、理化、博物、英文、图画、体操、唱歌（中、高、初三中略有不同）。

（资料来源：《京师督学局调查学堂表一、二》，《学部官报》第三十二期《京外学务报告》，第 251、257 页。）

从上述图表中可以得知：在 1902—1906 的 4 年，北京建立官立、公立中学堂 5 所，1907—1909 年则有涵括私立中学堂在内的各类中学 21 所，可见数年间发展之迅猛，尤其是私立中学更为迅猛。后续的 3 年间，北京的中学堂及学生数在全国占据前 5 位，如果按土地面积及人口数量来看，应在前一二位的水平。表明传统的“首善之区”京师在近代社会转型的新教育运动中仍趋前驱地位，而顺天中学堂作为官立学堂之一仍有突出的影响力。所有这些都为梁漱溟的中学教育阶段提供了背景及资源土壤。

二、中学阶段的求学活动

梁漱溟在顺天中学堂的求学生活及学习成长的图谱是与顺天中学的办学设计相联系的，而有关该校的素材资源却无法提供给作者直接的信息，只能据相关史料做片段的梳理或推断。

（一）课业学习情形之一斑

1906 年 6 月，顺天府就金台书院[①]旧址，又另拨官房为校址，设顺天中学堂，由顺天府所属辖区内选送学生入学，规定大县选 3 名，小县选 2 名，另外收省外士子 20 名，入学年龄多为 16~20 岁。由于小学堂刚刚兴办，难以向高一级的中学堂输送合格生源，故入学者主要源于顺天府属州县吏廪增附生。1912 年后改辖于京师学务局，名京师公立第四中学校。1928 年，北伐成功，始改为北京市立第四中学校。学校的教学组织及管理情况如下：

教学概况　指导方面，用科学的方法，教授学生，启发学生思想，指定各种参考书，使学生自动阅览；学生方面，自习时不得无故不到，师生遇有疑难，则提出共同讨论。

训练概况　教师管理，有教室规则，学生有过失者，教员得随时纠正之。宿舍管理，有宿舍规则，每日由训育主任或训育员视察二次。学生训练，齐集大礼堂或在教室内，由教职员训话或讲演，由学生组织各种研究会，自由研究学术，由教员指导之。

体育概况　课内每日午前于第二时下课后，全校学生齐集操场，作十分钟课间操。初中学生于每周一三五三天下午，各有两小时的童子军训练。高中学生于每周一二四三天，有两小时的军事训练。课外每日下午课毕，有各种球类练习及田径赛器械练习，均有指导员负责指导。

诚然，以上的内容源自北京《时代教育》杂志 1933 年第 1 卷第 5 期的文献《中等学校》，离清末该学堂初设已经相去近 30 年了，但上述材料的陈述手法显然相对于当时国内中学教育普遍情形而论，是相当清新、活泼及自由的，甚至可以看到杜威实用主义现代教育理论的传播与影响。如果一个学校的办学有其传统联系，循着历史演进的逆向蠡测，顺天中学堂的办学在清末也是开通或相对活跃的。这样，便可以理解梁漱溟中学时代的自学活动、社团工作、社会组织及思想波折的潜在课程资源。

---

①教育大辞典编纂委员会编的《教育大辞典》（第八卷，中国古代教育史上）第 78 页记载：金台书院，原址在北京崇文门外磁器口，清康熙四十一年（1702）知府钱晋锡建义学，康熙赐“广育群材”匾额。乾隆十五年（1750），梅谷成改为书院。道光十二年（1832）重修。光绪五年（1879），直隶总督李鸿章等奏准修葺，建房 64 间，知府周家楣奏请将两汉、两湖、两广、四川、闽浙各书局中所刊之书，各检备 1 部运存书院。书院教学“于制艺试帖外，并课经古、性理，以冀学有用之学，成有用之才”。

(二)学习成绩与社会能力的提升

中学阶段梁漱溟的智能日渐开发,学业成绩常居班内前茅,这与小学教育阶段形成了鲜明的对比,体能素质的生长发育亦已趋常态,为学习与各项实践活动奠定了生理基础,体现了知识与能力的促进与良性互动循环。看来人的心智成熟与其学习能力及成就水平是紧密联系的,个体的阶段发展差异性是客观存在的。教育工作者及教师一味地遵循"同一""标准化"教育与"不输于起跑线上""或同一起跑线"的强迫高压方式是过度而无效的教育。这里可以用美国耶鲁大学医学博士、儿童心理学家盖塞尔(Arnold Lucius Gesell,1880—1961)的"自然成熟论"加以阐释。盖塞尔认为:"儿童身心的发展变化是受机体内部的因素即生物基因固有的程序制约的,外部环境的作用只是为正常生长提供必要的条件,不能改变发展本身的自然成熟程序。什么时候出现什么机能都有一个内部的时间表。"他特别强调生物因素在儿童发展中的作用。盖塞尔和汤普森所做的同卵双生子爬梯、堆积木、学词汇等实验,都说明成熟程序未到,提早训练的收效是很短暂的。①

中学阶段的心理表征是独特的,这一时期相当于高中(十四五岁—十七八岁),又称青春期。根据发展心理学的研究,个体心理发展在青年时期的特点主要有两个方面:一是思维的发展。青年初期学生的思维具有更高的抽象概括性,逻辑思维由少年期的经验型逐步向理论型的思维过渡。他们能从一般原则出发,进行判断、推理,做出论证,他们还能对各种经验材料做出规律的说明。青年初期学生刚刚开始形成辩证的思维,在教学和生活实践中,他们认识到特殊和一般、理论和实践的对立统一关系。皮亚杰所谓的"形式运算"阶段类似这时期理论型的思维形式。二是自我意识的发展。青年初期,由于身体发育渐趋成熟,知识经验不断累积,认识水平不断提高,接触社会面扩大,以及面临毕业,即将走向社会,因此,他们的内心世界比少年丰富,他们的自我意识在少年基础上有了新的发展。青年比少年更能清楚地意识到自己的内心活动,并能根据社会需要来分析自己、锻炼自己,对政治道德品质的自我评价能力显著提高。青年初期的学生富于理想,向往未来,积极上进,不甘落后,自尊心显著发展起来。自尊心的发展是自我意识的一种肯定态度的表现。②

①教育大辞典编纂委员会编:《教育大辞典》(第五卷),上海:上海教育出版社,1990年版,第171页。

②中国大百科全书总编辑委员会编:《中国大百科全书·教育》,北京:中国大百科全书出版社,1985年版,第419页。

就知识层面说，由于教育体制正处在一个转型期，顺天中学堂时代的梁漱溟既没有受到科举体制的束缚，也没有如新教育体制下的专业学人那样从事某一方面的精深研究，他几乎摆脱了新旧教育体制的双重束缚，重回中国传统社会体制下士大夫阶层以天下国家为唯一学问的道路。他的思想资源主要不是来自课堂上的知识传授，而是在新旧教育体制转轨过程中通过大量阅读建构知识框架。

战国后期儒家诸子集体智慧的结晶——《礼记·学记》是古代第一部专论教学问题的创新之作，其中论述同学合作学习称：“独学而无友，则孤陋而寡闻。燕朋逆其师，燕辟废其学。”[①]梁漱溟求学期间与同学伙伴的切磋讨论是积极有效的，有取长补短、彼此促进的良性互动作用，不仅增益了校内计划课程的学习质量，同时还开阔视野、拓展领域、延伸课外，发挥了潜在课程的功能，并由此提高他刚健有为、蓬勃向上的境界及精神。这种教学之间的协作关系尤其表现在课内外的自学活动之中。

当时学堂里读书，大半集中于英算两门。学生的精力和时间，都用在这上边。年长诸同学，很感觉费力；但我于此，亦曾实行过自学。在我班上有四个人，彼此很要好。一廖福申（慰慈，福建），二王毓芬（梅庄，北京），三姚万里（伯鹏，广东），四就是我。我们四个都是年纪最小的——廖与王稍长一两岁。在廖大哥领导之下，我们曾结合起来自学。

那时每一班有一专任洋文教习，所有这一班的英文、数学、外国地理都由他以英文原本教授。这些位英文教习，全是天津水师学堂出身，王劭廉先生的门徒。我那一班是位吕先生（富永）。他们秉承王先生的规矩，教课认真，做事有军人风格。当然课程进行得并不慢。但我们自学的进度，总还是超过他所教的。如英文读本 Carpenter's Reader（亚洲之一本），先生教到全书的一半时，廖已读完全书，我亦能读到三分之二；纳氏英文文法，先生教第二册未完，我与廖研究第三册了；代数、几何、三角各书，经先生开一个头，廖即能自学下去，无待于先生教了。我赶不上他那样快，但经他携带，总亦走在先生教的前边。廖对于习题一个个都做，其所做算草非常清楚整齐悦目；我便不行了，本子上很多涂改，行款不齐，字迹潦草，比他显得忙乱，而进度反在他之后。廖自是一天才，非平常人之所及。然从当年那些经验上，使我相信没有不能自学的功课。[②]

①孟宪承编，孙培青注释：《中国古代教育文选》，北京：人民教育出版社，2003 年版，第 96 页。
②梁培宽编：《梁漱溟自传》，南京：江苏文艺出版社，1998 年版，第 24—25 页。

学校教育以年级、班级以及各类小组的团队集体方式进行，近代教育家夸美纽斯的班级授课制是学校组织活动的基本方式。这一方面旨在克服求学的孤独迷惘、离群索居或傲慢独断的流弊困惑；另一方面是要在恒定单位时间与固定投入场地设施的同时促进教学效果的改善，如学生心理精神的健全、合群性的培养、社会化合作与竞争间合适度量的设计，从而有裨于个体潜力发挥与群体优势互补。班级是一个微型社会，除了学生公众普遍群体之外，又有小团体存在，这是合理的。梁漱溟在中学求学阶段与两位同学趣味相投，友善合作，沟通交流，取长补短。在学科知识学习中彼此促进，相得益彰，学生时代校园生活也因此而丰富充实。儒家学派的创始人、伟大的教育家孔子在《论语·述而》中曾就学习何以有效作了思考："德之不修，学之不讲，闻义不能徙，不善不能改，是吾忧也。""三人行，必有我师焉，择其善者而从之，其不善者而改之。"①这也恰好与苏联教育家巴班斯基所持的合作教育学思想相契合。梁漱溟自称在顺天中学堂的两位挚友郭人麟（一作仁林，字晓峰，河北乐亭县人）、甄元熙（字亮甫，广东台山县人）对他有很大的影响。

梁漱溟在生命历程早期，父亲梁济及父执彭冀仲对他影响甚巨的，他同时也赞赏维新变法运动的爱国行为。一方面是父亲和彭公的人格感召，使他幼稚的心灵隐然萌露对社会对国家的责任感，而鄙视世俗谋衣食求利禄的"自了汉"生活；另一面是维新变法的空气中，自具一种迈越世俗的见识主张。"使我意识到世俗之人虽不必是坏人，但缺乏眼光见识那就是不行的；因此，一个人必须力争上游。所谓一片向上心，大抵在当时便是如此。"②他特别推崇梁启超。1898 年戊戌变法失败后，梁启超流亡到日本，于 1902 年创办了一份《新民丛报》，除继续宣传君主立宪的改良主义外，他将更多的精力和时间花在了介绍西学、剖析和改造国民性的工作上，在青年学生中有着广泛的影响。

> 本世纪初，我家就拥有从日本传递进来的梁任公主编的壬寅、癸卯、甲辰三整年六巨册《新民丛报》和他主编的《新小说》（月刊）全年一巨册，共计五百多万字。这是我最早的自学课本。梁任公在著作中一面提示新的人生

---

①孟宪承选编，孙培青注释：《中国古代教育文选》，北京：人民教育出版社，2003 年版，第 28 页。

②梁培宽编：《梁漱溟自传》，南京：江苏文艺出版社，1998 年版，第 21 页。

观，一面指出中国社会之如何改造，正切合我对探求人生问题、中国问题的需要，得益甚大。他在报刊上介绍外国各家学说、著作，使我得以领会西洋思想文化不少，他关于先秦诸子及明清大儒的许多论述，意趣新而笔调健，是我对中国古代文化思想最初之接触。这段时间梁任公先生对我的影响，不徒在思想上，还在生活上，诸如立志、省察、克己、涵养等。①

可以说，梁漱溟的成长之路是一条“先立人后成学”的道路，和当时甚至过去那些先苦读再在社会中培养品格的道路大有不同。经历顺天中学堂的求学努力，梁漱溟开始了自己的人生路程。同梁济考中举人后才智用尽有所不同，他在形成一定的人格品质之后，心智竟然有了很大的提高，在思想和学问上开始展现一定的才华，最终成为一代大师。梁济那种关心国家民生之心，在很大程度上为他后来的乡村建设运动和奔走于国共和平做了铺垫。

三、实用主义的价值取向

诚如上文所述，梁漱溟这位后来成为新传统主义阵营中流砥柱的人物，早年所受的传统教育却远不及西学激进派文史学家胡适和马克思主义传播与实践者、革命家毛泽东等人之系统与深刻。举例来说：

1902 年，毛泽东刚满 8 岁，父亲送他到私塾念书，希望他多读点书，以便今后更好地继承家业。于是，毛泽东开始就读于韶山南岸私塾，两年后转到关公桥、桥头湾、井湾里等地私塾。1907 年秋至 1909 年夏，毛泽东辍学在家。1909 年秋至 1910 年夏，复读于韶山乌龟井、东茅塘私塾。对这一时期的私塾生活，毛泽东后来曾概括为“六年孔夫子”。毛泽东读书是从《三字经》开始的，接着读《论语》《孟子》《诗经》《春秋》和《左传》，由此对历史逐渐产生了浓厚的兴趣。毛泽东在两位塾师名下读了《史记》《纲鉴类纂》和《日知录》，也读了一些时论和新书。②

反观梁漱溟，6 岁时其父以《地球韵言》而不是“四书五经”作为他的启蒙读物，7岁时被送进北京第一所西式小学读书，后续升北京顺天中学堂求学。在中

①汪东林编:《梁漱溟问答录》，长沙:湖南人民出版社，1988 年版，第 42—43 页。

②胡长水、李瑗:《横空出世——1935 年前的毛泽东》，北京:中国青年出版社，1996 年版，第 13—14 页。

学期间开始形成自己关于人生的认识：

> 大约十四岁以后，我即形成自己的人生思想，胸中自有一个价值标准，时时用以评判一切人和一切事。这就是凡事看他于人于社会有没有好处及好处之大小。假使于群于己都没有好处，就是一件要不得的事了。反之，若于群于己都有顶大好处，便是天下第一等之事。以此衡量一切并解释一切，似乎无往而不通。若一时对一事思之不通，千难万阻，也要辗转求得解答，以自圆其说。一旦豁然开朗，有所获得，便不禁手舞足蹈，顾盼自喜。此时西洋之"功利主义"、"最大多数幸福主义"、"实用主义"、"工具主义"等等我虽尚无所闻，但思想算是不期而遇，恰与西洋这些功利派思想相近。①

这种以"于人于社会"或"于群于己"有没有好处的价值判断作为行为效果或道德善恶评判标准的思路是一种典型的功利主义观念，即边沁②式享乐主义者的计算方法来衡量人的行为。这种观念在20世纪30年代山东邹平乡村教育与建设实验中也得到体现。由梁漱溟演说、郝心静笔记的《精神陶炼要旨》(收入《乡村建设》第4卷第7—8期合刊本，1931年10月版)便阐释了其中的要义，成为乡农学校课程编制重要依据之一。

以下列举梁漱溟不同阶段相关自述或回忆材料进一步加以立论说明：

> 先父之思想，实与西洋思想相近。他实在是一个功利主义者。他时时持有一个标准，而依此标准评论一切。他所持有之标准，即是"有用处"三字。他批评世间一切事，有用处即是好，无用处乃是不好，此点仿佛与詹姆士(James)、杜威(John Dewey)等之思想相近——所谓实用主义。他自己虽也曾读书考中举人，但他最看不起读书人，最看不起做文章的人；因为读书人不

---

①汪东林编：《梁漱溟问答录》，长沙：湖南人民出版社，1988年版，第16页。

②边沁(Jeremy Bentham，1748—1832)，英国伦理学家、法学家，资产阶级功利主义的主要代表。认为"个人的利益是唯一现实的利益""社会利益只是一种抽象，它不过是个人利益的总和"，主张所谓"最大多数的最大幸福"的"功利原则"。同时强调有利于资产者的就是有利于全社会的，而有利于资产者的就是道德的，功利就是道德的标准，提倡放任主义的政治经济学说。在哲学方面，他认为一般的概念都是一种"虚构"，这一主张后来成为现代资产阶级哲学流派语义哲学的理论来源之一。其主要著作有《道德及立法的原理》《惩罚与奖励的理论》《本务论或道德科学》等。

中用，因为文章亦不中用。因之，读书人要不得，文章亦不必要。他最看不惯人做诗词写文章，他时常叹息痛恨中国国事为文人所误；一个人如果读书中举，便快成无用之人，如再中进士点翰林，则更将变成废物而无用……先父又看到西洋各国之强盛，事事有办法、有功效、有用处，而反观中国，则一无办法，事不见功效，人又无用处。先父之倾向于维新者，实即其人感情真挚，关切国事，及其一种实用主义哲学，主张务实不务虚之故。惟其如此，故不令我读经书而使我入学堂也。①

1934 年 1 月 3 日梁漱溟发表题为“自述”的讲演文字，进一步揭示了实用主义教育思想在梁氏父子之间的传承关系。

这思想，显然是受我父亲的启发。先父虽读儒书，服膺孔孟，实际上其思想和为人乃有极像墨家之处。他认为中国之贫弱全为念书人专务虚文，与事实隔得太远之所致。因此，平素最看不起作诗词、作文章的人，而以“务实”二字为讨论任何问题之一贯主张。务实之“实”，自然不免要以“实用”、“实利”为其主要涵义。而专讲实用、实利之结果，当然流归到墨家思想。不论大事小事，这种思想在他一言一行之间到对外流露贯彻，大大影响到我，是不待言的。②

追溯梁济早年的行为举措，亦可说明他确实起到了身体力行、表率榜样的作用，从而熏陶、塑造了少年时代的子女。梁济在他力所能及的范围内，对地方社会政治进行了有限度的改革。1906 年，他奉派为京师外城教养总局和分局的总办委员，总局收容罪犯，分局收容贫民。梁济专程访问了天津、保定的新式监狱习艺所。回京后他在总局办工厂，让罪犯分科学习工艺技术，并把罪犯生产的产品在北京的商店里销售。该分局创办小学，有计划地教育贫民儿童。梁济的务实精神，对后来的梁漱溟有极大的影响。

梁漱溟社会人生特质中的实学精神及价值观念，其踪影可追溯至人生成长的历程中。1898 年，也就是戊戌变法发生那年，父亲准备让 5 岁的梁漱溟开始启蒙读书。梁济深受维新思想影响，是维新运动的积极支持者。另外，他受到明朝

①梁漱溟：《自述》，中国文化书院学术委员会编：《梁漱溟全集》（第二卷），济南：山东人民出版社，2005 年版，第 5—6 页。

②汪东林编：《梁漱溟问答录》，长沙：湖南人民出版社，1988 年版，第 16 页。

以后儒家重视“实学”“通经致用”等务实思想的影响，认为“天下无久而不变之局”。因此，对教育他一贯有两个基本的认识：(1)要改革学生学习的内容，以适应不断变化的社会；(2)要重视培养孩子们的文化和意识修养，重视真正培养“国性”，以使得改革具有保障，能够长久而不断地延续下去。当然，他的这些思想尽管有很大的合理性，却并不能在轰轰烈烈的社会改革中获得实践的机会，最终，只能施之于自己的儿女身上了，而梁漱溟就无形中成了受益者。[①]其实，这种童年时代的烙印源于家庭教育，却贯穿整个生命历程始终的行动及理念中。

上面源于主人公的言论贯穿半个多世纪的光阴，核心成分未见有异议。从中可知，梁漱溟对早期人生观的形成所作归因分析，不因岁月更替、社会变迁而迥异，而是通过前后相因的互证资源，增加了其一贯性与可信度。

四、与父亲思想的分歧

梁济为幼小的儿子取字“肖吾”，足见爱惜之情。梁漱溟看轻书本学问而有志于事功，从中学时代开始便孜孜于人生和社会问题探求，上述行为方式及治学处事风格既深受尔父的感染，同时又受其欣赏。父子经常谈论时事，评点人物，气氛十分热烈。虽然相互之间常常因为观点不同而争执得不可开交，以至声传户外，但谁也不强迫对方接受。直到晚年，梁漱溟仍然很怀念这种父子切磋探讨、自由辩论、相知相得的情境。也正是在这种氛围熏陶下，形成了他一生顽强追求平等自由的特点，以及恪守独立人格的风骨。

1910 年，梁启超主持的立宪刊物《国风报》唤醒了梁漱溟对西方政治革新的热情。他对立法制度、内阁、预算、审计及货币制度等问题非常感兴趣，认为中国也会走向富强。就此而论，梁漱溟与其父亲思想一致：

> 公固关怀国家，溟亦好论时事，于是所语者什九在大局政治，新旧风教之间。始在光宣间，父子并嗜读新会梁氏书。溟日手《新民丛报》若《国风报》一本，肆为议论，顾皆能得公旨。[②]

①佟自光编：《飞扬与落寞——梁漱溟的孤独思考》，北京：东方出版社，2006 年版，第 16 页。

②梁漱溟：《思亲记》，中国文化书院学术委员会编：《梁漱溟全集》（第一卷），山东人民出版社，2005 年版，第 594 页。

在西学广泛传播的同时，资产阶级民主革命和立宪运动也日益高涨起来。就在梁漱溟进入顺天中学堂，胡适进入中国公学的前一年（1905 年），以孙中山为代表的资产阶级革命派在日本东京成立了具有资产阶级政党性质的革命组织——革命同盟会。同盟会以“驱除鞑虏、恢复中华、创立民国、平均地权”亦即三民主义为自己的纲领，积极从事和领导全国人民的反清革命运动。也是这一年，清政府为消除革命，拉拢资产阶级立宪派，派五大臣出洋考察各国宪政，第二年又宣布预备立宪。清政府的预备立宪本来只是一场骗局，但以梁启超为代表的资产阶级立宪派则假戏真唱，掀起了一场声势浩大的立宪运动。他们一方面督促、要求清政府加速立宪，另一方面则围绕同盟会的三民主义纲领与革命派展开了激烈的论战。论战的焦点是要不要反清革命，建立资产阶级民主共和国的问题。双方论战的阵地分别是《民报》和《新民丛报》。这些论战也成了中国青年学生关切和争论的焦点，他们以不同的方式表示了自己的政治主张。[①]起初，梁漱溟坚持他对梁启超及立宪派的信仰，这种信念是他从无可怀疑的父亲和彭诒孙那里接受下来的，同时也得益于自己的思考与探求。笔战就在他和甄元熙之间展开了。后来，梁漱溟的思想发生了转变，其内在原因当然在于他对清政府预备立宪的彻底失望。

> 康、梁的“百日维新”虽然失败了，但过了若干年之后，主张君主立宪的人却有增无减，也可以说是一股不小的潮流吧。因为这种主张是以不推翻清王朝统治为前提的一种改良，特别是在西太后不能主政和病死之后，清廷也允许各省成立咨议局，中央也成立了资政院，还派大臣出洋考察宪政，成立了宪政编查馆。最后还发表上谕，提出经过九年准备，便召开国会，正式立宪，先把省咨议局改为省议会等等。但性急的君主立宪派们都认为九年太远了，等不及，纷纷要求提前召开国会搞宪政。各省因此派出请愿团到北京向清政府请愿。这一举动使清廷恼火，答复说，九年准备的时间不容改变，并强行把各地请愿代表逐出北京。清廷的这一行动，使君主立宪派们大失所望。清廷失去人心，许多立宪派人皆转而为革命派。我个人也看到这些，深感时局如此，宪政肯定无望，革命便是惟一的出路了。其时，京津同盟会（全名是中国革命同盟会京津保支部）酝酿成立统一组织，汪精卫、李石曾、魏宸组、赵铁桥等是领导人。甑元熙介绍我加入京津同盟会，我欣然同意。第一个行动是毅然剪了辫子，置家庭和舆论的反对于不顾。[②]

---

①郑大华:《梁漱溟与胡适——文化保守主义与西化思潮的比较》，北京:中华书局，1994 年版，第 86—87 页。

②汪东林编:《梁漱溟问答录》，长沙:湖南人民出版社，1988 年版，第 18—20 页。

当然,作为政治同盟者的阵营,梁漱溟父子之间分歧出现并加大了。根据梁漱溟的回忆:

公厌薄党人,而溟故袒之。公痛嫉议员并疑其制度,而溟力护国会,语必致迕。诸类于是,不可枚举。时局多事,倏忽日变,则亦日夕相争,每致公不欢而罢。然意不解,则旋复理前语。理前语,则又相持。当午或为之废食,入夜或致晏寝。既寝矣,或又就榻前语不休。其间词气暴慢,至于喧声达户外者有之。①

中学时代的梁漱溟,除了思考人生问题外,还因中国问题的强烈刺激,使他对政治理论、革命与改良等知识界最关心的话题发生浓厚兴趣。那时,梁漱溟较一般同学更方便地获得梁启超在日本编辑的《新民丛报》《新小说》,以及立宪派稍后出版的《国风报》、革命派的《民报》等。这些刊物,特别是梁启超的文字,深深吸引了梁漱溟的注意力,对其思想的形成与转变产生了莫大影响,使梁漱溟在阅读中获知许多近代思想和理念,相信梁启超等人所开出的君主立宪处方,确实看到了中国问题的症结,是整治中国问题的灵丹妙药。梁漱溟真诚相信梁启超的伟大与特异处,佩服梁启超的思想敏锐与行动果敢。他认为,梁启超所鼓吹的国会制度、责任内阁、选举制度、预算制度、国库制度、审计制度,如果按照梁启超的规划进行改革,就必然能够像西方国家一样,建设成一个近代国家。梁漱溟对梁启超的崇拜、信仰与追随并没有持续太久,他就转而走到梁启超的对立面,追随孙中山先生闹革命。这种转变固然有政治上的背景与原因,即清政府官僚体制病入膏肓,整体性腐败日甚一日。而另外一个最直接的原因,则是因为他遇到了能说会道的革命当人甄元熙。②

梁漱溟追忆了他走向民主革命之路的历程:

甄君当然是一革命派。我只热心政治改造,而不同情排满。在政治改造上,我又以英国式政治为理想,否认君主国体民主国体在政治改造上有什么等差不同。转而指责民主国,无论为法国式(内阁制),抑美国式(总统制),皆不如英国政治之善。——此即后来辛亥革命中,康有为所唱"虚君共和论"。在政治改造运动上,我认为可以用种种手段,而莫妙于俄国虚无党人的暗杀

①梁漱溟:《思亲记》,中国文化书院学术委员会编:《梁漱溟全集》(第一卷),济南:山东人民出版社,2005年版,第594页。

②马勇:《中国圣雄:梁漱溟传》,石家庄:河北人民出版社,2010年版,第24—26页。

办法。这一面是很有效的，一面又破坏不大，免遭国际干涉。这些理论和主张，不待言是从立宪派得来的；然一点一滴皆经过我的往复思考，并非一种学舌。我和甄君时常以此作笔战，亦仿佛梁（任公）、汪（精卫）之所为；不过他们在海外是公开的，我们则不敢让人知道。

后来清廷一天一天失去人心，许多立宪派人皆转而为革命派，我亦是这样。中学毕业期近，武昌起义爆发，到处人心奋动，我们在学堂里更呆不住。其时北京的、天津的和保定的学生界秘密互有联络，而头绪不一。适清廷释放汪精卫。汪一面倡和议，一面与李石曾、魏宸组、赵铁桥等暗中组织京津同盟会。甄君同我即参加其中，是为北方革命团体之最大者。所有刺良弼、刺袁世凯和在天津暴动的事，皆出于此一组织。①

1911年冬天，梁漱溟在顺天中学堂以优异的成绩完成了学业。毕业后，他不愿上大学深造。时值辛亥革命爆发，遂到《民国报》任记者，同时兼报社编辑。上半年毕业前夕，加入京津同盟会组织（中国革命同盟会京津保支部之简称，正式成立于1911年冬，此前为小组织、小团体，后逐步联络成统一组织，汪兆铭为支部长）。每日出入总统府、国务院、学校团体与街头巷尾，目睹风云诡谲的政情。

①梁培宽编：《梁漱溟自传》，南京：江苏文艺出版社，1998年版，第32—33页。

第二章

思想心路的波折

——现代教育构想的肇端

从顺天中学堂完成学业的梁漱溟并未选择上大学深造，或出国留学到异国他乡求学"镀金"，而是立志扎根于中国，通过自学和参加社会实践增长才干。他在《民国报》的记者兼编辑身份，使他有可能以"无冕之王"身份拜见民国要人，报道各派政见，所涉北京政坛见闻很多，感受极深，刺激很大。

> 在此期间，接触最多者当然在政治方面。前此在中学读书时，便梦想议会政治，逢着资政院开会（宣统二年、三年两度开会），必辗转恳托介绍旁听。现在是新闻记者，持有长期旁听证，所有民元临时参议院民二国会的两院，几乎无日不出入其间了。此外若同盟会本部和改组后的国民党本部，若国务院等处，亦是我踪迹最密的所在。还有共和建设讨论会（民主党之前身）和民主党（进步党的前身）的地方，我亦常去。当时议会内党派的离合，国务院的改组，袁世凯的许多操纵运用，皆映于吾目而了了于吾心。许多政治上人物，他不熟悉我，我却熟悉他。这些实际知识和经验，有助于我对中国问题之认识者不少。①

一波三折，峰回路转，梁漱溟又将国家兴衰与民生经济的慈悲心怀融入社会拯救事业之中，力图探讨现实社会的思想及改革问题。上述普世惠济情愫的多元复杂成分因子亦有主次之分，却始终以某种方式留存。这在梁漱溟的教育生涯及乡村教育实验活动中都有充分反映。

---

①梁培宽编：《梁漱溟自传》，南京：江苏文艺出版社，1998 年版，第 34—35 页。

第一节　钟情社会主义

据当代传记小说家汪东林先生所述：

> 梁漱溟最早时候就接触过社会主义学说，他写过小册子，叫《社会主义粹言》，但是他没有完全相信，没有信它，后来相信儒家这个学说了，可是呢，有几个人对他影响很大，就是首先他在北大当教授的时候，李大钊，两人是非常好的朋友，非常相投的，一直到李大钊牺牲，他为李大钊收尸。陈独秀他也认识，他想把中国搞好，他说对他们这些人，他是很敬重的。[①]

情况确乎如此，1912 年冬天，梁漱溟撰写了《社会主义粹言》一书，由于无钱付印，便从朋友处借来誊写板，自己刻印了数十份，分送给他人。该书共分 10 节，1.2 万余字。但非常遗憾，该书原稿已佚失，无从查找。1923 年 8 月，梁漱溟在山东第六中学讲演，由听者崔万秋笔录之一段为其“社会主义之必要”大义，其中所举例子，不外乎女子为生活所逼，强扮笑颜委曲承欢，“受人家的糟蹋侮弄”，而富者“恃强造孽”，威逼自姿；拉人力车的白发老头，跑不动，而坐车的催他快跑，一跤跌倒，头破血流；瘦弱无力的男子，因饥饿无奈，偷食了人家的面包，被警察五花大绑，牵行过市。从梁漱溟对社会主义思考的内容看，他认为私有制是引起社会争夺、社会道德败坏、国家秩序混乱的原因，总之是罪恶之源，只有废除私有制度，生产资料归公，生活问题基本由社会共同解决，才能免除社会争夺。因此，不改造这个由社会竞争、私有制所造成的不良社会制度，包括教育在内的社会各个方面问题的解决都是不切实际的。

梁漱溟在后来的“自传”中又对此做了回溯与思考，有助于诠释并理解他的上述阐析。这种偏于调和，以合作摒弃竞争，认为资本市场是私有制的渊薮，唯有家族宗法伦理才能化解矛盾的主张，恰是梁漱溟走向乡村运动希望以稳定、振兴农村来消除社会对抗、解决社会出路的思想逻辑。

①汪东林：《1949 年后的梁漱溟》，北京：当代中国出版社，2007 年版，第 4—5 页。

人间还有许多罪恶，似为当事双方所同意，亦且为法律所不禁的，如许多为了金钱不复计及人格的事。其极端之例，便是娼优。社会上大事小事，属此类型，各式各样亦复数之不尽。因为在这社会上，是苦是乐，是死是活，都决定于金钱。钱之为用，乃广大无边，而高于一切；拥有大量钱财之人，即不啻握有莫大权力，可以役使一切了。此时责备有钱的人，不该这样用他的钱；责备无钱人，不该这样出卖自己。高倡道德，以勉励众人。我们亦徒见其迂谬可笑，费尽唇舌，难收效果而已！

此外还有法律之所许可，道德不及纠正，而社会无形予以鼓励的事。那便是经济上一切竞争行为。竞争之结果，总有许多落伍失败的人，陷于悲惨境遇，其极端之例，便是乞丐。有的不出来行乞，而境遇悲惨需人救恤者，同属这一类型。大抵老弱残废孤寡疾病的人，竞争不了，最容易落到这地步。我认为这亦是人间的一种罪恶。不过这种罪恶，更没有哪一个负其责，显明是社会制度的罪恶了。此时虽有慈善家来举办慈善事业以为救济，但不从头理清此一问题，支支节节，又能补救得几何？

此时普及教育是不可希望的，公共卫生是不能讲的，纵然以国家力量勉强举办一些，无奈与其社会大趋势相反何？——大趋势使好多人不能从容以受教育，使好多人无法讲求卫生。社会财富可能以自由竞争而增进（亦有限度），但文化水准不见得比例地随以增高，尤其风俗习惯想要日进于美善，是不可能的。因根本上先失去人心的清明安和，而流于贪吝自私。再加以与普及教育是矛盾的，与公共卫生是矛盾的，那么，将只有使身体方面心理方面日益败坏堕落下去！

人类日趋于下流与衰败，是何等可惊可惧的事！教育家挽救不了；卫生家挽救不了；宗教家、道德家、哲学家都挽救不了。什么政治家、法律家更不用说。拔本塞源，只有废除财产私有制度，以生产手段归公，生活问题基本上由社会共同解决，而免去人与人间之生存竞争。——这就是社会主义了。①

综观梁漱溟的一生，在他的思想深处一直是向往社会主义的。这在他的言行中有明显的表现，如在20世纪二三十年代最重要的著作《东西文化及其哲学》中对基尔特社会主义的称赞，乡村建设时期对社会主义思想的借鉴和实施。

①梁培宽编：《梁漱溟自传》，南京：江苏文艺出版社，1998年版，第38—39页。

从探寻社会解放的道路而言，将私有制根源作为社会黑暗的根源，这无疑是抓住了唯物辩证法的一个本质问题。但是，究竟如何消灭私有制度？梁漱溟却没有回答。他的教育思想及实践活动从广东、河南、山东直到重庆，无论是哪一类层次的办学机构，或何种类型的教育场所，始终贯穿着以教育稳定社会、培养人才、改造文化、复兴乡村、实现理想社会政治的奋斗线路，而且，其中也不乏社会主义的因素或成分。例如，在河南村治学院办学要义的社会功能分析中，便从经济基础、上层建筑的思想体现社会主义较之资本主义所具有的独特价值。“欲使社会于其经济方面益进于组织的，是在其生产及分配的社会化。生产的社会化，欧人资本社会既行之矣；其分配问题犹未能解决焉。分配问题不解决，固缺欠组织之大者。然此在我则或不为难。吾民族精神向来之所昭示与此至为符顺，一也。生产曾未发动，则两面的社会化问题同时并进其势既便且易，二也。吾为农国，农业根本不适于资本主义而适于社会主义，三也。”[①]乡村教育的社会组织结构及文化经过改造后的复兴是解决现存混乱及弊端所亟须的良方灵药，而这恰是工业化资本主义的弱项与偏差。

①梁漱溟：《河南村治学院旨趣书》，中华文化书院学术委员会编：《梁漱溟全集》（第四卷），济南：山东人民出版社，2005年版，第913页。

第二节　倾心佛学

从德育心理学分析，一个有较高知识素养及认识水平的人在其思想信念尚未确立之前，往往会因某种“突发事件”（无论是源于人，还是源于物的不同对象）的干预而发生变异，乃至终止。这同样反映在梁漱溟的心路历程之中。据有关文献记载，后来曾在汪精卫伪南京政府任职的江亢虎于1911年在上海成立社会党，借社会主义之名，行招摇撞骗之实，这促使梁漱溟的社会主义情结退却。

1985年《团结报》曾连续八期刊载由记者晓林采访梁漱溟的录音整理的回忆录。这些宝贵历史资源分载在不同的文献书籍中，可见其影响之广泛性。其中“之二”首篇为《江亢虎其人》，有这样的叙述：

> 我对江亢虎的总的评价是，他是一个善于投机取巧的人。据说，江和我家有世谊，他并称我的父母为世叔、世婶，但究竟有什么样的世谊，我说不清楚。

> 江亢虎在民国初年为了求名求利，曾在上海发起组织了中国社会党，后来，他来到北京，却由于社会党党徒陈翼龙被袁世凯杀害，他竟悄悄地跑掉了。……汪精卫投敌后，他竟去参加汪伪国民政府，但也没捞到什么好位置，只得了一个伪考试院副院长的闲职，这就不多谈了。①

> 江亦光绪庚子后北京社会上倡导维新运动之一人，与我家夙有来往，我深知其为人底细。他此种举动，完全出于投机心理。虽有些莫名其妙的人附和他，我则不睬。所有他们发表的言论，我都摒斥，不愿入目。我之倾向社会主义，不独与他们无关，而且因为憎恶他们，倒使我对社会主义隔膜了。②

---

①梁漱溟：《忆旧谈往录》，中华文化书院学术委员会编：《梁漱溟全集》（第七卷），济南：山东人民出版社，2005年版，第532页。

②梁培宽编：《梁漱溟自传》，南京：江苏文艺出版社，1998年版，第35页。

1913年，由于对辛亥革命后的社会现状深感失望和沮丧，梁漱溟脱离了同盟会，退出了《国民报》。现实社会问题的刺激使他的精神发生了深刻的危机，他甚至一度对社会问题深感厌倦。在理想和现实无法统一的情况下，一种孤苦无告的焦躁感和无助感占据了青年梁漱溟的心，使他经常处于日益增长的愤怒重压下，徘徊在自我毁灭的边缘，他两度自杀未遂。正当其时，中国出现了一个复兴和改革佛学的高潮。极度失望的情绪促使梁漱溟的关注点由社会现实问题转向人生问题，并接受佛教"人生是苦"的观点。

一、修佛的心路

现实社会的无奈及内心的困苦，使梁漱溟于1912年两次企图自杀，并最终以"入世"转为"出世"，希望通过隐居和潜心研究佛法，从佛家的自我疗法中求得精神痛苦的解脱。实际上，不唯梁漱溟，章太炎、鲁迅、李大钊以及许多热血青年都曾因辛亥革命的失败和民国初年政治生活中的种种丑恶现象而悲观失望过。章太炎当时在家信中写道："今日所观察者，中国必亡，更无他说。余只欲避居世外，以作桃源，一切事皆不闻不问，于心始安。""要之，自所怀者，惟有一死，次则出家为沙门也。"①鲁迅在《南腔北调》一书中回忆说："见过辛亥革命，见过二次革命，见过袁世凯称帝，张勋复辟，看来看去，就看得怀疑起来，于是失望，颓唐得很。"

梁漱溟自述称："我20岁以后之归心佛法，实由此热潮（指社会主义——笔者注）激转而折入出世一路者。"他读佛经大致有两个时期：一是14—15岁，辛亥革命之前；一是民国以后不当记者，进北京大学之前、在家闲居的两年多时间。他开始并不懂得什么大乘、小乘，什么密宗、禅宗等，但由于对人生苦乐的探求与佛学合拍，便从较通俗的《佛学丛报》着手，边学边钻，久而久之，渐渐入门。"但因无人指教，自己于佛法大乘小乘尚不分辨，于各宗派更属茫然，遇有佛典即行购求，亦不问其能懂与否。曾记得'唯识''因明'各典籍最难通晓，暗中摸索，费力甚苦。"②

梁漱溟居家潜心研究佛典，由醉心社会主义而转为倾向出世。他甚至许愿从今以后不吃肉、不饮酒、不娶妻生子，过和尚式的生活。梁济对儿子的这种"出

---

①汤志钧：《章太炎年谱长编》，北京：中华书局，1979年版，第452、497页。

②梁培宽编：《梁漱溟自传》，南京：江苏文艺出版社，1998年版，第40页。

格”举动、几近怪诞的行为依旧没有加以禁止，这种宽容令梁漱溟既吃惊又感动。经过“暗中摸索”，凭着自身良好的学识素质和坚忍的毅力，他不仅啃下了不少佛学经典，而且成了中国现代著名的佛学学者。其实这种体验不止梁漱溟所独有，此期的蔡元培、康有为、谭嗣同、梁启超等思想名流，都在积极倡导佛学，并或多或少地受到了佛学的影响。

在集中阅读佛典的同时，梁漱溟开始系统地学习一些西方现代社会科学和人文科学的著作。这期间，他接触到柏格森、叔本华、尼采等人的著作，估计也阅读了严复翻译的穆勒、赫胥黎、孟德斯鸠的著作。在叔本华看来，欲望的实质就是痛苦，因为欲望是永远不会满足的，是无穷无尽的。“当一种欲望得到满足时，新的欲望就会随之而起，结果仍然是得不到满足的痛苦。因为一个人如果一切都得到了满足，随之而来的只能是空虚和孤寂，而这是另一种痛苦。……解决痛苦的办法，只有否定生命，消除欲望，进入无我之境，达到佛教的涅槃。”[①]

正因为如此，梁漱溟倾心于印度的出世思想。“十七岁曾拒绝母亲为我议婚，二十岁开始茹素，寻求佛典阅读，怀抱出家为僧之念，直至廿九岁乃始放弃。”[②]整整 12 年，恰好是梁漱溟的青春鼎盛时期，他沉浸在以佛学为主的外来思想的研读与思考之中，尤其是对佛学如痴如醉，言行如一，表里一贯，其佛学的修为造诣臻至国内知名佛学者家行列。这种现象沿至 1922年《东西文化及其哲学》的创作及出版时才发生改变。

二、《究元决疑论》

1916 年，梁漱溟 24 岁，发表《究元决疑论》，后收入《东方文库》单行本印行。“究元”，究竟元真；“决疑”，决行止之疑。这是从两个方面阐述佛家对宇宙、人生的看法。此时的梁漱溟在批评古今中外各家学说时，唯独推崇佛学，他充分发挥印度哲学的出世思想，认为皈依佛法是人生唯一的出路。

梁漱溟讲到写这篇文章的缘由、影响及对自身学术发展、人生际遇的多维关系时说：

---

①曹跃明：《梁漱溟思想研究》，天津：天津人民出版社，1995 年版，第 30—31 页。

②梁培宽编：《梁漱溟自传》，南京：江苏文艺出版社，1998 年版，第 40 页。

> 得黄远庸先生自上海来信，同时读到其忏悔录，随后听到他在美被刺消息。兴感于黄先生之惨死，而作此论。文章的中心内容是批判古今中外的各家学说，唯独推崇佛学。论中发挥印度出世思想，指(出)人生唯一的路在皈依佛法。此论原稿寄章行严(士钊)先生，为蒋竹庄(维侨)先生所得，交东方杂志于同年五、六、七期连载刊出。

> 《究元决疑论》是我 24 岁时作的一篇文章。我自 20 岁以后，思想折入佛家一路，专心佛典者四五年。同时复常从友人张申府借的几种西文哲学书读之。至此篇发表，可以算是四五年来思想上的一个小结果。当时自己固甚满意。至今好些朋友关系还是从这篇文字发送出来的。即我到北京大学担任讲席，也是因范静先生的介绍而以此文为贽去访蔡(元培)先生，蔡先生看了此文就商同陈仲甫(独秀)先生以印度哲学一课相属。——当时因在司法部任秘书未能承应，而转推许季上先生代课；至翌年许先生病辞，乃继其任。[①]

《究元决疑论》全文分为两部分：第一部分是“佛学如实论”，论证佛性真如，探讨的是宇宙的本体论；第二部分是“佛学方便论”，谈论的是“幻象假有”，是现象界的问题，“将以决行止之疑”。前者是出世的诉求，后者是入世的真谛。正是用大乘佛学的真无幻有理念将佛学的出世与儒家使命感的入世精神整合起来，但无疑是前者为主。梁漱溟毕生思考和试图解决的有两大问题：在人生问题上，他持佛家的态度；在社会抑或是中国社会改造问题上，他持儒家的态度。二者互为依存，然后，彼此重心不同，此消彼长，大致仍以上述 1922 年为界标。正是这种儒佛兼有的思想特征，降低了他在现实事业探求中的功利动机和风险负荷，而以意念精神化解了由此引发的焦虑与紧张。梁漱溟也一如以西方基督博爱、平等相期许的晏阳初、陶行知、马相伯，在开拓现实教育改革试验中充满宗教家的奉献精神，他转而执着实践教育活动，也是贯注着以宗教家的出世情怀来开展他的入世的社会宏伟事业，并曾以此引发以毛泽东为代表的共产党领导者“至为钦佩”的评价与感言。

①李渊庭、阎秉华编：《梁漱溟先生年谱》，桂林：广西师范大学出版社，1991 年版，第 29—30 页。

第三节 “吾曹不出如苍生何”

梁漱溟从归隐林泉、佛影禅味中重返现实政治及社会活动中来,有厚重的历史背景及认识转变因素。尽管许多内容上文已有表述,但此处仍拾遗补阙,以彰显梁氏思想的曲径通幽、气象万千及斑驳律动。

袁世凯任中华民国大总统后, 立即着手建立独裁统治,1913 年 3 月 20 日,他派人在上海暗杀了国民党代理理事长宋教仁。孙中山发动武力讨袁,掀起“二次革命”,但由于江西、江苏、广东、上海等独立各省缺乏领导和部署,推诿、妥协,被北洋军各个击破,“二次革命”失败。袁世凯当上中华民国正式大总统后,下令解散国会,废除《临时约法》,于 1914 年 2 月制定《中华民国约法》,为其建立个人独裁提供了法律依据,并为复辟帝制铺道。为此,孙中山开展“护法运动”谴责袁世凯的冒天下之大不韪。1915 年1 月18 日,日本驻华公使日置益向中国递交“二十一条”,旨在变中国为其独占殖民地。袁世凯为换取日本对其称帝的支持,不顾全国人民的坚决反对,于5 月9 日应允了其中大部分条款。消息传出,舆论哗然,全国立即掀起反袁御日的爱国运动。12 月 12 日,袁世凯宣布改中华民国为中华帝国,以1916 年为“洪宪”元年,准备元旦登基。洪宪帝制的图谋激起举国一致的声讨,孙中山发动“护国运动”。袁世凯陷入众叛亲离的境地,被迫于1916 年3 月22 日宣布取消帝制。

在这种场景下,思想界的“狂飙突击”运动上演了。1915 年 9 月 15 日,陈独秀主编的《青年杂志》在上海创刊(第二卷起改为《新青年》)。该刊的《敬告青年》一文,向青年提出六项希望:1.自主的而非奴隶的;2.进步的而非保守的;3.进取的而非退隐的;4.世界的而非锁国的;5.实利的而非虚文的;6.科学的而非想象的。呼吁青年从消极、保守、退缩、闭塞等思想影响下解脱出来,树立起积极、进取、追求实利和科学的精神,向腐败的封建意识战斗。并明白宣告:不论什么事物和观念,如果经理性和科学判定为不合于现今社会的,即令它是“祖宗之所遗留,圣贤之所垂教，政府之所提倡，社会之所推崇，皆一文不值也”。《青年杂志》是当时最有影响的杂志之一，它的创刊标志着新文化运动的兴起。

在这迅猛剧变、惊涛骇浪的社会背景中，梁漱溟的思想轨迹由个体出世救赎转向社会普世解救，是一种非常积极的提升，其信念是坚强的，而所产生的作用是如此深刻而持续。恰如美国当代历史家艾恺的认识：“梁漱溟便没有规避这样一些事件，显然受到其中社会实践性和功利性的洗礼，但又具有更深层的意蕴。各种儒、释、道的圣贤都是把超验的永恒和特殊的暂存事物联系起来。这些圣贤卓越与超历史的普遍的‘道’同体，同时又面向现实社会，向人们讲述那绝对的实在如何与世俗间的问题相联系。他们成功地把自己和人类环境中的矛盾结合在一起，从而也就把崇高的、公共的、普遍的人类与他们特殊的历史环境结合起来。梁漱溟就是这类性格超常的人物之一。但如同以往许多宗教领袖和政治领袖一样，他好像要把个人内心的打算和广大同胞面临的问题结合在一起，他摆脱了危机时期，以一个救世主的身份带着反省和具有普遍意义的启示出现了。”①

回归现实人生并执着于实践入世的梁漱溟总是有各种服务社会的机会。

1916 年 9 月 1 日，正在法国从事留法勤工俭学活动并就任华法教育会中方会长的蔡元培接到北洋军阀政府教育总长范源濂的电报，促其归国任北京大学校长。12 月6 日，北洋政府总统黎元洪正式任命他为北京大学校长。蔡元培是我国近代著名的资产阶级革命家、杰出的民主主义教育家，为发展中国的新教育、建立资产阶级民主主义教育制度做出了重大贡献。

在办教育、发展学术上，蔡元培一贯主张思想自由、学术自由，各派主张可以兼容并包。他任北京大学校长后的第一次演讲，就干脆指出：“大学者，研究高深学问者也。”②聘请教员要“以学术造诣为主”，其他条件如思想、派别、年龄、资格、国别等都是次要的条件。就是说，应该允许有不同学术观点的人同时在大学任教，“大学者，‘囊括大典、网罗众家’之学府也”。他反对中国封建社会长期钳

①［美］艾恺：《最后的儒家——梁漱溟与中国现代化的两难》，王宗昱、翼建中译，南京：江苏人民出版社，2003 年版，第 37 页。

②蔡元培：《就任北京大学校长之演讲》，高平叔编：《蔡元培教育文选》，北京：人民教育出版社，1980 年版，第 22 页。

制思想、独尊儒术，造成思想界多年一片死寂的现象，而主张“思想自由”。在大学内，各种学术派别“常樊然并峙于其中，此思想自由之通则，而大学之所以为大也”[①]。直到晚年，蔡元培总结一生办教育的经验时还说：“我对于各家学说，依各国大学通例，循思想自由原则，兼容并包。无论何种学派，苟其言之成理，持之有故，尚不达自然淘汰之运命，即使彼此相反，也听他们自由发展。”[②]这种主张反映了蔡元培的资产阶级民主主义的思想，在当时具有冲破封建专制思想的作用，是积极的、进步的。按照这个原则，他对北京大学进行了改造。当时教员中不少是封建守旧人物，尤其是文科，旧派人占多数，学术上毫无生气。他认为要打破北京大学的旧习惯必须从聘请学识深而热心的教员入手。他到校不久，就聘请了《新青年》杂志主编陈独秀到北京大学任文科学长，请在学术上有突出造诣的胡适、马叙伦、李仲揆（四光）、任鸿隽、马寅初等到北京大学任教。以后，李大钊、鲁迅也到北京大学兼课。同时，也留用了业务上有一技之长，但思想保守甚至反动的人：像积极拥护袁世凯但却与章太炎齐名的古文经学家刘师培；以复辟为己任，拖着长辫子，但又精通英语，把“四书”译成英文的辜鸿铭。人才难得，不可求全责备，他们与新派人物虽然观点不同，但也可让他们并存，以使学生有自由选择的余地；而对于没有业务能力者，不管依仗何种权势，也要坚决辞退。经过整顿，北京大学教师队伍面貌一新，确实成了一所网罗众家的学府。

蔡元培曾在《东方杂志》上阅读梁漱溟的《究元决疑论》，因自己平素爱好哲学，希望此次到北大着重办好哲学系，遂对该文也特别留意。梁漱溟是晚辈后学，很早便读到了蔡元培《哲学要领》等著作，久慕蔡先生，但除了在民国元年作为新闻记者时与时任内阁成员的蔡元培见过几面之外，从未有过深入接触和交谈。经教育总长范源濂介绍，梁漱溟带着论文慕名拜访蔡元培。蔡对梁的学问与见识表示赞赏，并希望他能来北大任教。这对年仅 24 岁而又无大学学历的梁漱溟而言，在惊喜之余，又颇感几分诧异。他对此番历程及感受作了回忆：

> 说到我自己，虽然当时也在蔡先生的包容聚拢之下，年仅二十四岁就被聘到北大教印度哲学，实则我是得到当时北京大学培养之人，而不是如许多名流学者那样得到发抒之人。我那时不属于新派，但要说是旧派也还数不上

---

①蔡元培：《〈北京大学月刊〉发刊词》，高平叔编：《蔡元培教育文选》，北京：人民教育出版社，1980 年版，第 59 页。

②蔡元培：《我在教育界的经验》，高平叔编：《蔡元培教育文选》，北京：人民教育出版社，1980 年版，第 244 页。

我。在当时北大的旧派学者中,有辜鸿铭、刘师培等名流,我是不够格的。我说自己是受当时北大培养、教育的人,意为蔡先生的了不起,并不止于聚拢许多人,更且能培养许多人。除了许多学生不算,如我这样并非学生而实际受培养者,亦不在少数。①

由于当时南来北往的函电极多,梁漱溟经常忙到深夜,而对印度哲学这门课事先既无准备,接受后又无时间编写讲义。所以,他只好征得蔡元培的同意,暂缓到北大,课程由他推荐的研究佛学的好友许季上暂时代理。

1917 年初夏,梁漱溟南游经苏州、杭州而往湖南,暂居 3 个月,时值南岳衡山的北洋军阀旧部王汝贤等率部溃走长沙,大掠而往北,沿途军纪极坏。10 月,由湖南回北京,溃兵此时亦正北撤,一路所见,触目惊心。

梁漱溟回京后有感于南北军阀战祸之烈所带来民生凋敝、百姓痛苦的惨象,写出《吾曹不出如苍生何》一文,呼吁社会各界有心人出来组织国民息兵会,共同阻止内战,培植民主势力,并自费印了数千册,分送与人。到北京大学任教后,他还拿了若干册放在教员休息室,供人翻阅或自取。当时亦在北京大学任教的旧派学者辜鸿铭教授翻阅后,自言自语地说:"有心人哉!"据他回忆说:"这篇文章很得胡适之先生的同情与注意。时隔数年,他还提起来说,当日见了那篇文章,即在日记上记了一句话:梁先生这个人将来定会要革命的。"②

在这篇文章中,梁漱溟首先对当时的社会动乱及其引起的严重后果进行了揭露。"政治上之武装的势力",所以敢冒天下之大不韪,连年发动战争,造成"此种种之恶局面",一个重要原因就在于"吾曹",即自认为自己是好人的人,尤其是像自己这样的"好人"——知识精英——置身于政治之外,或潜心于佛法,或逍遥于山林,或埋首于故纸堆中,未能承担起"君子"的社会责任,所以他指出"改造今日不可安之局面而成一举国皆安之局面",其关键在于"吾曹其兴起",高举"非战"的大旗,组织"国民息兵会",动员全国的舆论,迫使军阀同意停战,并保

①汪东林编:《梁漱溟问答录》,长沙:湖南人民出版社,1988 年版,第 33—34 页。

②梁漱溟:《主编本刊〈〈村治〉〉之自白》,中国文化书院学术委员会编:《梁漱溟全集》(第五卷),济南:山东人民出版社,2005 年版,第 5 页。

证今后不再相互诉诸武力。息兵会具体的组织方式和实施步骤主要有如下四方面：一是依靠遍及各省府州县的商会和教育会，使之成为“非战”的宣传机构；二是以“非战”两字为口号，广结同情，以“息兵”两字为目标，树立信心；三是一面传播非战主义，发布论文及白话小册子，一面要求各方面罢兵，永不许战争见于国内；四是要求息兵，其余政治上的问题概不过问。在梁漱溟看来，除了组织国民息兵会、利用舆论的力量求得全国的和平之外，其他一切主张和措施，如北方的武力统一，南方的兴兵护法，调和南北，共谋国是，或以联邦泯除独裁、别开新局等种种美妙设想，都没有抓住问题的根本，结果不仅不能解决问题，相反还会“驱入乱途”，引起更多的社会破坏。他相信，只要像他这样的“好人”们能以救国救民为己任而“兴起”，并振臂呼喊，共同努力，那么中国前途就有希望。

夫举国人之对于此种之局面皆痛心燠咻不能一日安者也。而构成此种局面者实即此举国之人，则举国之人起而更张之，直一举手耳。譬如甲乙间共一问题，甲以为否者而乙不同意；此所谓难办也，所谓无办法也。今甲之所否者，乙亦否之；则岂非最易解决者乎？而顾曰无办法何也？今日之事直不办耳。若办即可解决。是故吾曹当知今吾所号招吾曹攘臂共赴之大事，所谓改造今日不可安之局面而成一举国皆安之局面者，乃易为解决之事，乃必成功之事，嗟乎！吾曹其兴起！

吾曹不出，悉就死关，吾曹若出，都是活路。而吾曹果出，大局立转，乃至易解决之事，乃必成功之事。今日之宇内更无有具大力量如吾曹者，握全国之枢机者不在秉钧之当局，而在吾曹。嗟乎！吾曹其兴起！吾曹不出如苍生何？①

这里透露出了梁漱溟傲世独立的霸气，但更准确地说，是责任与抱负的勇于担当精神，知识界及学术力量对政治清明产生作用的一种期许与自信。后期的河南村治学院教育实验，尤其是山东邹平乡村教育实验，同样展现出依据方案图谱进行实际力行的一种巨大努力。

20 世纪 20 年代，中国资产阶级倡导“好人政府”的政治主张及实践，应该说与梁漱溟在文中的言论是不谋而合的。1922 年华盛顿会议以后，由于帝国主义

①梁漱溟：《吾曹不出如苍生何》，中国文化书院学术委员会编：《梁漱溟全集》（第四卷），济南：山东人民出版社，2005 年版，第 520、536 页。

加紧侵略，军阀连年混战，使中国的民族危机和国内政治经济危机日益严重。一部分民族资产阶级、上层小资产阶级和大资产阶级的改良派，幻想通过政治上的改良，谋求中国的出路。所谓“好政府”主义就是这个时期的一种改良主义思潮。1922 年 5 月，蔡元培、胡适、王宠惠、汤尔和、梁漱溟、罗文干等人在《努力周报》上联名发表《我们的政治主张》一文，提出组织一个“好政府”，“作为现在改革中国政治的最低限度的要求”。他们认为，中国政治之所以败坏，“好人自命清高”是一个重要原因。因此，社会上的优秀分子出来和恶势力奋斗，组织“好政府”，是“政治改革的唯一下手工夫”。他们主张南北正式议和、协商召集国会、制定宪法、分期裁兵、改良选举制度、实行财政公开等，并提出了“宪政的政府”“公开的政府”“有计划的政治”三项政治改革原则。他们鼓吹只要几个“好人”出来组织政府，不必打倒帝国主义和封建军阀，中国就可以富强起来。[1]同年9 月，在直系军阀吴佩孚支持下，北京政府改组内阁，王宠惠出任国务总理，罗文干、汤尔和等入阁，他们被认为是无党无派的“好人”，故该政府曾有“好人政府”之称。但“好人内阁”事事听命于军阀，什么好事也没做，11 月下旬被迫辞职下台。

上述思想在军阀统治下的“率兽食人”的黑暗社会里根本无力实现，但其中所暗含的提高民众素质，以改良乡村社会为基础化解社会矛盾、实现理想社会的设想却成了日后持续漫长岁月乡建运动的重要理论基础；同样，所蕴含的通过社会舆论干预或影响现实政治的努力也贯穿于他以后的教育活动和社会活动生涯之中。

梁漱溟自南方回到北京之后，适逢许季上生病不能上课，经蔡元培的再次催促，1917 年 10 月他到了北京大学，时年 24 岁。

①高平叔编：《蔡元培全集》（第四卷），北京：中华书局，1984 年版，第 187—190 页。

第四节　任职北京大学

从 1917 年进入北京大学至1924 年暑假辞职去山东办学为止，梁漱溟在北京大学从事教育及学术研究活动整整 7 年。正是这段在北京大学的活动经历及生活体验，他的思想又发生了重大变化，逐渐从"古印度人的出世思想"转向"中国的儒家思想"，并成为 20 世纪中国著名的文化保守主义者和现代新儒学的"开启者"。

一、中学毕业生步入最高学府

从严格意义上说，梁漱溟的最高学历是高中毕业，虽然他最终毕业的顺天中学堂带有高等教育的专业程度，但毕竟是一所中学，而非大学。此后，关于他是否有大学深造或进修经历虽有不同观点，但笔者认为是不可能有此可信记录的。就出身而论，梁漱溟是低学历者，当属确论。成就其卓越教育家的因素复杂，无疑社会文化构造视阈、个人天赋及自学努力当是主要缘由。但是，梁漱溟被礼聘至国内最高学府、国际知名大学任教则是令人无可怀疑和争辩的事实。

著名传记文学作家、记者汪东林先生对梁漱溟应聘进入北京大学一事有如下记载：

> 梁漱溟以内阁司法部工作秘书的身份讨得教育总长范源濂的介绍信，前往刚刚上任北京大学校长的蔡元培先生家中拜访。梁漱溟的动机，是想通过这次拜访，得到蔡元培的当面教诲，自然也希望有机会到北京大学深造。由于这些，当单独面见蔡元培的机会一旦到来时，梁漱溟有着忐忑不安的心情是十分自然的。然而更出人意料的事情发生了，寒暄之后，蔡元培翻看了一下介绍信和《东方杂志》，没等梁漱溟发问，仅仅正视了梁漱溟一眼，就开门见山地说："好，你来得好。你的大作《究元决疑论》我路过上海时就拜读过了，有胆识，有立论，见解独到。我这次到北京大学当校长，首当其冲的任务

是广罗人才。我自己是搞哲学的，更要把哲学系办好。看了你的文章，我知道你潜心研究佛学，还旁及东西方哲学，包括印度哲学。我是下决心要把各方面的哲学人才网罗到北京大学来的。我想你可以到北京大学来教授印度哲学，到现在为止，我还没有发现这方面的人才，你可以算一个人选。这件事你先考虑一下，过几天我约你到北京大学再谈定，好吗？"梁漱溟听了这一席话，简直有点不敢相信自己的耳朵，发呆了好一阵子，才回答说："我才疏学浅，蔡先生美意委我重任，我怕担不起这副担子。论学历，我只是顺天中学堂的毕业生；论学问，我仅仅是近几年埋头自学，略知佛学一二，并不精通印度哲学。我的本意，是来求教于蔡先生，希望能得到深造的机会。"梁漱溟的话还没有讲完，蔡元培便接过话头继续说："今天我另有约，怕不能细谈了。我们只是先见一面，过几天再到学校细说，但我邀你来北京大学任教的主意已定，希望你考虑好再作决定。我的看法，一座大学，学生自然是来深造的，先生又何尝不是来深造的呢？对于一个大学教师的要求，要讲学历、资历，也要讲学问、本领，更重要的是真学问，真本领！况且现在一切都在创建，万事开头难，不可求全。全而专，固然好；不全而有一技之专，在一个方面有真学问，真本领，为何不可在这个方面为人师？不会还可以再学，再深造嘛！我们今天就先谈到这里吧！"①

受到蔡元培办学实践中延聘教师重在专业学术造诣，学术自由、兼容并包举措的影响，又直接感动于北京大学校长对人才的重视与期盼，梁漱溟在忐忑不安的心境中来到北京大学任教。

在任职北京大学哲学系讲师一职的前几年，梁漱溟除了在哲学系开设"印度哲学"课程外，还讲授"唯识哲学""儒家哲学"等课程，并在上述课程之外，于1920年做了一个月的"东西文化及其哲学"的讲演。梁漱溟受聘北京大学时年仅24岁，与班上许多同学年龄相若，如后来学问各有造诣、均为大学名教授的孙本文、顾颉刚、冯友兰、黄文弼、朱自清等。其中，也有比他年长者，如谭鸣谦（后改名谭平山）等。尽管没有接受规范高等教育及海外留学教育的经历，然而，梁漱溟的课深受欢迎，听讲者之中，除了哲学系注册的学生外，还有其他系科的学生，甚至其他学校如琉璃厂高师的学生、太仆寺街法专的学生，乃至并非在校生，而是壮年、中年的社会好学者都有前来听讲，以至于学校注册部所安排的教室往往容不下，只得临时改用大一点的教室以解决教学场地拥挤的问题，并满足学生的学习要求。他回忆说："当1923年前后，我讲儒家思想一课，来听讲的通

①汪东林：《"反面教员"梁漱溟》，北京：当代中国出版社，2011年版，第198—201页。

常总在 200 人左右。初排定在红楼第一院某教室,却必改在第二院大讲堂才行。学年届满,课程结束,举行考试的试卷亦有 90 多本。此即注册的正式学生之数了。"[①]也就是说,旁听者超过正式注册学生一倍以上。

梁漱溟任教的北京大学哲学系当时的发展状况理想，梁漱溟所授课程深得学生的欢迎。又有其回忆材料证实:

> 在我眼见的七年中,哲学系始终是最重要的一个学系。当其盛时,比任何一学系的学生都多。除了注册选修哲学课程者外,其他学生自由来听讲的亦很多。校外的人(例如琉璃厂高师的学生、太仆寺街法专的学生,还有些不是学生的人)经常来听讲者亦颇有之。注册部所安排的教室每不合用。就为按照注册人数,这间教室本可以容纳下,而临时实到听讲的人数却加多,甚至加多达一倍,非掉换大教室不可。我自己的经验,当民国十二及十三年上半年,我讲儒家思想时,必须用第二院的大讲堂才行。通常听讲人数总在二百左右,到课程结束,举行考试时的试卷亦有九十多本,此即正式注册的学生了。闻人言近年(指抗战前和抗战中)南北各大学哲学系学生少得可怜,几乎没有人愿入哲学系。此固一时一时风气不同。[②]

在讲课的基础上,他先后由北京大学出版部出版了《印度哲学概论》(1918)、《唯识述义》(1920)等书,由一个喜爱哲学的青年成长为一位学有专攻的大学名流专家。梁漱溟说,他在北京大学执教,"7 年之间从蔡先生和诸同事、诸同学所获益处,直接间接,有形无形,数之难尽。总之,北京大学实在培养了我"[③]。这并非矫情作秀或夸张附会,而是事实的反映以及真情实感的流露。

> 于是我头一年讲授印度哲学课程,第二年《印度哲学概论》由商务印书馆出版。同时,又陆续开授儒家哲学(又称儒家思想史)等课。但我的心思和精力远不止是开设这些学校规定的课程,而把注意力集中于东西方文化及其哲学的研究工作。我当时只是苦于没有人将东西方文化并提,作相比较说,因

---

①梁漱溟:《五四运动前后的北京大学》,中国蔡元培研究会编:《蔡元培纪念集》,杭州:浙江教育出版社,1998 年版,第 202 页。

②梁漱溟:《纪念蔡元培先生——为蔡先生逝世二周年作》,中国文化书院学术委员会编:《梁漱溟全集》(第六卷),济南:山东人民出版社,2005 年版,第 351—352 页。

③梁漱溟:《纪念蔡元培先生》,中国蔡元培研究会编:《蔡元培纪念集》,杭州:浙江教育出版社,1998 年版,第 137 页。

而无从引起人们的研究。当时,很多朋友劝我,说这个问题范围太广,无从着手,但因我对于自己的生活、行事,从来不肯随便,对一个要研究的问题,若没有得出一个确实心安的主见,就不放松,不罢休。因此在我进北京大学的第二年(1918),曾在北京大学日刊上登一个广告,征求有志于、有趣于研究东方哲学的人,结果响应者寥寥。尔后我仅在哲学研究所开了一个孔子哲学研究会,将我的研究心得略讲了一个梗概。至1920年秋,我才开始在北京大学讲东西方文化及其哲学,由陈政记录,部分讲授内容发表于《少年中国》杂志。①

通过梁漱溟表述的内容与上面引用材料加以对照,便可以发现教学的主要模式课堂教授与讲课内容成就了著作问世,两者之间相得益彰,专门学术研究与思想认识的转变都得以协调同步、比翼齐飞,其实这就是教学与研究相辅相成、互相配合的例证,且是典型的研究性教学活动。教师的实际教学受到欢迎,这是质量水平的真切体现,而以此促进研究,表明通过教学提升了认识及理解,实现了两者的互动与良性循环。在优秀教师身上,这种教学与治学的结合具有共性,尤其是高校教师更是如此。

与梁漱溟生活时期相近,同样从事乡村教育,重在乡村师范学校及生活教育理论构建的陶行知,是一位赏誉中外的现代教育家。1927年陶行知开始到南京郊外燕子矶创办晓庄师范学校,探索试验教育教学改革之路。在教学领域倡导"教学做合一""创造教学""小先生制"和"以教人者教己"等主张,其中"以教人者教己"集中阐述了教学促进教师自我成长的思想,在此略做评介。

陶行知说:"我们平常看报,多半是随随便便的。假使我们要教小学生回家报告国家大事,那末,我们看报的时候,便不得不会精聚神了。我们这样看报,比起寻常的效率不知要大得几多倍哩。这便是借着教小孩讲国家大事来教自己明了

①汪东林编:《梁漱溟问答录》,长沙:湖南人民出版社,1988年版,第40—41页。

②《锄头舞歌》是陶行知1927年创办晓庄试验乡村师范时所作,让晓庄师范的师生们每天演唱。此歌曾在20世纪二三十年代流行于国内。歌词如下:"手把个锄头锄野草呀!锄去野草好长苗呀!绮呀海,雅荷海。锄去野草好长苗呀!雅荷海,绮呀海。五千年古国要出头呀!锄头底下有自由呀!绮呀海,雅荷海。锄头底下有自由呀!雅荷海,绮呀海。天生了孙公做救星呀!唤醒锄头来革命呀!绮呀海,雅荷海。唤醒锄头来革命呀!雅荷海,绮呀海。革命的成功靠锄头呀!锄头锄头要奋斗呀!绮呀海,雅荷海。锄头锄头要奋斗呀!雅荷海,绮呀海。"

国家大事。这便是以教人者教己。又比如《锄头舞歌》[2]的歌词是我做的,对于这套歌词,诸位总以为我做了之后便是十分明了了。其实不然。我拿这歌词教燕子矶小学生时,方把他弄得十分明白。以前我可以说只有七八分明白,没有十分明白。自己做的歌词还要等到教人之后才能十分明白,由此可见'以教人者教己'的效力之宏。从这些例证上,我们可以归纳出一条最重要的学理。这学理就是'为学而学,不如为教而学之亲切。为教而学必须设身处地,努力使人明白;既要努力使人明白,自己便自然而然的格外明白了'。"[1]这说明学生在促进教师提高上的特殊作用。

陶行知这里针对的是普通教育中小学教师的教学工作,而梁漱溟的服务机构是近代中国最高等学府京师大学堂脱胎而来的北京大学,此后也一直是中国现当代高等教育史上的顶尖名校,号称"全国第一校"。在这样的大学教育中,生源质量、目标要求及环境条件对于实践者的教师而言,一方面是挑战与压力,另一方面更是机遇与动力,教学活动要求科研的融入,更能实现学术研究的创新与突破。

梁漱溟自己对基于身体力行基础之上的自学活动有着深刻的认识。他在《我的自学小史》一书"序言"中说:"俗语有'学来的曲儿唱不得'一句话,便是说:跟着师傅一板一眼的照着唱不中用,必须是自己深切理会,融会贯通,所谓'师傅引进门,功夫在个人'。经过刻苦、消化、锤炼,这样自由自在的唱出来,才中听,学问亦然。先生谈自学,不只是为少数未得师承的人而讲的,对于一切有师傅教导的人,亦都非自学不可。任何一个人的学问成就,都是出于自学,学校不过给学生开一个开端,使他更容易自学而已。"梁漱溟认为,自学不只是自己学,更重要的还在于要有主动性,认真踏实,学问只有自己求得来的才切实受用,才能运用自如。"在学问里面,你要进得去,出得来。"一个被书本知识压倒的人,他必然消化少,受益也少,也就是俗话说的"贪多嚼不烂"。梁漱溟曾讲过佛家禅宗书里的一个故事:一位大师对僧众说,你们虽有一车兵器,但不能用,老僧手里虽然只有寸铁,便能杀人。先生的解释是:"这寸铁是他自己的,所以有用。"[2]

缺乏高等教育经历与体验的梁漱溟因北京大学研究学术风气浓郁而受到洗礼及熏陶,某种程度上弥补了他学术专业研究训练的缺憾。而这又是以主持北京大学改革的蔡元培为表率,并与其改革举措是分不开的。

---

①陶行知:《以教人者教己》,中央教育科学研究所编:《陶行知教育文选》,北京:教育科学出版社,1981年版,第82页。

②唐宦存、杜林:《师足寻迹——记现代新儒学宗师梁漱溟》(内部交流),2003年,第45—46页。

近现代以来，伴随着教学与科研的密切结合，大学愈来愈成为培养科学巨匠、发现与发展科学的重要基地。

1906年12月，40岁的翰林院庶常馆庶吉士蔡元培呈请学部准予自费赴德国留学。次年1月17日，学部咨复翰林院，同意蔡元培前往德国留学。6月，蔡元培随出使德国的大臣孙宝琦（慕韩）启程赴德，并于1908年10月15日正式入莱比锡大学哲学系学习，所修课程主要有冯特（Wilhelm Wundt，1832—1920）的生理学、心理学、哲学、文明史、美术史以及文学史等。蔡元培置身于莱比锡大学浓郁的思想学术氛围中，直接聆听著名学者授课，耳濡目染，潜移默化，受其影响至深。他自述："我于讲堂上既常听美学、美术史、文学史的讲（演），于环境上又常受音乐、美术的熏习，不知不觉的渐集中心力于美学方面。尤因冯德讲哲学史时，提出康德关于美学的见解，最注重于美的超越性与普遍性，就康德原书详细研读，益见美学关系的重要。"[①]1909年10月，德国哲学家腓力·泡尔生（F·Paulsen，1846—1909）的《论理学原理》经蔡元培翻译由上海商务印书馆出版，署名蔡振。次年，他将学习与研究的注意力逐渐转向近代美学，尤其对康德的美学思想感兴趣。同年，以德国哲学、美学、心理学为方法论基础，撰写《中国伦理学史》，并由上海商务印书馆出版，成为我国伦理学史开山之作。1937年5月，商务印书馆又将此书列入"中国文化丛书"第2辑，重新排印出版。1941年，日本中岛太郎将此书译为日文，由东京大学出版社出版，书名为《支那伦理学史》。现代史学家、思想家蔡尚思在《卅年来的中国思想家》文中谈到近代思想史的建设时论及该著："在这快要到民国的时候，蔡元培既非正统派，亦非今文学家，即已开始用西洋思想和形式来编述固有思想。他在此时著有《中国伦理学史》一书，实在是用新体裁著中国思想史最早的一个人。"[②]

蔡元培接受了德国大学的办学理念，认为大学的生命力和创新力植根于学术研究。换言之，仅重教学的大学教育，只是跛足的或残废的大学教育。因此，他在接任北京大学校长后，于1918年专设了文、理、法三科研究所；所内附设编译处，并开始培养研究生。1920年，又增设地质研究所。其后，北京大学文科研究所除

①中国蔡元培研究会编：《蔡元培全集》（第十七卷），杭州：浙江教育出版社，1998年版，第457页。

②《天籁》1936年11月第25卷第2期。

设有编译室外，还陆续增设了“考古研究室、歌谣研究会、方言调查会、明清档案整理会等”①。

为了活跃学术研究，蔡元培还大力提倡社团活动。先后成立的学术社团有：(1)音乐会，1917 年 1 月成立，侧重研究民族音乐；(2)画法研究会，1918 年 2 月成立，聘请了陈师曾、徐悲鸿为导师；(3)新闻学研究会，1918 年 10 月成立，旨在研究新闻学理，增长新闻经验，以谋新闻事业之发展；(4)新潮社，1918 年 11 月成立，由傅斯年、罗家伦发起，随后出版了《新潮》杂志；(5)哲学研究会，1919 年 1 月成立，经常举办哲学讲座，研讨哲学问题；(6)平民教育演讲团，1919 年 3 月成立，由邓中夏发起，周日上街举行定期讲演。此外，还组织了书法研究社、孔子研究会、雄辩会、国故杂志社、国民杂志社、体育会、技击会、讲德会、静坐社、地质研究会、化学研究会、数理学会、学余俱乐部、消费公社等，从而使北京大学学术研究的氛围空前浓烈。梁漱溟感同身受，体验深刻。

战国时期思想家、教育家荀子在教育上重视“积学”“习染”对人的发展的影响，反对孟子的主体“善性”发挥，更倾向于墨子“染于苍则苍，染于黄则黄，染使之然也”的“染丝说”。“蓬生麻中，不扶而直；白沙在涅，与之俱黑。兰槐之根是为芷，其渐之滫，君子不近，庶人不服。其质非不美也，所渐者然也。故君子居必择乡，游必就士，所以防邪僻而近中正也。”②以墨子、荀子的相关学说来说明梁漱溟在北京大学取得突出成就的条件及环境影响是恰当的。

二、从佛学向儒学的“脱胎换骨”

梁漱溟到北京大学担任印度哲学教习之时，对校长蔡元培表示“这次来北京大学除替释迦、孔子发挥外，不再做旁的事”。因此，他在讲授印度哲学之余，又陆续开设了唯识哲学、儒家哲学和孔子绎旨等课程，期间有《印度哲学概论》《唯识述义》《东西文化及其哲学》先后出版。直到 1921 年，梁漱溟宣布放弃佛学转向儒学之前，总的来说，公众基本上还是把他看成是一个佛学家。1918年，他在《印

---

①萧超然等编著：《北京大学校史》(增订本)，北京：北京大学出版社，1988 年版，第 62 页。

②孟宪承选编，孙培清注释：《中国古代教育文选》，北京：人民教育出版社，2003 年版，第 82 页。

度哲学概论》中对佛学作了哲学上的研究。当时，作为中国重要的居士学者，他也常被请去讲演佛学教义内容及其哲学观念，频繁参加宗教问题的讨论，并与其他致力于佛教复兴的领袖们过从甚密。1921 年《东西文化及其哲学》的问世标志着他弃佛归儒思想转变完成。

（一）佛儒转变的历程

总体而论，此期的梁漱溟仍抱有佛教的思想和生活态度。当时的北京大学聚集着一大批著名的思想家，如陈独秀、李大钊、胡适、陶孟和、黄侃、刘师培、马叙伦、钱玄同、辜鸿铭等，他们在思想倾向上分为截然对立的新旧两派。仅有中学毕业学历的梁漱溟的学术地位远不能和这些大师相比，也自认为不属于任何一派。正如后来他回忆的那样：

> 这时我个人固然同在蔡先生聚拢包围之中，然论这运会却数不到我。因我不是属于这新派的一伙。同时旧派学者中亦数不到我。那是自有辜汤生（鸿铭）、刘申叔（师培）、黄季刚（侃）、陈伯弢（汉章）、马夷初（叙伦）等等诸位先生的。我只是在当时北京大学内得到培养的一个人，而不是在当时北京大学得到发抒的一个人。于此，我们又可以说：蔡先生的伟大非止能聚拢许多人，更且能培养许多人。除了许多学生不说，如我这样虽非学生而实受培养者，盖亦不少也。①

但他同时又认为自己既到大学做学术方面的事情，就一定要替释迦、孔子两家的学术，至少在课堂上负一个讲明白的责任。可见他正式任教北京大学之前，已经将心思和学术分成了两部分，其思想上仍倾向于佛学，而学术上却要把释迦和孔子都弄个明白。

梁漱溟对自己的经历及体验有如下追述：

> 民国六年（1917），我应北京大学校长蔡孑民先生之邀入北京大学教书，其时校内文科教授有陈独秀、胡适之、李大钊、高一涵、陶孟和诸先生。陈先

①梁漱溟：《纪念蔡元培先生——为蔡先生逝世二周年作》，中华文化书院学术委员会编：《梁漱溟全集》（第六卷），济南：山东人民出版社，2005 年版，第 332—333 页。

生任文科学长。兹数先生即彼时所谓新青年派，皆是崇尚西洋思想，反对东方文化的。我日夕与之相处，无时不感觉压迫之严重(我对于儒家思想之了解系先前之事，而思想转变由佛家而儒家则在此时之后也)。我应聘之前，即与蔡陈两先生说明，我此番到北京大学，实怀抱一种意志一种愿望，即是为孔子为释迦说个明白，出一口气(出气二字或不甚妥当)。其时文科教授中诸先生有讲程朱老庄之学者，更有其他教员亦是讲中国的学问。《新青年》杂志之批评中国传统文化，非常锋利，在他们不感觉到痛苦；仿佛各人讲各人的话，彼此实不相干；仿佛自己被敌人打上一枪，犹视若无事也。而我则十二分的感觉到压迫之严重，问题之不可忽略，非求出一解决的道路不可。在我未肯定我的答案以前我一时可以缄默不言；但必是时时去找路子，探求答案，不稍甘心一如他人之漠不关心也。①

思想的转变是痛苦的蚕蛹之变，是飞蝶脱壳的剧变。当然其间也曲折而艰辛，以脱胎换骨、洗心革面或炼狱重生、凤凰涅槃此类的用词来描摹并非夸张虚妄之语。梁漱溟由先前对印度佛教出世思想的倾心而归结到中国儒家的人生，是对先前“人生是苦”认识的一大修正，并最终促使这颇具印度佛教苦修主义特色的学者放弃出家之念，又重新回到世间来。但是这种转变，不光是源于经验或知识为基础的感性或理性认识促成的，还有外在环境的影响，以及社会责任或历史文化承续发扬的使命担当等多种因素汇集的结果，其间还交织着梁漱溟丰富、深刻的人生体验，而在根本上是由“欲望与情感”驱动的产物。一个人要转变生活的基本态度，必须由他自己感觉到问题才行，他指出：

大家都晓得人的动作，不是知识要他动作的，是欲望与情感要他往前动作的。单指出问题是不行的，必要他感觉着是个问题才行。指点出问题是偏知识一面的，而感觉他真是我的问题却是情感的事。……我们的要求不是出于知识的计算，领着欲望往前；是发于知识的提醒我们情感，要我们如此作的。要求自由不是计算自由有多大好处便宜而要求的，是感觉着不自由的不可安而要求的。……情感便是占有性的对头，能使情感丰富，那占有性

①梁漱溟：《自述》，中国文化书院学术委员会编：《梁漱溟全集》(第二卷)，济南：山东人民出版社，2005年版，第11—12页。

便无猖獗之患了。……麻木就是处于情感的反面。他自己既不要求，你便怎样指点问题，乃至把解决问题的道路都告诉他，他只是不理会！……那提倡欲望，虽然也能使人往前动作，但我不赞成。不但危险，而且是错误。[①]

梁漱溟又从人生观立场比较佛儒两家的异同，进一步走向基于宗教哲学观基础上的社会责任担当的神圣与应然性，从而实现了他由“独善其身”向“兼治天下”的折返。他认为：佛家主张的是“出世法”，其修身的目的是为了破除“法执我执”，使个人从生死轮回中解脱出来，转识成智，进而达到人生最高的理想境界——涅槃；而儒家主张的是“入世法”，修身在本质上不仅仅是目的，而且从道德楷模对社会所具有的巨大影响力的角度看，它还是达到“齐家、治国、平天下”的手段。简言之，佛家着眼点在“自我”，而儒家着眼点则在“众生”。在《东西文化及其哲学》中他写道：“孔与佛恰好相反：一个是专谈现世生活，不谈现世生活以外的事；一个是专谈现世生活以外的事，不谈现世生活。这样，就致佛教在现代很没有多大活动的可能。”[②]故此，在军阀混战、人民如处水火之中的情况下，那种“以为大家不要争权夺利就平息了纷乱，而从佛教给人一服清凉散，就不复争权夺利，可以太平”的“见解”，是完全错误的，“与事理真象适得其反”[③]。为了“可怜可怜湖南湖北遭兵乱的人民”，结束“中国人这种水深火热的况味”，他要求“好人”——知识精英（当然也包括自己）——不要“乱七八糟弄那不对的佛学”，而应“弃佛归儒”，以便把中国人引导到“至好至美的孔子路上来”。[④]那么，促使梁漱溟个体思想转变的缘由是什么呢？

（二）佛儒转变的缘由分析

1.梁济“沉湖事件”的刺激

1918年农历十月初十，梁漱溟的父亲梁巨川先生于60岁生日前三天清晨，竟自沉于北京净业湖（积水潭）。父亲的自杀使梁漱溟悲痛不已，他在若干不同时期的著作，如《思亲记》《朝话》《自述》《我的自学小史》中，不断地以饱含深情的笔触深切地怀念着父亲的养育之恩、开明教育以及高尚的道德情操，尤其是其所

①梁漱溟：《李超女士追悼会之演说词》，中华文化书院学术委员会编：《梁漱溟全集》（第四卷），济南：山东人民出版社，2005年版，第573—575页。

②梁漱溟：《东西文化及其哲学》，北京：商务印书馆，1987年影印版，第210页。

③梁漱溟：《东西文化及其哲学》，北京：商务印书馆，1987年影印版，第208页

④梁漱溟：《东西文化及其哲学·自序》，北京：商务印书馆，1987年影印版，第3页。

禀赋强烈的国家、社会责任感对自己人格的影响。当然，他在悲痛、哀伤之余，也在反省自己当初违逆父意崇尚佛学、迷恋佛典，而放弃“君子”救世责任的种种“不孝”行为，并为自己的“不孝”行为深感内疚。这种反省和内疚感所形成的来自道德人伦的心理及精神压力成了他“弃佛归儒”的一个契机。

而溟自元年以来，谬慕释氏，语及人生大道，必归宗天竺，策数世间治理，则矜尚远西，于祖国风教大原，先民德礼之化，顾不知留意，尤大伤公之心。读公晚年笔墨，暨辞世遗言，恒觉有抑郁孤怀，一世不得同心，无可诉语者。以漱溟日夕趋侍于公，向尝得公欢，而卒昧谬不率教，不能得公之心也。呜乎！痛已！儿子之罪，罪弥天地已！逮后始复有寤于故土文化之微，而有志焉；又狂妄轻率言之，无有一当。则公之见背既三年矣，顾可赎哉？顾可赎哉？溟又以慕释氏故，辄从其戒条，茹素不婚，以出世自励。于时吾兄既成室十年而无子；公垂老，又怀决然遗世之隐志，终不得见嗣续之延。虽曾无一语示督责，而于邑含忍在衷者从可想。儿子之罪，不益以重耶！后三年纳妇，庙见，率新妇拜公遗象而哭。呜乎！是乌可赎哉！①

梁漱溟的上述言词声情并茂、感人至深，既有父子情感的渗透，感恩、愧疚的内心，也有思想观念上佛儒交替的轨迹刻画，交织成一幅复杂因素组合的图谱。

2.新旧文化论战漩涡中的理性立场

五四运动前后，与梁漱溟同在北京大学任职的思想家，如陈独秀、李大钊、胡适等人，举着科学、民主的大旗，对传统文化发起了全面性的批判。一时间，北京大学成为五四新文化运动的摇篮和策源地，备受中外人士关注和媒体聚焦。以《新青年》杂志为中心，形成思想文化界的新派势力群，酿成中国近现代史的思想大潮与解放运动，被史家喻为与先秦诸子百家争鸣、宋代理学思想学派论辩相媲美的三次思想高峰之一，可谓中国思想史上从古代到现代依序出现的“三足鼎立”之现代巨潮。每天出版的《北京大学日刊》也连续地介绍新文化运动的进展。据统计，在一年的时间里，李大钊在自己创刊的《甲寅》杂志上发表论文70余篇，强烈抨击了孔子和中国传统文化。陈独秀也以他煽动性的语言，一次次掀起“打倒孔家店”的高潮。

①梁漱溟：《桂林梁先生遗书》，中国文化书院学术委员会编：《梁漱溟全集》（第一卷），济南：山东人民出版社，2005年版，第594—595页。

1916 年 1 月 15 日，陈独秀发表《一九一六年》一文，批判维护封建专制政治的纲常名教，指出："儒家三纲之说，为一切道德、政治之大原。……缘此而生金科玉律之道德名词，曰忠、曰孝、曰节，皆非推己及人之主人道德，而是以己属人之奴隶道德也。"他号召人们摆脱"奴隶之羁绊"，完成思想和个性的解放。①

与此同时，以胡适为代表的资产阶级自由主义知识分子、思想家，从激进主义者的阵营中分化出来，阻止俄国布尔什维克主义的潮流，反对用马克思主义的世界观和革命论来观察和解决中国问题，主张对中国社会做一点一滴的改良。他大力宣扬美国现代教育家、进步主义教育运动代表杜威的教育哲学，如"教育即生活""学校即社会""做中学""儿童中心论""兴趣或活动教学""儿童本位"等实用主义教育观，尤其是"做中学"的"思维五步法"，胡适将此称为"工具主义"或"实验主义"的方法。

据此，胡适提出了他的十字方法论要诀，即"大胆的假设，小心的求证"。这是一副对联，横联是"拿证据来"。而另一方面，在五四运动发生两个多月之后，又与以李大钊为代表的革命派之间挑起、展开了一场"问题与主义的论战"，成为现代史上马克思主义传播过程中自由主义和马克思主义知识分子之间的一次论战。

1919 年 7 月 20 日，胡适在《每周评论》第 31 号发表《多研究些问题，少谈些"主义"！》一文，内称：

> 我们不去研究人力车夫的生计，却去高谈社会主义；不去研究女子如何解放，家庭制度如何救正，却去高谈公妻主义和自由恋爱；不去研究安福部如何解散，不去研究南北问题如何解决，却去高谈无政府主义；我们还要得意洋洋夸口道："我们所谈的是根本解决。" 老实说罢，这是自欺欺人的梦话，这是中国思想界破产的铁证，这是中国社会改良的死刑宣告！
>
> 凡是有价值的思想，都是从这个那个具体的问题下手的。先研究了问题的种种方面的种种的事实，看看究竟病在何处，这是思想的第一步工夫。然后根据于一生经验学问，提出种种解决的方法，提出种种医病的丹方，这是思想的第二步工夫。然后用一生的经验学问，加上想象的能力，推想每一种

①戚谢美、邵祖德编：《陈独秀教育论著选》，北京：人民教育出版社，1995 年版，第 45 页。

假设的解决法，该有甚么样的效果，推想这种效果是否真能解决眼前这个困难问题。推想的结果，拣定一种假定的解决，认为我的主张，这是思想的第三步工夫。凡是有价值的主张，都是先经过这三步工夫来的。不如此，不算舆论家，只可算是钞书手。

读者不要误会我的意思。我并不是劝人不研究一切学说和一切“主义”。学理是我们研究问题的一种工具。没有学理做工具，就如同王阳明对着竹子痴坐，妄想“格物”，那是做不到的事。种种学说和主义，我们都应该研究。有了许多学理做材料，见了具体的问题，方才能寻出一个解决的方法。但是我希望中国的舆论家，把一切“主义”摆在脑背后，做参考资料，不要挂在嘴上做招牌，不要叫一知半解的人拾了这些半生不熟的主义，去做口头禅。①

在中国现代教育史上，杜威的实用主义教育思潮是强劲而深远的教育流派，其代表性人物主要是胡适、陶行知、陈鹤琴、蒋梦麟等美国哥伦比亚大学师范学院的杜威高足。而相比较而言，又以胡适的传播作为更为彻底，他是杜威实验主义“做中学”五步法的崇拜者与推行干将。这种思想设计既是技术操作的路径手段，更是教学活动中具有发现或探究因素的现代教学方式方法。因此，它倍受胡适青睐，当然其中的精神实在论与真理相对论也与胡适自由主义思想相协调统一。那么，杜威的试验或工具主义方法怎样呢？

在杜威看来，人探索解决问题的活动是个“从疑难的情境趋向于确定的情境”的过程，这个过程一般包括五个步骤：1.情境，即疑难的情境；2.问题，即确定疑难所在；3.假设，即提出问题的种种假设；4.推理，即推断哪个假设能够解决这个疑难；5.验证，即检验这个假设。他认为这是“科学的方法”，任何科学的发明和发现都是按这个思维方法进行的，而“教学法的要素和思维的要素是相同的”。因此教学要与思维的过程相适应，分为五个步骤：1.为学生提供真实的经验情境，即学生所感兴趣的活动；2.使学生在这个情境内部产生一个真实的问题，作为思维的刺激物；3.让学生占有知识资料，从事必要的观察，设法对付这个问题；4.引导学生一步步地展开并论证他所想出的解决问题的假设及方法；5.让学生把设想的方法付诸实验，检验他的思维是否有效。杜威认为思维五步法是明智的教学方法，是“获得有教育功用的经验的方法”或“教学方法的要素”。

---

①胡适：《多研究问题，少谈些“主义”！》，白吉庵、刘燕云编：《胡适教育论著选》，北京：人民教育出版社，1994年版，第97—98页。

不过，胡适除了理解性阐述杜威工具论思想之外，还对理论流派观点或见解在研究中的地位和作用格外予以关注，这是他的一种有价值的创意。

胡适上述的言论主张不仅在《清代学者的治学方法》（《胡适文存》初排本卷二，第205—246页）中发表了，而且在其他文章中不断出现过：

> 科学的方法，说来其实很简单，只不过“尊重事实，尊重证据”。在应用上，科学的方法只不过“大胆的假设，小心的求证”。在历史上，西洋这三百年的自然科学都是这种方法的成绩；中国这三百年的朴学也都是这种方法的结果。顾炎武、阎若璩的方法，同葛利略（Galileo）、牛敦（Newton）的方法，是一样的：他们都能把他们的学说建筑在证据之上。戴震、钱大昕的方法，同达尔文（Darwin）、柏司德（Pasteur）的方法，也是一样的：他们都能大胆地假设，小心地求证。①

但平心而论，批判与启蒙者的论点在中西、新旧、中外等思想文化领域难免有偏激、片面，甚至机械与绝对化之嫌，某种程度上，松动传统积淀的民族性土壤或根脉，导致革新的基础不够沉稳。这些激烈言辞也为辜鸿铭、刘师培、林纾（琴南）、黄侃以及其他守旧人士所诟病。

尤其是1918年夏，北京大学讲授西洋文学的辜鸿铭发表《春秋大义》一文，鼓吹“尊王”“尊孔”，反对西方伦理观念，认为“至醇至圣之孔子，当有支配全世界之时，彼示人以高洁、深玄、礼让、幸福之唯一可能之道”②。1919年1月26日，北京大学教授刘师培发起组织的国故社正式成立。3月20日创刊《国故》月刊，宗旨是“昌明中国固有之学术”。该刊完全用文言文，不用新式标点，印刷形式完全仿照古书。《国故》主张“以文言文”“讲学（旧学）救时”。该刊出至四期，自行停刊。

1919年2月18日，林纾（琴南）在上海《新申报》发表文言小说《荆生》，影射谩骂新文化运动中批判孔子、提倡白话文为“禽兽自语”，幻想能有一“伟丈夫”出现，以暴力镇压新文化运动。接着他于3月18日，在安福系反动报纸上发表

---

①胡适：《治学的方法与材料》，白吉庵、刘燕云编：《胡适教育论著选》，北京：人民教育出版社，1994年版，第248—250页。

②陈学恂主编：《中国近代教育大事记》，上海：上海教育出版社，1981年版，第318页。

了《致蔡鹤卿太史书》,污蔑新文化运动的宣传是"叛亲灭伦""人头畜鸣""禽兽自语",指责北京大学"覆孔孟,铲伦常"和"尽废古书,改用土语为文字"。①

1921 年 1 月,东南大学胡先骕、梅光迪、吴宓等创办《学衡》杂志,形成以南京为中心的学衡派与以北京为中心的新青年派的尖锐抗争与角逐。《学衡》杂志以"论究学术""倡明国粹"为名,攻击五四新文化运动,鼓吹尊孔复古,称"我国学术""在复古不在维新"。②

在当时北京大学新旧两派剑拔弩张的笔伐口诛中,客观地说,梁漱溟因为有佛学研修的清静港湾以及理性冷静的态度,并未深入漩涡之中。他与新旧两派相对温和地相处,尤其是与新派思想家同事有如此协调的关系确实需要有相当深厚的涵养修为。

很显然,守旧派和西化派在文化比较中有一个共同的缺陷,这就是或者忽视文化的世界性,或者忽视文化的民族性,这就使得中国文化与西方文化之间的地域差异常常被抽象地无限突出,从而掩盖了中国文化本身从传统形态走向现代形态,以适应变化了的世界和中国现实这一更为本质的问题。16 世纪后半期明代历朝以来的西学东渐,确实在中国近现代的文化代谢中起过杠杆作用。但从根本上说,中国的现代化绝非仅仅是对西方文化冲击的回应,绝非被西方文化所涵化,而只能是对于传统文化和外来文化做一番符合时代要求的文化选择和文化重构,即在吸收异质的先进文化营养的同时,对传统文化的结构、规范、思维方法进行一种创造性的理解和注释,寻找到自己民族传统文化在历史的发展中已具有的适应现代化历史要求的因素。显然,守旧派和西化派都忽视了这一点。最先重视这个问题的就是本书的主人公梁漱溟。③

应该说,梁漱溟由释迦牟尼向孔子转变的人生观或思想立场与上述学派及人物的各种观点及活动是密切相关的,但不可视为同类或雷同,更毋言相近或相同。他的上述思想心路或内心精神轨迹已清晰地昭示了这一点。此外,他所特有的佛学人生情怀、悲天悯人心境,西方哲学思想家康德、柏格森的人性、生命观念,对陆王心学,尤其是王门后学泰山学派心性理念的偏好,以及早年对默认接纳或部

①陈学恂主编:《中国近代教育文选》,北京:人民教育出版社,2001 年版,第 366 页。

②中国教育科学研究所编:《中国现代教育大事记》,北京:教育科学出版社,1988 年版,第 34 页。

③善峰:《梁漱溟社会改造构想研究》,济南:山东大学出版社,1996 年版,第 136 页。

分推崇的现实功利主义与西方科学文化内容等，在不同程度上发挥作用，共同构建出其思想的独立、完整及个性化风格。奇哉！梁漱溟不愧为一代新儒家。

三、《印度哲学概论》与《东西文化及其哲学》

《印度哲学概论》《东西文化及其哲学》与中期的《乡村建设理论》及后期的《中国文化要义》《人心与人生》，一道成为梁漱溟的传世名著，也是确立其哲学家、教育家地位的业绩载体。只是，前两部著作完成于北京大学，是思想转变的标本见证，且成为后来乡村教育实验与乡村建设的部分资源依托，故此处有必要加以简述。

（一）《印度哲学概论》

《印度哲学概论》初名《印度哲学讲义》，1919 年首次由北京大学印行。翌年，又增补完成了后半部分，交由商务印书馆出版。在该著作中，梁漱溟着重论述了佛教唯识宗的哲学，通过对唯识宗的分析，建立起他的哲学本位论和认识论，并以此作为评判中国、西方及印度三大文化的理论和方法。

梁漱溟认为，如果说近代西方哲学成就的是知识论、认识论，那么印度佛教哲学成就的则是形而上学，而唯识学便是形而上学“唯一的方法”。唯识学在佛教中占有非常重要的“价值地位”，不仅“大乘佛教离了唯识学就没有法子说明。我们如果求哲学于佛教，也只在这个唯识学”，唯识学可以代表“佛教全体的教理”。自近代以来，随着科学的进步，西方哲学就存在着一种反形而上学的倾向，几乎所有的哲学家都对形而上学持批评态度，直到柏格森，才公开声称说他的哲学方法“是要把从康德以来被康德打断了的形而上学与科学再搭一个桥接通”。假使无柏格森开其先，或者唯识学还不好讲；印度化在晦塞的东方本无以自明，唯以有进化论后所产生、所影响之科学如生物学、心理学及其他，所演出、所影响之哲学如实验主义、柏格森及其他，而后佛教对宇宙的说明洞然宣达，印度化才好讲，唯识方法才好讲。①

①梁漱溟：《唯识主义》，中国文化书院学术委员会编：《梁漱溟全集》（第一卷），济南：山东人民出版社，2005 年版，第 279—280 页。

梁漱溟又将佛学与西方哲学从性质上加以区分，认为印度哲学对形而上学的研究可以另立一条新路，就在于印度人的动机不是在求知，而是要求无知，以求得宗教上的解脱。“佛法之为物若以为哲学而研究之，实失其本意。其本意初不以哲学为事，抑实归在哲学之亡。即前章所谓匪言可表，所谓出世间。申言之，哲学之所事在知，佛法之所事在亡知。禅家所谓这张嘴只堪挂在壁上。又云举念则天地悬殊，况动这两片唇皮。此不独不立语言文字之宗门为然，即经教亦尔。”①由于动机和问题与西方哲学都不同，所以佛教哲学与西方重知识论的哲学为根本不同的哲学。

梁漱溟的《印度哲学概论》是其研究印度文化及其哲学的一部主要著作，写作目的是为了“替释迦说个明白”。所以，此书在内容设计上就更侧重对佛教哲学的论述，并注重与西方哲学进行比较，以便挖掘出印度哲学尤其是佛教哲学的现代意义。通过比较得出的一些结论（如佛教唯识学的本体论和认识论不同于西方的本体论和认识论，佛教哲学不在求知，在其宗教上的解脱等），成为后来建构自身文化哲学体系的理论资源。而其中的生命意象、精神价值以及人生境界等不仅成为他的新儒学成分，更是乡村教育目的论、功能论及教学论思想内容的部分。

（二）《东西文化及其哲学》

梁漱溟对东西文化的研究始于1918年。他热心于宣传孔子之道并不是盲从与鼓吹，而是希望以冷静的态度从事学理上的研究，以孔子之道和印度文化、西方文化乃至本土别家文化相比较而衡其得失。

梁漱溟来北京大学之初，他就抱定了要对“释迦、孔子两家的学术，至少在课堂上负一个讲明白的责任”，这无疑让自己在伊始就陷入了尴尬的局面。他在北京大学哲学系开授印度哲学，并随后著写了《印度哲学概论》。我们在这本书中可以发现，梁漱溟将书分成了印土各宗概略、本体论、认识论、世间论四编，而并不是传统意义上对佛家学说的高谈阔论，而是站在了哲学的角度，运用哲学的思

①梁漱溟：《印度各宗与哲学》，中国文化书院学术委员会编：《梁漱溟全集》（第一卷），济南：山东人民出版社，2005年版，第72页。

辨方法来研究佛法。这对于将佛家学说搬到中国高等学府的大讲堂上来进行深入的探索与研究，可谓贡献不小。但梁漱溟的志向不仅于此，对于在北京大学期间的讲学，他不想只是完成学校规定的课程，而最想致力于东西方文化及其哲学的研究工作。但当时将东西方文化进行对比的人寥寥无几，他的朋友劝诫他，即使研究，也不会引起人们的关注。但内心对于东西方文化异同问题探索的强烈诉求让他坚持了这一想法，就像他自己说的："因我对于自己的生活、行事，从来不肯随便，对一个要研究的问题，若没有得出一个确实心安的主见，就不放松，不罢休。"[①]于是，在 1918 年，也就是进北京大学的第二年，他在《北京大学日刊》上刊登了一个广告，目的是征集有志向和兴趣研究东方哲学的人同他一起做学问。但令人出乎意料的是响应者寥寥无几，而绝无车水马龙的热闹之象。

1921 年暑假，梁漱溟应山东省教育厅的邀请，到济南作了 40 天的"东西文化及其哲学"的讲演。是年秋，讲演稿整理出版。对此，梁漱溟在晚年所作回忆最为精彩：

> 1921 年暑假，应山东省教育厅之邀，我在济南讲授东西方文化及其哲学，一连讲了四十天，由罗常培记录全文，并随记随编印成篇（未成书）。后来将陈、罗记录合并整理，由我补写最末一章在北京出版，时为 1921 年。后由商务印书馆出版，一共再版十多次。直至去年 3 月，香港里仁书局还出版了我这部六十五年前的著作——《东西文化及其哲学》。有人称这部书为我国最早用比较学的方法研究东西文化的一部书，这当然是我起初所不能预想到的。应当指出的是，在这部旧著中，我的绪论是评判东西方文化各家学说，而独发挥孔子哲学，这在今天看来，难免有失偏颇之处。但作为一部"五四"时期的旧作，即便当作一家之说，或者是研究、探讨问题的参考资料，也多少有其自身的价值的。[②]

《东西文化及其哲学》的内容共分为十五章：第一章，绪论；第二章，如何是东方化，如何是西方化（上）；第三章，如何是东方化，如何是西方化（下）；第四章，西洋中国印度三方哲学之比观；第五章，世界未来之文化与我们今日应持的态度。最后为"时论汇录"，其中有陈独秀的《东西民族根本思想之差异》、李大钊的

---

①汪东林编：《我对于生活如此认真——梁漱溟问答录》，北京：当代中国出版社，2013 年版，第 35页。

②汪东林编：《梁漱溟问答录》，长沙：湖南人民出版社，1988 年版，第 41 页。

《东西文明根本之异点》、梁启超的《欧游心影录》及《与印度泰果尔谈话》等 10 篇文章,全书约 12.9 万字。[①]该著是梁漱溟学术思想走向成熟的标志。直到中华人民共和国成立后,胡秋原认为该书“有独创的意义和可惊叹的深刻思想力”。熊十力称:“在五四运动那个时期,在反对孔学,反对古老文化那么厉害的气氛中,梁先生提出未来世界文化是中国文化的复兴这话,是很有胆识的。”[②]

梁漱溟在书中“评判东西文化各家学说而独发挥孔子哲学”,从文化渊源和人生哲学上对五四新文化运动进行了全面清算,打出了“新孔学”和“东方学”旗帜,以呼应 1918 年他所提出的有关孔子哲学的研究问题。在此,以梁漱溟1918 年 11 月在北京大学所作哲学讲演的内容,对之略做追述:

问题分为正反两面;正面研究设为三问题。一曰伦理学原理问题。伦理学上有种种说法不同,孔子究竟作何主张。孔子之讲话关于伦理者最多,可搜罗在一处而考核之。是某非某,必要真切,然后再批评其价值如何。二曰形而上学种种问题。孔子于此似无多言,然虽无详细之谈论可闻,而亦自有其形而上学,大家可费心搜求推考之。三曰对于政府及社会将如何实施其教化,即问孔子对此大要如何主张。此正面三问题也,一问一答闪避不得,庶见真容。然吾人所注重尤在反面之研究。……兹亦设为三问题,一曰孔化与欧化如何冲突,冲突者外所余如何。孔化与欧化实相冲突。社会上秉受旧化而不知其与新潮流相冲突,染领欧化而不知其与孔化相违反。倘大家俱习于糊涂过去,则孔化究竟在那里,将永远沉埋不得见天日。幸得三、五看得欧化亲切之人不肯模糊,是件好事。(关于东西化问题今不及说,容抽暇写出)吾人即以欧化反证孔化,两相较核所余何物,有无价值,请大家试搜求而考订之。二曰孔化与本土别家之异点如何。孔子本身排斥他家之言似少见,其[它]孔派则不少,如孟子之类。吾人即就道家与孔家如何乖异、法家如何乖异、墨家如何乖异之类搜在一处,反证孔子教化是什么个东西。如通常之自谓孔化者盖不知含若干杂色东西在内也(康长素最甚)。三曰人生问题。此问题特欲问孔子不主出世思想,而彼住世思想究为如何之住世思想。对此世

①梁漱溟:《东西文化及其哲学》,中国文化书院学术委员会编:《梁漱溟全集》第一卷,济南:山东人民出版社,2005 年版,第 380 页。

②李渊庭、阎秉华编:《梁漱溟先生年谱》,桂林:广西师范大学出版社,1991 年版,第 44 页。

间将如何而住之。漱溟初入于出世思想时，盖甚薄视孔子，及后乃从此问题证出孔化之至足贵。住世的思想之最圆满者无逾于孔子，其圆满抑至于不能有加。溟告白中所谓西土思想无其类者即是此物，所谓欧土将弗能外之东方化者亦是此物，而彻上彻下孔子所谓一以贯者即是此物。①

梁漱溟将人类文化比较分析的重心放在中西文化比较方面。他认为，西方文化焕发出了“民主”与“科学”两种异彩，这是西方文化的优势；而中国文化则有“暧昧而不明爽”的多种弊端。人们应该认识到中国文化的不足之处，尽取西方民主、科学之利，补救其缺失。他又进一步指出，西方文化缺点也同样明显，中国文化的价值也不容抹杀。通过对比，更能够体现中国文化的价值。

如果从梁漱溟有关文化哲学研究的问题及计划设计来看，他注意从人类学、哲学角度，运用比较研究法探讨中国、印度和西方三大文化体系的异同及各自特点，以期指明中国文化的未来走向或趋势，并得出未来世界文化是中国文化复兴的结论，而并不是如一些研究者所认为的梁漱溟的思想转变是出于一种未经智慧思考的本能的保守主义情结。

差不多与此同时，中国思想文化界又出现了反思科学至上、科学万能的浪潮，甚至提出怀疑科学价值、功用的论调，对中国传统文化的离异之后，又发生了回归的潮流。这种氛围或背景与梁漱溟的思想律动节拍或轨迹恰是合拍的。

1914—1918 年，在近代科学发祥地的欧洲爆发了长达 5 年之久的第一次世界大战，进一步证明科学既非万能，亦不是纯粹的善，科学的成果不仅能为人类造福，同时也可为人类造害，从而使西方已存在的反科学主义的非理性主义思潮更加活跃起来。受此种思潮的影响，国内知识界对科学功用和价值也产生了怀疑。1919 年，梁启超游历欧洲回国不久，就在他的《欧游心影录》中发出了“西方科学万能之梦”已经破产的惊呼。这篇长文实际发表于 1920 年 3 月的上海《时事新报》和《东方杂志》第 17 卷第 6 号上，文中作者以耳闻目睹和亲身考察的一些事实，向人们介绍了第一次世界大战之后欧洲资本主义世界凄惨衰败的景象，描述了由于科学和物质文明进步给西方文明带来的危机。他认为，西方文化并非完

①梁漱溟：《在孔子哲学第一次研究会上的演讲》，中国文化书院学术委员会编：《梁漱溟全集》（第四卷），济南：山东人民出版社，2005 年版，第 555—556 页。

美无缺，而中国文化则或许能矫正西方工业化带来的困惑。由于梁启超是 20 世纪前 20 年中国重要的思想领袖人物之一，他的观点立即引起了广泛回响。

几乎同时，《东方杂志》主编杜亚泉认为，中国未来的发展没有必要在西方人后面亦步亦趋，第一次世界大战给西方人带来的灾难，根本原因在于其文明本身的问题。因此，对于自身难保的西方文明，中国人实在没有羡慕的必要。

> 近年以来，吾国人之羡慕西洋文明，无所不至，自军国大事以至日用细微，无不效法西洋，而于自国固有之文明，几不复置意。然自欧战发生以来，西洋诸国日以其科学所发明之利器戕杀其同类，悲惨剧烈之状态，不但为吾国历史之所无，亦且为世界从来所未有。吾人对于所羡慕之西洋文明，已不胜怀疑之意见，见吾国人之效法西洋文明者，亦不能于道德上或功业上表示其信用于吾人。则吾人今后，不可不变其盲从态度，而一审文明之真价之所在。①

1923 年初，曾留学德国的清华大学的年轻哲学家张君劢对于中国社会未来走西方工业主义、资本主义和科学主义道路提出了类似的疑问，从而在知识分子中挑起了全面的论战，即现代史上的“科玄论战”。张君劢认为，五四运动以来，中国的年轻人们逐渐感到科学可以解决一切问题——社会的和个人的。但是他断言，人类的灵魂、道德和审美本质问题不是单凭理想主义就可以奏效的。他通过揭露工业化在都市社会中发生的丑恶、不平等和残忍，批判了西方社会的现代化模式。

梁漱溟这部以维护传统儒学的人生态度和道德理想为职志的新儒学著作《东西文化及其哲学》的影响力之深远，诚如海外研究专家所称：

> 梁漱溟的讲演以及这些演说的出版，也确实在知识分子中造成了轰动。一部学术著作吸引了如此众多的读者，这还是史无前例的。这本书在头 4 年中一连印刷了 8 次，同时也把梁漱溟抬到了全国瞩目的位置上。他在大学中的日常课程也突然吸引了大批学生和校外听众，以至于他不得不把他的课改在校内主要大厅里讲授。他在外间的讲演也成了值得报道的重要新闻。虽然他年纪尚轻且成就无多，但他的名字甚至出现在“中国当代大人物”的民意测验中。梁漱溟的影响和名声也不仅局限于中国和中国人中间。该书出版几

①杜亚泉：《静的文明与动的文明》，《东方杂志》1920 年第 17 卷第 10 号。

个月以后就在日本的学术界中引起了评论，关于此事的消息也在国外的留学生中不胫而走。一位西方传教士甚至出版了此书的摘要。①

美国独占鳌头的顶级大学——哈佛大学的教授艾恺，又从中西文化思想对抗拉锯的较量态势中得出结论："梁氏的理论在1921年具有如此的魅力，说明了沿海大埠的学术圈外，新文化运动的震撼是有限的。"②

对于该书的内容及价值，除了共产党人如瞿秋白、陈独秀以及西化论者如胡适、陈序经、丁文江作了批评与低调的评价外，其他人士的反响甚为积极，甚至有渲染、溢美文辞。举例来说，李石岑曾指出："发行之后不到一年，已经得了近百篇的论文，十几册的小册子，和他大打其笔墨官司。这样一闹，他这部书，居然翻成了十二国的文字，把东西两半球的学者，闹个无宁日。"③孙道升视梁漱溟为"新陆王派"的主要代表，并指出："（该书）即其新陆王哲学的精神之所托命者。截至现在，西洋人尚以梁氏为中国的唯一哲学家，其所以能取得这种地位，也只是因为他所缔造的这种哲学。"④牟宗三对此评论道："他（指梁漱溟）独能生命化了孔子，使吾人可以与孔子的真实生命及智慧相照面，而孔子的生命与智慧亦重新活转而披露于人间。同时，我们也可以说他开启了宋明儒学复兴之门，使吾人能接上宋明儒者之生命与智慧。吾人须知宋明儒学随明亡而俱亡，已三百年于兹。因梁先生之生命而重新活动了。"⑤冯友兰也指出："他（指梁漱溟）作了一个《东西文化及其哲学》的讲演，在当时引起了广泛的兴趣，因为无论他的结论是否正确，他所讲的问题是一部分人心中的问题，也可以说是当时一般人心中的问题。"⑥

上述对梁漱溟著作内容、地位及作用的介绍和论述，对于揭示这位新儒家走向现代教育探索之途的动因及思想理路是有必要的，也是其历程环节链条中不可或缺的。下章将对此加以展开叙述。

---

①[美]艾恺：《最后的儒家——梁漱溟与中国现代化的两难》，王宗昱、冀建中译，南京：江苏人民出版社，2003年版，第54—55页。

②傅乐诗编：《近代中国思想人物论：保守主义》，台北：时报文化出版事业有限公司，1980年版，第292页。

③李石岑：《评〈东西文化及其哲学〉》，《民铎》1922年第3卷第3号。

④孙道升：《现代中国哲学界之解剖》，《国闻周报》1935年第12卷第45期。

⑤牟宗三：《生命的学问》，台北：三民书局，1972年版，第112页。

⑥冯友兰：《三松堂自序》，上海：生活·读书·新知三联书店，1989年版，第203页。

第五节　晨曦朦胧中的现代教育思想

《东西文化及其哲学》的演讲和出版，使得梁漱溟名声大振，一时间成为北京大学的名师和东西文化论战中的佼佼者或卓越辩手。然而，正当他学术名望日隆、升任北京大学教授指日可待的时候，却提出了辞去北京大学教职的请求。为此，征得蔡元培的同意，专程去南京请熊十力先生来北京大学担任教职。1924年暑期，他辞去北京大学的工作，由此阔别了7年的大学教学生活，开始了新儒学的社会与教育改革实践。这里就有必要从教育探究与实验的视角分析他辞别工作的缘由。

梁漱溟在北京大学的人际关系主要表现在与新派教师的交往中，其基本氛围及方式大概可描述为：和而不同，相处自然，过往不密，属"君子之交淡如水"的情谊。除了李大钊之外，他与另两位五四运动思想先锋，且在社会广为人知，尤其是青年学生趋之如骛的陈独秀、胡适间有异样的体验：

> 蔡先生聘请胡适之先生到北京大学任文学系教授，是在我进北京大学一二个月之后。胡是从美国回来的，是当时北京大学最出风头的人物。他是新文化运动中提倡白话文的开创者之一，很有功绩，影响也很大。我和他在北京大学很快相识。在民国七年(1918年)《新青年》杂志六卷第一号上，曾发表了陈仲甫和陶孟和评论我的父亲梁巨川自杀之事的文章各一篇，我阅后即撰写《答陈仲甫先生书》，发表在《新青年》上，就自杀是不是个人行为、是不是道德、有没有罪等问题展开讨论。我在文中还较为详细地记述了我父亲前后二十年的变化以及为什么自杀等情况。胡适之先生专门对我的文章写了答复词，一起在《新青年》上发表。答词中称赞我的文章写得好，也指出不足之处。我和他的关系由此进了一步。我在北京大学讲授印度哲学，与新潮流、新思想相距甚远，我对新派人物中的种种主张不赞同的甚多，但我并不反对提倡白话文。而胡适之呢，如前所述，他因为倡导白话文而成为新文化运动的主干之一，但据我当时的交往，感到作为新文化运动之灵魂的新人生、新思想，在他身上并不完备，真正对于旧社会、旧道德的勇猛进

攻，并引发开展，进而引导先进青年大刀阔斧前进的，应首推陈独秀、李大钊、周树人诸君。胡适之先生后来同他们分道扬镳，是情理之中的。[①]

当我闻悉守常被害后，立即从西郊赶入城内，一面看望其家属，一面看视守常装殓。其时他家属已回到西城二龙坑朝阳里旧居。我望见守常夫人哀泣不起，劝慰几句后便留下十块大洋退出，改往下斜街长椿寺——守常遗体停柩在此。我到达寺门时，门外一警察对我说：你们亲友来到，有了交代，我就走了。我点首应承，随即入内巡视。只见棺材菲薄不堪，心中一沉，即从寺内通电话于章宅吴弱男夫人。盖我夙知守常曾为其子女章可、章用、章因的家庭教师，宾主甚相得。待弱男夫人来到时，各方面人亦陆续而来，便共议改行装殓之事，直至商妥为止。[②]

这里透露了梁漱溟与北京大学新青年派激进主义者之间的多层关系，以及群体中个人间的差别。其间交织着思想认识之间的冲突与同异之处。有些学者认为，梁漱溟24岁应聘到北京大学教授印度哲学，不但比他的许多同事年轻，甚至他的一些学生，如冯友兰、顾颉刚、傅斯年等也与他年纪相若。尽管性格孤僻，但他还是迅速地融入北京大学的氛围之中，胡适、陈独秀、李大钊等当时大名鼎鼎的人物也很快成了他的朋友。[③]据笔者所查阅的资料看来，这种见识未必全面、恰当。蔡元培高举“思想包容”“学术自由”的旗帜，网罗诸多名家，但梁漱溟的身份、层次最末。他既未曾留洋，也无博士头衔，连大学门槛也未入，只是中学毕业以后的自学成才者。这种个人学术出身上的差异使他常遭到北京大学那些具有外国博士、硕士头衔的同事的奚落。例如，胡适在与他进行东西文化论战时，就经常挖苦他没有出过国门，而大谈什么西方文化，批评梁漱溟中西文化观存在着模糊笼统、主观武断以及精神、物质分离之弊。

我要对你们说：“不要上他们的当！不要拿耳朵当眼睛！睁开眼睛看看自己，再看看世界。我们如果还想把这个国家整顿起来，如果还希望这个民族在世界上占一个地位，——只有一条生路，就是我们自己要认错。我们必须承认我们自己百事不如人，不但物质机械上不如人，不但政治制度不如

①汪东林编：《梁漱溟答问录》，长沙：湖南人民出版社，1988年版，第38页。

②汪东林编：《梁漱溟答问录》，长沙：湖南人民出版社，1988年版，第37页。

③陈平原、夏晓红编：《触摸历史：五四人物与现代中国》，北京：北京大学出版社，2009年版，第135页。

人，并且道德不如人，知识不如人，文学不如人，音乐不如人，艺术不如人，身体不如人。

肯认错了，方才肯死心塌地的去学人家。不要怕模仿，因为模仿是创造的必要预备工夫。不要怕丧失我们自己的民族文化，因为绝大多数人的惰性已尽够保守那旧文化了，用不着你们少年人去担心。你们的职务在进取不在保守。①

后来，梁漱溟在与胡适就文化问题的探讨争鸣中，虽未曾攻伐讨檄，但终未能和谐共识。这些恐怕是导致他辞离北京大学的重要缘由之一，但更主要的缘由不在此，而是出于作为现代教育家担当的教育改革情怀及对未来教育独特构思与教育社会化的憧憬向往。

一、关于现代教育的早期构思

梁漱溟受其父"学以致用"思想的影响，一生都"喜欢行动而不甘心于空谈"，称自己是"力行者""实践家"，而不是"学问家""思想者"，学术研究不是为了学术，而是为了"致用"。思考与探究是缘于问题、解决问题，以服务于现实之所需。梁漱溟大半生的办学活动与教育实验都是实践性极强的社会事业，与他的"新儒学"文化的应用与现实关怀是亦步亦趋的关系，甚至是本属一体的。

在《东西文化及其哲学》的结束部分，梁漱溟注意到了教育改革对于社会改造的重要性，他试图恢复中国传统教育的某些部分作为实现中国文化复兴、解决中国社会问题的手段。这种方案的理念十分类似于西欧14—16世纪文艺复兴时代人文主义学者打着古希腊、罗马文化旗帜，从中汲取营养，为建立新兴资本主义文化寻找历史资源的思想策略。不过是国别及时段上存在着差别，以及名目或具体材料内容的不同。梁漱溟自叙称：

明白的说，照我意思是要宋明人那样再创讲学之风，以孔颜的人生为现在的青年解决他烦闷的人生问题，一个个替他开出一条路来去走。一个人必确定了他的人生才得往前走动，多数人也是这样；只有昭苏了中国人的人生

①胡适：《介绍我自己的思想》，白吉庵、刘燕云编：《胡适教育论著选》，北京：人民教育出版社，1994年版，第291页。

态度，才能把生机剥尽、死气沉沉的中国人复活过来，从里面发出动作，才是真动。中国不复活则已，中国而复活，只能于此得之，这是唯一无二的路。有人以清代学术比作中国的文艺复兴，其实文艺复兴的真意义在其人生态度的复兴，清代有什么中国人生态度复兴可说？有人以五四而来的新文化运动为中国的文艺复兴；其实这新运动只是西洋化在中国的兴起，怎能算得中国的文艺复兴？若真中国的文艺复兴，应当是中国自己人生态度的复兴；那只有如我现在所说可以当得起。①

梁漱溟显然不赞成西学化的模式，教育也不是西洋工业化纯科学工具主义的体制，这会丧失中国本土精神，绝不是理性的明智之举。文艺复兴的核心在于中国古代人文主义的唤醒，国民道德及人生态度的自觉，这才是民族复兴的坚实土壤。只有如此，方能学习、建构西方近现代科学及政治思想教育的内容及方式，尤其是在教育平民化与实用性取向上更应如此。梁漱溟是这样论述的：

现在只有踏实的奠定一种人生，才可以真吸收融取了科学和德谟克拉西两精神下的种种学术种种思潮而有个结果；否则我敢说新文化是没有结果的。至于我心目中所谓讲学，自也有好多与从前不同处；最好不要成为少数人的高深学业，应当多致力于普及而不力求提高。我们可以把孔子的路放得极宽泛、极通常，简直去容纳不合孔子之点都不要紧。孔子有一句“极高明而道中庸”的话，我想拿来替我自己解释。我们只去领导大家走一种相当的态度而已；虽然遇到天分高的人不是浅薄东西所应付得了，然可以“极高明”而不可以“道高明”。我是先自己有一套思想再来看孔家诸经的；看了孔经，先有自己意见再来看宋明人书的；始终拿自己思想作主。由我看去，泰州王氏一路都可注意；黄黎洲所谓“其人多能赤手以搏龙蛇”，而东崖之门有许多樵夫、陶匠、田夫，似亦能化及平民者。②

我在本书结论里认定我们现在应当再创宋明讲学之风，我想就从我来试

①梁漱溟：《东西文化及其哲学》，中国文化书院学术委员会编：《梁漱溟全集》（第一卷），济南：山东人民出版社，2005 年版，第 539 页。

②梁漱溟：《东西文化及其哲学》，中国文化书院学术委员会编：《梁漱溟全集》（第一卷），济南：山东人民出版社，2005 年版，第 539—540 页。

作。我不过初有志于学，不敢说什么讲学，但我想或者这样得些朋友于人于己都很有益的。又我想最好是让社会上人人都有求学的机会，不要单限于什么学校什么年级的学生，像这两年来就有好许多人常来通信或过访于我，我虽信无不答，访无不见，但总不如明白开放的接纳所有不耻下问的朋友而相与共学。因此我今日告白大家知道：凡我所知所能都愿贡献给人，如来共学，我即尽力帮忙；不拘程度年岁，亦不分科目，不订年限；大家对我自由纳费，不规定数目，即不纳亦无不可；先以北京崇文门缨子胡同我寓所为通信处，如果人渐多再另觅讲习集会地方。[①]

从梁漱溟的坦率话语中显而易见，他虽在北京大学教学，但对北京大学的教育方针充斥着不满，是对北京大学总体办学上的失望。梁漱溟所追求的理想的办学方式是既能教授中国古代知识，又能教给学生如何做人、如何培养自己的人格品性等，讲学不仅仅是人生的自我完善，还应该是通过讲学改变自己的人生观和价值观，并将此付诸社会实践，进行社会改造。这无疑和当时的北京大学教育模式大相径庭。

梁漱溟的这种新儒学人文主义教育精神可以用“孔颜乐处”或“孔颜人生”境界来描摹刻写。“孔颜乐处”，宋明理学家用语，源于论语。《论语·雍也》：“子曰：‘贤哉回也！一箪食，一瓢饮，在陋巷，人不堪其忧，回也不改其乐，贤哉回也。’”《论语·述而》：“子曰：‘饭疏食饮水，曲肱而枕之，乐亦在其中矣。’”意谓孔子、颜回以求道为乐，不以生活清贫为苦。《二程遗书》卷二：宋周敦颐收程颢、程颐兄弟为弟子，“每会寻颜子、仲尼乐处，所乐何事”。遂成为理学的重要命题。《二程遗书》卷十二：程颐教育弟子，“箪瓢陋巷非其乐，盖自有其乐耳。‘其’字当玩味，自有深意”。“其”即指“道”，对富贵利禄持一种恬淡态度，力求个人道德之完善。处则为“真儒”，出则为“纯臣”。朱熹在《答刘仲升》中认为，欲得到这种乐必须通过“博文”“约礼”的穷理工夫，从“著实处”求“乐”，“平日许多功夫到此成就。见处通透无隔碍，行处纯熟无龃龉，便自然快活”。在《孟子集注·尽心下》中说：“力行其善，至于充满而积实，则美在其中而无待于外矣。”[②]

①梁漱溟：《东西文化及其哲学》，中国文化书院学术委员会编：《梁漱溟全集》（第一卷），济南：山东人民出版社，2005年版，第546页。

②教育大辞典编纂委员会编：《教育大辞典》（第九卷），上海：上海教育出版社，1989年版，第70—71页。

梁漱溟理解的“孔颜乐处”主张主要包括三点：其一，从“孔颜乐处”这一传统哲学的核心命题中引申出古代教育注重精神心理、人伦道德涵养，突出人生价值的弘扬以及社会责任心的发挥，并将这些传统因素作为宝贵资源挖掘、建构起来，作为现实中理想教育的组成部分；其二，古代教育语录中的“有教无类”思想应加以推广，将孔子讲学弘道、王门学派讲会民间，制定乡规民约，提升乡村道德风化等诸种作为方式拓广深化，更能体现现代国民教育的诉求；其三，打破学校界限，教育不限于学校空间，走向社会，延伸及民众，转移到乡村，与此相伴的就应对学制及组织方法加以灵活多变的设计，反对格式化的呆板教条，以融纳新教学内容与思想方法。通过将这三方面内容统和来看，古代人文教育，现代乡村以农民为主体的民众教育，以科学、民主为核心的西方思想三方面汇通，构建了梁漱溟早期教育观的雏形。当然，此时梁漱溟观念世界中有关上述三种力量构成的比例系数并非平衡，而是依次减弱。

二、新教育改革实验的萌发

梁漱溟离开北京大学的主要原因是对新教育有了设想，而当时的北京大学又无法让他践行自己的教育设想。他认为办学应是亲师取友，学校的管理者与教师应有共同的抱负与理想。教师的教学不仅讲习知识技能，也需顾及学生的全部人生道路。

> 我办学的动机是在自己求友，又与青年为友。所谓自己求友，即一学校之校长和教职员应当是一班同志向、同气类的，彼此互相取益的私交近友，而不应当是一种官样职务关系，硬凑在一起。所谓与青年为友，含有两层意思，一是帮着他走路，二是此所云走路不单是指知识技能，而是指学生的整个的人生道路。而当时的学校教育，至多是讲习一些知识技能而已，并没有顾及到学生的全部人生道路。①

显然，“整个的人生道路”与知识技能是不同的，前者是素质教育的要素组合，后者是知识中心论的近代新传统思想，延及现当代，则主要表现为应试教育。北京大学的精英化、学术专业型顶尖层高等教育办学活动与此相比较，显然有层

①汪东林编：《梁漱溟问答录》，长沙：湖南人民出版社，1988 年版，第 47 页。

次、类型的沟际分化，更与梁漱溟自我追求的教育活动旨趣有极大偏离。他又进一步认为，当时的青年学生大概可分为两类：一类是堕落不自强，读书只是为了混一张文凭，以便毕业后能谋个美差赚钱挥霍；另一类是自尊自强的，而又常常因人生问题、社会环境感到烦闷痛苦、不能自拔。对这两种人的教育，师长的教育意义便格外突出，须采取相应策略，为此便应走教育的改革实验之路。

> 我想新的教育，则应与他们为友，堕落的能引导他奋勉，烦闷的能指点他得到安慰、勉励，以至于意气奋发。因此需要新式的私交近友般的校长教职员团体，不断扩大范围。——进来一个学生即是这一团体中又添得一个新朋友。我自己走路，同时又引着新进的朋友走路；一个学校亦即是一伙人彼此亲近扶持着走路的团体。故尔我们办学实是有感于亲师取友的必要，而想聚拢一班朋友同处共学，不独造就学生，还要自己造就自己。为了实践我这些对教育问题的新认识、新设想，我决定离开北京大学，自己试办学校。①

上述的教育组织方法及学校文化氛围的设计更大程度上源于古代以循循善诱、因材施教、教学相长、启发诱导及德知交织为特色的人文主义教育观，其中“陆王心学”静外体悟、发明本心及佛教静坐忘斋、戒定禅慧的功夫，也被移植适用于现代教育内容的实践之中。例如，贯穿于梁漱溟教育实验始终的“朝会”教育组织方法就是一个典型的案例。

> 二十九岁那年，在济南教育厅讲“东西文化及其哲学”（先时已在北京大学讲过），民国十年付印，其中有一段意思曾说到求友；在结论中又曾说到我的主张和希望——要复兴古人讲学之风，使讲学与社会运动打成一片。……大家只是以人生向上来共相策励，每日只是读书，讲一讲学问。民国十三年，我辞去北京大学教职，和一些朋友到曹州去办高中，后来又辞职回北平，高中学生即有一些随着我们到北平的。

> 在北平师生共约十人，我们在什刹海租了一所房，共同居住，朝会自那时就很认真去做，大家共勉互进，讲求策励，极为认真，如在冬季，天将明未明时，大家起来后在月台上团坐，疏星残月，悠悬空际，山河大地，皆在静默，惟间闻更鸡喔喔作啼，此情此景，最易令人兴起，特别的感觉心地清明、

---

①汪东林编：《梁漱溟问答录》，长沙：湖南人民出版社，1988 年版，第 47—48 页。

兴奋、静寂，觉得世人都在睡梦中，我独清醒，若益感到自身责任之重大。在我们团坐时，都静默着，一点声息皆无。静默真是如何有意思啊！这样静默有时很长，最后亦不一定要讲话，即(使)讲话也讲得很少。无论说话与否，都觉得很有意义，我们就是在这时候反省自己，只要能兴奋反省，就是我们生命中最可宝贵的一刹那。①

看来，梁漱溟的教育观念及组织活动将社会、主体、人生这些要素构建成一幅新图谱，王门学派的讲会、游学风格十分突显，而王阳明及其弟子中的禅学色彩、践行努力及个体独立自由精神更是其现代教育思想与实践的内隐因子，不时闪现，发挥出不同作用。梁漱溟在北京大学任职的第三年，恰好发生了中美教育关系史上的大事件，即美国现代教育大师、实用主义教育思潮代表杜威来华讲学。勇于开拓、积极吸纳教育新资源的梁漱溟虽不是竭力拥护、宣传的弄潮儿，却也是虚怀若谷的接受者。

五四运动前夕，美国教育家杜威博士应北京大学、江苏省教育会等单位的邀请来华讲学。1919 年 5 月自日本抵上海，1921 年 7 月离北京回国。在中国两年多期间，曾在北京、直隶、奉天、山东、山西、江苏、江西、湖北、湖南、浙江、福建、广东等地举行演讲。在北京、南京两地做了系统讲演，在北京高师、南京高师两校讲学。当时报刊大量发表他的讲演，如《新教育》杂志 1—3 卷各期均宣传杜威的实用主义哲学和教育理论，还曾刊出“杜威专号”。北京晨报社出版了《杜威五大讲演》，两年内印行十几版，还出版了北京高师和南京高师两校学生的听课笔记：《杜威教育哲学》和《平民主义与教育》。稍后，其《民本主义与教育》等著作也在中国翻译出版。杜威的讲演主要是宣传其平民主义教育思想，他提出平民主义教育有两个要素：发展个性的知能，养成协作的习惯。他认为：“实施平民教育的宗旨是要个人受着切己的教育。实施平民教育的方法是要使学校生活真正是社会生活。”杜威提出的“教育即生活，学校即社会”的口号，在中国教育界流传甚广。此后数年，中国教育上的若干实践，如新学制、学生自治制、设计教学、道尔顿制、选科制等，均受实用主义教育思想的影响。而上述观念论点与柏林大学的德国教育学术模式之差别是泾渭分明的。看来，梁漱溟教育理念的美国化色彩更为突出。

①梁漱溟：《朝话》，中国文化书院学术委员会编：《梁漱溟全集》(第二卷)，济南：山东人民出版社，2005 年版，第 40—41 页。

1921年底，梁漱溟借年假之机应邀赴山西讲演，在省城阳曲小学为各小学教职员讲演《东西人的教育之不同》，集中讨论了教育问题，反映了他对教育改革的基本思想，在某种程度上是对《东西文化及其哲学》中教育构想的拓展及深化。

梁漱溟的观点实际上反映了他一生的态度：只赞成和实践那些与他自己的准则相一致的主张，这样才是一个有良知的知识分子。这种独立思考的精神和勇于逆流而上的气节贯穿于他的一生，成为一笔现代思想史上宝贵的精神资源。

1924年暑假，为实践教育改革的蓝图规划，梁漱溟辞去北京大学教职，走出书斋，投入社会。此后，又从山东、广东、河南推至其他许多区域，具体从事和倡导办学、讲学和乡村建设，走向了另一片新的天地！

汪东林对梁漱溟走出中国第一学府象牙塔而走向乡村，从事自己理想的教育与社会改造实验，做了如下评议：

> 他这一套的形成啊，是继承了中国，现在叫知识分子，过去叫士大夫吧，把自己的事情啊，是置之度外的，总是从年轻开始，就考虑国家、民族怎么办，按照自己的思路、自己的判断、自己的做法来做这件事情。北京大学教授那个待遇是很高的。但他一定要走出去，自己出去，留都留不住，他就感觉到这个教育也好，要改造中国也好，要跟农村，跟农民相结合，把这个整套的中国文化带到农村去，搞乡村建设。尽管他搞这个东西，在当时有一定影响，可是日本人来了，全都吹了。①

梁漱溟在《乡村建设理论》一书的“自序”中自称：他主持以教育为核心的乡村建设与教育理论“萌芽于民国十一年，大半决定于十五年冬，而成熟于十七年”②。他的乡村建设运动则始于1928年广州“乡治”，鼎盛于1933年山东邹平的乡村建设与教育实验区，终结于1937年日本全面侵华战争的铁蹄之下。

抗战以后，除了社会政治活动之外，梁漱溟归隐于重庆北碚嘉陵江畔缙云山麓的金刚碑，从事以国学为中心的办学与著述工作。

---

①汪东林：《1949年后的梁漱溟》，北京：当代中国出版社，2007年版，第5—6页。

②梁漱溟：《乡村建设理论·自序》，中国文化书院学术委员会编：《梁漱溟全集》（第二卷），济南：山东人民出版社，2005年版，第144页。

第三章

探索教育出路

——从齐鲁到岭南

在梁漱溟从事社会事业及乡村教育实验活动的人生历程中，从走出北京大学学术殿堂到明确乡村建设目标及路向方案之间，大约有5年时间的摸索、尝试及对相关学说、思想的汲取、消化、整理，最终走向自我构建。这期间所发生的许多重大的历史事件反映在梁漱溟内心世界中是内容充盈而深刻的，其中最主要的是教育的新路与中国社会的现代化走向的途径及方式，两者在互动共生与彼此消长中构成色彩斑斓的图景。

第一节　走向教育新路的历史背景

从中国第一高等学府的学术与课程殿堂走出，到地方社会办学、探讨教育的社会化与民族性解放，并非轻而易举的事，而是外界社会及教育困惑相继刺激的产物，更是源于个体在外缘背景因素之场域下为图寻找出路及方案的努力奋斗的力量反映。梁漱溟的人生活动及乡村教育之道路历程均与此期的外因诱导与内因矛盾转化紧密联结成一体。

一、农村社会的危机

1840 年 6 月，中英爆发鸦片战争，由于清政府在战争中的失利，西方肆无忌惮地打开了中国大门，大清王朝落后的封建自然经济被先进的西方资本主义经济无情摧毁。腐朽的清政府在最后微弱的无力挣扎中，签订了一系列丧权辱国的不平等条约，从此使中国沦为半封建半殖民地社会。1912 年 1 月，中华民国成立以后，代之而起的军阀割据的混乱局势，使得民众从此陷入了长达数十年之久的水深火热之中。面对如此复杂的状况，作为爱国知识分子之一的梁漱溟努力寻求救国之路。

乡村的破坏又与中国社会的崩溃分不开，实际上是后者的一个突出的方面。梁漱溟认为，导致农村破败的具体因素，有国际、国内两个方面。

国际因素主要是帝国主义的侵略。中国在鸦片战争以前一直是一个典型的农业国，虽然在东南沿海经济比较发达的地区已经有了资本主义的萌芽，但是自给自足的小农经济仍占绝对的统治地位。中国的农民占总人口的 90%以上，这就造成城市发展滞后。鸦片战争以后，帝国主义国家为了抢夺在华利益，一面向中国大规模输出商品，一面在通商大埠及中心城市直接投资办厂。这使中国本来就不发达、十分脆弱的工商业，在帝国主义和封建主义的双重压迫下发展更为困难，而因此对于农村的毁坏更严重。帝国主义廉价的商品输入以后，使国内的粮食价格受到冲击，农民被迫以更低的价格出售粮食，遇到天灾人祸，温饱都不能解决。帝国主义国家的军事侵略更是直接导致中国乡村的破坏，例如日本出兵强行占领东北,不仅破坏东北的经济,对内地农村的冲击也很大。

国内因素主要是天灾和人祸。所谓天灾,主要是水灾和旱灾,由于清政府腐败无能,导致江堤、水坝都年久失修,农村严重缺乏必要的灌溉设备,后来民国政府频繁更替,对水灾和旱灾也缺乏治理,因此当时长江、黄河及淮河等主要江河水道经常决堤。遇到旱灾,农民也是束手无策。比如当时的长江、黄河的大水灾,西北连年大旱,南方江浙旱灾等,直接导致人口大量死亡、农田绝产,都对农村经济破坏极大。人祸主要是军阀混战、匪患、苛捐杂税等。19世纪末至20世纪初,帝国主义国家除了在经济上疯狂掠夺,还妄图进一步瓜分中国,因此纷纷扶植在华势力,抢夺势力范围,造成军阀割据的局面。各地军阀连年混战,给农业生产造成了巨大的直接损失。有关数据表明,1924—1937年,占总农户3.11%的地主占有土地41.47%,6.38%的富农占有土地19.09%,24.02%的中农占有土地25.87%,而61.4%的贫雇农则只有20.77%的土地。①土地的高度集中使大部分农民流离失所,农村社会动荡不安。在各种苛捐杂税、天灾人祸以及帝国主义转嫁危机的压力下,农民负担日重,生活苦不堪言,导致大量土地荒芜,甚至出现了千里无人烟的凄凉惨景。很多人被迫背井离乡,农村经济处于崩溃的边缘。

在这种社会背景下,中国共产党领导的农民运动蓬勃开展,掀起巨大的社会救亡浪潮,涤荡一切旧势力的陈渣、污秽。由此,也就自然成了一种媒介力量,激励着梁漱溟对于乡村工作的热情。在他为思索中国前途的问题而迷茫和苦闷之时,1924—1927年国民大革命从珠江流域迅速推进到长江流域, 国共合作顺利地进行着,共产党领导的农民运动震撼着表面宁静而实际又饱受礼法压榨的乡村社会。粤、赣及两湖地区的农民协会如雨后春笋在各地涌现,支援北伐战争,成为国民革命的一支重要力量。共产党领导的农民运动的高涨,尤其是农民在运动中所表现出来的革命热情和巨大力量,使梁漱溟对农民和农村有了新的感悟,认识到了农民和农村是解决中国问题的关键,坚定了他投身乡村工作的决心。

二、柏格森生命主义哲学的“儒化”阐释

1921年冬季,梁漱溟发表《唯识家与柏格森》,标志着他接受了法国哲学家柏格森生命哲学的思想,并以此来诠释儒学的情意关怀与直觉思维。次年,由商务印书馆出版的《东西文化及其哲学》揭示了东西文化“三种路向”等新儒家理论,作为最早运用比较研究法研究东西文化之作,提倡以柏格森生命哲学、陆王心学及西方科学技术改造儒家传统,拯救民族危亡。1936年6月,山东邹平乡村书

①朱汉国:《梁漱溟乡村建设研究》,太原:山西教育出版社,1996年版,第7页。

店出版《朝话》一书，主要依据梁漱溟1932至1935年间在山东乡村建设研究院研究部“朝会”讲话的笔记整理而成，主要是针对学员中存在的问题及提出的疑惑随时解答指导。其中的内容涉及人生修养、社会文化及个人治学等许多方面，其中有一篇标题为《中西学术之不同》，对该思想主题的前后演进加以回顾并阐发如下：

> 在我思想中的根本观念是“生命”“自然”，看宇宙是活的，一切以自然为宗。仿佛有点看重自然，不看重人为。这个路数是中国的路数。中国两个重要学派——儒家与道家，差不多都是以生命为其根本。如四书上说：“天何言哉？四时行焉，百物生焉。”“致中和，天地位焉，万物育焉。”都是充分表见生命自然的意思。在儒家中，尤其孟子所传的一派，更是这个路数。仿佛只要他本来的，不想于此外更有什么。例如，发挥本性，尽量充实自己原有的可能性等，都是如此。我曾有一个时期致力过佛学，然后转到儒家。于初转入儒家，给我启发很大，使我得门而入的，是明儒王心斋先生；他最称颂自然，我便是如此而对儒家的意思有所理会。开始理会甚粗浅，但无粗浅则不能入门。后来再与西洋思想印证，觉得最能发挥尽致，使我深感兴趣的是生命派哲学，其主要代表者为柏格森。记得二十年前，余购读柏氏名著，读时甚慢，当时尝有愿心，愿有从容时间尽读柏氏书，是人生一大乐事。柏氏说理最痛快、透彻、聪明。美国詹姆士杜威与柏氏，虽非同一学派，但皆曾得力于生命观念，受生物学影响，而后成其所学。苟细读杜氏书，自可发见其根本观念之所在，即可知其说来说去者之为何。凡真学问家，必皆有其根本观念，有其到处运用之方法，或到处运用的眼光；否则便不足以称为学问家，特记诵之学耳！……中国儒家、西洋生命派哲学和医学三者，是我思想所从来之根柢。①

梁漱溟强调中西教育之间的差异，主要出之于中西社会、文化和人生路向的不同，也只是相对而言。换句话说，西方人重视知识教育与传授，并不是完全忽略情感教育；中国人重视情感教育与道德培养，也不是完全忽略知识教育与传授。因此，从这个意义上说，所谓重视和忽略，只是基于当时的感受而对中西教育的比较。鉴于此，经过比较之后的中国教育，理所当然地应该取西方之长，补已之短，重建中国教育新体制。②很显然，柏格森的教育生命化思想理念既是对西方

---

①梁漱溟：《中西学术之不同》，中国文化书院学术委员会编：《梁漱溟全集》（第二卷），济南：山东人民出版社，2005年版，第125—126页。

②马勇：《梁漱溟教育思想研究》，沈阳：辽宁教育出版社，1994年版，第61页。

物化教育过分渲肆的清水滋润，也与古代中国儒学人文教育情怀相容。

在山东曹州（今山东菏泽市）办学是梁漱溟实施教育改革的初步尝试，其中体现出的教育思想，如走中国文化之路，以“人情斟酌损益”而不用法律进行管理，追求教育机会的均等，把人生命本位观教育放在首要地位，教育必须合乎社会需要，以及教育的平民化倾向，等等，都是《东西文化及其哲学》思想的具体化和进一步展开。他试图通过教育途径改革社会的设想也初露端倪。梁氏之所以从事教育事业，其根本动机仍在解决人生问题及与人生问题连带而来的社会问题。这在他 1933 年 2 月创作的《社会本位的教育系统草案》一文中有着集中的表现。他认为一个完整和合理的教育体系应实现社会教育、学校教育的统一，两者主要是方式不同，而不是制度差异，学校与社会应贯通一致，学校有自身专业化编制，但目标、内容及方式应融合。

从梁漱溟对柏格森的赞赏中不难看出，柏格森的思想对他影响很大。柏格森的生命主义哲学主要是反对实证主义和理性主义思潮的产物，是 20 世纪第一个非理性主义的哲学流派。生命哲学的主题是生命，它的理论对象是人、人的生命、人的生活、人的心理状态和人的历史文化，并由此来透视人的周围世界。柏格森的生命哲学是在五四运动以后传入中国的，是当时中国思想界比较热门的哲学流派之一。五四运动时期的梁漱溟就对柏格森的创造进化说百般推崇。他扬弃了柏格森“生命”本能的冲动，而融合进明儒王守仁心学哲学体系的心性思想，用“理性”的方式来求得问题的解决。梁漱溟接受生命主义哲学、用生命哲学解释儒学后，再用儒学来建构生命哲学，从而提出自己的文化主张和乡村教育理论。

三、北京大学经历中的思想转折

从 1917 年到北京大学执教至 1924 年暑假辞职去山东办学为止，梁漱溟在北京大学学习工作了整整 7 年。就是这段在北京大学的执教经历及生活体验，弥补了他教育视野中高等教育阶段的缺少，以教人者教己。通过和北京大学这所一流高等学府师生间的相互沟通与交流，他的思想和人生都得到了前所未有的洗礼。更重要的是，梁漱溟的思想理念和人生态度发生了巨大的变化，逐渐从“古印度人的出世思想”转向“中国传统的儒家思想”，使其成为20 世纪中国最著名的文化保守主义者和现代新儒学的“开启者”。

（一）北京大学讲学间的著书立说

与蔡元培、胡适、陈独秀等近代教育家在北京大学期间发表教育研究论著、构建教育理论不同，梁漱溟完成了对佛学、儒学的文化探究和著述出版，其间虽也论及某些新教育构思，但根本上构建了他的新儒学思想体系，为其从事乡村社会教育奠定了理论基础及实践依据。

1917年初，蔡元培接任北京大学校长，为了推进现代高等教育的发展，他有志于进行大刀阔斧的改革。而与此同时，梁漱溟拿着自己写的《究元决疑论》去拜访蔡元培，使得蔡元培萌发了让梁漱溟来北京大学讲授印度哲学的想法。起初梁漱溟认为自己的资历不够，而且对于印度哲学只是读过一些书，有的也只是对佛家的个人见解。但蔡元培却这样说："你说你不懂，但又有谁懂呢？我寻不着人，就是你来吧！"又说："我看你也是喜欢哲学的。我们把一些喜爱哲学的朋友聚拢在一起，共同研究，互相切磋，你怎么可以不来呢？来北京大学，你不要以为是来教别人的，你把到北京大学当作来共同学习好了。"[①]蔡元培的话让梁漱溟很感动，让他觉得在北京大学教书是师生间在知识与专业学术方面的双向沟通和互动，因此，梁漱溟答应了蔡元培的邀请。

1917年的10月，梁漱溟正式来到了北京大学。当时正值新文化运动发展初期，蔡元培和陈独秀又是此次运动的重要人物。他们提倡白话文，对中国的传统礼教加以指责和批判，积极宣扬并举起了"民主"和"科学"两面大旗。一时间，社会上刮起了"德先生"和"赛先生"的崇拜之风。

新文化运动呈洪水猛兽般发展，并打出了"打倒孔家店"的旗号，让梁漱溟的将释迦和孔子讲明白的责任变得愈发艰难，对他所讲授的传统文化的课程带来了巨大的冲击。与此同时，也让他心里多了一个担忧：过分地宣扬西方社会的民主与科学，会不会让中国几千年来绵延不断、博大精深的传统文化断裂失落，乃至付诸东流。

在梁漱溟看来，弃佛归儒，舍去向来做佛家的心愿，"来做孔家的生活"，是保留传统文化的有效途径。他之所以抛却佛家生活而归入儒家生活，绝非仅仅因为个人心理的冲突或精神欲望的力量，而是具有一种不可推卸的历史责任，尤其是对东西方文化及其哲学进行比较和反思的结果。就像他在《自序》中说的那样：

①汪东林编：《我对于生活如此认真——梁漱溟问答录》，北京：当代中国出版社，2013年版，第30页。

> 无论西洋人从来生活的猥琐狭劣，东方人的荒谬糊涂，都一言以蔽之，可以说他们都未曾尝过人生的真味，我不应当把我看到的孔子人生贡献给他们吗！然而西洋人无从寻得孔子，是不必论的；乃至今天的中国，西学有人提倡，佛学有人提倡，只有谈到孔子羞涩不能出口，也是一样无从为人晓得。孔子之真若非我出头倡导，可有哪个出头？这是迫得我自己来做孔家生活的缘故。①

梁漱溟这里的描述颇有一种直面儒学危机困顿，敢于应对挑战并担当重任的勇气，类似于唐代思想家韩愈自比孟子，挽儒学颓丧、重归“道统”的作为。若以佛家诠释，他又颇具一种“我不入地狱，谁入地狱”的牺牲情怀或献教精神。

思想变动，犹如生命历程中的轨迹，某些偶发事件，终有其无法抹平的痕迹，甚至直接干预其正常进程，或加剧变动频度。梁漱溟身上的表现十分显著。1920年初春，少年中国学会邀请梁漱溟作宗教问题的演讲，梁漱溟在家补写讲词，不料下笔总不如意，写不数行，涂改满纸，思路窘塞，头脑紊乱。于是，不禁诧异，掷笔叹息，静心一时，随手翻阅《明儒学案》，于东崖语录中忽见“百虑交锢，血气靡宁”八个字，不觉蓦地心惊，顿觉头皮冒汗，默然有省。遂由此决然放弃出家之念。②

这顿悟似的觉醒促使梁漱溟放弃了原先所秉持的出世原则，回到了现实的生活之中。在苦乐问题上，儒家一贯追求乐的超越境界，从“孔颜乐处”到宋明理学一直备受关注，只是梁漱溟并未洞察。随着对儒家之乐的关注，他改变了对佛法的认识，“当初归心佛法，由于认定人生唯是苦。一旦发现儒书《论语》开头便是‘学而时习之，不亦乐乎’，一直看下去，全书不见一苦字”③。后来又进一步发现“宋儒有‘寻孔颜乐处’之说，明儒有‘乐是乐此学，学是学此乐’之说”④。正是基于对儒家之乐的不断关注，他开始推崇儒家的思想理念，并着手写出了《东西文

---

①梁漱溟：《东西文化及其哲学·自序》，中国文化书院学术委员会编：《梁漱溟全集》（第一卷），济南：山东人民出版社，2005年版，第544页。

②梁培宽编：《梁漱溟自传》，南京：江苏文艺出版社，1998年版，第47页。

③梁漱溟：《我的自学小学史》，中国文化书院学术委员会编：《梁漱溟全集》（第二卷），济南：山东人民出版社，2005年版，第698页。

④梁漱溟：《儒佛异同论》，中国文化书院学术委员会编：《梁漱溟全集》（第七卷），济南：山东人民出版社，2005年版，第157页。

化及其哲学》,1921 年的出版,标志着他弃佛归儒,思想转变完成。

在梁漱溟由佛入儒转变的这一过程中,晚明泰州学派的作用甚大。如其所说:“然惟晚明泰州王氏父子心斋先生东崖先生为最合我意。心斋先生以乐为教,而作事出处甚有圣人的样子。”[①]泰州学派的影响不仅仅是对苦乐问题的认识,更是为他点燃了改造现实社会的勇气。他曾说:“我很佩服王心斋,他是个盐工,出身其门下的也大多是劳工。他是本着自己的思想而实践的人,所以他是社会活动家。我自己也是个做社会运动的人,乡村建设就是社会改造运动。我不是个书生,是个实行的人。”[②]梁漱溟既是个理论家,也是个实践家,他后来在实践层面上提出了许多乡村建设的具体措施以期能够拯救中国社会,说明他从未放弃解决社会问题的决心与努力。因此,梁漱溟从现实的感受出发,重新认识人生的苦乐问题,通过思索确立了解决现实社会问题的学术与功业志向,并最终确立了回归世间的人生态度。正如其所说:“人生真乐必循由儒家之学而后可得。”[③]梁漱溟由此发现了儒家于社会现实生活的意义与价值,从而走向了一个崭新的世界。

(二)寻觅教育的乌托邦之梦

1924 年暑假,由于当时北京大学学习和教学的发展状况让梁漱溟有些失望与不满,因此,他决心离开北京大学。在炎热的酷暑当中,他踏上了一条前途未卜的乡村实验道路,开始艰难寻觅自己的乡村教育梦。此行受到山东乡村代表王鸿一之邀,来到山东曹州主持省立第六中学高中部,梁漱溟对此行的办学设计了一个较为乌托邦式的体系,忽略了在操作过程中的困难,想要以自己理想的现代教育思想来指导学校的未来发展。

是何种原因让他离开了一流的高等学府,惜别了朝夕相处的学子与专家同仁,却愿意踏上一条茫茫乡村教育之路呢?其中玄奥已在上章做了分析,此处拟从梁漱溟的个体特征及对理想教育诉求的视角再作剖析,以重现这位新儒家教育人生的逻辑起点与征程脚步。

---

①梁漱溟:《东西文化及哲学》,中国文化书院学术委员会编:《梁漱溟全集》(第一卷),济南:山东人民出版社,2005 年版,第 465 页。

②王宗昱:《是儒家还是佛家——访梁漱溟先生》,北京:东方出版社,1986 年版,第 562 页。

③梁漱溟:《儒佛异同论》,中国文化书院学术委员会编:《梁漱溟全集》(第七卷),济南:山东人民出版社,2005 年版,第 156 页。

梁漱溟认为，要像宋明时期的人那样讲求学风，还要以孔颜的人生来指导现在青年的人生问题，让他们从烦闷中解脱出来。他所推崇的“孔颜乐处”，体现了注重精神心理、人伦道德涵养，突出人生价值的弘扬以及社会责任心的发挥，试图将这些传统因素作为宝贵资源挖掘、建构起来，作为现实中理想教育的组成部分。他进一步主张对孔子的“有教无类”思想加以推广，将孔子讲学弘道、王门学派讲会民间、制定乡规民约、提升乡村道德风化等诸种作为拓广深化，以此体现现代国民教育的诉求。此外，又极力打破学校界限，教育不限于学校空间，走向社会，延伸及民众，转移到乡村；学制及组织方法需灵活多变，反对格式化的呆板教条，借以融纳新教学内容与思想方法。这无疑和当时的北京大学教育模式大相径庭。他认为只有昭苏了青年的人生态度，中国的发展才能更进步，中国才能得以复兴，并且认定这是独一无二的道路。

显而易见，梁漱溟虽在北京大学教学，但对北京大学的教育方案充斥着不满。他认为：“现在教育的情形，所谓学校，只是个知识传习所，于生活本身无与。”这也是对大学象牙塔式办学的某种失望。而梁漱溟所追求的理想的办学方式是既能教授知识技能，又能启发学生如何做人，培养他们的人格品性等，讲学不仅仅是人生的自我完善，还应该是通过讲学改变自己的人生观和价值观，并以此付诸社会实践，从事现实社会改造。

他认为办学应是亲师取友，学校的管理者与教师应有共同的抱负与理想。教师的教学不仅讲习知识技能，也需顾及学生的全部人生道路。对此，他道出了他办学的真正动机：“我办学的动机是在自己求友，又与青年为友。所谓自己求友，即一学校之校长和教职员应当是一班同志向、同气类的，彼此互相取益的私交近友，而不应当是一种官样职务关系，硬凑在一起。所谓与青年为友，含有两层意思，一是帮着他走路，二是此所云走路不单是指知识技能，而是指学生的整个的人生道路。而当时的学校教育，至多是讲习一些知识技能而已，并没有顾及到学生的全部人生道路。”①

梁漱溟任职北京大学期间，恰好杜威来华讲演并宣扬其实用主义教育与民主主义政治炽热之时。他接受了杜威的现代教育理论，而舍弃了其教育无目的论及

①汪东林：《我对于生活如此认真——梁漱溟问答录》，北京：当代中国出版社，2013年版，第41页。

唯工具主义与实验主义的思想观念，尤为强调人心与人生的教育、个体生命教育与社会教育。

自西方文化传入以来，中国旧有教育体制逐渐解体，西方教育作为西学东渐的一部分涌入中国，沿袭2000多年之久的传统教育思想、制度及内容方面均发生了变化，这是顺乎潮流的，也是必需的，同样是无可避免的。但西方教育在工具论、方法论方面有长项的同时，却忽视了情意的价值。而情意教育则恰为中国原有教育之所长，亟须发扬振兴。尽管如此，中国历史时期的教育活动仍然存在着偏于背诵、训练以及机械模仿以求书本文字知识的弊端，在欧美教育导入后，对比其知识教育占据上风，依据学生潜能水平，发挥主体探究、自我认知及精神生活的教育方式及内容设计更显落后，必须加以唤醒、激发与重构。

恰巧在梁漱溟苦苦思索中国教育出路的时候，经北京大学的学生陈亚三、王醒吾介绍，他认识了山东绅士王鸿一。王鸿一曾为前清秀才，后留学日本，加入过孙中山先生的同盟会，从事革命活动。回国后曾任菏泽县小学校长、曹州师范学校校长、山东省立第六中学校长和山东省议会副会长。据梁漱溟所言，王氏“广有韬略，视野远大”，以建设中国为己任，故到处寻求建国方略。正是由于有了这一共同的理想为基础，两人大有相见恨晚之感。经过几次交谈，王鸿一慨言其学说“实获我心”，遂建议山东省教育厅长邀请梁漱溟到济南演讲。于是，梁漱溟于1921年暑假应邀赴济南作“东西文化及其哲学”的演讲。此次演讲对王鸿一的触动很大。梁漱溟在济南教育会演讲一个月，事务繁忙、活动纷呈的王鸿一挤出时间，风雨无阻，聆听一个月，没有一天间断。其思想受益很大，收获颇多，积疑夙惑一旦消却就表现出十分快活的样子。正是在此期间，梁漱溟萌发了亲自办学的想法，并与王鸿一共议筹办曲阜大学有关事项。因此，在1924年暑假，为实践教育改革的蓝图规划，梁漱溟辞去北京大学教职，走出书斋，投入社会，同陈亚三、黄艮庸、王平叔、张俶知、徐名鸿来到了山东，从事办学、讲学活动，走向了另一片不同的世界，有志于开辟一条不同的教育道路。

第二节　曲阜大学的愿景与曹州中学的改革尝试

梁漱溟来到山东，按照与王鸿一等友人的约定，在山东曲阜——孔子的故乡创办一所大学，也渴求为当时的中国教育谋寻一条道路。王鸿一等人之所以要在山东创办一所大学，是因为他们自身有着浓重的乡土情怀，也怀抱着办一所弘扬东方文化的大学之意，而且有相对丰厚的经济资助和准备。此外，他们对当时的教育极其不满，山东的学生要想继续接受高等教育，只能辛苦地南北奔劳。而于南北各校，总不满意，所以很想自己办大学，为其学生升学之地。[①]然而这种浪漫的设计以及过多地域本土化的偏执，并未能促成愿望与现实之间的合适转移。愿望落实之后在留有思想资源价值的同时，转向中等教育，却标志着梁漱溟现代教育理念的实验起步。

一、曲阜大学的理想设计

曲阜作为孔子的故乡，是儒学的发源地与重镇，因此，对于曲阜大学的设想，其旨趣在“取东方的——尤其是中国的学术暨文化之各方面作一番研讨昭宣的工夫，使他与现代的学术思想能接头，发生一些应有的影响和关系”。梁漱溟、王鸿一二人虽然在一些方面显示出了较大分歧，但两人的交情和那份想要着手办好曲阜大学的责任与信心超越了认识上的隔阂。梁漱溟不是一个空谈家，当他认定或规划了目标之后，便为这一目标不懈努力。在不太长的时间内，先后募得公私捐款和资助数万元，并在曲阜东南二里择定校址，原因是“北地干燥，向少水田，唯此处有泉水涌出，竟多种稻，今所择地址即在稻田之北，将来建筑可引泉水入校也”[②]。流水是智慧的象征，水域不仅有助于空气质量改善，更是自然美感的重要因素，对学校教育环境的育人效应更为重要。

①梁漱溟：《曲阜大学发起和进行的情形并我所怀意见之述略》，中国文化书院学术委员会编：《梁漱溟全集》（第四卷），济南：山东人民出版社，2005年版，第728页。

②梁漱溟：《办学意见述略》，中国文化书院学术委员会编：《梁漱溟全集》（第四卷），济南：山东人民出版社，2005年版，第783页。

早在1922年，梁漱溟在《中华新报》所发表的《曲阜大学发起和进行的情形并我所怀意见之略述》中，就希望能够办一所研究整理东方学术和其他文物制度的大学。

> 当此际我的态度实难决之问题。从我的夙志，我未尝不想办一研究整理东方学术和其他文物制度的大学，使湮没绝不为世界所晓的东方文化稍见于世；不但我如此，恐怕有心人无不如此，现在既有此种提议，则自当尽力共成之。但又有三个疑难之点。一则太没有人才，若空虚敷衍，胡乱对付，则不如不办。二则在提议诸公虽推我主持此事，然我自审只是一好学生尚未必是教员，若办学则更素所未习，必办不好。……三则关于办学意见，鸿一先生最好商量不成问题，若赵、柯诸老先生，则以为是一存古学堂研究经学古文之所，实相差甚远。①

上述引证文献大致包含这样的意蕴：梁漱溟的主观愿望是"未尝不想办一研究整理东方学术和其他文物制度的大学，使湮没绝不为世界所晓的东方文化稍见于世"。他希望所办的大学能为中国的学术和文化做一番研讨，没有宗教臭味，也不是存古学堂，不要空谈中国哲学和印度哲学。并且要在大学中最先成立生物学系和数理学系，以便对现代学术做彻底研究，然后再涉及和研究其他的学术，做其他方面的学问。但当时办大学仍然面临着三个重大问题：第一是人才的缺乏，"若空虚敷衍，胡乱对付，则不如不办"。第二，梁漱溟认为自己资历尚浅，担心在办学的过程中荒废自己的研究，倘若交给他人去办学，又怕走偏方向。第三，忧虑在办学过程难免会和他人发生分歧，本来抱着办学的理想最后却分道扬镳，彼此决裂。

因此，梁漱溟个人认为，要想创办一所理想的大学需要长时间经验的积累与积淀，并非一日就能完成，需要一个循序渐进的过程。他试图想出一条解决的路，就是可以先不要成立大学，而先成立一个学会，等到将来时机成熟，再去办大学。创办一个学会，需要集合一些有志趣、有天资、有学识基础的少年英俊。凡是他们在研究中所需要用到的东西，如图书、仪器等，都要尽最大能力提供给他们。

---

①梁漱溟：《曲阜大学发起和进行的情形并我所怀意见之略述》，中国文化书院学术委员会编：《梁漱溟全集》（第四卷），济南：山东人民出版社，2005年版，第729—730页。

除此之外，为了让他们能够在生活上有所保障，不为家庭的生计发愁，还要适当地给他们些工资。这在当时尚可解决。对于他自己，他认为在学会建立且发展的过程中，有这样一批有识之士能够协同自己共同办学，彼此有着相同或相似的想法，就不必使自己在办学的过程中忽略做学问，这也就解决了第二个问题。而第三个问题则是梁漱溟认为的最大的困难，不易解决。倘若与他人发生分歧，则可以由学会出面解决，共同进行商讨，所以更见得要想办大学先要办学会的重要性和急迫性。成立这个学会，一面从事于学问的研究，一面并相勉于生活之合理，这样将来在办学时就能使精神贯通。

随后，梁漱溟将办学会的想法告知了王鸿一和靳翼青。他说："大学本预科均三年以后再办，此时先成立中学部，而组织一学会。如我所说者，即以学会诸人，为中学教员，分任一点功课，钟点要极少，教员不妨多，盖以学会为主故也，他们都赞成我的意思，于是我的态度乃决定。"①

但办学会的事情由于当时社会的动乱和个人的因素，就一直被无限期延长或搁置了。而对于创办曲阜大学的想法，梁漱溟没有中断努力。

二、从《办学意见述略》看曹州中学的改革

在大家的共同商讨下，梁漱溟先将主要的精力投身于曹州中学（时为山东省立第六中学，即今日的山东省菏泽第一中学）的改革，并为曲阜大学的创办做良好的准备。而曹州高中与曲阜大学的关系，自然十分密切。"就办学人一面说，则现在办曹校的同人即将来办曲大的同志；就学生一面说，则现在曹州高中有似曲大的预科也。"②

此处对曹州中学的情况略做介绍。该校今名菏泽第一中学，位于菏泽市古城中心。1903年，由曹州佩文书院改为曹州中学堂。1913年，与曹州公立普通中学堂（1905年王鸿一创办）合并，改名省立第十一中学。1914年，改省立第六中学，

①梁漱溟：《曲阜大学发起和进行的情形并我所怀意见之述略》，中国文化书院学术委员会编：《梁漱溟全集》（第四卷），济南：山东人民出版社，2005年版，第731页。

②梁漱溟：《办学意见述略》，中国文化书院学术委员会编：《梁漱溟全集》（第四卷），济南：山东人民出版社，2005年版，第782页。

1927 年，校内曾建立菏泽第一个中共支部，1930 年，增设女子部。1934 年，改省立菏泽中学。1937 年，中日战争全面爆发，迁四川绵阳并入国立六中。1948 年，迁川部分教员返鲁，与原创办于抗日根据地的冀鲁豫边区一中、三中合并，称冀鲁豫边区第一中学。1949 年，改为平原省菏泽中学。1953 年，改现名。建校初，以“忠君、尊孔、尚公、尚武、尚实”为教育宗旨，学制 4 年，后改 6 年。1905 年、1913 年，王鸿一两次出任校长，聘有识之士办学，资助赴国外留学者。中华人民共和国成立后，倡导“求实、创新、团结、奋进”校风，注重师资队伍建设，数学和语文基础课教学质量尤其突出。①

梁漱溟对曹州中学的办学设计主要体现在《办学意见述略》当中，对于如何实现自己的办学理想，梁漱溟按照他特有的思路进行了一系列标新立异的改革。从招生考试、教学以及日常生活方面，处处显示出了他的独具匠心。

首先，在招考方面，突破了传统的以笔试定终生的做法，主张以面试为主，笔试辅之。且笔试的内容也比较简单，主要是外国文及常识，这就避免了因一次笔试失误而造成学生丧失求学机会；通过第一次笔试的学生进入下一个环节，逐个面试。由于梁漱溟非常重视师生之间的关系，因此更看重的是面试，“藉此可以知道他的体格、资质、性情、脾气、态度，等等”。将这两种考试类型相比，后一种更为重要，因为一个人的道德、精神更重要于他的知识和学问。

其次，重视师生之间良好关系的建立。梁漱溟在招考前向学生和家长告知：“学生既到我们这里来，则他的生活之种种方面——自饮食起居以迄思想情志，自体魄以迄精神——我们都要照顾到，不使他有什么痛苦——至少也不使他有什么说不出的痛苦。或者更可以对家长们说一句：绝不致学生们有什么生理上的病态和心理上的病态而我们不知道。”②可以看出，梁漱溟认为作为老师理应照顾到学生学习和生活的方方面面，不允许他们内心遗存病态的想法。对于师生之间，他们也不仅仅是教授与被教授的关系和知识的影响与作用，同时交织着深厚的情感，重在师生朋友间知心的关系，在知识教学的同时，更要促进学生心理的

①教育大辞典编纂委员会编：《教育大辞典》（第一卷），上海：上海教育出版社，1991 年版，第 528页。

②梁漱溟：《办学意见述略》，中国文化书院学术委员会编：《梁漱溟全集》（第四卷），济南：山东人民出版社，2005 年版，第 788 页。

健康发展,能站在学生和家长的角度换位思考。这在教育教学活动中实为观念的转移,是现代教育思想的体现。具体到实践中,当时乃至现在都实属不易。

再次,将知识的传授与学生的日常生活的锻炼密切结合起来。学校组织教学活动应注重对学生人格能力的塑造,使学生养成艰苦、朴素、勤劳的生活作风。“我们觉得社会上一部分人比其余一般人享受过于优厚是不对的事;所以我们的衣食住和其他消费生活都要简单朴质。尤其是校役用的少,一切零碎事都要学生自己做。如果是富厚人家的子弟到我们这里来,须要改他的习惯,学着勤劳一点,俭朴一点。”①应该说,让在校生每天做一些诸如打扫卫生、烧开水之类的劳动,以养成他们的劳动习惯,让富家子弟也能改掉好逸恶劳的风气,以避免学生成为“肩不能挑,手不能提”的“精神贵族”,这本身就极具教育意义。中国传统教育培养模式为“两耳不闻窗外事,一心只读圣贤书”的治术人才。这种教育目标引领下的学子、士大夫的特征是:“四体不勤,五谷不分”,书本教条的记诵严重脱离社会现实的生产与生活。梁漱溟的上述思想及实践正是有助于转变传统教育教学活动图谱的一种努力。当然,这里是发端,日后的教育征程中表现得更为彻底。

最后,改革收费办法,学生学费“量力乐输”。学生自愿缴纳学费、膳宿费等费用,“纳费或多或少,一视学生家境如何而自己乐输”,这也就是“量力乐输”的收费原则,一改学校按统一标准一律征收学生全额的学费、膳宿费的成例。也就是说,学校对于学生的求学费用不做统一规定,学校也不是根据缴费的多少来区别教学和生活,“都是一律的”。这也承袭了孔子私家办学中的“有教无类”的思想,让贫富贵贱不等的学生都有机会入学,当然,在当时社会民不聊生的贫苦状况之下,也许对于很多家庭来说解决温饱都有困难,更别说让子女接受教育了,但梁漱溟具有佛教慈悲为怀的宗教家品性,并以此对待教育、对待学生,确实令人敬仰与钦佩,在中国现代教育家谱系中可谓儒佛双修、德艺双馨的代表。

三、拟建重华书院

梁漱溟在主持曹州中学高中部的同时,又拟在山东曹州恢复重建重华书院,

---

①梁漱溟:《办学意见述略》,中国文化书院学术委员会编:《梁漱溟全集》(第四卷),济南:山东人民出版社,2005年版,第788页。

旨趣在“集合同志，各自认定较为专门之一项学问，或一现实问题，分途研究，冀于固有文化有所发挥，立国前途有所规画；同时并指导学生研究，期以造就专门人才”。该院设置哲学门、文学艺术门和社会科学门三科专业领域。其中哲学门偏重研究中国哲学暨印度哲学方面；文学艺术门偏重中国文学及音乐书画雕刻等；社会科学门包括政治、法律、经济、社会问题、教育、历史、地理等，突出中国的现实问题，如中国政治制度问题和教育制度问题的研究等。书院吸纳海内英贤，“同处共学，勉兹远业”。院外学生的入学资格有两类：其一是有大学专门高等师范毕业或修业满一年以上或高级中学毕业者，这类学生需要在书院修学三年以上，入学时间是每年的 8 月 30 日；其二是没有一定的条件限制，要进行某一专门领域的学习，这类学生可以随时学习，没有固定的时间。在学习方法上，主张以学生自学为主，“学生为学，务主自求；有疑则质之师友，当为指点剖析”。书院还举行全院会讲和各组会讲。其中全院会讲在星期日举行，“意取兴发振导，或学科不同者得互有资益而已，不为专门深入之言”①。各组会讲是因修习同一学科或研究同一问题而组成小组进行学习和讨论。开设重华书院的目的是要为设计中的曲阜大学和曹州中学做师资方面的准备。

无论是对曲阜大学的设想，还是对曹州中学的办学改革和拟办重华书院，梁漱溟的设想都是希望改变那种简单盲目地照搬西洋的教育，复苏以亲师取友、孔颜乐处为真谛的儒家传统教育模式。但这并不意味着是中国传统教育的简单复归，而是在吸取了西洋教育的优点的基础上来发展教育的。换言之，梁漱溟并不排斥西洋注重科学知识技能及思想方法的教育，他在《办学意见述略》中说：“将来办大学想最先成立生物学系和数理学系，为是要对于现代学术作彻底研究，再及其他。”但是现在的问题倒不在于梁漱溟如何取舍中西教育，而是在中国传统教育被西洋教育冲得七零八落的实际情形下，他的这套多少带有点“乌托邦”意味的办学设想确实有些背离现实教育的状况及基础。关于这一点，连他自己也没有十足的信心，只能略有无奈却满怀希冀地道出：“这样办去，究竟办好办不好不敢知，不过我们决意要试着作，想从这里替教育界打出一条路来。”②

---

①梁漱溟：《重华书院简章》，中国文化书院学术委员会编：《梁漱溟全集》（第四卷），济南：山东人民出版社，2005 年版，第 791—792 页。

②梁漱溟：《办学意见述略》，中国文化书院学术委员会编：《梁漱溟全集》（第四卷），济南：山东人民出版社，2005 年版，第 789 页。

四、早期教育实践的流产及其缘由

理想是美好的，但残酷的现实往往与它永远有道无法逾越的鸿沟，使之并不能按照理想的规划按部就班进行，而只有内心对于教育事业的热忱与执着是不够的。从教育理论分析，影响办学的因素太复杂，不仅是教育自身，还有教育与社会诸种关系，许多难以调控，无论是历史还是现实，概不能外。梁漱溟在曹州的办学改革从 1924 年暑假到 1925 年春，只持续了不到半年的时间就走向了失败的路口。他怀着办学失败的遗憾和理想暂时破灭的苦闷，把曹州中学事务交由弟子陈亚三主持，匆匆回到了北京整理其父梁巨川先生的遗稿。但在这里有必要分析此次教育实践失败的缘由。

（一）人文倾向的教育目标与实际需求脱节

对梁漱溟曹州教改失利而北返的缘由，许多著作语焉不详，或避而不谈。有的称："1924 年秋，梁漱溟风尘仆仆离开北京来到山东菏泽曹州府，开始主持曹州中学和重华书院的创建事务。然而不知道什么原因，梁漱溟这次在山东的活动时间比预想的短得多，次年春天即从曹州返回北京，客居清华园，谢绝一切外务，以近几年少有的平静心情开始校理乃父梁济遗稿。"①也有的说："但是，不知什么原因，梁漱溟在山东半年多就打道回京了。先将其父的遗稿编成《桂林梁先生遗书》，后在什刹海东煤厂从事私人讲学，与学生共住共读，互相敬勉。每晨举行朝会，或讲话或反省，感悟社会责任。这大概就是'亲师取友'。"②这种朝会制度，从此开始成为他的一种办学形式，后在山东乡建实验时依然坚持。1925—1926 年，梁漱溟及其学生除在京研讨心理学与儒家哲学外，还常常与避居北京的王鸿一来往，讨论"农村立国"问题。1927 年，梁决心从"乡治"入手来解决中国的出路问题。

梁漱溟此次山东早期办学以流产告终，主要是其自身所带有的人文倾向的办学思想与当时的教育制度相抵牾，脱离了社会实际，这也是根本的原因。对此，梁漱溟在返京不久后写的《致〈北京大学日刊〉函》（1926 年 5 月 12 日）中有比较清楚的总结："旅曹半年，略知办学甘苦，归结所得，弥以非决然舍去学校形式无

①马勇：《梁漱溟评传》，合肥：安徽人民出版社，1992 年版，第 132 页。
②苗春德编：《中国近代乡村教育史》，北京：人民教育出版社，2004 年版，第 167 页。

从揭出自家宗旨。学校制度以传习知识为本，无论招学生聘教员所以示人者如此。而人之投考也应征也所以应之者何莫非如此。而冥宗旨所存则以在人生路上相提携为师友结合之本。……此师友所以为人一生所独贵，而亦即教育意义之所寄也。虽学校制度难于改措，冥初不谓其即兹当废，抑且冥今后亦未见能不与学校为缘，然冥今后所欲独任之教育事业则绝不容以自家宗旨搀杂现行学校制度之内，如往昔在曹州之所为也。”[①]

也许在很大程度上这只是一种表面的理解，或许是外在的迷惑。其根本的问题在于梁漱溟注重生命、精神、学生人格心理健全的教育理念在当时确有曲高和寡之嫌，受到现实功利价值取向、实用知识技能的教学以及学生升学、谋职急需应试教育模式的排挤。这段文字中透露的信息表明：此时的梁漱溟似乎有了气馁、妥协的迹象，但从他后期的实践路向来看，并未改弦更辙，而是一如既往，奋力前行。只是在实验及改革对象或领域方面做了调整，主要取向于社会教育、乡村民众教育，及以此为框架构建的附属性学校教育机构，是对学制教育体系的拓展或超越。

(二)教育经费的缺乏

办学不仅是理想的实践，而且需要充分持续的物力支撑。缺乏经费甚至经费不够充裕，都将导致办学的困顿。虽然梁漱溟在由大学改办中学的调整中似乎注意到了这一点，但仍然带有书生入世、儒学实践主义者的浪漫情调，具体表现在对办学中的经济物力与秩序、质量之间的关系缺乏深刻体会。例如，在曹州中学的办学经费上，他主张视学生家境如何而量力乐输，换句话说就是依据自身的家庭经济状况，若宽裕就多交些学费，不富裕就少交一些，甚至没有钱就不用交了。据他的学生回忆说：

听曹香谷老师说，在这个时候，梁先生因为经验不足，遭到了困难。原因是梁先生见社会上贫富不均，富者奢侈浪费，贫者无力入学。在1924年秋天六中高中招生简章上说，在学生吃饭时，有钱多出钱，贫穷者少出钱，无钱者不出钱。在讨论这个简章时，有许多老师不同意。梁先生说：“我辞了北京大学教职，到此地任高中部主任，就是为了实现这个理想，若这条章程通不

①梁漱溟：《致〈北京大学日刊〉函》，中国文化书院学术委员会编：《梁漱溟全集》(第四卷)，济南：山东人民出版社，2005年版，第806—807页。

> 过，我来做什么？”众老师看见梁先生执意推行这个办法，遂无异议地通过。在开学第一个月没问题，到第二个月管者即有了困难，到第三个月管爨就办不下去了。即是有钱者不多出，够他自己的饭费为止，贫穷者少出钱，不够也差不多。无钱者不出钱，头一个月不出，第二个月还不出，第三个月仍不出，还嫌只有面食，没有大米，生活不习惯。管爨者催他交钱，他拿着招生简章说，“你们招生简章不明明说无钱者不出钱么，因为我们无钱才投考这个学校的。我们出不起钱。”催已经交费的人多出钱。他们说：“我们仅能供给自己读书，没有力量代人付钱。”已经付钱的贫穷者也变成无钱了。管爨者无钱买面，伙食趋于瘫痪，梁先生不得已辞职走了。外地的学生也都走了。我当时不在高中部，不知是真是假。我曾问过当时曾在高中部为学生的高赞非。高赞非既未否认，也未肯定，含糊其辞把我支吾开了。[①]

梁漱溟过于相信人心的单纯善良，蒙蔽的他无法清楚地认清现实状况，也很大程度上忽略了在办学过程中的预算费用，随后学校陷入了经济方面的窘境。当然，从更深层次上说，这是他早期社会主义思想因素在旧体制下从事新教育改革实践的挫折与碰壁的结果。

（三）山东军阀的内部纷争

战争对教育的摧残，历史上罄竹难书，尤其是在中国教育史上更是俯拾皆是。清代文史学家章学诚在《文史通义》上所述：“乱世则学校不修也”，正是一鲜活概括。梁漱溟在晚年追忆此段经历，将办学中途夭折归因于军阀争斗：“不意开学未半年，国内政局风云突起，冯玉祥揭国民军旗帜。推倒曹（锟）吴（佩孚），鸿一颇预闻其事，授意曹州镇守使参谋长吕某推倒其镇守使，揭出国民军第五军旗帜响应冯军（冯号第一军）。其时山东督军郑士琦似属曹吴一方，立即进兵济宁以压之。战祸将作，曹州人心惶惶，愚急入京责问鸿一，又匆匆返曹以靖人心。然就在往返奔波中，自己悔悟其与鸿一合作之非是，具如书信中所云云，兹不赘。”[②]

---

①王先进：《回忆吾师梁漱溟先生》，梁培宽编：《梁漱溟先生纪念文集》，北京：中国工人出版社，1993 年版，第 13—14 页。

②梁漱溟：《略述 1924 年在曹州办学经过》，中国文化书院学术委员会编：《梁漱溟全集》（第七卷），济南：山东人民出版社，2005 年版，第 229 页。

其实，即使山东军阀未发生战争内讧，曹州办学也未必能顺畅遂意，也许这只是他规避此次办学失败的一个托词罢了。

山东曹州办学的中途夭折给梁漱溟心理造成了极大的创伤，于是他在这段时间里，先客居清华园，编印其父遗稿，后又与十多位从山东追随而来的学生在什刹海共住共读，互相敬勉，形成了梁漱溟独特的教学方式——朝会。这种课程组织及教学方式贯穿于后来的河南村治学院、山东乡村建设研究院。在北京的两年间，他将每次朝会时所讲的话加以记录，随后整理付印，出版了《朝话》一书。这本书言简意赅、幽默风趣，也阐释了新儒家改造社会、改造人生的思想和方向。

20 世纪 20 年代，国民大革命的浪潮冲刷了中国社会的每个角落，以惊人的力量冲破社会黑暗的阴霾，震撼了人们落后愚昧的思想意识，使人们仿佛如梦初醒般醍醐灌顶。面对政治局势的重大变革，一批有识之士试图通过教育彻底改变中国社会积贫积弱的状况，竭力扭转这一不和谐的局面，梁漱溟就是其中之一。

梁漱溟带着郁闷与失望在北京以朝会的方式和学生互相敬勉，认真思索着中国未来的教育出路。与此同时，中国早期共产主义者将马克思主义大旗高高举起，让正艰难摸索的梁漱溟看到了社会未来的希望，坚定了他振兴国家要走乡村教育的信念。经过在京两年多对中国教育的思索，他抱着这一理想，南下来粤，继续播撒教育的种子，开始新的教育探索，在岭南热土上接着为乡村教育开出一条路。

第三节　岭南热土对教育的呼唤

现在教育家梁漱溟的人生历程及教育探索是与现代中国社会的形势变化紧密联系的。政治的动荡、文化的剧变、思想的冲突，尤其是社会民生经济问题是这位思想家、教育家思考和活动的动因，也是构建创造方案的设计取向，无论是教育领域，还是社会运动。

在五四运动之后，马克思主义以其主流思想的力量冲破社会黑暗的阴霾，在与自由主义、新村主义、泛劳主义、国家主义、实用主义等形形色色社会流派学说的论争中不断传播，并与无产阶级劳工大众的力量相结合，建立了中国工人阶级的先锋队、中华民族独立与解放的先驱引领者——中国共产党，“从此中国革命的面貌就焕然一新了”。

1923 年 6 月，中国共产党第三次全国代表大会通过了国共合作的决议。1924 年 1 月，孙中山在中国共产党的帮助下改组国民党，确定联俄、联共、扶助农工三大政策，实现了第一次国共合作，并创设黄埔军校和国民革命军。1925 年，中国共产党先后领导了五卅运动和省港大罢工。广东革命根据地在工农运动高涨的形势下得到了统一和巩固。1926 年 7 月，为了统一全国、打倒北洋军阀的黑暗统治，广东国民革命政府发布《北伐宣言》，誓师北伐。1927 年，正当国民革命军打到长江沿线时，蒋介石悍然发动“四一二”反革命政变，由于陈独秀坚持推行右倾投降主义，致使中国共产党不能组织有效的抵抗。武汉国民政府汪精卫集团在帝国主义和蒋介石集团的军事包围和经济封锁下，由动摇转向反动，于 7 月 15 日不顾宋庆龄等国民党左派的坚决反对，公然“分共”。最终导致轰轰烈烈的国民革命和北伐战争以失败而告终。

当时旧军阀气焰嚣张、横行跋扈，而新的斗争还在苦苦酝酿和摸索之中，处在发展初级阶段，因此整个社会处于一片混乱当中。毋庸置疑，最大的受害者是广大人民。他们在这种水深火热的政治局势中被压迫和欺凌，生活痛苦不堪，度日如年。在这种新旧交替的混乱时期，不禁令梁漱溟深深思索：中国的未来之路在何方？中国未来的教育在何处？岭南这片原本人杰地灵的沃土，是否能够扭转这样的局面？这就成了关注的中心问题。

俗话说：百年大计，教育为先。只有通过改变和塑造人们的思想和观念，通过人的力量才能改变整个社会的面貌，所以教育就显得尤为重要。众所周知，中国自古以来就是一个农业大国，梁漱溟更是早在 1923 年就率先提出了“农业立国”的主张。1923 年春季，他往山东曹州（今菏泽）六中演讲，提出“农村立国”的设想，但并未确信或已成定论。他在报告中历数军阀混战造成的社会黑暗和民众疾苦，令听者垂泣。因此，乡村教育自然地成了改变广东地方社会困境最行之有效的途径之一。理想教育及社会蓝图的呼唤不断催动着梁漱溟的教育创新性实践情怀。

一、在京蛰居的思想顿悟

1924 年山东曹州办学的失败让梁漱溟备受打击，他于 1925 年春返回北京，客居清华园，开始编印其父的《桂林梁先生遗书》。此时，有 10 多位从山东来的高中学生找到梁漱溟，他们便在什刹海租房共住共读，互相敬勉，讲求策励，极为认真。

然而，在北京蛰居的这两年，恰是梁漱溟一生中最苦闷的日子，因为他对中国社会的发展道路产生了困惑：一方面觉得中国应该学习先进的西方文明；一方面却又认为西洋文明不适合中国国情。显然，他因为无法解决这个矛盾而倍感苦恼。虽然在山东的早期现代教育实践未达成目标，但却并不能完全否定梁漱溟从事地方社会办学所付出的努力，而且其中的一些思想也是比较可取的。虽然是超前而浪漫的，却是深刻而富有创造性的。在此期间，他也从未停止思考中国未来的发展道路问题，进一步在质疑中不断让自己沉淀，积累知识。山东办学的郁闷渐渐散去，这也为梁漱溟进一步南下广东进行教育理论和实践的探索做了充分的时间准备和心理准备。然而，第一次北伐战争的受挫，加上之前的思考，使他突然发生了一次质变的顿悟，这一顿悟结束了他几年来的苦闷思虑状态。

悟得了什么？并不曾悟得了多少新鲜的。只是扫除了怀疑的云翳，透出了坦达的自信：于一向所怀疑而未能遽然否认者，现在断然地否认他了；于一向之所有见而未敢遽然自信者，现在断然地相信他了！否认了什么？否认了一切的西洋把戏，更不沾恋！相信了什么？相信了我们自有立国之道，更不虚怯！①

此次的茅塞顿开，更加坚定了梁漱溟要走乡村建设道路的决心和信念，并认为这是唯一的救国之路。他要从中国乡村入手解决中国的社会问题，寻求民族发展的道路，同时他也希望为自己对于以教育为核心实现乡村建设社会理想的方案做一个肯定的实证探求。

二、南下开辟教育新路

早在梁漱溟1925年初从山东回到北京时，梁漱溟的老朋友，当时在广东革命军任要职的李济深就邀请他南下参加革命工作。但由于山东曹州办学失败的郁闷和要整理刻印其父的遗稿，再加之打心底对于国民党的怀疑之心，梁漱溟并未贸然接受南下的邀请，潜心在北京讲学和整理父亲遗稿。在1926年初，梁漱溟委派他的几位年轻朋友王平叔、黄艮庸、徐名鸿三人南下广东亲历感受，并及时将所到之处的观察与体会向他做书面报告，试图通过他们的报告再探探广东的局势是否适合办教育。

1927年4月，李大钊因遭奉系军阀迫害转移到东交民巷俄国大使馆，梁先生前去探望。不久，李大钊全家被捕。是月28日，李大钊被奉系军阀首脑张作霖下令杀害。梁漱溟闻讯即从西郊赶入城内，先到西城二龙坑朝阳里宅抚慰李大钊家属，旋奔赴下斜街长椿寺瞻仰李大钊遗容，并为之操持装殓之事。5月，就在王平叔、黄艮庸、徐名鸿三人向梁漱溟汇报广东之行的所见所感时，北洋军阀张作霖正在北京大肆捕杀共产党人和进步的知识分子。

面对如此危险的境遇，为了躲避白色恐怖，再加上李济深等人的再次诚恳邀请，梁漱溟经过深思熟虑后决定南下。1927年5月，他偕王平叔、黄艮庸两先生

①梁漱溟：《主编本刊(〈村治〉)之自白》，中国文化书院学术委员会编：《梁漱溟全集》(第五卷)，济南：山东人民出版社，2005年版，第13页。

南游,先在上海会见陈真如先生。陈先生特意陪同他们到西湖南高峰住数日,为的是好谈话,陪同的还有熊十力、严立三、张难先诸先生。本年夏秋,梁漱溟结束在沪的短暂停留,随即带着王平叔、黄艮庸等人应约赴广东会见李济深,踏上了探求乡村教育建设的历程,希望在广东这片岭南热土——充满着蓬勃生机的国民革命根据地实现自己的理想。

(一)“政学合一”:乡治理论的构建与实践尝试

梁漱溟在中国实行乡治的想法和态度并不是一蹴而就的,而是经过深思熟虑后,将中国社会当时发展的实际情况作为大背景来进行对比和思量的产物。在梁漱溟到达广州后,有关实行乡治的可行性问题同样也经历了纠结的过程。

1.是否要实行乡治

由于梁漱溟早年极为向往西方社会的政治制度,尤其是英国式的君主立宪制度。他以为只要能将这种制度移植到中国来,便可以顺利地实现中国的社会政治改造。但从清末到民国几十年间,中国经历的一次次制宪运动都以失败告终。此时的梁漱溟仍然单纯地认为,这是由于中国没能把西洋的社会制度移植过来,于是,开始将注意力转移到与西方政治制度相适应的政治习惯培养上来,而与西方政治制度相适应的习惯实际上就是团体生活习惯。国家即是一个团体,要养成团体生活习惯必须从小范围入手,从近处、从小处做起。因此,梁漱溟于1923年春提出了“以农立国”的主张,要从乡村小范围的地方团体的自治入手。但由于他仍坚信西方的政治道路是中国的必由之路,再加之四周所见的农业国皆沦为被侵略的对象,所以他对农业立国并没有十足的把握。然而,随着时间的推移,梁漱溟渐渐认识到西方的政治制度根本不能简单地移植,更不能生根,中国人必须在西方式政治制度以外寻觅解决政治问题的途径。但是,这并不足以得出只有乡治才是中国民族自救的唯一途径的结论。在确认乡治为民族自救的真正途径这一问题上,他显然受到了共产党领导的农民运动的启发。北伐时期,中国共产党领导的农民运动在南方得到了迅猛的发展,并充分显示出巨大的力量,农民运动所带来的巨大能量使其深受震动。此后不久,梁漱溟便毫无疑问地认为乡治才是中国民族自救的唯一途径,只有通过乡治才能让这个自古以来的农业大国完成社会的蜕变和洗礼。

只有想法而不付诸行动是远远不能看到实效的。仿佛是命运的安排,梁漱溟在有了乡治的设想后就来到了广州。他到达广州后的首要事情，就是与时任国民革命军司令部留守主任、国民党广州政治分会主席、广东省政府主席的铁腕人物，也是好友李济深进行了交谈。所谓“话不投机半句多”，梁漱溟和李济深的此次谈话并不是很愉快，但梁漱溟很知趣，并未谈及自己的乡治计划。之后，他就来到了距离广州 50 里水路的乡间细墟，也是学生黄艮庸的老家去歇暑了，以待观察局势的发展变化。就在闲居珠江三角洲水乡领略夏荷扶疏、听蛙声蝉鸣的南国风光期间，李济深未经他同意，就电请南京国民政府，任命他为广东省政府委员，但这份美差却被淡漠政治、颇有超凡脱俗格调的梁漱溟所婉拒。到了 1927 年年底，国内的政治局面因国共两党的冲突而发生较大变化，李济深与蒋介石的分歧越来越大，于是他终究想到了梁漱溟这个能帮助自己的人。随即，李济深又请梁漱溟去广州谈话。梁漱溟为李济深分析形势：中国在不久的将来将出现分裂的局面，无论是“党”和“法”皆改变不了这分裂的局面，所以，希望能为中华民族在政治、经济上，开出一条以乡治为要津的道路。李济深最后接受了上述意见，并同意梁漱溟在广东试验他的乡治计划。

2.何为乡治

所谓乡治，包括后来梁漱溟所实行的“村治”“乡村建设”，都是梁漱溟教育思想的发展，即讲学、搞学问要与做社会活动合而为一，这不仅仅是单纯地在课堂上讲哲学，在书斋里做研究，而是有言又有行，与社会改造融为一体，打成一片。所谓地方自治，必须从政治、经济、文化诸方面把地方社会搞成一个自治体才能得以实现。而要搞成地方自治体，则又应当从乡村着手。简言之，乡治就是从乡村自治入手，改造旧中国，建立一个新的中国。①

梁漱溟主张乡治有三个原因：一是中国社会本是一农业社会，80%以上的人口是农民，只有乡村有办法，中国才有办法；二是传统的儒家文化仍然大有价值，有复兴儒学之志，而城市受西方影响太深，唯有乡村较适合重振儒家文化；三是西方的民主政治在中国行不通，想通过乡治为中华民族另谋一条出路。这些都是梁漱溟在北京所悟出的心得，只是南下后才有机会宣讲出来，并付诸实践。他对李济深说：“我期望你能替中国民族在政治上、在经济上，开出一条路来走，方为最上。如何去替民族开这条路出来？则我之所谓乡治是已。”②应当指出，梁

①汪东林编：《我对于生活如此认真——梁漱溟问答录》，北京：当代中国出版社，2013 年版，第 43 页。

②梁漱溟：《主编本刊(〈村治〉)之自白》，中国文化书院学术委员会编：《梁漱溟全集》(第五卷)，济南：山东人民出版社，2005 年版，第 19 页。

漱溟的乡治,并不仅仅是指乡村在政治上要实行地方自治,还包括经济、文化、教育等一系列改革与建设。

3.乡治讲习所的思想设计

梁漱溟此行来广东的目的就是为了实践他的乡治计划。但是在广州筹办乡治讲习所却经历了意想不到的曲折过程,可惜最终未能实现。

梁漱溟来粤之前,第一次国内革命战争时期培养农民运动干部的教育机构——广州农民运动讲习所刚刚悄然退却,炽热的土地仍留下革命浪潮冲刷后的斑斑痕迹。1924年7月至1926年9月,由彭湃、毛泽东等农民运动领袖所主持的广州农民运动讲习所共举办了六届。其教育内容注重理论、历史和现状,教育中十分重视理论教学与社会调查、参加实际斗争的有机结合,采用启发式教学法,联系学员实际,调动学员自觉主动的学习精神。还调查农村的实际问题,如地租率、田赋、抗租减租、地主财富的来源、团防的情形、兵祸及其影响、农村组织状况、妇女的地位等36个专题。此外,还组织学员分别到韶州(今广东韶关市)农村和海丰农村,参观农民协会,深入农民家庭访贫问苦,学习当地农民运动的经验。学员毕业后,深入农村艰苦奋斗,很多成为各地农民运动的领导骨干。①

唐代诗人崔护在《题都城南庄》一诗中称:"去年今日此园中,人面桃花相映红。人面不知何处去,桃花依旧笑春风。"梁漱溟的广东之行自然会感同身受,也自然会受农民运动讲习所的感应影响。梁漱溟代李济深担任广东政治分会建设委员会主席后,原本设想在广州招收一些学生,仿照广州农民运动讲习所开办一个乡治讲习所。

1928年4月,梁漱溟在广州的建设委员会履职时提出了《请办乡治讲习所建议书》及试办计划大纲,拟定了详尽的计划实施步骤,并报请广州政治分会和国民党中央审批。《建议书》分为:一、乡治命名之由来;二、乡治所称之乡其区域大小问题;三、乡治之行,非有合于乡间固有之习惯心理必难成功;四、乡治之行,非从解决农村经济问题入手必难为功,四个部分,四千余言。②其中第一部分的

①教育大辞典编纂委员会编:《教育大辞典》(第十卷),上海:上海教育出版社,1991年版,第205—206页。

②梁漱溟:《请办乡治讲习所建议书》,中国文化书院学术委员会编:《梁漱溟全集》(第四卷),济南:山东人民出版社,2005年版,第834—836页。

乡治命名之由来是从古至今关于乡村自治的解释和应用。第二部分乡治所述之区域大小问题,无非是从地理区域的教育在空间上划分了乡治的区域范围。第三部分乡治之行,非有合于乡间固有之习惯心理必难成功,通俗点讲,其实就是只有符合乡间的生活习惯和共同或相似的心理状态和想法,实行乡治才能成功。梁漱溟认为,原来乡村所颁布的自治法令,老百姓与之不闻,闭门生活,因此乡间的事情就被少数土豪劣绅所掌控。他这次所要实行的乡治,是要在迎合人们固有的这种习惯心理的基础上,调动人们的积极性,培养和塑造他们良好的新习惯。比如乡治讲习所的学生,要让他们养成尊师敬长之风,学会团结协作、谦谨有礼,以此来影响其他人,使其他人得以启迪,有利于塑造良好的新习惯。第四部分乡治之行,非从解决农村经济问题入手必难为功。其实就是说,只有从根本上解决农村的经济问题,实行乡治才可大有作为。当时的社会兵乱匪祸,农业衰残,乡村凋落,人们过着贫苦不堪的生活,一个连自己的肚子都喂不饱的民族,又何谈教育呢?所以,梁漱溟建议可以效仿欧洲或日本,在城市复兴后采用救济农村的方法,比如消费合作、贩卖合作、信用合作以及丹麦所行之土地合并经营等方法,这些都比较适宜乡治的发展。《请办乡治讲习所建议书》是梁漱溟第一次对他的乡治主张的公开表述,虽然其论述并不完备,但他在文中提出了实施乡治可能遇到的问题,表明他的乡治主张基本成熟,这个建议书也对其后来的乡村建设方案有着极其重要的影响。

但为何说是“政学合一”的乡治讲习所呢?从《国闻周报》编辑的推断可约略获得信息:“梁君请开乡治讲习所意见书,于民性国情、社会心理、政治习惯,均有详密之考察。梁君现为广东建设委员会主席,欲以讲学从政合而为一者。”①也就是说,梁漱溟的责任不仅仅在于办学,身为广东建设委员会主席,毫无疑问,这个头衔让他身上同样也肩负着改造社会政治的重任。这里的“政学合一”不仅表现了梁漱溟对于乡村建设的构想,实际上也深刻揭示了他全部教育活动与教育思想的主旨。孙中山曾提出,要把国家的政治大权分为政权和治权,要始终把地方自治作为中华民国得以完全成立的基本条件。而梁漱溟的政学合一的思想也是这样的一个思路。在他看来,如果新的政治制度能够良好运转,人民也能养成良好的新政治习惯。这种习惯的养成,其最大的结晶,也是最好的方法,就是进行组织和训练。因此,梁漱溟积极恳请开办乡治讲习所,想为将来真正实行地方自治储备大量人才。这种可贵的思想,显示出他的认识的前瞻性。然而遗憾的是,由

①梁漱溟:《请办乡治讲习所建议书》,中国文化书院学术委员会编:《梁漱溟全集》(第四卷),济南:山东人民出版社,2005年版,第831页。

于国民党各机构的相互推诿，梁漱溟开办乡治讲习所的建议并没有真正实行。

梁漱溟居粤期间，关于乡治问题为广东地方警卫队编练委员会的职员做过连续10次的系列演讲，史称“乡治十讲”，着重讲了乡治的意义和办法。在这里，他首次明确地提出并阐述了自己的乡治理论，主张从乡村自治入手，改造旧中国，建立一个新中国。简而言之，就是“以农立国”。

他在山东曹州办学时招收的学生李渊庭回忆说：“1928 年，梁老师在广东曾提出开办乡治讲习所的建议，因审量时机似仍未到，决定先到国内各地考察乡村运动。梁老师认为，挽救中国的道路，必须从我国是农业国的国情出发，从乡村入手，以教育为手段，逐步改造中国社会。”①

由此可见，乡治讲习所虽没有实现，但其设想通过“政学合一”的教育和学术来触动及改良政治，反之由政治化的行政组织、措施方法为途径，贯彻、实行教育活动、学术研究，从而推动中国乡村的复兴与发展，进而推动中国现代化的进程，却不失为一种泛化的教育救国论方案。与科学救国、实业救国交相呼应，梁漱溟的构思兼具上位层面的高雅与下位层面的致用的统一。大约 5 年后，山东邹平乡村教育的试验区扩大，教育的试验方案基本就是沿着上述线路及内容加以丰富而形成的。

（二）广东省立第一中学的教育改革实践

广东省第一中学有着悠久的历史，之后也经历了蜕变。其前身是广雅书院，清光绪十四年（1888）由两广总督张之洞创办。校址在广州城彩虹桥外，因规模宏大、经费充实、设备齐全、师资优良而著称南粤。该院以培养通经博古及通晓事务人才为目标，既重学识进步，亦重品德陶冶。首任院长是梁鼎芬；学校设提调，处理全院行政事务；另置监院 2 名，管理学生生活与行检。相关规程规定生额 200 名，广东、广西两省各半，有关学生之甄选、管理、考核等制度甚严。学生学籍分三种：正课生有住院、授业及领取膏火、奖银的权力；附课生为合格而无名额之候补者；外课生即未经调取咨送程序者。肄业年限不定，以乡试中举为学成出院的标准。每三年甄别一次，不长进者除名。定每月两次考试，一为官课，一为斋课，以定学生勤惰优劣。教学注重讲习问学论难，不求沦为科举的附庸，唯求开创

①李渊庭：《沉痛悼念梁漱溟老师》，梁培宽编：《梁漱溟先生纪念文集》，北京：中国工人出版社，1993 年版，第 2 页。

新的学生风气。现存《无邪堂答问》，即继任院长朱一新与诸生讨论学问的珍贵记录。藏书楼藏书甚丰，至1901年已达5万余册。1898年，设西学堂，增添学生百人。1902年，改称两广大学堂。1903年，易名广东高等学堂。1912年，改称广东省立第一中学。1922年，建立中共支部，是广东省最早的3个中共支部之一。1928年，更名为广东省实验中学。1935年，定名广雅中学。①抗日战争期间，迁校至顺德、信宜等地。1945年，日本投降后迁回现址。1969年，改广州市第五十四中学。1978年，恢复现名。学生曾积极参加护法运动、五四运动、北伐战争和广州公社起义，抗日战争和解放战争时期投入抗日救亡和民主爱国运动。中华人民共和国成立后，学校贯彻全面发展的教育方针，注重基础知识和基本技能训练，重视学生能力的培养。1958年开始，坚持劳动技术教育。1978年以来，陆续开设机械知识、无线电、家用电器、电脑、动植物培养和英文打字等必修课，让学生初步掌握基本生产技术知识和劳动技能，设有综合技术科组和以校办工厂为基础的生产劳动技术中心。1960年评为全国文教系统先进单位。1982年评为全国勤工俭学先进集体。

1928年春夏之交，王鸿一等在北京筹备出版《村治月刊》，电催梁漱溟北上，未能遂行。这年夏天，就在梁漱溟等待官方批准开办乡治讲习所的提议的同时，他接受李济深的任命，代李济深任广州政治分会建设委员会主席，兼任广东省立一中校长。由于由下至上审批程序的繁琐与拖延，加之时机仍未到达，梁漱溟决定先到全国各地考察乡村教育。在等待的同时，他偕同李济深等人一起去了江苏南京。这次北上考察南京可谓不虚此行，一件最有意义，也是让梁漱溟感触颇多的事情就是他参观了陶行知创办的南京晓庄师范学校。对于晓庄师范学校改革和发展的一系列做法，梁漱溟都大加认同和赞赏，与自己思考的问题不谋而合，并对他启发很大。因此，他在回广东后，很大一部分都借鉴了晓庄师范学校的做法。

从南京参观回来后，他先后在广东省立一中作了两次讲演《抱歉——苦痛——一件有兴味的事》和《今后一中改造之方向》，不仅深深影响了第一中学后来的发展，而且他独特新颖的改革思路也在民国教育思想史上乃至中国教育思想史上留下了不可磨灭的功绩。

①教育大辞典编纂委员会编:《教育大辞典》(第10卷)，上海：上海教育出版社，1991年版，第138—139页。

1.启发性演讲——《抱歉——苦痛——一件有兴味的事》

《抱歉——苦痛——一件有兴味的事》是梁漱溟参观完南京晓庄师范学校后在广东省立一中的教职员工大会上所做的讲演。该文是梁漱溟在继《办学意见略述》之后的又一篇重要教育论文。对现代教育的许多认识两篇有共同之处,却又有差别,尤其在分析的深度及准确性方面,明显推进了一步。抱歉、苦痛和有兴味的事,本来是毫无关系的三个词,却在梁漱溟的口中诠释出了有内在依存的深刻含义。

为何要感到抱歉?其实梁漱溟接任广东省立一中校长具有很大的偶然性和必然性。其偶然性是当时原本任命的是他的学生黄艮庸,但黄艮庸不愿接受,就推荐让梁漱溟做校长,而他来辅佐梁的工作。按照梁漱溟的设想,若办乡治讲习所的申请能够批准,一中也可以作为一个实际的基地来训练引导,就不必太担心教育匮乏的局面出现。在此次的讲演里他就说道:"我任一中校长,有几个原因:一是试办乡治讲习所,极不愿设在广州城里,而一中地方很宽,颇可借用一部分,还可以兼顾一中,所请教师亦可两方通用,很多方便;二是因为友人卫西琴先生答应到广州来办高中师范班,亦以在一中来办较为适宜。我任校长,就可以使卫先生做事便利许多。"[①]此外,梁漱溟从未间断过思考关于中学改革的问题,在他看来,如今的中学存在很大弊病,尤其是城市化和贵族化,不符合中国社会的实际需要。因此,他接受了一中校长的职位,开始按照自己的设想进行改革。

而苦痛是梁漱溟在感受到广东省立第一中学中所存在的缺憾后得来的。这种缺憾并不是这所学校特有的,而是整个学校制度存在的病痛。一是学校制度"不合于教育的道理"。在梁漱溟看来,学校的制度在很多方面都不符合教育的道理。因为教育本身既要培养人的智力,还要塑造人的各种综合能力,但现在的教育却南辕北辙了。"就体育一科说吧,对于人们的体力,不见其长养,却见其戕害,其中许多简直是有碍我们健康的了。至于说到知识方面的教育,可说为现行学校制度最着重的所在;然而我们尤见其窒塞人们的智慧罢了。"[②]总之,梁漱溟感受到当时的学校教育犹如陶行知所揭露的问题:会使聪明的人变得愚钝,会让有能力的人变成没有能力的废物,所以说,不合于教育的道理。当时的广东一中依然按照原有的方式去办学,无法实现其根本的改造。从梁漱溟的话语中不难感

①李渊庭、阎炳华编著:《梁漱溟先生年谱》,桂林:广西师范大学出版社,1991年版,第63页。

②梁漱溟:《抱歉——苦痛——一件有兴味的事》,中国文化书院学术委员会编:《梁漱溟全集》(第四卷),济南:山东人民出版社,2005年版,第842页。

受到他那份“责之深，痛之切”对理想教育的使命感。二是“不合于人生的道理”。“现在的学校制度，也同样是犯很大的病痛。我们的社会（不但我们的乃至全世界）还没有做到‘合理’的地步，要使它种种变为合理的，本来很难；但是在教育的范围内，却不应当承认这种不合理的存在。即是说，虽然这些‘不合理’或在事实上尚未能改除于一般社会，而在教育里面则应先不予以承认而竭力减少它在教育里面的存在。因为教育一事，在社会中唯它是最应当含具理想的，是最应当趋向着理想走的。”这也就是说，教育一方面在事实层面上离不开现实社会，而另一方面在精神层面上要于无形中指引或领导现实社会。若少了前者，教育会成为社会的诟病；若少了后者，教育则无法发挥其积极的作用，也无益于社会。因此二者缺一不可。然而，“我们现在的学校教育，恰好与此原则相背反。就是在事实上，它离开了现社会，不合实际而与实际乖牾；在精神上，它又随现社会走，全无理想，以领导社会”[①]。

其次，梁漱溟的苦痛在于学校教育的“商业化”导致教育机会不均等。他认为，社会中人因有贫富之不同，所以在一切消费享受的机会上便不平等；这期间的不平等，我觉得问题都还小，唯有一桩问题的确重大，就是在受教育的机会上不平等。“一则不得受教育是人生的悲惨远过于其他的啬遇；一则不得受教育更断了他以后增进经济地位的机会；所以这种的不平等是太残酷了。然而现在的学校完全随着现社会而商业化了，学生不缴费，就不得入学读书，如同商业交易一般，绝无人情可讲。”本来现代社会的“商业化的人生”就不合理，而用之于教育尤其不当。“又以现在社会中生计之艰窘与求学费用之特高，让我们时常遇到这悲惨遭遇的青年，时时感着内心的苦痛。”[②]显而易见，梁漱溟认为学校教育中过分掺杂着商业化的味道，会让有志于通过读书来改变自己境遇的学生遗憾和痛苦，这体现了梁漱溟继承，并力图弘扬儒家孔子“有教无类”的教育理念，实现让儿童生来的不平等在通过教育的洗礼后趋向于平等的愿景。

梁漱溟最后还苦痛于学校教育缺乏情感的渗透。他在广东一中深刻感受到，由于学校太过于“理性”，过分依赖法律制裁，就像法官一样，所有的事情都要“照章办理”。“譬如一个学生犯了规则，必要惩罚他，重者还要开除他的学籍。

①梁漱溟：《抱歉——苦痛——一件又兴味的事》，中国文化书院学术委员会编：《梁漱溟全集》（第四卷），济南：山东人民出版社，2005年版，第842—843页。

②梁漱溟：《抱歉——苦痛——一件又兴味的事》，中国文化书院学术委员会编：《梁漱溟全集》（第四卷），济南：山东人民出版社，2005年版，第844页。

“须知国家用法律制裁人民，是一种不得已；他一面用法律制裁人，一面还望教育来补法律之不足，救法律的偏失。如果教育里面不讲教育而还讲法律，那很可不用教育了。我以为合理的人生除掉旁人不愿来接近我们外，我们是不应当无情的拒绝人的。我总不愿有开除学生的事，但我们现在都不能免呀！”①从他的话语中，可以体味到他希望学校充满真切的情感，有时在教育中盈满感性也不是一件坏事。当然，这里的场景依然呈现儒家“叩则鸣”的来者不拒的教育态度，而未臻至墨家“不叩必鸣”的送教上门精神。因为，梁漱溟的文化思想毕竟是以东方的佛学与儒学为基础，而不是西方的基督教教义及精神。

从梁漱溟所陈述的抱歉和苦痛中可以嗅到，在话语和情感中多少都带有无奈和遗憾之意，而最后那“一件有兴味的事”——参观陶行知的晓庄学校，让这位新教育进程中的郁闷者感觉到新教育所带来的一线曙光，仿佛在迷失的森林中寻找到出口般的惊喜与快乐。他向学校的老师和同学们翔实地介绍了南京晓庄学校的情况，并认为晓庄学校的办学思路有三点符合他的心意：一是合于教育的道理；二是合于人生的道理；三是合于建设乡村的道理，注重农村问题。晓庄学校办成了“改造乡村社会的中心”，把四件要紧事作为育人之标准：一要养成农民的身手；二要养成科学家的头脑；三要养成艺术家的兴味；四要养成社会改造家的精神和热心。用这四项标准培养人，晓庄学校的师生不仅要教好学好，还要自己做校务，自己管伙食，自己种田；还要直接同农村农民打成一片，做改造乡村、改革社会的事。②用这样的方法培养出来的学生不仅有能力，而且有合理的生活。从梁漱溟对晓庄学校的态度不难看出，他对陶行知教育思想的极大赞同。他曾这样描述陶行知：“陶先生一生的美德懿行，谁都能说出好多点来。陶先生在教育上的创造，更须写几本书来叙述。”③

2.重要性指引——《今后一中改造之方向》

随后，梁漱溟又给广东省立一中做了一次报告，题为《今后一中改造之方向》，

①梁漱溟：《抱歉——苦痛——一件有兴味的事》，中国文化书院学术委员会编：《梁漱溟全集》（第四卷），济南：山东人民出版社，2005年版，第844页。

②梁漱溟：《抱歉——苦痛——一件有兴味的事》，中国文化书院学术委员会编：《梁漱溟全集》（第四卷），济南：山东人民出版社，2005年版，第845—846页。

③梁漱溟：《悼念陶行知先生》，中国文化书院学术委员会编：《梁漱溟全集》（第六卷），济南：山东人民出版社，2005年版，第649页。

在仿照晓庄学校做法的基础上，对一中进一步提出了具体的改革思路及举措。

就总体而言，梁漱溟的思路或主张“是要学生拿出他们的心思、耳、目、手、足的力量，来实做他们自己的生活。不一定是他们个人的，就是团体的，也要由他们自己去管理，去亲身经历。总要用他们自己的心思才力，去求他们所需要的知识学问”[①]。学生在受教育的过程中十分被动，把求学生涯专门当作是一个读书的时代，而不需要做任何其他的事情，只要读好书就是接受了优质的教育。而他认为：“教育的本意，是要把人们养成有本领有能力；如果要使一个人有本领有能力，就非发展他的耳、目、心思、手、足不可。”[②]其实梁漱溟对一中的改革思路，简言之，就是要着重培养学生的实际动手操作能力，将心思、手、耳、目、足统一协调运用起来，将来能够更好地适应社会的各种变化发展，提升自己的综合素养与能力。梁漱溟的这一主张是极具现代性的，也是很可行的。

在此基础上，梁漱溟具体提出了广东省立一中改革的十大要点[③]：

一是废除或竭力减少校内的杂役。

二是废除或减少校内的职员，把公共的事情交给学生自己去做。

三是废除现在吃零饭和包饭的厨房制度，让学生自己去解决伙食问题，过集体生活。

四是废除学校现在的贸易部、西餐部以及洗衣部。

> 组织一个消费协社，来代替贸易部。取消洗衣部之后，衣服就由各人来洗；如果还是要给别人洗的话，无论如何，我们总要由自己去监督和管理。我想照这样办，不但能够得合自己的意思点，并且同时还能够练习做事，要得许多的经验呢。

---

①②梁漱溟：《今后一中改造之方向》，中国文化书院学术委员会编：《梁漱溟全集》（第四卷），济南：山东人民出版社，2005 年版，第 868 页。

③梁漱溟：《今后一中改造之方向》，中国文化书院学术委员会编：《梁漱溟全集》（第四卷），济南：山东人民出版社，2005 年版，第 868—873 页。此标题下未指明出处的引文内容均源于该处文献范围。

五是确立学生的地位，改变学生和教职员之间实际存在的治者和被治者的状况。

在国家里大家一律平等于法律之下；而在学校里面，师长则应负有领导学生的责任。……但学生纯处于被治者地位实在妨碍学生很大，不合教育道理；必须先生领导之义、学生自治之义兼有。所以，我希望在先生领导中使学生自己能够造成一种秩序，并且能够维持他们自己所造成的这种秩序。……在道德论上说起来，就仿佛是自律的意思，而不是他律。这不过是举一个例；其他全校种种方面，都可以照这样由大家同立规约，共同来守这个规约。就是对于学业的勉励，用功的督促，都能适用。

六是让师生自己制定行动规则条文，自己自觉遵守，改革教学方法，老师指导，学生自修。

现在功课的科目分得很多，上课的钟点也多——一时上堂，一时下堂；一时又上堂，一时又下堂。而每堂总是一面讲一面听，我觉得教师和同学，都会感觉得太苦。尤其是对于学生方面，太使他们居于被动的地位了。我们应该想个办法，使上堂的钟点减少，而把自修的工夫加多加重。我以为有好多的功课，若是由学生自己去看书，一定要比上堂由先生讲课本，比较要方便，也要多得些益处。尤其是高中的功课，大都只要在教师指导之下，由学生自己去找参考书，比较要好些。在学校方面，对于聘请教员，当然也要特别注意；关于那几种相联的课程，至少也请一个学识很丰富的导师。像教育学、心理学和教育心理等等，在课程里，是分做几项的，但是研究起来，都是互相关联，所以学校里一定要聘个对于那几项有关系的课程方面有很丰富的学识的教员，来指导学生自己做研究的工夫。

七是以班级为单位成立一个小团体共同去解决问题。

教务、庶务以及卫生方面的事，都可以由各小范围自己商量去做。像这样分开小范围，就使许多的事情，在相当程度之下，都要容易做点；若不然，合全校的庶务、教务在一处统理，事情太多，要学生来做，一则时间来不及，二则恐怕也难于胜任吧。这仿佛和政治上的联邦制一样——各自成个小范围，做他们自己的事；中央只站在监督的地位，做些统筹及照料的事情。像这样注重小范围，使学生过惯了集体生活，将来到社会里做事，就要减少很多的困难。

八是强调注重班主任制。

把许多的事，都托付给班主任。在每一个小范围里面的秩序，以及庶务、教务、清洁各方面的事，都由学生自己去做；但是要班主任去领导他们才行。所以，我想以后不要班主任担任教课，然后才可以专心去领导学生做生活上的事情。

九是要求学生养成写日记的习惯。

每个学生每天都要写日记，这日记就交给班主任；如此，班主任就可以知道学生日常所做的一切。并且从日记里，还可以晓得学生学业上的程度。再有学生对于各种功课，有疑难的地方，也就可以去问他们的班主任；除非那个班主任对于某种功课不晓得，就没有办法去帮助他们。

十是学校注重卫生、生理、体育锻炼等。

从以上梁漱溟所叙述的十大要点中不难发现，他不仅提出了学生如何在学校学习的方法，还对学生的生活方式、人际交往、道德修养方面做了详细的规范。这十大要点总的方向是一样的，那就是“培养学生的生活情趣和公共道德，改造自己、改造社会”。其中不仅反映了杜威现代教育论的影响，而且又保留了德国赫尔巴特派教育学的思想成分，两者交错融合，其中当以前者为主。

此外，梁漱溟认为，学费改革问题仍是不可忽略的。不过，他吸取了山东曹州中学对于缴纳学费“量力乐输”的失败教训，而是采纳古代地方府州县学与书院差等、弹性学费与奖学金、助学金结合的措施。比如有很多的学生，功课好，操行好，但是家境贫寒，没有缴纳学费能力的，梁漱溟就想方设法来救济这个缺憾。

我想分做两方面来讲：第一，如果那个学生的成绩，到了某种优良程度，而他不能缴费时，学校应该免除他的缴纳；不过要先由学校方面，定个章程，要合于我们所规定的学生，才能享受这种权利。第二，有些学生虽说很用功，却因为天资不高，能力有限，或者因疾病，缺课太多，使他的成绩不能到我们所定的程度，而的确他是个好学生，如果他不能缴费，我们就要大家帮他的忙，替他代缴学费。这个意见，是改革的十点以外的一点。

这样的方法与见解既能体现经济能力与学生求学态度成效之间的杠杆力量，又反映出教育性力量的价值和作用，因此，是相对公平，而又显示出周到而精致的。尤其是第二项认识所呈现的差异教学的理念，与当代卓越教育思潮合拍，并且是这些前沿流派见解在教育经济学视域的创新性应用。

从广东省立一中十大改革方向中所设计内容来看，现代教育理念的蕴含是十分丰富的，如教学中学生自然性与社会化的统一，普遍性与差异化的兼顾，科学与人文的融合，师生主客体关系的协调；课程中课程资源的广泛与简约，继承与开发，知识与生活等诸多方面的合适张力；德育中强调主体的认识建构的介入，知识学习与行为习惯兼重，规章管理与学生自觉，自愿心理渗透，等等，都反映了教育理论上的前驱特色，彰显了教育活动的动态、自主、独立、创造等实践性品性。所有这些，都体现了梁漱溟思想因子中西合璧、继承与发展、经验与理论以及仿效与独创的高度统一。在这方面，尤以学习、吸取陶行知晓庄师范学校的经验与广东省立一中状况的有机结合，避免盲目搬袭成法的设计及努力更显突出。在教育活动的模仿与创新的统一探索中可以作为一个案例，堪为典范。

三、理想未能成为现实

1929 年 2 月，梁漱溟将广东省立一中的具体工作交给了他的学生黄艮庸来处理。此后，梁漱溟离粤北上，先后参观考察了陶行知在南京创办的晓庄乡村师范学校、黄炎培在江苏昆山安亭乡徐公桥创办的乡村改进实验基地、晏阳初在河北定县翟城村创办的中华平民教育会试验区以及阎锡山在山西太原等地实行的村政。可见，梁漱溟并没有自己闭关研究和实践，而是积极借鉴他人的可行方法来弥补自己的不足，以此来实现中国复兴的理想。在这次漫长的考察过程中，梁漱溟对各地的乡村运动有了大体的了解，发现在当时的中国，很多知识分子已经开始重视农村工作并且开始致力于改造农村，他因此受到了极大鼓舞，坚信自己走的道路是正确的，乡村改革是解决中国社会问题唯一可行的途径。他决定从乡村入手解决中国问题，替中国开出一条新路来。同时，也分析和总结了各地工作的经验和教训。他一方面肯定了各地工作的成就；另一方面也非常重视各地工作中存在的问题和不足。他发现各地所进行的乡村工作都只重视一地一事，是对乡村的细枝末节的改造，而无全局观念和整体方案，或多或少存在这样或那样的问题。针对此种情况，梁漱溟认为，乡村社会问题涉及政治、经济、文化等诸多方面，从某一方面入手，解决不了问题，要救济乡村必须从整体上入手。这次考察对梁漱溟乡村教育实验理论的形成具有重要意义。

本来梁漱溟这次北上参观考察的目的是为自己回广东办乡治积累经验，但他离开广州不久，政局发生了重大变化。这年3月，李济深为调解桂系李宗仁、白崇禧和蒋介石的矛盾，到南京面见蒋介石，然而不料蒋以他也属桂系为由，将他软禁了起来，直到1931年“九一八”事变后他才被释放。由于李济深的倒台，梁漱溟在广东失去了政治依靠，他要回广东实验他的乡治计划是不可能的了，乡村自治的梦想再度因为政治动荡而不幸流产。

于是，梁漱溟没有按计划再回广东，而是留在了北方。不久，经王鸿一的介绍，他结识了河南人梁耀祖、彭禹廷等人，当时他们在冯玉祥和他的部下、河南省政府主席韩复榘的支持下筹办河南村治学院。由于乡治思想与村治思想接近，许多见解不谋而合，于是，韩复榘便邀请他担任村治学院教务长，并负责主编得到阎锡山资助的《村治月刊》。梁漱溟愉快地接受了邀请，并执笔起草了《河南村治学院旨趣书》及组织大纲、学则、课程安排等文件，其中《河南村治学院旨趣书》第一次对乡村建设的旨趣、措施和方法做了较为系统的阐述。这表明经过对全国各地乡村工作的考察，梁漱溟的乡村教育实验及建设思想趋于成熟。

这一次在广东的教育改革与实践，尽管又遭遇困顿，但梁漱溟仍主张通过乡村教育来弥补政治压迫下的社会缺陷，反之，通过政治的复兴来反哺教育。因为中国是一个“人”的大国，只有改变人的思想观念和意识，复兴才会成为可能。不论是在山东曹州办学的改革之行，还是在广东广州教育的探索之旅，其雄心壮志都未能幻化为现实。在早期的教育实践中，不难发现，他对教育的意义始终都抱有单纯的乌托邦思想，对于人的改造过于理想化，过分相信人的主观精神或意志力的作用，有时为了适应社会反而脱离了现实实际的限制及允许条件，这未免又有些天真而不切实际了。这种对教育理念目标的高远憧憬导致了两次办学改革努力的中途流产，但是梁漱溟没有放弃，而总是在思考和反省中调整和追求。

从梁漱溟早期的教育活动中可以看出，教育改革的目的就是为了增强人的品性，提高国民适应社会需要的能力。他曾在1979年10月写下“我生有涯愿无尽，心期填海力移山”的对联，字体遒劲有力，正直不阿，凛然神韵，真切地表达了自己对于乡村教育乃至中国未来之路的坚守与热情，其间的公心与劳苦更是让人敬仰。他的学生曾这样描述：

> 梁老师的生活作风一向是朴素的，待人态度一向是诚恳的。梁老师的人生观和哲学思想是佛家的人生哲学和儒学的理性哲学，所以他爱人类、爱祖国、爱和平、爱民主，反对暴力、反对压迫。他不相信武力能统治人。他认为只有尊重人性、讲理性，实行和平、民主，才能解决人与人之间的冲突，如果以武力和权力压服，其结果是压而不服。因此他一贯反对阶级斗争，反对战争。梁老师这种主观愿望难以实现，在此姑且不论，但这种慈善为怀的感情和热爱和平民主的思想是可贵的，值得尊重的。①

20世纪二三十年代的乡村教育运动，是一批怀着赤子之心的有识之士意识到中国农村经济的衰败，为使乡村农民摆脱贫困和愚昧，试图通过改良教育，以教育为手段来改造和建设乡村，从而使中国农村汇入现代文明的洪流，进而实现中华民族复兴，努力推动中国走向现代化的一次实践探索。②梁漱溟因引起五四运动后期的中西文化论战而“暴得大名”，他的学术兴奋点及人生活动却发生转移，从北京大学期间关注中西文化的比较研究和中国教育体系的改良方面，逐渐走向乡村教育乃至社会改造运动道路。1923年，梁漱溟在山东讲学时曾经朦胧地意识到中国的农村问题，并已提出“农村立国”的说法；后来，又认识到中国的问题在于其内部的文化失调和由此而导致的社会无序化，因此想要解决这一问题就要从社会内部着手，而社会内部的力量就是人，中国的农民则是力量的核心和根本，最终要通过教育来改变他们的思想观念和意识，使得社会焕然一新。因此，解决中国问题最重要的是要从乡村入手，进行乡村教育建设。毫无疑问，梁漱溟早期对于教育的理论研究和实践探索，主要以曹州办学和对广东第一中学的改革实践为主，虽然其教育的行为努力未能达成愿景目标，满腔热血只是换来一盆冰水，但是两番经历对他以后所形成的一套具有丰富内涵和深刻寓意、系统化的乡村教育理论，奠定了坚实的基础，也为中国在近一个世纪不断探索改变教育的落后状况提供了宝贵借鉴，是他教育理论与实验建构中不可或缺的一笔宝贵财富。

---

①段继李：《悼念梁老师》，梁培宽编：《梁漱溟先生纪念文集》，北京：中国工人出版社，1993年版，第66页。

②宋恩荣编：《晏阳初全集》（第一卷），长沙：湖南教育出版社，1989年版，第23页。

第四章

锋芒初露

——河南村治教育实验

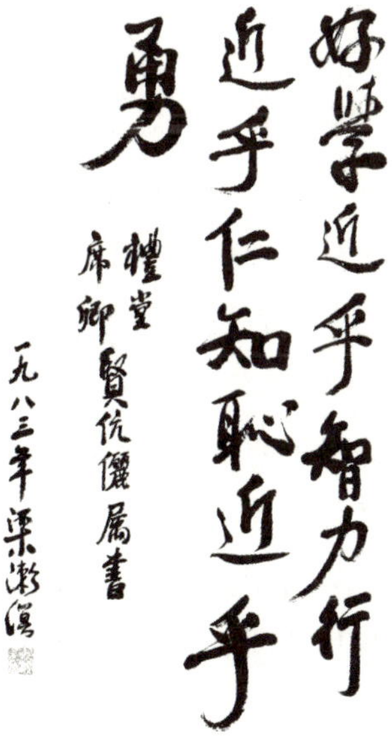

教育实验有两种解说，即有广义和狭义之分。广义的教育实验是指有目的、有计划、有组织地通过对教育活动因素的某些变化及施行，改革学制、课程、教材、教学组织形式、教学方法和教学管理，以验证或实现某种教育理念，进而推动现实教育状态发生预设导向，促进教育进步实践活动；狭义的教育实验则是专指以严谨的教育操作技术，认定某个教育、教学问题，在固定情境下，改变这一情境中的某个控制教育变量因素，探究其结果有些什么变化，从而得出改进教育、教学的活动状态，提高教育教学质量的正确结论的实践活动。此处的乡村教育实验正是从广义角度理解的，并且属于综合性及社会化结合的教育实验。这类实验试图将教育和乡村社会建设相结合，设计出方案，把农村教育、农业、科学、卫生或礼俗、自卫等各项内容综合起来，建立适合农村社会特点和教育体制的独特模式。乡村教育实验的思想注重将中国传统教育思想中的某些内容与欧美教育的成分或因素融合起来，提出富有民族特色的教育模式。乡村教育实验是 20 世纪 20 年代在我国兴起的一种具有社会化整体特征的教育实验，旨在从教育农民着手以改进乡村生活和推进乡村建设。

清末民初，我国的社会矛盾异常突出。为了挽救民族危亡，一批有识之士特别是教育界的先进分子将国外先进的教育理念、教育制度与教育模式引入中国，积极开展教育实验，力图通过西化教育实践挽救中国的社会危机。随着国外先进教育实验模式的引入与试行，我国教育开启了近代化之路并取得显著进步，各地教育事业蓬勃发展，教育实验逐渐起步并且不再采用单一的国外模式，而是从实际国情出发，探索符合实际情况的教育实验模式，因此带有明显的“中国化”“本土化”特色。这一时期在该领域涌现了一批著名人物，他们推动了中国现代教育理论与实践的发展，梁漱溟便是当中的杰出代表。他寻求“民族自救，振兴中国”之路，在河南村治学院的创办与筹备过程中发挥了不可替代的作用，对河南村治学院的日常教学、管理产生了深远影响。1929—1930 年，梁漱溟受邀担任河南村治学院教务长，负责主持学院的具体工作。他以河南村治学院为依托，在河南省开封市辉县(今属新乡市)百泉乡开展河南村治教育实验，发展乡村自治，力图从乡村入手寻求解决中国问题之路。本次教育实验虽然因军阀之间的战争被迫终结，但在全国引起了反响，是教育改革过程中一次大胆的尝试。

第一节　河南村治教育实验的历史背景

河南村治学院创建于1930年1月，其校址选在河南省新乡市辉县苏门山百泉乡，是由河南乡治运动领导人彭禹廷提议，在河南军阀冯玉祥与韩复榘的大力支持下创办的。河南村治学院由省政府设立，直接隶属于河南省政府，其创办目的旨在研究乡治理论、培养乡村自治人才、发展当地的乡村自治事业。这所学校从筹备开学直至因中原大战被迫停办，前后只有一年，却取得了不俗的效果，在河南乃至全国的乡村教育运动中有着十分重要的地位。河南村治学院虽由院长彭禹廷提议创办，梁漱溟只是担任教务长一职，但日常教学与管理等具体工作均由梁漱溟负责。学院的筹备、兴办、发展与梁漱溟本人有着深厚的历史渊源。

一、民族危机与河南农村的衰败

清朝末年，西方列强通过军事扩张、原料掠夺、资本输出以及商品倾销等手段对中国进行疯狂而无孔不入的侵略与剥削。国家的领土完整和主权不断遭到破坏，民族危机日益加深。政治上，列强势力不断扩张，封建制度逐渐瓦解，开始沦为半殖民地半封建社会；经济上，受外国资本输入和商品倾销的影响，自给自足的小农经济逐渐解体。这种状况一直持续到民国初年，北洋政府和南京国民政府相继开始了对全国的统治，但社会危机并没有得到缓解，反而日益深重。在此期间，帝国主义各国大肆划分势力范围，加快了对中国进行瓜分的步伐；各地军阀之间为一己私利而常年混战，致使内战连绵不断，政局动荡不安，百姓饱受战争之苦。

农村社会的矛盾在20世纪二三十年代变得十分突出，乡村破坏日益严重。梁漱溟认为："乡村所由破坏不外天灾与人祸。所谓天灾，例如长江大水灾、黄河水灾、西北连年大旱、南方江浙旱灾等；所谓人祸，例如1930年中原大战，以及种种兵祸、匪患、苛捐、杂税等。”[①]正如梁漱溟所说，天灾尤其是水旱灾害对我国农村地区的影响极为明显。由于我国疆域广阔，地质结构和气候条件复杂多样，自然灾害时常发生，加之此时军阀混战、政治腐朽导致水利失修，农村地区饱受水旱灾害之苦。而人祸主要表现为战乱与匪患。民国初期，各地军阀为各自利益而雄踞一方，彼此之间常年混战，造成华夏大地满目疮痍、生灵涂炭，大量难民因战乱而流离失所、无家可归，一些散兵游勇和失业流民互相勾结，落草为寇，烧杀抢掠，为祸一方，扰乱了农村地区正常的社会秩序。除此之外，乡村衰败的另一个重要方面是经济的破坏。受军阀战乱的影响，我国的农业生产力急剧下降，农业生产几乎处于停滞状态，加之帝国主义向中国大量倾销商品及农产品，我国农村经济受到极大冲击，逐渐走向萧条。

“覆巢之下，焉有完卵！”此时的中国一片凄凉萧瑟、腥风血雨，在全国陷入积贫积弱、千疮百孔与动荡不安的困境下，河南省亦无法幸免。河南村治教育实验正是在民国早期社会大动荡的时代环境下开展的，与当时河南的社会具体情况有着密切联系。作为全国的一个缩影，河南省的困境与全国高度相似，主要反映在以下三个方面。

（一）政局动荡不安

20 世纪二三十年代的中国处于军阀割据、列强瓜分的大背景之下，政局的一个突出特点便是动荡不安。河南作为中原大省，在中国政治格局中有着举足轻重的地位，而其动荡不安的政局正是全国的一个缩影。1926—1927 年，河南省长先后换了七个，最短的任职月余即被赶下台，犹如过往匆匆的走马灯。[②]在此期间，河南地方政权沦为军阀势力的附庸，成为其搜刮财产、压迫人民、扩充势力范围的工具。进驻河南的新军阀为巩固扩大自己的势力，用自己的心腹取代原有官员，官员的选拔与任用毫无法纪可言，已经到了十分荒唐的地步。各级地方官员更是肆无忌惮，为所欲为，不仅不理政务，而且与土豪劣绅相勾结，巧取豪夺，鱼肉乡里，盘剥百姓。

（二）农村支离破碎

20 世纪二三十年代，帝国主义大肆向中国倾销商品和输出资本，河南的农

①梁漱溟：《乡村建设理论》，中国文化书院学术委员会编：《梁漱溟全集》（第二卷），济南：山东人民出版社，2005 年版，第 150 页。

②徐有礼：《30 年代宛西乡村建设模式研究》，郑州：中州古籍出版社，1999 年版，第 6 页。

村经济受到严重影响，加之动荡不安的政局、项目繁多的苛捐杂税以及水旱自然灾害的打击，社会乱象丛生，各种矛盾日益突出。农村的经济社会矛盾突出：农村生产力下降，农产萎缩，耕地荒芜，农村经济日趋衰落，农村金融日趋枯竭，大量农民流离和死亡，很多农民流落为难民。

（三）匪患猖獗

军阀之间的常年混战使河南饱受战祸之苦，战争产生了很多难民和溃兵、逃兵。在当时政局动荡、经济衰败的环境下，这些难民和溃兵、逃兵为了生计不得不铤而走险，落草为寇，流窜乡里，杀人越货，无恶不作，成为为祸一方的土匪，给河南带来了深重的社会问题，加重了河南人民的灾难。

“天下兴亡，匹夫有责。”面对异常突出的社会矛盾，一大批知识分子以救亡图存为己任，奋发图强，探索救国救民之道，以求解决中国问题的根本方法，从而实现国家富强、民族复兴。梁漱溟正是其中的一分子，他生活在清末、民国社会大动荡的时代，经历了民族危亡与社会衰败，其乡村教育理论与实践正是在此时代背景下进行的。

二、国内乡村教育运动蓬勃开展

中国的近代教育产生于西学东渐之后，尤其是1906年科举制度的废除，使近代教育得到快速发展，新式学堂如雨后春笋般在全国各地设立。但那时的新式学堂大多设置在城镇，农村只有少数私塾，乡村教育没有引起重视。直到五四运动时期，民主思想得到广泛传播，人们意识到保障农民受教育权利的重要性，乡村教育才逐渐引起人们的关注。而民国初期推行义务教育的失败，引起了人们的反思。不少人认为推行义务教育失败的原因，是由于以前的教育只注重城市，而忽略了人口占85%以上的乡村。民国时期的教育专家古楳在1939年编纂的《乡村教育》一书中写道：“因为中国以前的教育走错了路，忽略了百万个乡村，直到民国八年，才有些人觉得义务教育的重要，不仅在少数的城市城镇，而尤重在这百万个乡村。由于这样一个觉悟，乃正式的起来提倡乡村教育运动。”①除此

①古楳：《乡村教育》，长沙：长沙商务印馆，1939年版，第60页。

之外，西方国家，尤其是美国重视乡村教育对中国的影响，也使得国人将目光投向乡村教育，一些留美学生如陶行知、赵叔愚、傅葆琛等回国后便积极倡导乡村教育。

随着对乡村教育重要性认识的加深，全国教育界开始行动起来，不少社会团体、教育机构和地方政权开始将目光投向农村，纷纷开展乡村教育。比较著名的有陶行知创办的南京晓庄师范学校、中华职业教育社创办的江苏昆山县徐公桥实验区、晏阳初领导的中华平民教育促进会创办的河北定县翟城村乡村平民教育等。一时间到农村办学蔚然成风，乡村教育蓬勃开展，并逐渐汇集成为乡村教育运动。在此次乡村教育运动的推动下，梁漱溟不断完善和发展其乡村建设理论和实践，积极开展乡村教育，投身到乡村教育运动的浪潮之中。而梁漱溟开展的河南村治教育实验开创了独特的乡村教育实验模式，不仅是其乡村教育实验的一次重要尝试，而且是民国时期乡村教育运动的有机组成部分。

基于对中国乡村衰败的高度关注和社会矛盾的独特认识，以及受全国乡村教育运动蓬勃发展的影响，梁漱溟决定从农村入手，积极投身乡村建设运动，进而寻求解决中国问题的根本出路。作为乡村建设运动的领军人物，梁漱溟有着独特、丰富的乡村建设理论与实践经历。他的这些理论与实践虽然不尽完美，但在其领导的乡村建设运动中所起的作用却是毋庸置疑的。河南村治教育实验正是在梁漱溟的乡治理论和实践的直接推动下开展的。

梁漱溟以其毕生的精力研究两个问题：人生问题和社会问题。人生问题即人为什么活着，社会问题即中国问题。他对社会问题有着独特的认识，认为中国的问题是由文化失调和农村社会秩序的崩溃引起的，解决中国问题的出路在农村，必须从农村入手改造社会，进而解决中国的根本问题，实现民族自救。彭禹廷、王鸿一等人的村治主张与梁漱溟的乡治理论只是名称不同，其实质都是从中国的农村入手，探寻解决中国的根本问题。彭禹廷等人创办河南村治学院的初衷是为了“乡村自救”，通过研究与寻求乡村“救穷”和“兴利”的办法，以求治本，[1]这

①冯文纲：《河南村治学院始末》，中国人民政治协商会议河南省委员会文史资料研究委员会编：《河南文史资料》(第二十辑)，豫刊证字第16号，1986年版，第19页。

无疑与梁漱溟的乡治理论不谋而合。理论上的契合使得梁漱溟欣然接受王鸿一等人的邀请，担任河南村治学院教务长，掌管日常教学与管理工作，而其乡治理论为河南村治学院的筹备与开办注入了新鲜的血液，发挥了至关重要的理论指导作用。

三、广东乡治方案及实践的流产

中国现代社会的改革者们在五四新文化运动中开始把眼光从城市移向农村，其中以李大钊为代表。梁漱溟也清醒地意识到了这些努力。

1919 年 2 月 20—23 日，李大钊在《晨报》发表《青年与农村》一文，引起社会的广泛关注。文章中说：

> 我们中国是一个农国，大多数的劳工阶级就是那些农民。他们若是不解放，就是我们国民全体不解放；他们的痛苦，就是我们国民全体的痛苦；他们的愚暗，就是我们国民全体的愚暗；他们生活的利病，就是我们政治全体的利病……他们一天到晚，只是到田园里去，像牛马一般作他们的工；就是在吹风落雨、灯前月下的时候，有点闲暇，也没有他们开展知识修养精神的机会。[①]

因此，他号召青年"速向农村去""同劳动阶级打成一气""要想把现代的新文明，从根底输到社会里面，非把知识阶级和劳工阶级打成一气不可"。

> 立宪的青年呵！你们若想得个立宪的政治，你们先要有个立宪的民间；你们若想有个立宪的民间，你们先要把黑暗的农村变成光明的农村，把那专制的农村变成立宪的农村。只要农村里有了现代青年的足迹，作现代文明的导线……劳心也好，劳力也好，种菜也好，耕田也好，当小学教师也好，一日把八小时作些与人有益、与己有益的工活，那其余的工夫，都去作开发农村、改善农民生活的事业，一面劳作，一面和劳作的伴侣在笑语间商量人生向上的道理。只要知识阶级加入了劳工团体，那劳工团体就有了光明；只

①李大钊：《青年与农村》，璩鑫圭、童富勇编：《中国近代教育史资料汇编·教育思想》，上海：上海教育出版社，1997 年版，第 950—951 页。

要青年多多的还了农村，那农村的生活就有改进的希望；只要农村生活有了改进的效果，那社会组织就有进步了，那些掠夺农工、欺骗农民的强盗，就该销声匿迹了。[1]

他又饱含深情地向广大热血青年发出呼唤：

青年呵！速向农村去吧！日出而作，日入而息，耕田而食，凿井而饮。那些终年在田野工作的父老妇孺，都是你们的同心伴侣，那炊烟锄影、鸡犬相闻的境界，才是你们安身立命的地方呵！[2]

在赴河南开展村治教育实验之前，梁漱溟曾赴广东开展乡治改革，践行其乡治理论。那时的梁漱溟认为乡治是解决中国根本问题、实现中华民族伟大复兴的出路所在。“我到广东来，自己抱着一点意思，是想试着去作我的乡治的主张。所谓乡治者，是我认为我们民族前途的唯一出路。”[3]中国农村面积广大，农村人口众多，实际上是农村社会，存在的问题首先表现为农村问题，欲要解决社会的问题，必须从农村入手，因而梁漱溟认为：“要农村兴盛，全个社会才会兴盛；农村得到安定，全个社会才能真安定。设或农村没有新生命，中国也就不能有新生命。我们只能从农村的新生命里来求中国的新生命；却不能希望从中国的新生命里去求农村的新生命。我的所谓乡治，就是替农村求新生命的方法。”[4]梁漱溟虽然有了明确的乡治观念，但一直没有机会付诸实践，直到李济深邀请其赴粤，他的乡治主张才得以实施。1927—1928 年的广东在桂系军阀李济深的统治之下，李济深与梁漱溟堪为故交，非常赏识其学识与才华。梁漱溟认为可借助李济深在广东主政这一便利条件开展乡治改革，实现其乡治主张，进而解决社会的根本问题。因而，在得到李济深的邀请后，便于 1927 年 5 月，在学生王平叔、黄艮庸的陪同下奔赴广州，以期在广东这一刚刚爆发烈焰的国民大革命根据地寻求机会实现抱负理想。

①编委会编：《李大钊选集》，北京：人民出版社，1958 年版，第 146—150 页。

②李大钊：《青年与农村》，璩鑫圭、童富勇编：《中国近代教育史资料汇编·教育思想》，上海：上海教育出版社，1997 年版，第 953 页。

③④梁漱溟：《抱歉——痛苦——一件有兴味的事》，中国文化书院学术委员会编：《梁漱溟全集》（第四卷），济南：山东人民出版社，2005 年版，第 840 页。

> 我对任潮先生的谈话，大致是这样：中国在最近的未来，实际上将不能不是些分裂的小局面，每个小局面还都是大权集中在个人之手。此其所以然，是在超个人的“法”，或超个人的“党”都无从建造得起来（这在中国皆是绝对的造不起，非一时现象）；故尔政治上必然地落到这地步，而不可逃。在每个小局面中握有权力者，下焉的便为祸于地方，上焉的或能作些个建设事业，这都不是我期望于你的。我期望你能替中国民族在政治上，在经济上，开出一条路来走，方为最上。如何去替民族开这条路出来？则我之所谓乡治是已。任潮先生表示接受我所期望于他的；他承认我可以在广东试办乡治。自是以后，我方始决心留粤，有时亦参预他政治的事情。①

在广东期间，梁漱溟接受李济深的任命，担任广东政治分会建设委员会代理主席以及广东省立一中校长，全面负责广东的乡治改革试验。然而，广东乡治实践并不顺利，其乡治主张虽然得到李济深的认同，但限于客观条件，梁漱溟的乡治方案并未得到真正实施。梁漱溟主张在广东开办乡治讲习所，为实现广东地方自治储备人才。在他的设想中，乡治讲习所既为一社会教育机构，也为一辅助政府的人才储备与人才筛选之所，除了担负教育训练的功能外，另外一个重要作用便是要为地方寻求推荐适于领导乡村自治的人才。梁漱溟向广州政治分会建设委员会提交了《请办乡治讲习所建议书》，并且拟有详细的试办计划大纲，由于李济深的支持，建委会通过了梁漱溟的建议书，送交政治分会审议，政治分会决议转请中央核示，等待中央政治会议复准复粤，再由政治分会发交广东省政府照办。如此复杂的公文审批程序使得梁漱溟认为开办乡治讲习所的时机还未成熟，便先着手进行广东省立一中改革，以便为开办乡治讲习所做准备。在此期间，梁漱溟决定对国内各地的乡村建设事业进行参观考察，从而为广东乡治改革试验积累经验。

然而，在梁漱溟考察国内各地乡村建设事业期间，即 1929 年 3 月，蒋桂战争爆发，由于所依附的政治靠山李济深被蒋介石软禁，致使他无法返粤，“此后留于北方，不复返，固初所不及料也”②，广东一中实践也因“城门失火，殃及池鱼”而戛然终止。恰在此时，远在黄河下游流域河南的彭禹廷、梁仲华等人正在筹备开办河南村治学院，两者之间包含契合之处，因此，经王鸿一介绍梁漱溟与彭禹

---

①梁漱溟：《主编本刊（〈村治〉）之自白》，中国文化书院学术委员会编：《梁漱溟全集》（第五卷），济南：山东人民出版社，2005 年版，第 19 页。

②梁漱溟：《忆往谈旧录》，西安：陕西师范大学出版社，2009 年版，第 131 页。

廷、梁仲华等人认识及沟通之后，梁漱溟欣然承担起村治学院的筹备工作。据他自己回忆："村治学院即由彭任院长、梁任副院长。1929 年设筹备处时，我适从广东北返，且因广东政局改变，不回广东。经王鸿一先生介绍，与仲华、禹廷、柄程会晤于北京。我在广东原有'村治讲习所'之建议而未及实现。至此乃受聘为村院教务长，共同致力北方的乡村工作。"[①]由此而论，广东乡治运动的中止直接为梁漱溟开展河南村治教育提供了契机，而梁漱溟广东乡治试验虽然未能成功，但仍然可以为河南村治教育实验提供诸多经验与借鉴。

①梁漱溟:《略记当年师友会合之缘（续）》，中国文化书院学术委员会编:《梁漱溟全集》(第七卷)，济南:山东人民出版社，2005 年版，第 419—420 页。

第二节　河南村治教育实验的前期准备

河南村治学院教育实验是梁漱溟山东邹平乡村教育实验的前奏，虽然延续时间仅一年有余，但实验内容丰富，步骤、程序及管理运行机制周详，并且在前期有关村治思想及教育探索基础上有了更多的经验积累，尤其是对当时国内盛行的乡村教育及建设流派做了周密考察与分析，显示出这位以人文主义为特征的新儒家不乏科学研究的思想方法及素质能力。

一、考察国内乡村教育事业

梁漱溟在赴河南开展村治教育实验之前，曾多次参观考察国内的乡村教育事业，这无疑对其乡治理论的深化及后来开展的河南村治教育实验产生了重要影响。

梁漱溟首先考察的是陶行知的南京晓庄师范学校，他曾两次访问这所学校，毫无保留地赞许了陶行知的乡村改革方案。该校能获得这种殊荣是因为它碰巧和梁漱溟的思想与爱好相符合。梁漱溟非常认同晓庄师范学校的教育方法，尤其肯定了“事情怎样做就怎样学，怎样学就怎样教”的教学方法、“培养乡村儿童和民众所敬爱的导师”的教育目标以及“教育要本于生活，教育必须教学做合一”的教学原则。回到广东后，他与众人分享了参观南京晓庄师范学校的所见所闻，而广东省立一中的改革也在一定程度上借鉴了南京晓庄的经验。不过在此之后，广东乡治运动遇到一些阻力，梁漱溟认为在广东开办乡治讲习所的时机尚不成熟，因而决定再次对全国各地的乡村建设运动进行参观考察，“即自请先到国内各地方作乡村运动考查，回来再办”①。在决定北上考察后，梁漱溟“于十八年二月离粤北来，先在江苏昆山参观中华职业教育社所办之乡村改进会；次到河北定县参观中国平民教育会之华北试验区；后又到山西汾阳介休等县调查村政情形”②。

①②梁漱溟：《主编本刊(〈村治〉)之自白》，中国文化书院学术委员会编：《梁漱溟全集》(第五卷)，济南：山东人民出版社，2005年版，第20页。

1929年,梁漱溟一行离开广东之后直抵上海,稍事休息即由黄炎培、江问渔二人带领转赴昆山安亭乡徐公桥,参观考察了江苏昆山县徐公桥实验区。徐公桥是中华职业教育社的乡村改进实验基地。1926年,中华职业教育社与国立东南大学农科、中华教育改进社、中华平民教育促进会合作进行乡村改进实验。他们主张“改良乡村以教育为中心”,并“拟集中于一地积极办理”,派遣教员和医生下乡,在教育、公共卫生、医疗救助、文娱活动以及筑路等方面做了大量的工作。[①]

昆山徐公桥实验是在现代教育家黄炎培的大职业教育思想的指导下,在乡村实验探索教育改良的社会活动。梁漱溟对该实验试图通过教育提升乡村民众生产技术与生活质量的努力十分欣赏,但这基本上属外援性的乡村补助工作,而无力挖掘内在力量,促其生长与进步。

在结束对江苏昆山县徐公桥实验区的考察后,1929年3月,梁漱溟一行沿沪宁线继续北上,直达北京,预备寻访河北定县翟城村乡治事业创始人米迪刚、米阶平。米氏兄弟为翟城大族,早在他们的父辈便在翟城开办了自治事业,是当时颇负盛名的模范村。梁漱溟到北京的目的是寻访米氏兄弟,去看他们的乡村事业。在冯霞梯的陪同下,梁漱溟参观了晏阳初从1926年开始主持的平民教育促进会实验区,考察了学校、农场和自治组织。翟城村是实验的核心地区,是米氏家族投入二三十年精力创办的模范村。该村以省内统一办法,设邻里编制,由村政委员会主持村内事务。村里办了男、女两所学校,学龄儿童都能入学,包括妇女在内的成人扫盲工作也极为出色。全村300余户人家,都办起了家庭副业,颇有家给人足的景象。平教会与翟城村之间彼此互相协助。平教会的主要工作是办理社会调查,推行平民教育,进行农业改良和实验。平教会在翟城村办了一所特别训练学校,对年富力强的高小毕业程度的本村居民加以训练,预备作为村中自治的人才和新技术推广的骨干。在具体的操作办法上,又运用社会调查、项目分析及量化数理统计的科学方法,具有实证主义研究风格,同时以“表证农家”作为奖励手段,嘉奖农户及个人学习应用技术,推广、实验农业工具、品种改良中的优秀者,以起到树立榜样、发挥典范的表率引领的效应。

梁漱溟肯定了晏阳初及其同仁对乡村平民教育的奉献精神,尤其肯定其将平民教育的重心转向乡村,以及在实验中的组织活动及方式方法,但认为乡村社会化的建构过于狭窄,实验经费主要依托政府及实业家“输血”,无力使乡村改革维系持久。

①许汉三编著:《黄炎培年谱》,北京:文史资料出版社,1985年版,第75页。

在结束河北定县翟城村乡村教育与村治事业的观察后，梁漱溟一行由石家庄转道太原，开始考察山西的村政。此时的山西由阎锡山主政，阎锡山得知梁漱溟要来山西考察后，立即电报相邀。梁漱溟前去五台县河边村会见正在养病的阎锡山，与其谈论村政问题。然后去太原、清源、汾阳、介休、赵城各县考察。据梁漱溟所述：

> 阎百川先生，为十八年山西政治的主持者，村治尤为其一手经营创造，此时他适病在五台县河边村家乡养息，电邀我到那里会谈。由省城到河边村汽车四小时可达。头一日我以早七时离省，次日晚七时回省。在河边两半日工夫，所谈十之七八皆乡村问题及村政，我于谈话中认识出山西十年来的村政有他不少心血在内。①

结束山西之行后，梁漱溟认为山西的村政并没有想象得那么好，自治无法真正实现。据梁漱溟所述：

> 常言说道"盛名之下，其实难副"。山西村政的实际，亦不能逃此公例。大概就人民自治一面来说，自治的真精神似乎很少。就官府所推行的几项行政来说，似乎难如所期望，而不免有流弊。②

即便如此，梁漱溟还是肯定了山西村政的一些成就。据梁漱溟所述：

> 然则村政就没有效果好处了吗？当然不能如此说。据我看由村政生的好处，亦有几种：第一是治安好；第二识字人多；第三是禁烟有几分成功；第四是禁缠足有七八分成功；第五是军事时期，办理征发之方便。③

总而言之，山西村政也无法使梁漱溟完全满意，依然无法从根本上解决中国的问题。

1929 年 5 月 20 日，梁漱溟一行结束考察，回到北京。梁漱溟此次北游的费

①梁漱溟：《北游所见记略》，中国文化书院学术委员会编：《梁漱溟全集》（第四卷），济南：山东人民出版社，2005 年版，第 892 页。

②梁漱溟：《北游所见记略》，中国文化书院学术委员会编：《梁漱溟全集》（第四卷），济南：山东人民出版社，2005 年版，第 898 页。

③梁漱溟：《北游所见记略》，中国文化书院学术委员会编：《梁漱溟全集》（第四卷），济南：山东人民出版社，2005 年版，第 900—901 页。

用是由广东省政府提供，可见梁漱溟最初参观考察各地乡村建设运动的目的是为了将来再回到广东更好地开展乡治改革。然而，事与愿违，蒋桂战争的爆发使得梁漱溟无法回到广东继续开展乡治改革实践，但梁漱溟对国内乡村建设事业的考察所做的努力并没有白费。一方面，通过此次北上考察，梁漱溟结识了各地乡村建设运动的领导人，如陶行知、黄炎培、晏阳初等乡村建设运动领袖，这对他日后推动乡村建设运动的高涨，并成为乡村建设运动的代言人和乡村建设派的政治领袖打下了基础；另一方面，通过此次考察，更坚定了自己的理念与主张，即通过开展乡村教育，从农村入手寻求解决中国问题的根本出路，进而实现国家富强、民族振兴。他后来在《北游所见记略》末尾写道："通过考察，才晓得国内教育界的新趋势。不但南京晓庄师范倡导乡村教育，倡导着乡村改进运动；不但一向作职业教育运动的，转变成整个的乡村改进运动；而一向作平面教育运动的教育家亦转其视线于乡村，于农民，而来作整个的乡村改进运动了。"更为重要的是，通过考察国内各地的乡村建设运动，梁漱溟对当时中国的乡村建设事业以及乡村教育运动有了大体的了解，在考察中对各地所采取的措施和方法、存在的问题和困难、取得的经验和教训有了深入认识及总结，它们的成功经验和不足之处为日后主持的河南村治教育实验提供了宝贵借鉴。他后来把自己一路所思、所闻和感想，写成《北游所见纪略》一文，发表在《村治月刊》上。

黄炎培、晏阳初等人认识到以前单纯从事职业教育、扫除文盲等不能有效地解决中国的问题，因此转向了总的乡村改造运动。此时的梁漱溟坚信自己走的道路是正确的，乡村改革是解决中国社会问题唯一可行的途径。与此同时，他发现各地所进行的乡村工作基本上都局限于露天识字、平民学校、农业改良等具体问题上，而没有触及农民和农村的根本问题。而中国的社会问题则是个总体工程，单从某一方面入手是解决不了的，他有关乡村建设的更为成熟、系统的思想开始逐渐形成，为其日后开展河南村治教育实验奠定了坚实的理论基础。

二、王鸿一对梁漱溟乡治理论与实践的影响

王鸿一是北方村治派的代表人物，提出"村本政治"思想，主张在乡村中开展政治、经济及文化建设，进而由"村治"逐级推广、发展到"国治"。他的"村本政治"思想及其一系列社会实践活动对梁漱溟的乡村教育实验产生了深远的影

响。在结识王鸿一之前，梁漱溟主要从理论上思考人生问题和社会问题，主张用中国传统文化自救中国，至于如何自救并无具体实施方案。尔后，通过与王鸿一的交流与合作，梁漱溟逐渐形成了其独特的乡村建设理论，并广泛应用于其开展的乡村教育实验中。

早在1920年，梁漱溟便与王鸿一结识。其时王鸿一的学生陈亚三就读于北京大学哲学系，暑假回乡将梁漱溟及其思想介绍给王鸿一，王鸿一非常信服梁漱溟的思想，专程到北京造访。尔后，在王鸿一的奔走下，梁漱溟受山东省教育厅厅长王诺的邀请到济南讲演《东西文化及其哲学》。此次讲演与会面，二人就东西文化问题进行了深入交流，为日后共同开展社会实践活动打下了基础。梁漱溟的有关描述如下：

> 愚之辱交于先生，盖自民国十年暑期愚应山东教育厅聘，为《东西文化及其哲学》之讲演。其时先生方沉疑烦闷于新旧思想问题，数访于当世通人而不得解；其门有陈君亚三、王君星五肄业北大哲学系，既尝闻愚绪论，辄为先生言之。邀愚为讲演，实先生意。既敷讲，先生每日从众人列座就听，自始讫终四十日间，未尝一日间断。此四十日中，大雨兼旬，人或阻雨后时；然先生又未尝不先时候于座也。每讲罢，欣快握手，高谈甚豪；于今回首十年矣。古人有云，"如鱼得水"，先生之于愚，愚之于先生，窃有是乐；彼此想得，固大有在言语见解之外者。①

> 1920年愚以《东西文化及其哲学》一题开讲于北京大学哲学系，系中同学陈亚三暑假回乡举以语其乡亲长者王鸿一先生（朝俊）。鸿一遽如饥渴之得饮食，特来京相访问，于是订交。次年愚应济南暑期讲演会邀请，复讲此题。值阴雨四十余天，鸿一每天必先候于座间。②

> 我到山东讲演，虽受教育厅夏（季）讲习会之聘，然固出于鸿一先生之意。我在济南教育会会场讲演一个月，他便听了一个月，没有一天的间断，

①梁漱溟：《悼王鸿一先生》，中国文化书院学术委员会编：《梁漱溟全集》（第五卷），济南：山东人民出版社，2005年版，第189—190页。

②梁漱溟：《略述1924年在曹州办学经过》，中国文化书院学术委员会编：《梁漱溟全集》（第七卷），济南：山东人民出版社，2005年版，第228页。

③梁漱溟：《曲阜大学发起和进行的情形并我所怀意见之略述》，中国文化书院学术委员会编：《梁漱溟全集》（第四卷），济南：山东人民出版社，2005年版，第728页。

像是积疑夙惑，一旦消却，从兹得着解决十分快活的样子。[③]

王鸿一与梁漱溟的合作始于建立曲阜大学的构想，此时的梁漱溟对王鸿一的村治主张并不信服。王鸿一向梁漱溟先生提议开办曲阜大学，但遭到以人才有限为由拒绝。

> 每讲后常常谈话，于是就谈到办大学。在他以为我们既得到解决，便当本着所见积极发挥，积极做去，很有办一个大学的必要。又则他第六中学每年升到南北各校的学生很多，而于南北各校，总不满意，所以很想自己办大学，为其学生升学之地。又则其同乡中固早有办大学的意思也。彼时我却无意，我对他说，眼下人才甚有限，不过寥寥可数的几人，办一个大学，都还不足用，而一时风气偏好办大学，东一个，西一个，愈多愈无谓，全是胡闹，我根本不赞成。[①]

后来，梁漱溟提议先办曹州中学，作为曲阜大学的准备。“我们办学意思之发动，原始于民国十年有‘曲阜大学’之提议，而且我们此刻在曹州办学意向所归仍在将来的曲阜大学。”[②]

1923年初，梁漱溟针对中国社会的现状提出了“农村立国”的主张，并以此在曹州中学作了讲演，但对这一理念并无足够的自信，对王鸿一的“村本政治”思想并不抱太大希望。他曾说：“我实没有鸿一先生那样积极热心，不但陈独秀先生警告我们说，这是小资产阶级欲在自己脑中改造社会的幻想，即我自己亦生怕是主观上的乌托邦，无用之长物，而不敢自信。”[③]1924年，王鸿一与定县翟城村村治实验创始人米春明（鉴三）的儿子米迪刚一起创办《中华报》，研讨、宣传村治思想。王鸿一邀请梁漱溟加入，但遭到拒绝。在此期间，王鸿一有新的想法和见解总会向梁漱溟征求意见，二人共同探讨从乡村着手解决中国问题的出路，但梁漱溟却“总不敢相信，就是这样便行”“总觉还有疑问，和应该顾虑到的许多

①梁漱溟：《曲阜大学发起和进行的情形并我所怀意见之略述》，中国文化书院学术委员会编：《梁漱溟全集》（第四卷），济南：山东人民出版社，2005年版，第728页。

②梁漱溟：《办学意见述略》，中国文化书院学术委员会编：《梁漱溟全集》（第四卷），济南：山东人民出版社，2005年版，第776页。

③梁漱溟：《主编本刊〈村治〉之自白》，中国文化书院学术委员会编：《梁漱溟全集》（第五卷），济南：山东人民出版社，2005年版，第15页。

④梁漱溟：《主编本刊〈村治〉之自白》，中国文化书院学术委员会编：《梁漱溟全集》（第五卷），济南：山东人民出版社，2005年版，第16页。

问题,而放心不下”④。虽然此时的梁漱溟尚未明确乡村建设理论,但与王鸿一的交流与探讨无疑对其乡治理论的形成产生了潜移默化的影响。

1926年到1930年,梁漱溟逐渐转变了对王鸿一村治主张的怀疑态度,其乡村建设理论也从萌芽步入到基本成熟阶段。在此期间,通过与王鸿一的长期探讨及曹州乡村状况的见闻,梁漱溟转变了他最初的态度,认识到西方政治经济制度并不适用于当下的中国,他相信中国可以通过修改、完善自己制度的形式获取新生,王鸿一关于农村复兴改良运动的相关方案可以解决中国的问题,并使中国的文化重新焕发活力。梁漱溟南下广东开展乡治教育、赴河南开展村治教育都与此番特殊经历有密切关系。王鸿一聘请梁漱溟出面主编《村治月刊》,同时介绍梁仲华、王柄程诸人与其相识,一起参与筹办河南村治学院。

> 先是,愚在广州(十七年),阎氏既以顾问聘书见寄,并嘱鸿一致书道意。鸿一与愚为至交。其人粗豪任侠,虽文采不足,文理不密,固一世之豪杰,卓然有志圣贤之学者。尝以世俗靡然于欧化(指欧美资本主义文化)、俄化(指苏联共产主义文化)为不平,纠集同志,草拟建国方案,深信吾华立国自有其道。愚素留意乎中国文化,立言不同于俗,鸿一故引为同调,雅相契重。据其此次来书,则谓阎赵深感中国必须别求出路,誓愿尽力村治建国运动,亟盼愚北来,共商一切。①

总之,为解决中国的根本问题,梁漱溟在开展河南村治教育实验之前曾经践行其乡治理论,如曹州办学、广东乡治改革运动等,尽管这些实践以失败而告终,却为梁漱溟主持河南村治学院、开展村治教育实验提供了宝贵的经验和借鉴。尤其是广东乡治改革运动及之后对国内各地乡村建设事业的考察经历,成为梁漱溟开展乡村建设理论研究与实践的宝贵财富。这些都为其后来开展河南村治教育实验提供了有效借鉴与宝贵经验。当然,也离不开具有改革思想观念的地方豪强、开明绅士的援手及推波助澜的影响。

三、河南村治学院的创办

河南村治学院的创办是开展河南村治教育实验的前提,为村治教育实验提

①梁漱溟:《记十八年秋季太原之行》,中国文化书院学术委员会编:《梁漱溟全集》(第六卷),济南:山东人民出版社,2005年版,第557—558页。

供了良好的平台与坚实的保障。梁漱溟主持的河南村治教育实验是以河南村治学院为依托开展的，因而，介绍村治学院的具体情况有利于更好地理解与把握河南村治教育实验的实施情况。

（一）河南村治学院的诞生

河南村治学院创立于1930年，是由河南镇平自治运动领导人彭禹廷提议并得到冯玉祥与韩复榘的支持而创办起来的，其目的在于研究村治理论、培养乡村自治人才。20世纪二三十年代的河南饱受兵匪之乱，一些地方精英、开明人士为解决河南的匪患、迷信等问题进行了多种形式的尝试与探索，这其中就包括彭禹廷、梁仲华等人开办的河南村治学院。

> 河南的“乡村自救”“乡村自卫”思想萌芽于二十年代中期。当时的河南民众深受兵匪之祸，河南村治学院的最初动机就是出于“乡村自救”。彭廷禹总结了镇平县剿匪自卫的经验，认识到：“非剿匪一时所能解决，必有治本办法，健全人才，方能奏效。”为了研究与寻求乡村“救穷”和“兴利”的办法，以求治本，彭禹廷于一九二九年七月由镇平专程赴汴，与当时任河南省政府主席的韩复榘面商，获得他的允准，后来省府委员会作出正式决议，成立河南村治学院。①

彭禹廷在获得韩复榘的支持后，开始了河南村治学院的选址工作。1929年7月，彭禹廷邀请河南大学教授郭海封参加，在专人陪护下，从巩县（今巩义市）渡口乘木船渡过黄河，来到太行山，选择其中的辉县苏门山麓百泉书院作为河南村治学院院址。

选好校址后，彭禹廷开始为河南村治学院聘任工作人员，“修缮房舍未毕，彭去了北京，请来北大教授梁仲华任副院长，请来力倡乡村建设的梁漱溟任教务长，从齐鲁大、中山大、河大等校，聘请郭海封、孙廉泉、李柳溪、冯梯霞、于鲁溪等教授及六名讲师，汇集来自全国主张乡村建设的名流，雄心勃勃，意气风发，要实现他在五原誓师时，曾对统帅冯玉祥表示，把孙中山《建国大纲》中有关民生理

①冯文纲：《河南村治学院始末》，中国人民政治协商会议河南省委员会文史资料研究委员会编：《河南文史资料》（第二十辑），豫刊证字第16号，1986年版，第19页。

②于天命：《一代完人彭禹廷先生》，北京：华夏出版社，2008年版，第135页。

论和乡村建设思想付诸社会实践的夙愿”[2]。《河南文史资料》中也有相关记载：“彭禹廷为院长，梁仲华为副院长，王怡柯为总务长，郭海封为教育长。聘梁漱溟为主任教授，冯梯霞为农场场长。校址选在辉县百泉。学院里边，研究理论的有梁漱溟，研究合作的有孙廉泉，研究农业的有冯梯霞，他们都是当时乡村自治思想的积极倡导者。”[1]

这所学院虽由彭禹廷等人创立，但在其筹备与开办过程中，梁漱溟扮演了不可或缺的角色。彼时梁漱溟在各地参观考察乡村建设运动，因广东政局突变无法返粤继续开展乡治运动，只得返回北京借居清华园内，准备《中华民族之前途》一书的写作工作。这时梁漱溟经王鸿一介绍，与梁仲华先生相识，梁仲华与他的朋友彭禹廷先生同奉河南省政府委命筹办河南村治学院，于是，便邀请梁漱溟一起参与村治学院的办学活动。基于上述相关缘由，梁漱溟在得到邀请后便欣然接受了河南村治学院教务长之职，前往河南开封开展河南村治教育实验，并负责村治学院的筹备工作。据梁漱溟所述：“由于我搞的乡治，与他们搞的村治差不多，他们欢迎我参加，请我接办《村治月刊》，担任河南村治学院教务长，支持学院的具体工作。我很高兴地接受了他们的邀请。当时，河南村治学院正在筹建，我便把筹建工作抓起来。”[2]

（二）制定河南村治学院宗旨及章程

办学宗旨是学校教学与管理活动的灵魂，合理、明确的宗旨能够保障学校各项活动的有序、高效开展。河南村治学院的办学宗旨与具体的教学管理制度是由梁漱溟起草的，十分鲜明地体现了他独特的办学主张与乡村教育理念，在河南村治教育的实验过程中发挥了极为关键的作用。

梁漱溟接受王鸿一、彭禹廷等人的邀请担任河南村治学院教务长后，便动身前往河南开封与彭禹廷、梁仲华、王鸿一等人共同协商开展河南村治教育实验。此时，河南村治学院还处于筹备阶段，尚无明确的办学规划与组织方案，各项教学、管理等规章制度还未设定，为村治学院制定办学宗旨与学则章程成为迫在眉睫的重要事宜。彭禹廷、梁仲华等人虽然是河南村治学院的开创者，对开展河南村治教育实验也十分热心，但由于缺乏村治教育的理论研究与素养，无法形成系

---

①冯文纲：《河南村治学院始末》，中国人民政治协商会议河南省委员会文史资料研究委员会编：《河南文史资料》（第二十辑），豫刊证字第16号，1986年版，第19页。

②梁漱溟：《忆往谈旧录》，西安：陕西师范大学出版社，2009年版，第153页。

统办学思路。而梁漱溟是国内著名学者，有办学实践与管理素质，不仅家学渊源深厚、学富五车，担任过北京大学讲师，对东西方文化有深入研究，善于进行理论性的阐释及章程的设计，而且多次将理论付之于实践，积累了丰富的办学经验。他曾经先后开办过曹州中学、重华书院，在广东开展过乡治教育，起草过《曹州办学意见述略》《重华书院简章》《请办乡治讲习所建议书》，其此时形成的较为系统而完整的乡治理论对开展河南村治教育实验更有特别作用，因而起草河南村治学院宗旨和章程的重任便交由梁漱溟完成。经与梁仲华、王鸿一等人商量，梁漱溟负写定之责，写成《河南村治学院旨趣书》《河南村治学院组织大纲》及《学则课程》等件。[①]这三篇纲领性的文件是梁漱溟根据村治学院的旨趣及河南当地的实际情况，并结合其乡治理论及先前在曹州中学、重华书院、广州一中的教育实践经历悉心制定的，很好地阐释了河南村治学院的办学宗旨与教育理念，是河南村治学院办学活动得以顺利开展的关键所在。

梁漱溟主张吸收西方社会的政治及经济组织的优点，但应防止并回避其财富集中都市中心及武力压迫，为此合适的方式是农村产业合作及组织自治，通过教育途径实现农村自治，实为完成农村"新生命的要津"。因为，克服西方资本经济膨胀造成阶级对立恰是农村的稳定及农业经济的改良，由此村治建设意义更为显著。梁漱溟所持民族自救之道正在于此，而对国家资本主义及俄国布尔什维克的道路持疑议态度。他对此做如下叙述：

> 然则吾民族自救之道将何如？天下事顾未之思耳，思则得之。夫我不为一散漫的村落社会乎？一言以蔽之曰求其进于组织的社会而已。组织有二：一曰经济的组织；一曰政治的组织。欲使社会于其经济方面益进于组织的，是在其生产及分配的社会化。生产的社会化，欧人资本社会既行之矣。其分配问题犹未能焉。分配问题不解决，因缺欠组织之大者。共产革命殆为不可免也。然是在我则或不为难。吾民族精神向来之所昭示于此至为符顺，一也。生产曾未发达则两面的社会化问题同时并进其势至使且易，二也。吾为农国，农业根本不适于资本主义而适于社会主义，三也。使旧日主于自给自足的经济而进为社会化，则散漫的村落将化为一整组织的大社会；是曰社会主义的经济组织之社会。其美善岂不度越于欧人乎！欲使社会于其政治方面益进于组织的，是在其政治的民治化。政治的民治化愈彻底，则社会于其政

①梁漱溟：《主编本刊(〈村治〉)之自白》，中国文化书院学术委员会编：《梁漱溟全集》第五卷，济南：山东人民出版社，2005年版，第20页。

治方面益进于组织的。所谓政治的民治化……欧人于此实为先河。然此需于社会个个分子知识能力之增益充裕者极大，而其经济上地位的均齐自亦为关系所在，欧人以产业发达文化提高，于前一点似得其大概；而以资本主义的经济之故，于后一点则形成不齐之阶级。故其政治的民治化遗憾正多。如顷所言，我于生产分配的社会化不难并得，则真正民治主义的政治组织之社会可以实现。其美善岂不度越于欧人乎！……欧人所长，组织一义尽之矣。欧化之弊，畸形的发达一言尽之矣。换言之，即其组织之犹有欠焉。由其经济上组织之缺欠。而富力集中于都市，集中于少数人以形成一殊强阶级，而社会乃病。由其政治上组织之欠缺，而权力集中于国家政府，以从事野心的武力与外交，而世界乃病。总之，凡集中过剩之力靡不有所伤害；经济上过剩之力政治上过剩之力隐显为一，相缘愈强，其为祸又以益烈；是则今日欧人所自苦莫能挽止者也。中国社会所患在散漫无力，而夙鲜集中过剩之弊，则其幸也。是其所当务，在求进于组织甚明。……盖唯社会益进于组织的，而后富与权二者乃直接综操于社会，间接的分操于社会个个分子，斯可免除一切伤害，求得一切福利。……斯言信美矣！顾其道何由？曰是在村治。……农村产业合作组织既立，自治组织乃缘之以立，是则我所谓村治也。盖政治意识之养成，及其习惯能力之训练，必有假于此，自治人才与经费等问题之解决，亦必有待于此。顷所谓藉经济引入政治，实为不易之途；有异于此者，断知其失败而已。乡村自治体既立，乃层累而上，循序以进，中国政治问题于焉解决，中国经济上之生产问题必与其分配问题并时解决。圣人复出，不易吾言矣！求中国国家之新生命必于其农村求之；必农村有新生命而后中国国家乃有新生命焉。……流俗之所见，或以为政治问题解决，而后产业得以发达，而后乃从容谈分配问题；或以为必由国家资本主义以过渡于共产主义，而当从事国家资本主义之建造，是或狃于欧洲国家之往例，或误于俄国布尔塞维克之企图，而皆昧于彼我之异势谬欲相袭者，曾何足以知此！①

《河南村治学院旨趣书》一文，从社会、政治和经济等多角度论述了从村治入手，以达到民族自救、振兴中国的必要性。“顾其道何由？曰是在村治。欲求进于组织，夫必有其着手处；则由村落以着手，自为其天然所不易。”②“求中国国家之

①梁漱溟：《河南村治学院旨趣书》，中国文化书院学术委员会编：《梁漱溟全集》（第四卷），济南：山东人民出版社，2005年版，第913—917页。

②梁漱溟：《河南村治学院旨趣书》，中国文化书院学术委员会编：《梁漱溟全集》（第四卷），济南：山东人民出版社，2005年版，第915页。

新生命必于其农村求之；必农村有新生命而后中国国家乃有新生命焉。”[①]这表明，经过多年的研究和探索，梁漱溟以农村为着落点，从村治（1931年后改成乡村建设）入手寻求解决中国问题的根本出路，从而达到民族自救、振兴中国的村治理论已经基本成熟，同时，这也为河南村治教育实验的开展奠定了基础。此外，《河南村治学院组织大纲》及《河南村治学院学则课程》对河南村治学院的教学与管理做了具体规定，明确了学院的组织结构、课程设置及办学方式，为河南村治教育实验提供了制度保障，使学院的办学活动得以高效开展。

（三）主编《村治月刊》

梁漱溟在担任河南村治学院教务长的同时，还接替王鸿一主编《村治月刊》。《村治月刊》是王鸿一在北京创办的，经济上得到阎锡山的资助，后来彭禹廷赴北平（1928年因陈果夫建议，南京国民政府改北京为北平）与《村治月刊》的创办人王鸿一商议，将该刊兼作河南村治学院学刊，由梁漱溟在辉县百泉主编，在北平定期出版发行。早在1928年梁漱溟在广东开展乡治改革时，王鸿一便多次邀请梁漱溟北上参与编辑《村治月刊》，当时梁漱溟作为广东乡治讲习所负责人无法离粤，王鸿一只得先行在北京筹备出版。梁漱溟接任《村治月刊》主编后，发表了彭禹廷的有关讲话和政治经济主张以及自己的乡建学说。刊物一炮打响，引致国内外稿件和信件纷纷寄来，乡建问题成为许多学者的关注热点。梁漱溟白天讲课，组织学生的日常教务，夜晚编刊，不辞辛苦，将教授们博学之文相继刊出，引发北平、上海、天津、济南、西安、开封、太原等地军政热议。受此影响，河南村治学院成为全国各大报纸热衷报道的新闻热点，成为进步青年竞相投考的一所名校。滇、桂、鲁、陕、晋、川六省首脑，选派优秀青年前来受训。[②]此外，梁漱溟对编辑方针进行了修订，力图在思想和内容上扭转当时社会流行的盲目学习西方的心理，并阐析村治或乡村建设的设想，发表了《主编本刊之自白》《河南村治学院旨趣书》等文章。1930年6—7月，梁漱溟写出《中国民族自救运动之最后觉悟》一文，发表于《村治月刊》2—4期（连载）。全文计九部分：（1）觉悟时机到了；（2）所谓近世的西洋人及西洋文化；（3）中世的西洋社会和他们的文明程度；（4）由中世到近世的转折关键何在；（5）中国人则怎样；（6）解一解中国的谜；（7）我们一

①梁漱溟：《河南村治学院旨趣书》，中国文化书院学术委员会编：《梁漱溟全集》（第四卷），济南：山东人民出版社，2005年版，第917页。

②于天命：《一代完人彭禹廷先生》，北京：华夏出版社，2008年版，第135页。

③李渊庭、阎秉华编著：《梁漱溟先生年谱》，桂林：广西师范大学出版社，1991年版，第72页。

向的错误;(8)我们今后的新趋向;(9)附志。[③]

在梁漱溟看来,所谓乡治或村治,全然不是什么当今建设事业之一,或什么训政时期的一种紧要的工作,而是一种最实在的文化运动。

> 我眼中的乡治或村治,全然非所谓什么"当今建设事业之一",或什么"训政时期之一种紧要工作";我是看作中国民族自救运动四五十年来再转再变,转变到今日——亦是到最后——的一新方面。这实是与四五十年来全然不同的一新方向;——以前都是往西走,这便要往东走。我不能牵牵扯扯裹混在往西的人堆里,干我往东的事;——事原是大家的事,原要大家往东走才行,我一个人往东没有用的。如果大家于旧方向不死心断念,则我的乡治或村治即无从谈起!这时你和他说些个乡治或村治的怎样怎样办法,中什么用呀?我不开口说话则已;我说话,劈头一句,就要先打破他往西走的迷梦,指点他往西走的无路可通。[①]

他强调乡村建设运动的展开是中国民族自救运动四五十年来再转再变的一个新方向,是这场自救运动之最后觉悟,与以前的自救运动相比较,具有本质的差异。以前的运动都是往西走,这一次则是往东走。梁漱溟与王鸿一等人一样,在原则上反对欧化与俄化,否认欧洲近代社会制度在中国实现的可能性,而主张在中国固有文化的基础上融合中西文化之优点,建立民族新文化,重新建构中国社会组织系统。

上述一系列从文化、哲学、社会学角度研讨乡村建设问题的论文,逐步建立和完善了梁漱溟的乡治建设理论体系,为其奠定了充足的思想基础。1931年以后山东邹平的乡村建设运动,使他成为中国现代史上乡建派的领袖及代表。

(四)河南村治学院的对外交流活动

河南村治教育实验以河南村治学院为平台,在梁漱溟、彭禹廷等人的主持下蓬勃开展,在这期间,河南村治学院与国内各地乡村建设事业的领导人进行了广泛的交流与互动,这对推进河南村治教育实验具有重要的意义。

1930年农历三月,春雨过后,太行山下桃红柳绿,燕子归来。郁郁葱葱的松

①梁漱溟:《主编本刊(〈村治〉)之自白》,中国文化书院学术委员会编:《梁漱溟全集》(第五卷),济南:山东人民出版社,2005年版,第21页。

柏和翠柳,倒映在百泉湖上,清澈荡漾的碧波,涟漪片片浓绿。“春色满园关不住,一枝红杏出墙来。”彭禹廷和他的同仁们喜气洋洋忙碌着,迎接贵宾们到来。

最先到达的是留美归来在河北定县从事乡村平民教育实验的晏阳初先生。次日,南京郊外晓庄师范学校的陶行知先生和在浙江萧山、江苏无锡推行乡村建设的首脑一同到来。第三天,远在贵州石门坎从事“平民教育”的传教士柏格理及随行者,还有广西、山西等地乡建教师数人,相继到达。北平《村治月刊》的王鸿一也带着几位编辑赶来。四川重庆北碚实业乡村城镇化的创建者、中国船王卢作孚先生的四位代表,安徽、甘肃热心乡建的人士,都如约前来。大家都有着一颗赤子之心,怀抱着拳拳之情共商乡村建设大计。

应彭禹廷之邀,南阳名士杨鹤汀和杨桂轩、镇平福兴源商号大掌柜及其沁阳友人郭问同(中共河南地下省委宣传部部长郭晓棠之父)、省政府秘书主任南汉宸,作为特邀嘉宾应邀前来。

村治学院把饲养场繁殖的品种猪、品种羊各卖一头,作俭约的招待开支。镇平福兴源大掌柜眼见学院如此清寒拮据,遂派其随行店员张惠生持其手书,赶赴焦作煤矿,募捐银洋2000元捐赠给学院。梁淑华、梁漱溟连连称谢,提议彭禹廷他们与大掌柜一起合影留念。大掌柜推辞不过,只好合了影。

彭禹廷院长致欢迎词,梁漱溟、于鲁溪、孙廉泉、李柳溪、郭海丰、冯梯霞、王炳程等学者教授参加座谈,并陪同参观实验室、实习工厂和农场、猪种场、羊种场、蜂种场、牛马种场及苑艺场、竹木器厂、军事运动场、靶场。在相互讨论切磋中,来访学者、代表们畅所欲言,气氛热烈。

陶行知先生针对美国教育理论家杜威的教育理论进行了分析。彭禹廷为之一振!对于杜威主张的“学校即社会”之说,他不敢苟同。他认为,学校里的东西太少,有些东西脱离社会,不如反过来主张“社会即学校”。在这个主张下,教育材料、教育方法、教育工具、教育环境、学生成分和数量、教师成分和数量都会多起来!所以他提出“社会即学校”“生活即教育”,这二者是相通的,相辅相成的。陶行知认为河南村治学院的主旨,恰恰如此。学院课程设置极有气魄,独树一帜,令人震惊!他十分认同河南村治学院开设的农、工、经济、金融、养殖、军事、武术、行政管理、法律法规等分科及综合课程，并对彭禹廷、梁仲华、梁漱溟等人不提口号、不作张扬、率先垂范、默默实践的精神深感钦佩。[①]

通过几天讨论，梁漱溟、彭禹廷等人从每位乡村教育及建设领袖和代表们介绍的各地情况及所述观点中获得了不少新知，进一步增强了原有的信念。同时，他们也明白了各地与河南村治教育实验的相同之处与不同之处，对河南村治教育实验的进一步开展有着十分重要的作用。

1930年秋季，梁漱溟应北京大学、燕京大学两校之邀前往北京进行讲学活动，演讲了同一个题目：《中国问题之解决》。这个演讲稿连同其他关于乡治问题的论文合编为《中国民族自救运动之最后觉悟》一书，于第二年9月由北京村治月刊社出版，是梁漱溟在乡村建设运动、社会改革方面的代表作。

河南村治学院存留期间，曾发生辉县县长李晋三勾结土匪殴打师生、而师生自卫击退土匪的事件，李晋三反诬陷村治学院"无法无天"，扰乱辉县社会秩序。梁漱溟据理力争，控诉李晋三的所作所为，维护了村治学院的清白。

梁漱溟在河南村治学院的工作尽心尽职，涉及内容广泛，如管理设计、教学执鞭、杂志编辑、论著撰述、学术交流等。其中透露出梁漱溟高涨的工作热情、炽热的内心情怀、完善的精神心理，表明其具有旺盛的精力。当然，其中最能完整体现梁漱溟教育思想的当数手订的"旨趣书""组织大纲"与"学则及规程"三份文件，可以视作河南村治学院的蓝图规划或工程设计方案，堪为乡治愿景体现的杰作，由此可以窥见教育组织及办学设计之全貌。

①于天命：《一代完人彭禹廷先生》，北京：华夏出版社，2008年版，第138—139页。

第三节 河南村治教育实验的运行机制

学校运行机制，是指学校在其周而复始的运转过程中，系统内部各要素相互作用、互为因果的有机构成和运转方式，体现出引导和制约各项教育活动的基本准则及相关制度，是决定教育教学实践活动内外因素及相互关系的总称。在教育活动中，要保证各项教育目标真正实现，必须建立一套协调、灵活、高效的运行机制。梁漱溟主持的河南村治教育实验正是通过河南村治学院得以顺利开展的，它建立了一套系统、完备的运行机制。

一、行政管理

行政管理对教育事业的运作与开展有重要影响，科学、合理的行政管理能够促进学生的学习，提高教师的工作积极性与教学效率，保障教育事业得以高效的进行。梁漱溟主持的河南村治学院建立了一套健全完备的行政管理机制，合理地设置了院长、副院长、教务长等各项行政职务，并明确了各自的行政职责，从而保障河南村治教育实验能够顺利开展。

《河南村治学院组织大纲》明确规定："本院设院长、副院长各一名，由省政府任命之。院长主持全院院务，副院长襄助院长处理院务，院长不在时，代理其职务。设教务长、总务长各一人，由院长聘任之。教务长商承院长、副院长，掌理教务事宜，总务长商承院长、副院长，掌理其他一切事宜。"[①]可见，河南村治学院实行院长负责制，院长由副院长协助总揽全局，梁漱溟作为教务长对院长和副院长负责，掌管学院的日常教务事宜。为保障村治学院的日常运作及院务的实施与执行、发挥各机构的协作合力效果、体现民主管理的精神，特设院务会议制度，

①梁漱溟：《河南村治学院组织大纲》，中国人民政治协商会议河南省委员会文史资料研究委员会编：《河南文史资料》（第二十辑），豫刊证字第16号，1986年版，第5页。

作为院长、副院长咨询机关。人员构成包括院长、副院长、教务长、总务长、各部主任、农场主任、图书馆主任、医院主任及院长特约之教员1—3人，形成制度化组织，按照“会议规程”要求活动。[①]由此而论，院务会议的参加人员涵盖了村治学院各机构，是制定学院大政的最终行政机构。而河南村治学院具体事务的实施与执行，则由院务办公处负责，“村治学院设院务办公处，为全院中枢办事机关，以副院长、教务长、总务长合组之，督导事务人员分左列各股办事：(1)教务股；(2)注册股；(3)文书股；(4)会计股；(5)庶务股。办公处共用事务员八人，由院长委任之，承命办事，其办事细则另订之”[②]。

河南村治教育实验的开展得益于村治学院科学、合理的管理体制，院长、副院长通过院务会议和办公处总揽全局，教务长负责学院的日常教务事宜，院务会议负责制定村治教育实验的目标，办公处负责具体事务的执行。而其管理机构人员都十分精简，避免了机构冗杂与人浮于事的缺陷，从而提高了村治学院的行政管理效率。上述行政管理的设计与实施基本上是梁漱溟在广东省立第一中学提出而未及实践的，体现了梁漱溟乡村教育理论与实践的延续性。

梁漱溟接任河南村治学院管理设计与教学工作以后，有声有色地开展了一系列活动。他任学院教务长，负责筹备工作，起草了《河南村治学院旨趣书》《河南村治学院组织大纲》《河南村治学院学则及课程》。据梁漱溟所述：“由于我搞的乡治，与他们搞的村治差不多，他们欢迎我参加，请我接办《村治月刊》，担任河南村治学院教务长，支持学院的具体工作。我很高兴地接受了他们的邀请。当时，河南村治学院正在筹建，我便把筹建工作抓起来。首先起草了《河南村治学院旨趣书》，阐明了河南村治学院的宗旨。这篇文章收入我的文集中。我还起草了村治学院的章程等。”[③]这里的“章程”即指《河南村治学院旨趣书》《河南村治学院组织大纲》及《河南村治学院学则及课程》。

---

①梁漱溟：《河南村治学院组织大纲》，中国人民政治协商会议河南省委员会文史资料研究委员会编：《河南文史资料》(第二十辑)，豫刊证字第16号，1986年版，第6页。

②梁漱溟：《河南村治学院组织大纲》，中国人民政治协商会议河南省委员会文史资料研究委员会编：《河南文史资料》(第二十辑)，豫刊证字第16号，1986年版，第5页。

③梁漱溟：《忆往谈旧录》，西安：陕西师范大学出版社，2009年版，第153页。

二、教学组织

完善的教学组织对教学工作的顺利施行具有重要作用，是教育教学任务顺利完成的重要保障。为确保河南村治学院教育实验教学活动的有序开展，梁漱溟设立了专门的教学部门，构建了一套系统的教学组织方式。“本院教学，分农村组织训练部、农村师范部二部，并附办村长训练部、农林警察训练部、农业实习部等部，其学则另订之。前项附办各部，得由院务会议之议决，呈准省政府，增置或简设之。本院教学各部，置主任各一人，会同各学科教员，分任指导各该部学生作业事宜。各部作业课程另订之。”①可见，河南村治教育实验的教学主要是通过农村组织训练部和农村师范部展开的，村长训练部、农林警察训练部、农业实习部起辅助作用。教学各部设主任一人，为各部的最高领导，负责各部的教学工作，并与各科教员协作指导学生作业。而各部的具体教学工作是以班级为单位展开的，据《河南村治学院学则及课程》记载：“农村组织训练部，农村师范部，各分设正班及速成班，正班各以修满二年为结业期限，速成班各以修满一年为结业期限。村长训练部，以修满六个月为结业期限；农林警察训练部，以修满一年为结业期限；农业实习部，不定期结业，但至低限度，不得少于三年。”②农村组织训练部、农村师范部分设正班与速成班，根据各部不同的性质采用不同的修业年限，体现了河南村治学院教学年限灵活、变通的特点。其中对相关各部教学组织活动的方式与主要内容做了如下设计：

> 农村组织训练部，关于应办社会调查，巡回讲演，及各种乡村事业之改进运动，由部主任、各教员及学生成立本部指导作业室，分股办事，其组织及办事等章则，由该部提出，经院务会议订定之。

> 农村师范部，在本院左近乡村应办之实验小学，及教育推广等事项，由部主任、各教员及学生成立本部指导作业室，分股办事，其组织及办事等章则，由该部提出，经院务会议订定之。

> 村长训练部、农林警察训练部，于乡村社会活动，有应参加者，由该部主

①梁漱溟：《河南村治学院组织大纲》，中国人民政治协商会议河南省委员会文史资料研究委员会编：《河南文史资料》（第二十辑），豫刊证字第16号，1986年版，第5—6页。

②梁漱溟：《河南村治学院学则及课程》，中国人民政治协商会议河南省委员会文史资料研究委员会编：《河南文史资料》（第二十辑），豫刊证字第16号，1986年版，第7页。

任会商农村组织训练部、农村师范部各主任，指导学生会合办理，一同进行，不另立组织。

农村组织训练部，农村师范部，为商讨各该部作业进行，及各项设计，得由主任召集各该部务会议，由各该部主任、教员及主任所特约之人员组织，其会议规程另订之。[①]

由此可见，河南村治教育实验的教学各部职能与分工不同。农村组织训练部注重开展社会式教育，从事各种乡村建设运动；农村师范部注重开展学校式教育，应办实验小学及教育推广。农村组织训练部和农村师范部部长通过召开部务会议，确保教学各部职能的实施与开展。此外，村长训练部、农林警察训练部及农业实习部重在研究乡村自治及一切乡村问题，培养乡村自治及乡村服务人才，进而指导河南省乡村自治之完成。而教学各部组织及办事章程由各部自主制定，表明教学各部拥有较大的教学自主权，也彰显了河南村治教育实验所具有的科学、合理的程序及职责分工。

三、学生管理机制——部主任制

学生管理是规范学生行为的规则，是保障教育工作科学有效运行的必备条件。梁漱溟为河南村治学院设计了部主任制，从而使教育实验具有学生协作的作用机制。此制度并非此时独创，而是对广东省立一中及国内其他学校的延续和借鉴。梁漱溟认为，该制度能够促进师生之间的交流，从而有利于河南村治教育实验的开展。"近年广东省立第一中学，实行班主任制，颇能发生师生间真实关系，增进教育效率。又闻民国八年山西省立国民师范学校，亦曾有类此之制度，甚著成绩。本院今仿其意。"[②]根据《河南村治学院学则及课程》第三十二条规定："置农村组织训练部主任、农村师范部主任、村长训练部主任、农林警察训练部主任各一人。于必要时，经院务会议议决，于部主任下，增置班主任，辅助部主任执行

①梁漱溟：《河南村治学院组织大纲》，中国人民政治协商会议河南省委员会文史资料研究委员会编：《河南文史资料》（第二十辑），豫刊证字第16号，1986年版，第6—7页。

②梁漱溟：《河南村治学院学则及课程》，中国人民政治协商会议河南省委员会文史资料研究委员会编：《河南文史资料》（第二十辑），豫刊证字第16号，1986年版，第14页。

其职务。”[1]各部主任除了负责教学任务外，主要担负学生的日常管理工作，包括学生的身心活动、日常起居、思想性情等。依照规定，各部主任需亲自指导学生的身体训练和精神陶冶活动，负责组织学生聚会并与学生同起居、共饮食，及时了解及体察学生的思想、习惯、性情，以便更好地开展学生工作。

> 各部主任对于各该部学生之身心各方面活动，皆负有指导照管之责。凡学生精神之陶铸，学识之培益，身体之保育锻炼等，固自有学科课程分别作业，分别训练，但必得部主任之指导照管为中心乃有所系属。
>
> 各部主任应与各该部同学同起居共饮食，除学生课业，别有教员指导，不定须参加外，皆以时常聚处为原则。
>
> 各部主任对于学生之教导，要在能事事以身作则，人格感化之。
>
> 各部主任对于各该部学生之性情、资质、思想、习惯、家庭环境等，须时加体察而了解之，以为设计施教之所资。又依第二十八条之规定，部主任应逐日查阅学生日记而批改之。[2]

部主任的另一项重要职能是指导学生成立自治团体，培养学生的自治能力。按照《河南村治学院学则及课程》的规定，学生可在各部主任的指导下成立自治团体，对各部的各项事宜由学生自治管理或活动。“各部主任指导学生在本院许可范围内，成立各该部学生自治团，进行自治。凡经本院划归该部自行办理之教务、庶务、卫生等事，及指定之该部指导作业室、宿舍庭除等，均得在各部主任指导监督之下，自行料理之。”[3]这表明河南村治教育实验十分注重培养学生的自主性与自治能力，这与村治学院培养乡村自治人才的办学宗旨是相适应的，是一项具有独特性的学生管理制度。

此外，各部主任还要承担学生日记的批阅、指导工作。“据广州第一中学班主

①梁漱溟：《河南村治学院学则及课程》，中国人民政治协商会议河南省委员会文史资料研究委员会编：《河南文史资料》（第二十辑），豫刊证字第16号，1986年版，第12—13页。

②③梁漱溟：《河南村治学院学则及课程》，中国人民政治协商会议河南省委员会文史资料研究委员会编：《河南文史资料》（第二十辑），豫刊证字第16号，1986年版，第13页。

任制试验之结果，逐日批阅学生日记，为极有关系之点。班主任于此，可增进其对于学生之了解，而因宜指导之。学生于此，可时有自己身心之省察注意，至于文思之显著进步，又其余事也。”[①]通过广州一中的教学改革实践，梁漱溟认识到批阅学生日记具有重要的意义，它能够增进师生之间的良好关系，使教师更加了解学生的生活状况及心理状态，从而有利于各部主任更好地开展学生工作。

学生管理是一种组织活动过程，它体现了教师与学生之间的双向互动。合理的学生管理机制在实现教育目标、提高学习效率、维持班级秩序、锻炼学生能力等方面具有重要意义。河南村治教育实验注重学生管理工作，建立部主任制负责学生的集体管理。部主任制注重师生间的交流、沟通，注重培养学生自我管理能力，并关注学生的日常心理活动，放在现在的班级管理活动中仍然具有重要的借鉴意义。

①梁漱溟：《河南村治学院学则及课程》，中国人民政治协商会议河南省委员会文史资料研究委员会编：《河南文史资料》（第二十辑），豫刊证字第16号，1986年版，第14页。

第四节　河南村治教育实验的实施

梁漱溟结束广东省立第一中学的教育改革活动的缘由可作多样性分解，但其中之一是单纯的学校教育与其教育蓝图不合，而广东乡治讲习所的计划受挫，更使学校沟通社会、促进乡村复兴无法落实。因此，新的创业基地必然会以学校机构的形式承载乡村事业的提升项目。两者是合为一体的，只是其结构样式及内容指标有所侧重，而从后期山东的乡村建设运动来看，学校社会性或教育乡村化的位移明显，重心后倾。此时教育实验的学校化组织及元素甚为突出，以下分述之。

一、入学及试学

河南村治教育实验在冬季开始办理招生及入学试验等入学手续，教学各部大体从春季正式授业，"本院除农业实习部外，各部均定为春季始业，每年先于冬季定期举行，入学试验其报名手续、试验科目等项，在定期前一个月内宣布之"[①]。河南村治学院教学各部依据其不同的教学性质，制订了不同的入学条件：农村组织训练部正班、速成班，均招收高级中学毕业生及同等学力者；农村师范部速成班招收高级中学毕业生及同等学力者，正班招收初级中学毕业生及同等学力者；村长训练部实行保送制，由当地各村名誉良好的现任村长或曾任村长指定保送；农林警察部招收小学毕业及同等学力者；农业实习部则不限定入学资格，"凡年力足任农场工作，自粗识文字以上，讫于各种农业学校毕业者，经本院农村主任面试合格后，得院长之许可随时入场实习"[②]。以上入学资格的规定只

①②梁漱溟：《河南村治学院学则及课程》，中国人民政治协商会议河南省委员会文史资料研究委员会编：《河南文史资料》（第二十辑），豫刊证字第16号，1986年版，第8页。

适用于本省学生，而对于外省自备经费求学者，河南村治教育学院不限定其入学资格，但招收名额大大少于本省学生。“本院得应外间请求，酌收外省自备资斧前来附学者，不限资格，亦无结业，经院长、副院长得教务长同意而许可入学。其名额不得逾本院现有学生十二分之一。”[①]这表明河南村治教育实验主要面向于本省展开，具有一定的针对性与地域性，其性质是培养乡村自治人才的地方性教育活动。

河南村治学院在正式教学授业之前，新入院的学生要经历一段试学期，学院根据学生在试学期的表现，决定其是否能够继续留校求学。而教学各部的试学期限及考察标准并不相同，“农村组织训练部，农村师范部学生，均定以入学初三个月为试学期，本院于此期间，得就其资性、体质、思想、行为，加以甄别而去留之。农业实习生，定以入学初一个月为试学期，农场主任得视其能耐劳作与否而去留之”[②]。可见，村治学院教学各部的试学期是根据各部的不同性质灵活制定的，对考察学生的实际能力与素养具有重要意义。而河南村治教育实验实行试学规定的原因在于：“本院期在培养实地服务之才，故于学生之资性、体质、思想、行为，不能不加意，而一度之入学考试，又未足以知其如何，故特设为试学期之规定，唯村长训练部，肄业期短，农林警察训练部，服务较易，均不适用此项办法，故无此规定。”[③]由此而论，河南村治教育学院对学生有着严格的要求，十分注重对学生各方面素质的考察，只有德、智、体全面发展的学生才具备入学资格。试学时间长短、测评项目内容不同，与学生所属学科专业及工作出路的差异相关，不做一个标准的规定，这是差异性培养目标及个性化教学理念的表现，不论在普通教育还是在职业教育领域都是极其重要的。

二、课程编制

河南村治学院培养的是乡村自治及服务人才，以推动河南省乡村自治事业，因而在教育实验当中注重培养学生的实际操作能力，“所有各部课程，概不出：(1)各

①②③梁漱溟：《河南村治学院学则及课程》，中国人民政治协商会议河南省委员会文史资料研究委员会编：《河南文史资料》(第二十辑)，豫刊证字第16号，1986年版，第9页。

种实际问题之讨论、研究及其实习试做;(2)为解决或应付实际问题所必要之知识技能之指授训练;(3)实际作事之精神陶炼"①。这表明该教育实验把课程的实用性放在第一位,与村治教育实验的办学宗旨是一致的。

村治学院的教学由农村组织训练部、农村师范部、村长训练部、农林警察训练部负责,各部因其性质不同而所开设课程各异,但有三方面的课程是各部都开设的:"甲、党义之研究,概括《三民主义》《建国大纲》《建国方略》,及其他名目。乙、乡村服务人才之精神陶炼。丙、村民自卫之常识及技能之训练,概括自卫问题研究、军事训练、拳术,及其他名目。"②这三方面课程涉及党义、道德、军事教育课程,从中不难看出河南村治教育实验注重培养乡村自治及服务人才所需的实际能力与精神素养。

在河南村治学院所开课程涉及的内容中,农村经济问题与政治问题研究处于十分重要的地位,其中农村组织训练部、农村师范部及村长训练部对经济的课程有明确规定:"农村经济方面之问题研究,概括经济学大意、农业经济信用、生产消费各项合作、簿记社会调查及统计、农业常识及技术、农业制造,农家副业、水利、造林,及其他等目。"③可见,农村经济问题的研究是河南村治教育实验的重要内容,涉及经济理论、生产消费、经济实证调查、农业技术及与农业相关的各项产业。而政治问题的研究是农村组织训练部、村长训练部组织学生教学的必修课程,其内容涉及政治理论、法律法规、地方自治组织、户籍制度等多个领域。"农村政治方面之问题研究,概括政治学大意、现行法令、乡村自治组织、地方自治、户籍、土地、公安、风俗改良、卫生、筑路,及其他等目。"④

此外,农村师范部还开设农村小学教育研究的课程。"农村小学教育之问题研究,概括教育原理、教育心理、农村小学各科教材及教法、学校行政及组织、学

①梁漱溟:《河南村治学院学则及课程》,中国人民政治协商会议河南省委员会文史资料研究委员会编:《河南文史资料》(第二十辑),豫刊证字第16号,1986年版,第14页。

②③④梁漱溟:《河南村治学院学则及课程》,中国人民政治协商会议河南省委员会文史资料研究委员会编:《河南文史资料》(第二十辑),豫刊证字第16号,1986年版,第15页。

校教育推广、乡村教育行政，及其他等目。”①这表明农村师范部注重农村小学教育理论的研究，为培养农村基层教育人才、发展乡村教育事业奠定必要的专业理论基础。而农林警察训练部开设的课程主要涉及农林知识技能及农林事业保护方法：“农林知识及技能之训练，概括农艺、森林、园艺、畜产、兽医、蚕桑、病虫害等学科之大意，及其他等目。农林事业保护方法之训练，概括关于农场林野之巡查、管理、警戒、劝导等事项，又动植物病害之预防扑灭等技术，及其他等目。”②

科学、合理的课程设置既包括学科类课程，也包含综合实践类课程。从课程或专题科目及内容来看，河南村治教育实验的课程编制既有社会各领域的专门技术及文化知识，也包括乡村礼俗道德、精神伦理以及西方现代的思想观念，尤其突出了农村社会特定生产组织及生活方式的现实需求。这与村治学院培养乡村自治人才，从农村实际入手寻求解决中国问题的根本出路，进而实现民族自救和振兴国家的办学宗旨是一致的。梁漱溟主导的河南村治教育实验从河南辉县的实际情况出发，以培养实际有用的人才为目标，设计了丰富多样的课程内容，力图有裨于农民文化素质的提高、农村风气的改善以及农村社会的进步。

三、基础设施

充实和必要的教育基础设施是提高教学质量、优化教育环境、实现学校可持续发展的基本前提和重要保障。河南村治学院基础设施主要包括教学设施、图书馆、体育场馆、实验设备、实习基地、学生宿舍、后勤保障等。梁漱溟、彭禹廷等人十分注重河南村治学院的基础设施建设，专门设立农场、图书馆和医院，为河南村治教育实验的正常开展提供了物质条件。《河南村治学院组织大纲》有明确记载：

> 本院置农场，一部为农业改良试验，一部为经济经营，并附办农家副业。设主任一人，技师二人，均由院长聘任之。主任商承院长、副院长，掌理全场场务，技师承主任委托，分任技术事宜，并协助主任分理场务。农业实习部实

①梁漱溟：《河南村治学院学则及课程》，中国人民政治协商会议河南省委员会文史资料研究委员会编：《河南文史资料》（第二十辑），豫刊证字第16号，1986年版，第15页。

②梁漱溟：《河南村治学院学则及课程》，中国人民政治协商会议河南省委员会文史资料研究委员会编：《河南文史资料》（第二十辑），豫刊证字第16号，1986年版，第16页。

习生，随同主任、各技师实习技术，并承命办理场中杂务。场内组织章程及办事细则另订之。

本院置图书馆，设主任一人，由院长聘任之，主管本院图书事宜。助理员二人，由院长委任，承主任命，助理馆中事务。其办事及阅览等规程另订之。

本院置医院，设主任一人，又中医师一人，由院长聘任之，主管本院及院外左近乡村医药卫生事宜。助手看护各一人，由院长委任之，承主任命，办理医院各事。[①]

与一般学校不同，河南村治学院的基础设施建设具有一定的独特性，尤其突出其教育模式的村治特点，其中最具代表性的便是农场的设立。农场不但为村治教育的农业改良试验与农业经营提供场地支持，而且是师生的实习基地，农业实习部的实习生在此学习、劳作，开展农业实习，这充分体现了加强理论知识的实际应用教育与产业部门状况和要求统一以及操作技能锻炼的专业化，该应用型人才培养方案，至今都极具前沿水平。而图书馆和医院的设置表明，梁漱溟主持的村治教育实验十分重视乡村教育事业及乡村卫生事业，虽然规模有限，但对乡村建设事业的发展及教育、医疗水平的提高具有重要作用。诚然，河南村治学院的基础设施建设水平有限，与当时国内国立高等院校的基础设施建设还有很大差距，但作为乡村教育实验的一种有效尝试，注重学校办学基础设施的理念与实践在当时的乡村建设运动中是非常具有前瞻性的。

四、公共生活秩序

学校公共生活包括与学生学习、生活和学校教学、管理有关的公共安全、卫生、财政秩序、公共文体活动、典礼及公共集会等内容。学校公共生活秩序是教师、学生和学校管理人员在学校公共生活中必须遵守的行为准则。《河南村治学院学则及课程》对此做了合理的规定，确保了河南村治教育实验的正常开展和有

①梁漱溟：《河南村治学院组织大纲》，中国人民政治协商会议河南省委员会文史资料研究委员会编：《河南文史资料》（第二十辑），豫刊证字第16号，1986年版，第6页。

序进行。河南村治学院没有寒暑假期和周末，在办学期间所有在学院内住宿的教师和学生必须遵守公共生活秩序。学生每日的生活作息划分为两个阶段，分别是昼作阶段和夜息阶段。“自早五时起，迄晚八时五十分止，为昼作段。晚八时五十分以后，至翌日早五时，为夜息段。届昼作段，鸣钟起床，届夜息段，鸣钟休息，不得后时。”①而学生起床的时间根据季节的变化也有所不同，“前项起床休息之规定，于每年一月、二月及十一月、十二月四个月内，均各延迟一时，即以早时六时鸣钟起床，晚九时五十分鸣钟休息”②。睡眠时间较短，为了练就工作、任职的高效、干练品质，意志力的培养于学习、工作都有必要。白昼活动丰富，各项课业及科目、作业、实习等内容交错进行，紧张有序，有条不紊。儒家秉持的“自强不息”“厚德载物”理念在此表现得淋漓尽致。

学生起床后有 20 分钟进行盥漱，之后要到学院礼堂集合进行朝会。朝会是村治学院教师和学生必须参加的一项集体活动，“朝会规定三十分钟，自院长以次各教职员，有诰诫勖勉于同人及学生者，于此致词。院务办公处及各部馆院，有应提示或报告于众者，于此致词。时间不足，得延长之”③。在规定的时间内，教师和学生进行静默和反思，之后将自己所悟的心得体会与众人分享，这种静默与反思的教学方式与宋明理学静默以悟道的方式十分相似，它实际上是对复兴宋明讲学之风的一种回归性实践。梁漱溟多年办学大都率领学生作朝会，这种教学活动最早可以追溯到 1925 年，彼时，梁漱溟在山东曹州办学遭遇挫折，返回北京与其学生及朋友共同居住，探究学问，通过朝会的方式共勉互进、讲求策励。他认为朝会可使人受益良多，增进教师与学生的良好关系，促进师生心性的修养和品德的提高。他在《东西方文化及其哲学》一书中提倡“如宋明人那样再创讲学之风，以孔颜的人生为现在的青年解决他烦闷的人生问题，一个个替他开出一条路来去走”④。可见，朝会是复兴古人讲学意旨的一种教学活动，注重通过静默的方式引发教师与学生的反省之念，进而开辟出一条解决学生成长中困惑问题的出路。

---

①②③梁漱溟：《河南村治学院学则及课程》，中国人民政治协商会议河南省委员会文史资料研究委员会编：《河南文史资料》（第二十辑），豫刊证字第 16 号，1986 年版，第 11 页。

④梁漱溟：《东西方文化及其哲学》，中国文化书院学术委员会编：《梁漱溟全集》（第一卷），济南：山东人民出版社，2005 年版，第 539 页。

朝会之后，全体学生须到体育场集合，练习健身拳术30分钟。“习拳术后二十分钟，在食堂早餐。午餐应定在正午十二时至一时之间，晚餐应定在晚五时至六时之间。凡本院职员，均须与学生同席共餐，教员得听其便。”①这表明村治学院实行严格的军事化管理，对师生的起床、朝会、习拳练身、进餐、请假等院内公共生活都有严格的规定。此外，《河南村治学院学则与课程》第四章中还对学生的清扫任务及教师指导学生日记等做了规定，由于这些规定并不是河南村治教育实验所特有的，在这里便不再赘述。

值得一提的是，河南村治学院实行独特的休假制度，不设寒暑假及星期例假，而是根据农业劳作的季节时令安排假期。“一般学校之寒暑假期星期例假，实为沿袭西洋人生活习惯，在教育上初无何等意义，识者因已议之。本院在养成乡村人才，于此不合农业社会之习惯，应予矫正，又结业期促，亟须爱惜时光，故决为废除之规定。”②这表明河南村治教育实验是根据中国农耕文明沿袭远久的乡村社会生产、生活的实际情况开展的，具有民族性的特色，也表现出一定的灵活性和针对性。

五、在学待遇与结业服务

河南村治教育实验是在军阀割据、社会动荡的大背景下展开的，虽然得到冯玉祥、韩复榘的大力支持，但其条件异常艰苦。然而，在十分困难的条件下，河南村治学院对学生的在学待遇十分重视，为学生的生活和学习提供了便利条件。例如，学生的伙食、住宿由学院统一安排，“本院学生，除前第十条所规定外省附学者外，一律由院供给膳宿，并每年发给单棉制服各一套，理发沐浴，亦由本院设备”③。另外，村治学院教学各部所用讲义由学院统一免费发放，其他学习用具则

---

①梁漱溟：《河南村治学院学则及课程》，中国人民政治协商会议河南省委员会文史资料研究委员会编：《河南文史资料》（第二十辑），豫刊证字第16号，1986年版，第11页。

②梁漱溟：《河南村治学院学则及课程》，中国人民政治协商会议河南省委员会文史资料研究委员会编：《河南文史资料》（第二十辑），豫刊证字第16号，1986年版，第12页。

③梁漱溟：《河南村治学院学则及课程》，中国人民政治协商会议河南省委员会文史资料研究委员会编：《河南文史资料》（第二十辑），豫刊证字第16号，1986年版，第9—10页。

由学生自备。“本院教学，注重讨论、研究及实习，其各科间有提纲等，由院编印发给，不征讲义费外，所有参考书籍、笔墨纸张等，该归学生自备。”[①]

村治学院的办学目的是培养乡村自治及服务人才，因而对学生结业有严格的要求，“凡学生结业，必须具有解决乡村各种问题之知识能力，及勤劳奋勉之精神，乃副初旨。其有修业期满，而不足以副此者，本院得缓予结业，或不予分派服务”[②]。而不能按照要求结业的毕业生则要受到一定程度的惩罚，“本院学生，未经结业，中途自请退学者，或因重大过犯开除学籍者，应追偿其修业期间膳宿服装各费”[③]。学习期满的合格毕业生由学校或政府分配工作，把不同部门的学生按培养方案派到相应的工作单位，《河南村治学院学则及课程》中对学生出路待遇的相关内容作了详细规定：

农村组织训练部、农村师范部、村长训练部，各学生修业期满，经本院准予结业者，结业后由本院呈请省政府分派各地方或发交各本县服务。其农林警察部结业学生，酌留本院，余由本院分派或介绍各处服务。各结业学生服务情形，每月须向本院作详细报告，以便考验其成绩而为之指导。

本院结业学生，经分派服务后，如有自行他就者，应追偿其修业期间膳宿服装各费。

农业实习生，以农业技术实习有成，经本院农场主任认许者为结业，结业后愿在本院服务者，量给薪资，自愿他就者亦听。

农业实习生入场满一年未经结业，而农场主任认为工作成绩优良者，亦得酌给津贴。[④]

河南村治学院出于对培养乡村自治及建设人才紧迫性及其现实意义的高度认识，对学生入学后的学习及生活给予充分保障，学生结业后也有服务农村社会领域或部门工作的定向性安排，同时允许部分毕业生自主就业，这对办学的有序稳定及质量效果都有促进作用。但是，这样的计划设计显然带有理想主义的成分，对教育经费需求量加大，对办学自然形成持续性的经济压力。河南村治学院办学

①②③④梁漱溟：《河南村治学院学则及课程》，中国人民政治协商会议河南省委员会文史资料研究委员会编：《河南文史资料》（第二十辑），豫刊证字第16号，1986年版，第10页。

不到一年即匆忙停办,其直接或最大的原因,或许归诸军阀之间的战争,即属于中原大战导致的社会混乱和危机历史场景下的牺牲品，但是也与办学经费筹集不畅,河南省政府部门间推诿、敷衍经费拨付,乃至于下降款项数目等对学院办学所带来的直接打击有着紧密关系。

第五节　河南村治教育实验的终止原因

令人遗憾的是，河南村治教育实验在中国现代教育历史舞台上只是昙花一现。梁漱溟的乡治理论与办学思想还没有得到完全实现，河南村治学院便在开办不满一年时宣告终结。河南村治教育实验失去了赖以开展的平台，也只得宣告终结，而它的终结不仅有着深刻的历史原因，也与其自身缺陷及所处的时代环境有密切关系。

一、官府和土匪的刁难

河南村治学院在办学期间遇到很大阻力，饱受官府和土匪的欺压，其生存状况并不乐观。学院是经彭禹廷提议，在冯玉祥与韩复榘的支持下，由河南省政府开办的，直接隶属于省政府，不受教育厅管辖。因而，学院的办学活动遭到教育厅和建设厅的阻挠，学院的工作进展很困难。“该院创办伊始，因系彭禹廷直接向省府接洽的，不隶属于教厅，而教厅反对；因为校址在百泉，需要第六区农场作实习，而建厅反对，所以学院的一切事情都相当困难。”①

经费是河南村治学院办学活动的基本保障，关系着河南村治教育的效率与成败，但是在办学过程中，教育厅多次在经费问题上为难河南村治学院，场地问题也没有得到很好的解决。为此，韩复榘下令：设立教育款权管理处，委任王炳程教授为处长。这一机构的建立，引起教育厅不满，遂对王炳程的工作多方设限。教育厅得知彭禹廷在韩复榘面前“搬弄是非”，从此与彭对立。王炳程剔除积弊，把两厅“盖印费”一分不留全拨给学院，教育厅无法私分，财政厅也无法截留了。财政厅与教育厅暗中掣肘，互通消息，配合默契，共同刁难学院。②村治学院对学生在学习期间的学习与生活提供优待，如免费提供食宿、衣物等，这无疑加

①冯文纲：《河南村治学院始末》，中国人民政治协商会议河南省委员会文史资料研究委员会编：《河南文史资料》第二十辑，豫刊证字第16号，1986年版，第19—20页。

②于天命：《一代完人彭禹廷先生》，北京：华夏出版社，2008年版，第136页。

剧了经费负担,为学院日常教学与管理的可持续性发展埋下了重大隐患。

建设厅在场地问题上为难河南村治学院，同样加重了河南村治教育实验的困难。例如,教学活动需要试验实习,彭禹廷联系第六区农场、林场、工厂及畜牧养殖、公路管理等部门,安排实习。但这些部门统归建设厅所属,建设厅只见彭禹廷申报,不见对建设厅利益的许诺。于是,建设厅就以学院不属建设厅管理为由,认为给本厅什么利益还不明确,如果学院更改隶属关系,可以考虑批准实习。

彭禹廷陷入了教育、财政、建设三个厅“踢皮球”式纠缠不休的交涉之中,他在第六区各县和新乡、开封之间往返奔跑不已,疲于奔命。但是,又不便向韩复榘反映被刁难的情况,考虑到韩的作风,一旦发怒,可能有人被惩,甚至人头落地,今后学院阻力就更大了。省主席随时会易人,而厅局地方势力盘根错节,是难以荡涤的。彭禹廷认为指望地方势力产生革命大局意识，实在是不切实际的幻想。为了缓解艰难处境,他默默去大小庙门“赔笑脸”“作揖叩头”,开始了“江湖”难民般的乞求,维系办学生活。[1]

然而,对高官的斡旋尚未摆平,祸不单行,学院所在地辉县也出了问题。河南辉县当地的匪患问题一直困扰着河南村治学院,但没想到的是,辉县县长百般刁难学院,并且和土匪勾结,扰乱河南村治教育实验的正常教学与管理活动。

县长李晋三得悉省府三个厅刁难学院,彭禹廷废寝忘食,奔走斡旋,喘不过气来。他便乘人之危,利用县政权力,敲诈学院。他以假意关心的面目,主动来院询问有何困难,还发帖请彭禹廷到县府会晤,言谈之间频频流露索贿之意。彭听出其意图卑劣,坦然回绝。

> 李晋三恼羞成怒,唆使乡镇长派团丁路途设卡,“剿匪防奸”,盘查过往教师和学生,多次“缉拿逃犯”,半夜搜查师生宿舍。乡镇长为讨好李晋三,干脆安排学院附近的地痞无赖十多人,去寻衅滋事,向学院内投砖头、偷盗、斗殴、扒墙、断路、敲锣打鼓放鞭炮;昨天找鸡鸭,今天寻猪狗,明天说家猫跑进学院,必须进院去找,还屡屡阻挡为学院送粮、送菜、送柴的农民车辆担子,不准通过。

①于天命:《一代完人彭禹廷先生》,北京:华夏出版社,2008年版,第136页。

辉县县长李晋三感觉驱彭时机已到，暗中收服太行山几百名土匪，唆使趁夜冲入学院殴打教师。夜半，教师被打，一声喊叫，学生们赤身裸胯从宿舍奔扑而出，扔砖头、掂凳子、挥木棍，拿起榔头、铁锹、实习工具，四百多名血气方刚的学生呐喊着迎战土匪，血肉横飞打了起来！①

河南辉县县长李晋三曾经与太行山土匪勾结，到学院寻衅滋事，殴打教师，扰乱正常教学秩序。村治学院学生为保卫学校，奋不顾身迎战土匪，最后终将土匪击退。而李晋三反诬陷村治学院"无法无天"，扰乱辉县社会秩序。梁漱溟据理力争，向同盟会元老、国民党中央执委委员于右任坦诉学院饱受土匪欺压之苦，控诉李晋三的所作所为。梁漱溟此举虽然维护了河南村治学院的清白，但"树欲静而风不止"，此番努力仍未能从根本上解决办学受外来冲击的困境。

二、中原大战的爆发

以上所说经费与匪患问题加重了河南村治学院办学活动的困难，但这些并不是其终结的根本原因。中原大战爆发，冯玉祥战败，韩复榘到山东任省政府主席，河南村治学院由此失去了河南省政府的支持而无法继续维持。

1930 年的中国"战云蔽日，硝烟弥漫"，阎锡山任中华民国陆海空军总司令，冯玉祥、李宗仁任副总司令，以 60 万人举兵联合倒蒋。5 月初，阎、冯举行郑州会议，拟定具体作战部署。蒋介石下令对阎、冯发起总攻，中原大战在豫、皖、鲁、苏的数千里战线上展开。蒋军在平汉、陇海、津浦三大铁路沿线及黄河两岸的战争均告惨败，岌岌可危，已难免退守江南之结局。8 月阎、冯联合汪精卫和西山会议派在北平（今北京）召开国民党中央党部扩大会议，9 月成立"国民政府"。当时国内各大报纸"号外"满天飞，报道蒋军失败，沪、宁财阀一片惊慌，相商出资助蒋。蒋再施杀手锏，紧急用飞机向中原前线运送银圆，选择了冯玉祥部鹿钟麟、庞炳勋等，许以重金和高官，同时督促暗中结盟的张学良火速入关参战。9 月 20 日，张学良率20 万东北军进山海关助蒋，黄河以北晋军抵挡不住东北军先进的重型炮火，全部撤离战场西区，东北军占领平、津，战局发生急剧变化。冯玉祥在外受关东军压力、晋军西撤，内生大将反叛的情况下，无力回天。乃于 10 月 23 日通电下

①于天命：《一代完人彭禹廷先生》，北京：华夏出版社，2008 年版，第 137 页。

野，撒手东去，到泰山隐居了。11 月 4 日，阎锡山也宣布下野，西北军与晋军分别被蒋介石、张学良收编。桂系军队则自两湖退回广西。这次战争历时 7 个月，双方投入 100 多万兵力，死伤 30 余万人，是国民党统治时期规模最大的一次军阀混战。

中原大战不仅造成社会的动乱和百姓的流离失所，而且给刚刚起步的河南村治学院以毁灭性打击。冯、阎联军失败，蒋介石提升韩复榘为第三绥靖区上将司令兼山东省主席。韩复榘离开河南之前，曾派人送给彭禹廷一封信，抬头“禹廷仁弟”，落款“韩复榘叩”，信文是空白，没有一句话。显然，韩复榘无颜与彭禹廷作别，彭禹廷亦不愿为倒戈者送行。但是，河南村治学院最终因中原大战而终结，从建立到终结一年的光阴。“1930 年蒋、阎、冯中原大战，村院成立满周年，即以蒋军入主开封而告终。学生三百余人结业散去。”①随着蒋军攻入河南，韩复榘调任山东省政府主席，河南村治学院失去了政治庇佑，在战火纷飞、军阀割据的时代便失去了立足的靠山，学院只能被迫关闭。在彭禹廷离院不久后，蒋介石的部队进驻开封，河南省代主席张钫下令将该院取消。紧接着，刘峙到河南省，省政府正式成立。前河南省主席韩复榘致电请予维持，复将该案提出，交民政厅核办。新任民政厅长张钫拟改设地方行政人员训练所，经省府会议通过。该院得此消息后，各部学生结业期近，即结束院务，办理交代。该院停办后，农场地亩拨归建设厅，藏书归汲县城内之河南省立第五师范，院址归省立百泉乡村师范。②

河南村治学院的终止并不是因为其自身违背教育规律抑或是其办学出现重大失误，而是因为外力干扰及战争的破坏所致。如果中原大战没有爆发，河南村治学院能够持续多久、能否成为解决中国农村问题的出路我们无法得知，但可以肯定的是，如果没有战争的破坏，河南村治学院对当地农村教育的发展及社会状况的改善必将发挥更大的作用。

总之，对军阀政权的过分依附是河南村治学院自身的先天缺陷，战争是导致

---

①梁漱溟:《略记当年师友会合之缘（续）》，中国文化书院学术委员会编:《梁漱溟全集》（第七卷），济南：山东人民出版社，2005 年版，第 420 页。

②冯文纲:《河南村治学院始末》，中国人民政治协商会议河南省委员会文史资料研究委员会编:《河南文史资料》（第二十辑），豫刊证字第 16 号，1986 年版，第 20—21 页。

河南村治学院终结的主要原因，但是学院的匆匆关门，也与办学经费筹集不畅，河南省政府部门间推诿、敷衍经费拨付，乃至于下降款项数目等经济支撑力的薄弱有紧密关系。

第六节　河南村治教育实验的成效

1930年10月，在蒋介石、张学良的联手进攻下，阎锡山、冯玉祥联军溃败，冯玉祥下野，阎锡山避走大连。河南村治学院受此影响被迫停办，河南村治教育实验失去了赖以开展的平台而不得不宣告终结。然而，在短暂的一年时间内，河南村治教育实验取得了不俗的成就，影响显著。

一、开辟了学校教育与社会教育相结合的独特教育模式

梁漱溟对学校教育与社会教育有独到的见解，他认为当时的学校教育属于传统教育模式，而社会教育是新兴的教育模式，传统教育存在种种弊端，新兴的社会教育能够弥补学校教育的不足，“正唯传统学校教育有所不足，或且日益形见其缺短，乃有今之所谓社会教育（或民众教育或成人教育）起为补救”①。当然，就单方面而论，两者都不能成为真正的教育，真正的教育是学校教育与社会教育的结合。“两者各不足为准理当事的真教育，真教育行且见其为两者之融合归一。”②也就是说，一所教育机构的教育对象是该教育机构所在社会领域内的全体成年男女及适龄青年，它不仅对受教育者承担教育责任，而且要对该社会领域承担社会责任。换言之，在特定的社会环境下，教育机构要同时承担学校教育和社会教育两种职能。因此，梁漱溟主张河南村治学院应当建立独特的教育模式，这种教育模式包含学校教育与社会教育两方面内容。

梁漱溟主持的河南村治教育实验是一场特殊的教育实验，它以培养乡村自治及服务人才、发展乡村自治事业为实验宗旨，以期从农村问题入手，为解决中国根本问题开辟一条道路。由于河南村治学院是河南省政府批准创立的一所正规

①②梁漱溟：《社会本位的教育系统草案》，中国文化书院学术委员会编：《梁漱溟全集》（第五卷），济南：山东人民出版社，2005年版，第395页。

学校，这就决定了河南村治教育实验的开展必然含有学校教育的结构及组织方式。例如，梁漱溟制定的《河南村治学院组织大纲》和《河南村治学院学则及课程》，作为河南村治教育实验的纲领性文件，不但内容丰富完整具有前瞻性，而且从学校教育因素及运行机制的角度对河南村治教育实验做了系统而完整的规定，包括系统的行政管理、教学程序和学生管理机制（部主任制），确保了河南村治教育实验在学校教育的模式下顺利、高效开展。

然而，梁漱溟在主持河南村治教育实验的过程中，并不是单一地采用学校教育模式，还在其实验内容中加入了若干社会教育元素。例如，河南村治学院以农场作为农业实习基地，成立农业实习部，注重开展农业实习；教学各部开设军事训练、拳术等村民自卫常识及技能训练课程；农村组织训练部组织师生积极参加社会调查、巡回演讲等乡村社会活动；农林警察训练部开设园艺、畜产等农林知识及技能训练课程等，这些内容都带有明显的社会教育特色，在一定程度上弥补了学校教育模式功能及价值的局限。总之，梁漱溟等人成功地将社会教育的内容融入到村治学院的日常教学与管理中，从而使学校教育与社会教育有机结合，开辟了独特的学校教育与社会教育结合的教育模式。此种教育模式不仅在当时产生了重要影响，并在山东邹平乡村教育实验中进一步强化，而且对当今的教育教学工作同样具有积极的借鉴意义。

二、造福地方，改善乡村的生活状况

河南村治教育实验以河南村治学院为依托，在河南省开封市辉县百泉乡展开，其教育对象主要是河南辉县当地村民，涉及乡村自卫、农村经济、乡村自治及风俗改良等多方面内容。因而，该教育实验对提高农民的整体素质、改善当农村的社会状况具有重要作用。

首先，河南村治教育实验开设乡村自卫课程，传授乡村自卫知识，提高了村民的乡村自卫能力。20 世纪二三十年代的中国饱受匪患之苦，各路土匪烧杀抢掠、为祸一方，扰乱了社会治安，带来了沉重的社会灾难，河南村治学院所在地辉县百泉乡亦不能幸免。为此，河南的有识之士致力于开展村治教育实验以加强乡村自卫，从而解决困扰已久的匪患问题。《河南村治学院学则及课程》中明确规定开设乡村自卫课程，涵盖自卫常识、技能训练、自卫问题研究、军事训练、拳术等内容。当地村民进入村治学院学习系统的自卫知识，提高了乡村自卫能力，对维护与整顿乡村社会治安、发展乡村建设事业具有积极意义。

其次，河南村治教育实验开设农村经济课程，传授农业知识及技术，有利于推动农业发展、改善农村经济状况。20世纪二三十年代的中国农村社会矛盾突出，而经济衰退是农村社会衰败的一个重要表现。河南村治学院修建农场，设立农业实习部，注重开展农业实习和农业改良实验，传授农业制造、水利、造林等有关知识，聘请农业技师负责相关技术事宜，并通过农场开展经济经营，经办农家副业，在很大程度上推动了当地农业的发展，对恢复和发展农村经济具有一定程度的作用。

最后，河南村治教育实验内容丰富，涉及政治、经济、文化及军事等多方面内容，对提高村民的综合素质、促进村民的文明觉悟带来某些正向影响。河南村治教育实验注重发展学生的综合素质，除开设乡村自卫及农村经济课程外，还开设党义研究课程，注重培养学生研究政治问题的能力，要求学生掌握政治学、现行法令、地方自治、户籍、公安等相关知识，学习《三民主义》《建国大纲》《建国方略》等政策文件。此外，河南村治学院设有图书馆，藏书丰富，方便村民读书学习，有助于开阔村民视野，并改善民风。

三、为山东邹平乡村教育实验提供宝贵经验

中原大战冯玉祥战败，河南新任统治者不再支持开办河南村治学院，河南村治教育实验失去了政治依靠而惨遭取缔，梁漱溟只好返回北京继续负责《村治月刊》的编辑工作。然而，“山重水复疑无路，柳暗花明又一村”，河南村治学院终结后不久，梁漱溟便迎来了再次开展村治教育实验的契机。前文已述，河南村治教育实验得到了冯玉祥与韩复榘的支持，此时韩复榘已赴任山东省政府主席，他邀请梁漱溟等人到山东继续开展村治教育实验。梁漱溟经过考虑后决定前往。不过，实验活动的名称及旨趣均有所调整，以梁漱溟自己的回忆作证或许更为合适，“同人协议不延用‘村治’或‘乡治’名词而改称‘乡村建设’。于是成立山东

乡村建设研究院，选定邹平县为其实验区，于1931年年初开始工作”①。虽然名称不同，但二者都采用教育实验的形式，从农村入手探寻解决中国问题之路，因此，河南村治教育实验能够为山东邹平乡村教育实验提供宝贵的经验，也表明梁漱溟在地处中原大地的两省开展乡村教育实验具有彼此相依、赓续交替、继承发扬、前仆后继的独特性。

山东邹平乡村教育实验在很大程度上继承和发展了河南村治教育实验，其主要人员起初也大都来自村治学院。梁漱溟、梁仲华、王炳程等人不仅是河南村治教育实验的灵魂人物，而且是山东邹平乡村教育事业的骨干力量。他们在河南村治学院分别担任教务长、副院长和总务长职务，在开展村治教育实践过程中积累了宝贵的经验，为开展山东邹平乡村教育实验奠定了坚实的基础。除了这些领导者，河南村治学院培养的一批优秀的学生也加入了山东乡村教育实验行列，并扮演了重要角色。河南村治教育实验终结后，这些学生组建了河南村治学院同学会，由王炳程带领在河南汲县继续开展各种活动，致力于乡村改造与建设事业，从而达到改善农民生活、巩固地方自卫、增加农业生产的目的。他们在村治学院收获理论知识及实际技能，又在同学会组织的活动中进一步培养实践能力。这些都为他们成为山东邹平乡村建设事业的骨干力量创造了重要条件。此外，梁漱溟亲自制定的《山东乡村建设研究院设立旨趣书与办法概要》是山东邹平乡村教育实验的纲领性文件，其中吸收和借鉴了河南村治学院办学的成功经验，尤其是在学校式教育实验的运行机制、办学模式、教学理念以及课程设置等方面更是有所汲取和弘扬。当然还必须充分认识到后者是在前者背景下的超越，并且对前者不足之处进行了弥补和丰富，才使之成为民国乡村建设事业的典范与表率。

①梁漱溟:《我致力乡村运动的回忆和反省》，中国文化书院学术委员会编:《梁漱溟全集》(第七卷)，济南:山东人民出版社，2005年版，第425页。

第五章

一枝独秀

——现代乡村教育实验浪潮中的梁漱溟

20 世纪二三十年代在中国兴起的乡村教育实验，旨在从教育农民着手以改进乡村生活和推进乡村建设。

作为一种教育思潮或教育运动，乡村教育吸收或综合了以前教育改革的一些理论成果，加以不同的取舍，从不同的角度、层次，以广大乡村为试验园地进行种种试验，取得了丰富的理论成果与实验成效。

其产生的原因较为复杂，一般来说，当时农村成了社会政治、经济、军事等各方面问题的中心与焦点，农民问题引起了社会的广泛关注。社会思想界对东西文化，尤其是人生问题争论激烈。

反映在教育上，一些教育家认为中国近代教育制度是抄袭外国的，不适合中国社会需要，更不适合中国农村社会的需要，农村教育特别落后，亟待改革。

尤其是中国近代农村饱受天灾人祸，农村经济处于崩溃破产的边缘，有的教育家就提倡到乡村去、到民间去，不但极力鼓吹，制造舆论，而且实地从事，见诸行动。他们将前阶段的平民教育思潮引向乡村，并吸收教育思潮的滋养，加以糅合改造，通过实验，提出关于乡村教育的种种观点、学说。

此后，关于复兴农村、建设农村的呼声就成为当时中国的一种社会思潮。无疑，梁漱溟主持的乡村建设派在山东邹平所开展的乡村教育实验成为代表，发挥了样本及示范作用，在教育与社会融合的大教育实验中更是独领风骚，堪为一枝独秀。

第一节　澎湃激荡的乡村教育实验浪潮

近代以来,我国社会问题日益突出,尤其是 1840 年鸦片战争后,西方列强凭借强大的军事力量打开中国大门,导致社会性质发生变化,中国的领土完整和国家主权遭到破坏,民族危机日益加深。洋务运动、维新变法、清末新政虽在某些方面取得一定成绩,但无法从根本上改变中国落后挨打的局面。1911 年10月 10 日的武昌起义标志着辛亥革命爆发,辛亥革命推翻了清朝的统治,结束了中国 2000 多年的封建帝制,使社会经历了一次民主的洗礼。1912 年,中华民国建立,开创了首个民主共和政体,使民主共和观念得到广泛传播。然而,好景不长,袁世凯篡取辛亥革命的胜利果实,对外勾结帝国主义,对内实行独裁统治,复辟帝制,引起全国各界的不满。袁世凯倒台后,全国又陷入军阀分裂割据的局面。军阀常年混战,帝国主义加紧瓜分,社会动荡不安,百姓生活苦不堪言。1928 年,国民党南京国民政府政权建立后,虽在形式上统一了国家,但新军阀之间战争不断,帝国主义仍然通过不同方式操纵中国,国内的民族危机丝毫没有得到缓解。

在经济方面,农村经济日益衰败。鸦片战争后,资本主义列强向中国大肆倾销农产品,中国自给自足的自然经济受到极大冲击并逐渐解体,农业发展严重滞后,农村经济陷入凋敝。中华民国建立后,这一状况非但没有得到改善,反而更加严重。各地军阀长期混战,土地兼并现象十分严重,自然灾害和匪患尤为惨烈,农民赋税负担沉重,这些因素加剧了农村经济的衰败,使农村的经济发展受到极大冲击。正如梁漱溟所说:

> 乡村所由破坏不外天灾与人祸。所谓天灾,例如长江大水灾、黄河水灾、西北连年大旱、南方江浙旱灾等;所谓人祸,例如 1930 年中原大战,以及种种兵祸、匪患、苛捐、杂税等。又从破坏乡村的力量去分,也可分为国内与国际的两面。上所叙多偏乎国内;而国际的力量破坏所及,尤为深远。所谓国际的,例如日本强据东北,影响于内地农村者甚大;列强经济侵略尤为

谈农村经济崩溃者所阐述，可无待言。[1]

在教育方面，农村教育日益落后。从清朝末期开始，现代学制和教育模式被引入教育领域，传统私塾被各类学校代替，但新式学堂大多集中在城市，广大农村仍旧只有少数私塾，乡村教育没有引起重视。此外，教育机会不平等，受教育权被城市所垄断，农村子弟很难有机会进入新式学堂接受新教育。从前，农村子弟可通过科举考试进入仕途，但科举废除后，农村教育的发展十分滞后，农村子弟失去接受教育以及进入仕途的渠道。

> 从前念书的机会很容易得到，破庙里面，一样苦读；寻常书房中，贫寒子弟，束修可拿可不拿，或者少拿。现在念书，必进学校，学校是大规模的团体，章程律则，限制极严（学费须照章缴纳），不得有情面的通融，渐走入机关固定里去，非复从前之灵散活便矣，从前念的书，不外四书、五经，得来甚易；现在愈是高等学校，愈要念外国书，或到外国念书，上学费用，较前甚相悬殊。供给一个中等学生，须是有很多田产的人家；间有贫苦学生，也是极少的例外。大学留洋，更非一般贫苦的人所敢妄想。而在教育上机会优越的人（就是垄断学术的人），同时其在政治上的机会亦优越——易于得“权”，经济上的机会亦优越——易于得“财”，有权有财的人，其子弟愈得受高等教育，愈得营利，愈得掌权；如此辗转相连，逐渐走往垄断里去。从前士非世袭，现在则比较固定；从前士无垄断，现在则渐有垄断：此是教育机会的被垄断。[2]

在当时的这种社会历史背景下，一些爱国教育家和教育团体，希望用改良主义的方法，通过乡村教育发展农业生产、改造农民生活、恢复或改善农村的伦理风尚、稳定农村社会。在内容与方法上集中在三方面：一是乡村教育的普及化；二是乡村教育的社会化；三是乡村教育的职业化。教育家围绕着这三个中心问题开展试验，进行深入探讨，掀起了一股强劲有力的乡村教育思潮。据《第二次中国教育年鉴》统计，到 1935 年，各种教育实验区有 193 处，遍及全国各地。其中影响较大的，在南方有中华职业教育社的农村改进实验、陶行知创办的试验乡村师范学校和山海工学团；北方有中华平民教育促进总会的定县实验区和梁漱溟

①梁漱溟：《乡村建设理论》，中国文化书院学术委员会编：《梁漱溟全集》（第二卷），济南：山东人民出版社，2005 年版，第 150 页。

②梁漱溟：《乡村建设理论》，中国文化书院学术委员会编：《梁漱溟全集》（第二卷），济南：山东人民出版社，2005 年版，第 210—211 页。

的乡农教育实验等。教育家及其他人士对乡村教育理论的探讨及有关的实践活动主要是通过乡村教育实验来体现的。

乡村教育实验,泛称为乡村教育运动,时限范围约在20世纪20年代末至30年代后期抗日战争的全面爆发。1937年7月7日,七七卢沟桥事变爆发,日军发动全面侵华战争,包括教育在内的各项社会建设事业被迫中止,大约10年的时间里,全国各地兴办的乡村建设、农村改造、民众教育、自治实验计划共63处,列表如下:

表5.1 各地教育实验区(1937—1947)①

名称	所在地	开始年份	主办机关
中山村	安阳	1925	中华农村促进会
北碚峡防团务局	碚陵	1927	峡防团务局
开弦弓丝业合作社	吴江	1927	本地自办
徐公桥乡村改进会	昆山	1928	中华职教社
唯亭山农村服务社	唯亭	1928	苏州青年会
东乡自治区	萧山	1928	国民党党部及本地
黄墟农村改进会	镇江	1929	中华职教社等
善庆农村学校	绍兴	1929	中华职教社
汤山实验区	南京	1929	省立汤山民教馆等
河南村治学院	辉县	1929	豫省府
新农试验场	萨拉齐	1929	绥省府
社桥村实验民众教育馆	无锡	1930	江苏省立教育学院
高长岸实验民众教育馆	无锡	1930	同上
中冷新村	镇江	1930	江苏义教联合办事处
十家墩新农村	唯宁	1930	江苏建设农矿厅
乌江实验区	和县	1930	金陵大学
台山实验区	台山	1930	女青年会
福生园实验区	烟台	1930	同上
新造乡民学校	番禺	1930	不详
镇平自治区	镇平	1930	本地自办
黄沙坞村信用兼营合作社	海监	1930	本地自办
清河镇乡村社会实验区	清河	1930	燕京大学
俞塘改进区	俞塘	1930	俞塘名教官
定县实验区	定县	1930	平教会
五里亭该进区	闽侯	1930	闽教厅
善人桥农村改进会	吴县	1931	中华职教社
顾高庄农村改进会	太县	1931	同上
诸家桥农村实验学校	余姚	1931	同上
白沙改进区	鄞县	1931	同上

①杨懋春:《近代中国农村社会之演变》,台北:巨流图书公司,1984年版,第107页。

续表

名称	所在地	开始年份	主办机关
香泉学校	汲县	1931	不详
羊山实验区	九龙	1931	香港青年会
界沟实验区	南汇	1931	地方自办
山东省乡村建设研究院	邹平	1931	鲁省府
长安村农村改进区	萧县	1931	不详
北夏普及民教实验区	无锡	1932	江苏省立教育学院
惠北普及民教实验区	无锡	1932	同上
西善桥乡村实验区	江宁	1932	省立南京教馆
山海工学团	宝山	1932	不详
东安农村改进区	武进	1932	本地自办
湖塘桥农村改进区	武进	1932	本地自办
龙山农村服务社	济南	1932	齐鲁大学
李村九水等乡建设办事处	青岛	1932	青岛市府
东阳家庄农村改进社	太原	1922	铭览学校
华北工业改进社	北平	1932	中华基督教协进会
丁桥农村服务社	芜湖	1932	芜湖青年会
湖南棉业试验场	长沙	1932	省县合办
广西垦镇水利试验区	柳城	1932	桂省府
下蜀自治实验区	句容	1932	省立南京民教馆等
高俞卫生实验区	上海	1933	上海市政府
莫干农村改进会	莫干山	1933	本地自办
浙江第一农村合作社	杭县	1933	浙建厅
湘东乡生活改进实验区	萧山	1933	湘湖乡师
平山村自治实验区	惠阳	1933	惠阳乡师
土屋民教实验区	济南	1923	鲁省立民教馆
祝甸民教乡村实验区	济南	1933	同上
河北省县政建设研究院	定县	1933	冀省府
洛阳实验区	洛阳	1933	中国社会教育社等
北平师大乡村教育实验区	杭县	1933	北平师大
金家巷农村会二社	金家巷村	1933	大夏大学
浙江第一农村合作实验区	杭县	1933	浙建厅
江津实验区	江津	1933	江津平教会
沈家村横板桥顾家桥	杭县留下	1934	浙江地方自治专修学校
凌家桥民众教育实验区	杭县	1934	浙江省立民教馆

乡村教育倡导者的立场、观点并不相同,所办的乡村事业也各有特点。有的以教育为中心,有的以生产为中心,有的以政治组织为中心,有的把政治、经济与教育事业综合进行,众多的乡村教育实验对我国的社会改革与教育实践产生了不同程度的影响。

在中国近现代教育发展史上,乡村教育实验有一定的地位,如整个教育过程如何与乡村生产、生活实际相结合;农村教育的改革如何具体地依据乡村的环境、风俗、伦理开展不同方式的教育;学校、家庭、社会教育等形式在乡村教育中怎样实施等。还有农村教育特殊规律的探索,如生活教育、科学简化等;农村教育中教学方法的摸索,如小先生制、导生传习、表证农家方法等。上述种种通过我们的鉴别及吸收,对当代教育改革及社会主义新农村建设具有深远的价值。

第二节 梁漱溟的乡村教育实验概述

梁漱溟在20世纪30年代的数年间,连续写作发表了《中国民族自救运动之最后觉悟》《乡村建设理论》和《乡村建设大意》等著作。其中,《中国民族自救运动之最后觉悟》一书是从文化的视角阐发乡村建设的意义,即从中国历史文化的特殊性推导出只有村治才是解决中国问题的出路。该书在许多方面属于对《东西文化及其哲学》的理论观点的发挥和运用,但就有关中西文化及其关系的认识而言,主张中国人不能运用西方近代的民主制度,“中国人之与近代政治制度怕是两个永远不会相连属的东西”。中国人学习西方,只能是“邯郸学步,并失故步”,必须“赶紧回头,认取自家精神,寻取自家的路走”。而在他看来,这“自家的路”只能是通过乡村建设,实行村治。《乡村建设理论》和《乡村建设大意》是梁漱溟正面阐发他的乡村建设理论的著作。这种认识和态度贯穿于他的教育实践和学术创造活动之始终。抗战胜利后,梁漱溟在新的历史时期就中国社会建设路径的选项问题叙述自己的看法,仍然持上述观点,而反对全盘西化,或引进欧美化模式作为药方良丹,以图一劳永逸的设想:

> 现在,总算大家同舟共济,中华民族同御外侮,取得了胜利。全国上下,各党各派,都呼吁和平,反对内战。而今才有了停战协定,有了政治协商会议的召开,大家又兴高采烈地高唱着在中国实行欧美式的宪政,大谈在轮流执政、你上我下的政局中实现民主,进行建设。但却在这种时候,我心中不以为然,产生了怀疑。我以为,在中国照搬欧美政治体制的一套,一不合中国的历史文化传统,二不合中国的国情和现状的需要,其后果将不利于中国迅即进行长时间的经济建设,致使中国摆脱不了贫困落后的状况,而无法以独立、富强之民族自立于世界之林。①

他认为,“政治的根本在文化”,中国所面临的根本问题是文化失调,这种文化失调主要表现在伦理本位和职业分途的社会遭到破坏。中国需要新的社会组

①汪东林:《1949年后的梁漱溟》,北京:当代中国出版社,2007年版,第42—43页。

织的建设,但新的社会组织的建设必须以中国的伦理关系和道德精神为基础。所以他主张从整顿农村的伦理关系入手来实现对西方文化的改造和吸收，变西方的民治、法治为中国的人治,即以民众的“有力参加”为前提的贤人政治;变西方的权力观念为中国的义务观念,以避免个人主义成为社会风尚,等等。可见,梁漱溟乡村建设理论的实质就是重建中国伦理本位的社会,他并且认为这是解决中国问题的唯一出路。①

由于世界的现代化进程发轫于西方,绝大多数非西方国家和民族都是由于西方的大举入侵而被动进入现代的,他们不可避免会将现代性的种种与他们的传统文化相比,而将其视为“异己的”。批判现代性未必就是批判现代化,或反对现代化,这在梁漱溟身上就体现得很清楚。非西方世界的民族主义一样,未必是现代化的阻力;相反,更可能是现代化的动力,这一点已被无数历史事实所证实。反都市的工商业经济为中心,取向于重农主义也未必是反现代化,梁漱溟的乡村建设刚好证明了这一点。“一旦世界交通,和旁人接触,那得不相形见绌?而况碰到的西洋人偏是个专走第一路大有成就的，自然更禁不起他的威棱，只有节节失败,忍辱茹痛,听其蹴踏,仅得不死。国际上受这种种欺凌已经痛苦不堪,而尤其危险的，西洋人从这条路上大获成功的是物质的财，他若挟着他大资本和他经济的手段,从经济上永远制服了中国人,为他服役,不能翻身,都不一定。至于自己眼前身受的国内军阀之蹂躏,生命财产无半点保障,遑论什么自由;生计更穷得要死,试去一看下层社会简直地狱不如;而水旱频仍,天灾一来,全没对付,甘受其虐;这是顶惨切的三端,其余种种大多不须细数。”②从梁漱溟自身的逻辑而言,此番议论可谓透彻深邃,独辟蹊径。实际上,中国后来的西化运动仍在上升,固然取得成就,但付出的代价及后果也真如上述分析所言,尤其是西方工商业资本入侵对中国民族产生的压迫及国际贸易的控制使利益沦丧。

乡农教育是梁漱溟乡村教育实验的标签,也是特征或符号。其实,梁漱溟围绕乡村建设开展的办学机构及实践活动前后有互相联系的演进过程，大致以山东邹平实验县1933 年的成立为分水岭,前期的典型为乡农学校,后期则包括村学、乡学、师范学校以及一系列的社会化培训机构,此处则主要以前半期素材为主,并以其富有代表性素材加以立论,相关内容也会涉及其他办学形式。山东乡

①郑家栋:《现代新儒学概论》,桂林:广西人民出版社,1990 年版,第 131—132 页。

②梁漱溟:《东西文化及其哲学》,中国文化书院学术委员会编:《梁漱溟全集》(第一卷),济南:济南:山东人民出版社,2005 年版,第 529—530 页。

村教育实验所建构的"邹平模式"的主要内容及举措计划在下面详述。

梁漱溟的乡村教育实验计划经历了一个过程。1928 年梁漱溟曾到广东,准备开办广州乡治讲习所,后因缺乏支持而未办成。1930 年他回到北方后,与彭禹廷、梁仲华等人在河南办村治学院,出任教务长。1931 年 6 月他又与村治学院一班人到山东邹平县创办乡村建设研究院,并选定该县作为乡村建设的实验县。成立乡村建设研究院的目的在于研究乡村自治及一切乡村建设问题,并培养乡村技术及乡村服务人才,以期指导乡村建设。研究院主体分三部分:第一部分为乡村建设研究部,培养组织和指导乡村建设的人才;第二部分为乡村服务人员训练部,培养乡村建设骨干;第三部分即乡村建设实验区,选定邹平县进行实验。

根据当时中国乡村的实际情况,梁漱溟把乡农学校、村学、乡学作为推行乡村建设的基本组织形式。乡农学校是他前期的实验机构,先在菏泽县(今菏泽市)试点,后来推行到济宁等 14 个县的实验区。村学、乡学是他在邹平实验时采用的实验体制,从乡农学校到村学、乡学,从组织形式上看并无性质上的差异,但社会教育与学校教育的结合渗透以及初等教育与民众教育的联系沟通则更多通过村学、乡学得以实现,村学、乡学成为后期教育进入乡村社会、学校融入社会改造的主要模式或组织机制。

按梁漱溟的设想,要在 200—500 户的自然村落建立乡农学校。"乡农学校不是一个零碎设置的,此乡校与彼乡校是要有联络的;更重要的是乡校之上须有一个大的团体或机关来指导提携他们进行。这就是说乡校里边的教员(乡村运动者)不是孤单的,他是大的团体分派出去负着使命作新的运动的。"[1]这个"大的团体"应该就是山东乡村建设研究院。以下专门就前期的乡农学校组织形式与乡村建设加以简述。这里带有新儒家梁漱溟思想早期更为传统素朴的特征。

乡农学校由三部分人组成:乡村领袖、成年农民和乡村运动者。这三种人在校内的关系是校长、校董、教员和学生。其开办过程大致是:先由研究院结业学生到乡村去,从各地乡村中寻找有声望、有力量的人士,通过他们组织乡农学校董事会,董事会聘请当地知识较佳者担任校长,办理招生等一切事宜。所谓学生,

---

①梁漱溟:《乡农学校的办法及其意义》,中国文化书院学术委员会编:《梁漱溟全集》(第五卷),济南:山东人民出版社,2005 年版,第 352 页。

则是当地全体民众。至于乡农学校教师，则由研究部结业学生担任。梁漱溟深信：通过乡农学校这一包容政治、经济、教育各方面的制度模式，在受过儒家文化教育的一批知识分子的指导下，农民群众一定能创造出一种地方自治与经济合作相结合的新型组织体制，使中国文化重光于世。

山东乡村建设研究院刊行的《乡村建设·乡农学校专号》曾登载以下言论："乡农学校是什么？是中国大众的全人教育。我们说'以乡农教育推进乡村建设'，我们的意思是要指明乡村建设与乡农教育是不能分的。乡农教育的目的只有一个——改造乡村生活；乡农教育的方法也只有一个——去与乡农生活。"乡农教育的内容设计围绕着这一方向目标主要包括五个方面：增进学识，即语文教育；扶持健康，即健康教育；学习技能，即职业教育；启发心灵，即品德教育；引导乡农参与并改进社会及文化生活，即公民教育。办学重心在国家方面，旨在"加速普及教育，培养健全国民，实现民本政治，扶植民族生命"。乡农教育针对乡村社会的改造与建设主要开展的工作有四个方面：改良农业，提倡合作，充实农村经济；扫除文盲，化民成俗，刷新乡村文明；倡导自卫，除暴安良，奠定太平基础；减去乡村阻力，增大乡村势力，由此乡建事业的推行呈现出如下线路图：教育—乡村建设—社会改良的连环。

上述乡农学校并非纯学校组织，教育诠释为广义的，无论是教育对象，还是课程内容，均不限于学校式教育。从教育对象上看，是以成年农民为主要对象，兼及儿童和青年；从课程内容上看，将学校式教育与社会式教育相结合，并且先从平淡处入手，即从做日常工作入手，学习识字、唱歌、讲话等功课。乡农学校课程分为恒常与特殊两大类。恒常的课程是各乡农学校所同有的，在高级部设有：党义、精神陶炼、国学、史地、自卫、农业问题等；在初级部设有：党义、精神陶炼、识字、史地、歌乐、国术等。特殊的课程按当地的需要和问题而设，因时因地制宜。例如，六、七区设凿井；二区设造林；二、三区设蚕桑；五区设自卫；七区设机织等课。

乡农教育内容中所包含的农业改良、倡导合作事业、建立乡建金融、风俗改善等实验也有一定的民主性与科学性，如教材中有反映劳动至上、勤俭持家的内容，"农人种麦，大家才有面包；农人种棉，大家才有衣袄；农人种树，大家才有堂屋；农人泥首垢面，谁知他是劳苦功高？农人辛苦一世，谁见他有半点骄傲？"而且，梁漱溟认为，促进农业进步的积极手段主要是流通金融、引入科学技术和促进合作组织三个方面，并且这三个方面并非孤立存在，而是相互关联的：农业技术的进步不能单靠技术本身和技术推广机构，还要组织合作社来经营，因为零散的农民、小块的田地对新技术的要求有限；即使农民已经组织合作社，但如果缺乏资金，还是无法采用农业新机械和良种；同样，合作社也不能摆脱技术和资金而自行发展，所以需发展类似于银行的融资借贷机构，以低息或无息提供经费支持。这些无疑从教育内容、教学方法、教学组织形式等方面，尤其是学校如何真正实现社会化的功能方面，对20世纪30年代普通学校的改革、乡村教育的方向以及乡村职业教育理论做了积极的探讨，并具有极其重要的参考价值。

显然，梁漱溟把科技知识技能、职业技术教育、卫生医疗以及金融资本经济方式等作为乡农教育的部分内容。但从总体思想方案及乡村建设与教育的实践而论，显然偏向于传统文化知识、伦理道德、金融资本经济方式等社会历史以及乡村具体领域组织管理内容的讲授及培训，而非聚焦于乡村社会农、工、商及其他社会事业的专业知识与技术教育或针对性的职业训练。这不仅是梁漱溟自身新儒学人文主义教育特色使然，而且是他取经借鉴，甚至推崇丹麦农村教育的必然取向。他介绍了丹麦农村教育的创设情形：

> 它的教育是非实用的，非职业的训练，非养成技术人才的训练；现在有人好说“生产教育”，那么，最初的“丹麦的教育”恰可名为“非生产的教育”。它又不是一种讲书本子的教育，几乎可以说它不是教人念书；它那种教育，恰在技能训练与书本教育以外。那么，它究竟是什么教育呢？在头脑粗浅的人，实想象不到。它那种教育很难说，仿佛是一种“人生的教育”，或“精神的教育”（这两个名词很不通，但此外更无其他较好的名词以名之，故只好用它），很近乎我们精神陶炼的意思。……所以，看着“丹麦教育”是非实用的，可是后来完全变成了实用的。我们中国的教育，自废科举兴学校以来，大家就是着重实用；如果找出当初废科举的理论，则可知原来就是讲求实学，讲求致用。中国开头感受西洋文化的影响，即行注重实用，注重职业训练，注重养成专门人才；凡此皆是注重西洋科学技术的缘故。后来又有人提倡“职业教育”，组织“职业教育社”；现在虽没有生产教育社，但已有人倡言“生产教育”。……自兴办学校以来，从来没有人说不是办讲求实用的教育，可是结果与丹麦相反，完全成了非实用的教育；所以我们由“丹麦教育”不禁联想到我们的教育。……“丹麦教育”不是从职业入手，不是从生产入手，而结果成了职业的、生产的。其原因还是我们刚才说的，知识技能是工具，工具是靠人运用。“丹麦教育”不从工具入手而从运用工具的人入手，使人先活起来。……中国教育之失败，我敢说就是失败在讲求实用。[①]

---

①梁漱溟：《精神陶炼要旨》，中国文化书院学术委员会编：《梁漱溟全集》（第五卷），济南：山东人民出版社，2005年版，第496—499页。

梁漱溟是非常富有思考力的思想家，显然此时他对生产、工具、实用技术的教育意义及课程价值缺乏充足的重视，但用意在于先确立人生的思想修养、精神境界，然后，上述工具操作的资源手段才能实用并发挥实效。这就引出精神陶炼的必要。精神陶炼，又称“精神陶冶”“精神讲话”，对于该门类课程，梁漱溟最为重视，有特殊、深刻的认识。这门功课很有它的意义，在他看来，现在中国的乡村社会，不只是经济破产，精神方面亦同样破产。这是指社会上许多旧信仰观念、风尚习惯的动摇摧毁，而新的没有产生。以致一般乡民都陷于窘闷无主、意志消沉之中。究其原因，一是“因我们文化或社会生活的变化太厉害。农业社会照例是最保守的，尤其是老文化的中国乡村社会有它传之数千年而不变的道德观念。自近百年来与西洋交通以后，因为受国际竞争的打击，世界潮流的影响，乃不能不变。最近二十余年更激烈急剧的变化，或由上层而达下层，如变法维新革命等是；或由沿江、沿海而达内地，如一切生活习惯等是。而最后的影响都是达到农村。他们被迫的随着大家变，却不能了解为何要变，并且亦追赶不上，但又没有拒绝否认的勇气与判断。失去了社会上的价值判断，是非好歹漫无衡准，即有心人亦且窘闷无主”；二是“几十年来天灾人祸连续不断，他们精神上实在支撑不了。消沉寡趣，几无乐生之心，况复进取之心？此种心理如不能加以转移开导，替他开出一条路来，则一切事业，都没法进行。这种工夫就是我们的精神讲话”。①

但反观后期山东乡村建设研究院县政实验中村学、乡学的工作方案，可以觉察梁漱溟的教育内容设计除了乡村社会化及乡村各领域主题的鲜明特征外，已经强调或凸显了实用化及职业教育的特征，表明了前后的变化很大。但这种变化的缘由或心路历程究竟怎样导致，并且有无内心冲突情结，均不得而知，有待考证，或做进一步分析。

当代教育史学家熊明安（西南大学教育学部教授）、周洪宇（华中师范大学教育学院教授）在十余年前曾主持研究全国教育科学“九五”规划教育部重点课题“中国近现代教育实验史”，在其最终结题的著作中对近现代中国教育实验进行分期，认为从 1927 年北伐战争胜利到 1937 年抗日战争全面爆发为教育实验的发展期。这一时期的教育实验与前一时期的不同，主要在于不只是引用西方教育理论与方法来进行教育实验，而是把重心放在将西方的教育原理与方法和中国的实

①梁漱溟：《东西文化及其哲学》，中国文化书院学术委员会编：《梁漱溟全集》（第五卷），济南：山东人民出版社，2005 年版，第 349—350 页。

际结合起来进行教育实验,开始探索中国教育发展的道路。教育学家们在继续进行中小学教学单项(小问题)实验的同时,纷纷深入到县、乡镇和农村的学校,在农村地区建立与农村改革相结合的教育实验区,对各个层次、各种部类的教育进行实验,力图通过这些实验使西方教育"中国化""本土化",创造出适合中华民族特色的和中国实际的教育体系。①

如果说此间对现代教育实验历程坐标点的分析具有全体性特征的话,那么梁漱溟主持的山东邹平模式应属经典样本。

梁漱溟通过他在山东的乡村建设实验区进行了广泛的集政治、经济、文化、教育为一体的教育社会化实验,总结了他独特的乡村教育和乡村建设理论,如实反映了那个时代学者对中国乡村教育和乡村建设的见解。他在发展乡村教育、推动社会改良的过程中,形成和发展起来的一套实验研究的组织形式、内容、方法等,都值得我们认真总结,对于丰富建设有中国特色的农村教育理论和方法是有益的。

---

①熊明安、周洪宇主编:《中国近现代教育实验史》,济南:山东教育出版社,2011 年版,第 8 页。

第六章

事业巅峰

——山东邹平乡村教育实验(上)

1929年韩复榘任河南省主席时，曾支持彭禹廷、梁仲华等在河南的百泉设立河南村治学院。1930年，韩复榘就任山东省主席，在梁仲华等人的请求下又把河南村治学院的大批人马撤到山东继续搞乡村建设实验。“搞改造，自己没有实验的地方，必须依靠上层力量，省主席是上层，不划给我们地方，我们就没法干，是靠他们取得的机会。”①山东邹平乡村教育实验正是依托山东省地方政府的政权力量及管理层的贯彻实施展开的。

1931—1937年，梁漱溟在山东邹平、菏泽、济宁等地进行的乡村建设与教育相结合的改革实验，在整个实验区内将政治、经济、文化、教育结合为一体，依照儒家“伦理本位，职业分立”的精神开展实验研究，取得了很大的成就，并且总结出了一套独特的乡村教育和乡村建设理论以及实验研究的组织形式、方法，在国内外都产生了很大的影响。

①成学炎:《梁漱溟先生谈山东乡村建设》，山东省政协文史资料委员会、邹平县政协文史资料委员会编:《梁漱溟与山东乡村建设》，济南:山东人民出版社，1991年版，第86页。

第一节　乡村教育实验的主要理论

通过对中国社会的观察分析,梁漱溟认为中国的问题源于世界连通后,民族历史与世界历史合流而导致的文化失调,即旧有文化不足以应付世界连通后的新环境,其外在表现为旧有社会组织构造的崩溃。出于此,问题的解决或民族的复兴便是重新建造文化与新的社会组织构造。按梁漱溟的理解,由于中国是"伦理本位,职业分途"的社会,所以须靠复归理性精神来重建社会组织构造,而理性的回归又必然要落在教育这条路径上。概言之,就是通过教育工程,进行乡村建设。这里的教育是广义的教育,但更偏向于社会教育,尤其民众教育或曰成人教育;所谓的乡村建设就是从乡村中寻找解决中国一切社会问题的办法,于乡村入手来建构新的社会组织。之所以从乡村着手是因为中国有形的根是乡村,中国近百年的历史是一部乡村破坏史,所以,复兴中国必取道乡村建设。当然这里的乡村建设并非狭隘意义上的乡村建设,而是整个中国社会的建设,是一种建国运动。

梁漱溟看到了这项建设工程的艰巨性,认为中国问题并非是自身历史发展所致,而是受世界外部环境所迫,因此,中国所要完成改造的工程——教育尤为艰巨。为了解决这一艰巨的问题,他提出了学校社会化、社会学校化两者连环推进、彼此互动的主张,并在乡村建设运动中不断地印证和践行这一理念,试图借助民众教育即社会教育来完成乡村建设。而要借助教育改造社会,就必然要处理好教育与社会中诸如政治、经济、文化等各因素的相互作用关系,对此梁漱溟以现代新儒家的视野进行了细致而有价值的阐述。需要指出的是,这些内容多半成为他主持山东乡村教育实验的思想基础。诚然,有些观点是在乡村教育及建设的实验过程中总结、丰富,甚至是在实验终止后又有拓展的,但仍可视为一个整体,在此做集中论述。

一、教育与社会

(一)何为教育

在梁漱溟看来,生活无处不是教育,有人的地方就有教育,教育之于人就如生活之于人,是很天然的。正如我们所知,人是社会的最小组成单位,有人就意味着社会的存在,教育作为一种有意识的培养人的活动,明显是天然存在于社会中的。他对教育的定义通俗而深入:什么是教育?统同是教育。在学校里读书是教育,在家庭里做活也是教育,朋友中相得的地方是教育,街头人的谈话,亦莫不是教育,教育本来是很宽泛的东西。至于教育的功用,不外为"绵续文化而求其进步"。换句话说就是"不使文化失传,不使文化停滞不进"。"人类不能不有生活,有生活就不能不有社会,有社会就不能不有教育,教育是很天然的。"[①]这里是从教育的文化功能及生活需要来界定教育的含义。

梁漱溟主张教育为乡村建设的核心工具。这里的教育并不是狭义的学校教育,而是一种广泛意义上的教育,它囊括了有专门组织和机构的乡农学校与村学、乡学或成人教育的其他组织,一切有利于社会进步的政治、经济运动都有教育内容之存在。革命前的宣传运动、组织运动,革命后进行社会改造的各种工作,都包含有教育,并把苏联在经济建设上的五年计划也视为一种教育。由此可见,梁漱溟认为教育与社会是结合、统一、并存而生的,并且教育有助于社会的进步。

(二)教育目标要兼顾个人与社会

按照梁漱溟对教育的定义来看,教育作为天然存在于社会的一种活动,其实施开展必然不能脱离社会,教育的功用即在于培养适应社会、改进社会的人,这就要求教育根据社会的需求制定培养目标、课程标准等,以期培养造就的人能真正为社会所用。人作为社会结构或团体的构成细胞,所从事的各类活动都离不开社会,生活能力的塑造、潜能的开发则需要天然于社会的教育做功夫,而至于人需要怎样的生活力才能适应社会,则是由社会中的各因素决定的。因此,教育要天然照顾到个人与社会两面,既不能偏离社会又不能牺牲个人。当然,超越社会的教育不是不可做,只是不为他所开展山东邹平乡村建设的实验学校所采用。对此,梁漱溟是这样阐述的:

> 教育这回事情,恰好关系两面:一面是个人;一面是社会。所以我们设施教育,一面要站在社会的立场,为社会而设施;同时社会是从一个一个人来的,我们的教育工夫又不能不用到各个人身上,所以我们的目标天然要顾

①梁漱溟:《社会教育与乡村建设之合流》, 中国文化书院学术委员会编:《梁漱溟全集》(第五卷),济南:山东人民出版社,2005年版,第433页。

到两面——兼顾个人与社会,不应当有所偏重。如果单从个人的立场,为个人来定一个教育目标,有时会遗漏了社会、妨碍了社会;单站在社会的立场,为社会而定一个教育目标,有时又会牺牲了个人。所以虽然教育是帮助人来实现他自己,完成他自己的一回事——因为每一个人都有一个无限的可能,教育本是帮助个人实现他那个可能,完成他那个可能;可是这个时候就不能不照顾到这个人是在此时此地的一个人,是要完成此时此地的社会的一个他,实现此时此地的社会的一个他;不是超现实的。如果要超越现实的去实现他自己,完成他自己,也不是不能作,也不是不能有这么一个实验目标;但是这种教育太离了社会,至少不是我们这个实验学校所应采取的。这个道理,就是前边说的"教育要兼顾个人和社会"。①

教育必须兼顾个人和社会,在于教育活动产生于个人与社会的交互作用之中,离开了两者中的任一方都无所谓教育。梁漱溟赞同杜威对教育与社会关系的解读,他在研读了杜威的《民主主义与教育》这本书后引用杜威的话说:"教育若单从个体去看是找不着的,教育须从个体生命与社会生命贯穿处去看,才可以见。从个体生命来看教育时,必须看出他受社会的影响,从社会里面学习,接受他人传给的经验,离开这个无所谓教育;从社会生命来看教育时,离开了个人经验之彼此交通、传递、继续、发挥、扩大,亦无所谓教育;社会生命从个体来,个体生命从社会来。"②

梁漱溟一直都是一个把思想付诸实践的人,他在邹平创办的仿效乡村社会组织结构的实验学校——村学、乡学就遵循了上述教育理念,将实验学校的目标放在实现个人、完成个人上。把个人与社会紧密结合在一起,这样的好处是个人在实现自己、完成自己的时候能感受到自己是社会中的一个个体,这样既不会妨碍到社会,又能培养个体参与社会生活的能力。因为单单考虑社会的话,个人便成了社会的工具,唯有两面兼顾,才能培养出不仅可以适应社会又能改进社会的人。而中国此刻的教育更注重这种改进社会的能力。

(三)教育的社会功能

梁漱溟认为,教育社会功能的向量不是恒定的,要顺应不同社会时期做出适

---

①梁漱溟:《目前中国小学教育方针之商榷》,中国文化书院学术委员会编:《梁漱溟全集》(第五卷),济南:山东人民出版社,2005年版,第597页。

②梁漱溟:《杜威教育哲学之根本观念》,中国文化书院学术委员会编:《梁漱溟全集》(第七卷),济南:山东人民出版社,2005年版,第691页。

当的调整。他将社会分为了两个不同的时期,一个是“平时”,即社会稳定期;一个是“变时”,即社会改造期。不同的社会时期,教育的社会功能迥然:平时的教育在于绵续文化以促进社会进步;变时的教育主要是尽量减少暴力革命和最大限度地完成社会改造。并且这两个时期的主要教育对象不同:平时的教育以社会未成熟分子即少年和儿童为主;社会改造期则着重成人,以成人教育为主。其原因为:平时期的教育主要在于加促社会未成熟分子的成熟,目的是让他们绵续文化、改进文化;而改造期“整个社会生活正企图转进于一新方式,大多数成人虽届成年,而对于此新生活方式所需之习惯能力则方为未成熟者,势非经教育不可。既成文化(旧生活方式)将要改革,意不期其绵续而宁期其断除”①。可见,社会改造期的重点在于改进、创造文化,而非绵续文化,因此,这一时期的教育要偏重于成人教育,我们要集中全部力量来办民众教育。改造文化、创造文化的主力为成人,这在于社会改造期是个文化除旧布新的时期,除旧与布新都得从成人身上下功夫,成人先学会了新的生活方式,儿童才好教。所以,要想改造中国文化,必须注重成人教育。

教育如若居于社会的领导地位,则其社会功能便可发挥得当,由此,安定的社会秩序亦可和平演化,而无须依赖暴力的革命。“至于教育的功用,不外为‘绵续文化而求其进步’。”“如果教育能尽其功用,论理说社会上不应当再有暴力革命,因为社会出了毛病,教育即可随时修缮改正,固不待激起暴力革命而使社会扰攘纷乱也!人类社会所以有革命,就因为教育不居于领导地位。”②毫无疑问,梁漱溟肯定了教育对社会的巨大作用,但又不免有夸大之嫌,认为教育可消灭革命的断言是值得思考和怀疑的。相比而言,比较中肯的是他这句话:“徒教育固未足以改造社会,而社会改造于其前后卒又不能不仰赖于教育以竟其功。”③教育是改造社会的工具,但不是社会得以改造的必然和唯一,社会改造还有其他影响因素及手段。

(四)教育的成败要从社会出路上探求

教育与社会是一对相互作用力。教育作为一种有意识的培养人的社会活动

---

①梁漱溟:《社会本位的教育系统草案》,中国文化书院学术委员会编:《梁漱溟全集》(第五卷),济南:山东人民出版社,2005 年版,第 398—399 页。

②梁漱溟:《社会教育与乡村建设之合流》,中国文化书院学术委员会编:《梁漱溟全集》(第五卷),济南:山东人民出版社,2005 年版,第 433—434 页。

③梁漱溟:《社会本位的教育系统草案》,中国文化书院学术委员会编:《梁漱溟全集》(第五卷),济南:山东人民出版社,2005 年版,第 398 页。

必然依附于社会,可谓社会的存在衍生了教育,社会为教育提供了发生、发展的条件。梁漱溟在探索中国问题解决的过程中,找寻出了教育与社会的这一关系——教育的无出路源于社会的无出路。他认为中国教育的失败不应该把一切归咎于教育制度和办教育者,教育本身虽有原因,但最终还是吃亏在中国社会的无出路上,社会的无出路加重了教育的失败,使教育惨败无余。所以,教育的出路要从社会上去寻找。

可是,为何社会无出路会导致教育无出路呢?梁漱溟对此也做了一番解释:中国当时的社会,对外不能应付新的国际环境,对内没有安定的社会秩序,工商业萎靡不振。教育培养出来的人对这个百业待兴的社会而言已经是供大于求,人才不得其用,社会失业人员增多,于世人看来这是教育的失败,其实根由在于社会。因为,社会生产事业不发达,则各方面人才——工业人才、农业人才——就不能尽其用,所以要想发达教育必先发达社会,不能离开社会探求教育的出路。为了进一步验证两者的关系,他又将中日教育进行了比较研究。中日有着相同的历史遭遇,在同受西洋文化压迫的情况下,两国都企图模仿西洋文化来自新,而且是在同一时期开始的,但结果却迥然不同。其内在原因就在于:日本教育随着社会的出路有了出路,中国教育随着社会的无出路而没有了出路。因为与日本相比,"中国不然了,教育虽跟到西洋一条路走,而经济政治整个社会都走不上去。失败既势不可逃,各种大小错误此时乃毕见而不可掩。而且大方向未得把握到,在枝节上左修正,右修正,总归白费,落一个手脚纷扰而已"①。基于此,梁漱溟得出这样一个定理:教育与社会的发展方向一致,则两者相互促进,同有出路;如若两者背道而驰,则会彼此相毁,同无出路。

梁漱溟又认识到,教育有其一定限度内促进社会进步的积极作用。虽然教育的出路由社会的出路决定,但教育又是寻求社会出路的一个手段,两者要相配合,共同寻求各自的出路。他运用活生生的典型实例对此进行了说明:"又如过去革命北伐,为那时求出路的大道;黄埔培养干部的教育,最能相配合。那么,黄埔教育便亦因之有出路。今后建国,更是我们求社会出路的正面文章。在建国上非运用教育不可,教育亦非配合建国,没有它的出路,这是一定的。"②

①梁漱溟:《教育的出路与社会的出路》,中国文化书院学术委员会编:《梁漱溟全集》(第六卷),济南:山东人民出版社,2005年版,第386—387页。

②梁漱溟:《教育的出路与社会的出路》,中国文化书院学术委员会编:《梁漱溟全集》(第六卷),济南:山东人民出版社,2005年版,第387页。

二、教育与乡村建设

（一）乡村建设的由来

乡村建设运动的兴起源于中国现代尖锐的社会问题，发动者的用意在于拯救“破坏的乡村”。当时，西洋文化的入侵，使得中国的固有文化受到压迫，无法应付新环境，而西学派及社会改良者却试图以模仿西洋文化来自救，结果不尽如人意，换来的却是“一度的加深破坏自己”，以至于乡村已经破坏到“中国文化的无形的根，破坏到中国的老道理了”。所以，中国的总问题是中国文化的根——有形的和无形的——都受到了动摇，遭到了破坏。其中，有形的根指中国的乡村，无形的根指理性精神。鉴于此，中国问题从根本上说便不是对谁革命的问题，而是改造文化以图民族自救。虽然中国问题中包含有政治问题、经济问题，但实质上却是文化问题。这里的文化是个广义的概念，可概括政治、经济在内。由此可见，梁漱溟所说的文化改造即指政治、经济等改造而言。在明晰了中国问题的所在后，梁漱溟建议转变路径来进行自救，而这一新路径便是“从创造新文化上来救活旧农村”，即我们所谓的乡村建设。当然，梁漱溟所说的乡村建设并非狭隘意义上的建设乡村，而是指建设整个社会，建设新中国。因为他认识到当时的社会日趋下沉，破坏加重，在这样的形势下，中国的问题不是凭一乡一邑的建设可以解决的，乡村建设实际上就是重新建设中国的社会组织构造。由此可见，建设的并非乡村而是全社会，解决的问题也为社会中形形色色的各种问题，囊括政治、经济、文化等各领域。虽然如此，他还是把这场运动称之为乡村建设运动，究其原因便在于，梁漱溟认为社会建设工作或曰中国问题之解决，必须从乡村入手，以乡村人自身的力量为主要依托，而最终建设成的这个组织构造全新的社会是一个政治重心、经济重心都植在乡村的社会。

（二）乡村建设的内容

乡村建设的最终目的是解决中国问题，而它的真意义在于创造新文化，即以文化的创造、改造为基点来达到社会的进步。以改进社会为目的的乡村建设，其内容必包含有社会各方面的因素——政治、经济、教育或文化，乡村建设的意义即寻求社会一切问题的端倪并解决之。

梁漱溟认为，乡村建设是为扭转“乡村破坏”这一中国近代社会的危机而提出来的，其作用重大，可“挽回民族生命的危机”。新建设的乡村应该是社会安定、产业兴起、农产增加、达到自治，于社会“只有乡村安定，乃可以安辑流亡；只有乡村产业兴起,可以广收过剩的劳力;只有农产增加,可以增进国富;只有乡村自治当真树立,中国政治才算有基础;只有乡村一般的文化能提高,才算中国社会有进步"[1]。乡村建设的作用即在于以乡村为基点复归中国的理性文化,通过新的社会组织结构的建立推动整个社会的进步。然而乡村建设又须取径民众教育,才能使得一切有办法。因为通过教育可以驱除乡村人的愚蔽,这样乡村人受到祸害才能呼喊出来,由此,中华民族的前途才会有希望。

(三)乡村建设的途径在教育

在确定了乡村建设这条道路之后,就需要找到建设的切入点或曰工具,而梁漱溟将教育作为它的核心工具。他认为现在的中国社会已经破坏得体无完肤,不堪收拾,必须从头建设,而这从头建设的工作便是教育工作。

1.社会教育和成人教育、民众教育

在梁漱溟的论著中,"社会教育"与"民众教育""成人教育"等词很多时候是相通或混同的,所以在这里我们也不对其特别地加以区分,因为那可谓是特定历史时期的一种关系模式。梁漱溟将学校教育看作是传统教育,而把社会教育即民众教育或成人教育视为新兴教育。他指出,社会的平常时期要以学校教育即对少年、儿童的教育为主,而在社会的改造期要以成人教育为重,因为此时着意在创造文化、改造文化,非延续文化,"所以要创造文化,故施行成人教育,施行成人教育即所谓创造文化,即所谓乡村建设,即所谓社会教育"[2]。由此可见,他认为成人教育与社会教育是相通的,但社会教育的范围明显又大于成人教育。

民众教育与社会教育大概是混同的,因为他将民众教育、社会教育都作为乡村建设的方法。"吾人今日所从事之工作,从目的说为乡村建设,从方法说系民众教育。此种工作全属在文化建造上做工夫,其结果可以解决中国问题,使中国无问题可言。"[3]并强调民众教育不用在乡村建设上必然落空,乡村建设不采用民众教育的方法将不得成功。民众教育可以连通知识分子与乡村民众,知识分

①梁漱溟:《山东乡村建设研究院设立旨趣及办法概要》,中国文化书院学术委员会编:《梁漱溟全集》(第五卷),济南:山东人民出版社,2005年版,第225页。

②梁漱溟:《社会教育与乡村建设之合流》,中国文化书院学术委员会编:《梁漱溟全集》(第五卷),济南:山东人民出版社,2005年版,第436页。

③梁漱溟:《民众教育何以能救中国》,中国文化书院学术委员会编:《梁漱溟全集》(第五卷),济南:山东人民出版社,2005年版,第487页。

子领导农民、建设乡村都必须依赖民众教育。民众教育是革命中的知识分子与乡村居民这一社会潜伏之大力量打拼在一起并拖引他们上来的方法。

在论述社会教育与乡村建设时，他阐述道："教育界之趋向社会教育，社会教育之趋向乡村建设，正为他们渐渐看清他们必须负担的大工程——建设新社会，完成革命的工程。而我们呢，起初倒认清了这目标——所谓乡村自治、乡村建设，其意义正是社会新机构，生活新方式——而没认清这方法——社会教育，直待动手作起来，方始认清自己所作所为原无非社会教育，而且往前作时将更非清楚明刻地取径于教育不可。"[①]所以，社会教育也是梁漱溟进行乡村建设的方法，在此层面上，社会教育与民众教育是可以混同的，而在具体阐述中，梁漱溟更多是以将民众作为教育主体力量及作用对象的民众教育来分析乡村建设中的教育问题。

2.教育与乡村建设的合流

乡村建设过程中各种社会问题的解决必须从教育上探寻方法，而教育者要探求社会的发展方向又不得不回归到中国有形的根——乡村里去。这样一来，教育与乡村建设就结合在了一起，而它的结合点便是中国的社会问题。

> 让社会教育与乡村建设合流的是中国社会问题。申言之，让教育往乡村里跑的是中国的社会问题，让地方自治往教育上跑的也是中国的社会问题，大家都是被社会问题所拘管。再者大家是中国人，中国社会是乡村社会，在社会上作一件事，不往前作则已，要往前作，必有一种方向或路线的探求，有此探求，则不容不归到乡村，办教育的往前进，天然的要转到农村，我们正面解决社会问题的乡村建设者，由于方法的探求，也一定要归到教育。邹平的乡村建设，从前以"乡农学校"作推进的机关，现在我们下层的乡村组织，为"村学""乡学"。大家一听就可知道是一种教育机关。总之，我们为方法的探求不得不归到教育，教育家为方向的探求不能不归到乡村建设，宜乎其有此合流也。[②]

①梁漱溟：《乡村建设与社会教育》，中国文化书院学术委员会编：《梁漱溟全集》（第五卷），济南：山东人民出版社，2005年版，第531页。

②梁漱溟：《社会教育与乡村建设之合流》，中国文化书院学术委员会编：《梁漱溟全集》（第五卷），济南：山东人民出版社，2005年版，第431页。

可见,乡村建设是解决社会问题的根本方向,教育是乡村建设的方法路径,唯有将教育与乡村建设结合在一起,才能求得社会问题的解决。因此,教育与乡村建设因社会问题而结合,又同为社会服务。

三、教育与社会关系的构成要素

社会的构成要素是多而杂的,但在诸多要素中,政治、经济、文化是最根本的三大要素,探讨教育与社会的关系必从这三大要素入手。教育的发展受社会政治、经济、文化等因素的影响,同时对这些因素的发展变化又有一定的反作用。梁漱溟对教育与社会各要素间关系的论述便是从政治、经济、文化这三大方面着手的。

(一)教育与政治

1.政治影响教育的取向

政治的安定与否会对教育造成特定的影响,这无须多言。比如战乱、匪患年代教育是进行民族自救自卫的手段,而且在这样的大环境下,要想教育事业顺利开展也是不大可能的。梁漱溟看到了这一点,并把视角扩大到教育的目标层面,他认为和平年代里教育应更多地考虑个人,为个人的成长服务。因为平稳的社会里问题是少的,可以多给机会于个人来让他完成自己、创造自己。但在动荡的社会局势下,则应该多站在社会的立场从事教育活动,以培养个人应对、解决问题的能力以及适应新社会环境的生活能力。针对当时社会问题严重的政治环境,事实上不能不多从社会的立场出发,好让个人能应付问题、解决问题。授予生活必需的教育就是从社会立场出发,以培养个人参与社会、改进社会的生活能力。

2.政府对教育的态度至关重要

在梁漱溟看来,政府不应该包揽所有教育的工作及事项,所应做的仅仅是间接地给教育以种种的方便,来促进教育事业的发展。此外,行政应与教育沟通合作,互相为用——以行政的力量辅助教育,以教育的影响推行政令。对此,他继续阐述道:“比如治安问题是行政方面的事情,可是这个问题的解决,也是需要教育去养成农民的自卫力量。……所以行政问题需要教育来辅助其力量,教育上许多的事情也要行政来帮助。比如我们要训练民众,没有行政的力量帮助,便不能顺利的去进行。"[①]到此,他将政府对教育的态度就明确了下来,即政府要与教育互为助力,保证教育事业的顺利开展。作为政府工作的回馈或行政管理的有效手段,教育可以作为推行政令的一种途径或方式。

(二)教育与经济

1.教育与经济建设同为社会进步的力量

新社会的建设或曰社会的进步离不开教育和经济建设这两大力量。教育在于教养个体,使之具有参与新社会并改进新社会的生活与工作能力;经济建设则为社会进步提供物质保障和技术支持,也是改善社会关系不可或缺的条件。而与此同时,教育与经济建设两者本身又密不可分。

> 而新社会之机构初未有若何历史的孕育,遂致青黄不接,要想完成新社会的建设,自然先求社会的进步;而社会进步,则有赖经济建设……然此推进整个社会向前进步的工作,表面上是经济建设为主,骨子里无在不是社会教育功夫。建设、教育二者,不能分开。新社会之所以为新社会,要紧的还是在人上,在社会关系上;不过人的提高、关系的合理,离不开经济条件就是了。从人一面说,就是教育;从物一面说,就是建设。物待人兴,建设必寓于教育。[②]

经济是社会的重要部门,是诸项社会其他事业的基础,它深刻反映了生产力诸要素的水平及生产关系的协调状况。教育是保障经济高效、合理的条件或因素之,同时它又作用于其他领域部门,与经济形成合力,构筑社会的结构并推动其进步。梁漱溟的教育社会学思想是充分、全面的,具有系统功能观的寓意。

2.教育与经济的互动关系

在考察了晏阳初在河北定县、黄炎培在江苏徐公桥的乡村改进运动后,梁漱溟发现其中不同程度地存在着教育实验对乡村经济作用力较弱的问题,并力图有所纠正。"产业不能开发,则其他问题都得不到解决。贫的问题不解决,则陋的问

①梁漱溟:《中国今日需要哪一种教育》,中国文化书院学术委员会编:《梁漱溟全集》(第五卷),济南:山东人民出版社,2005年版,第970—971页。

②梁漱溟:《乡村建设理论》,中国文化书院学术委员会编:《梁漱溟全集》(第二卷),济南:山东人民出版社,2005年版,第471—472页。

题不得解决。换言之,产业发达,文化始能增进;若单从教育上文化上作功夫,都不免枉用心力。"[1]这里的产业开发、贫穷问题的解决都是经济问题,经济发展即产业发达,经济进步则贫的问题才能摆脱,由此,"陋"即文化问题才能得以转变,脱离经济谈教育文化无疑是缘木求鱼,终不可得。

可见,教育事业的发展与经济能力(生产力)息息相关,一方面,以经济基础、物质条件作为条件或依托;另一方面,也要通过教育以培养人才、传播科技、改良品种、提升生产工具及其他要素的技术含量,从而拉动经济平稳、快速发展。基于此,梁漱溟指出,教育的设计规划不能单以教育为出发点,还要考虑经济因素,因为这不仅是有没有钱的问题,还有钱如何分配的问题。教育的受重视程度,重要的依据是经济投入数量及方式,而要获得政府及社会的支持,其自身的社会经济价值发挥能力无疑是先决的条件。这也正是教育的经济性或生产性的深刻表征。

(三)教育与文化

梁漱溟认为中国问题是极严重的文化失调,是社会构造的崩溃,以此出发,中国问题的解决就是建立一个新的社会组织构造,而文化即为这个新的社会构造的骨干。他接着提出中国问题的解决必取径于教育,这样一来,新社会构造的建立或曰新文化的创造就落在了教育上。但是他又指出,教育的文化功能是随社会环境而变化的。在平时,教育的功能主要是绵续文化;而在社会改造期则是创造文化、改造文化。不过,我们需要明确梁漱溟对文化的定义,因为这里所谓的改造、创造文化并非我们通常所说的单纯社会意识形态层面的文化,他的文化是个很广义的概念,囊括一切,并被他自己称为是"一个社会过日子的方法",文化被具体化了。因此,在谈及教育与政治、经济的交互关系时实则也在谈论教育与文化的关系。"我以为中国问题的内涵,虽包有政治问题经济问题,而实则是一个文化问题——文化本亦可概括政治经济在内。"[2]在这种情况下,他将文化和教育混同来看,使得社会子系统构造内容转化成了政治、经济与教育的关系。其实,这种推导并非偷换概念,而是一种从大教育观或社会文化学视野着眼的理解与诠释,尤其在人类学维度下的教育喻义中有更大的合理性。

①梁漱溟:《北游所见记略》,中国文化书院学术委员会编:《梁漱溟全集》(第四卷),济南:山东人民出版社,2005年版,第884页。

②梁漱溟:《中国问题之解决》,中国文化书院学术委员会编:《梁漱溟全集》(第五卷),济南:山东人民出版社,2005年版,第211页。

在梁漱溟看来，政治、经济、教育三者应该是相连环的，“得其一亦得其余，一项不得则全没有份”[①]。因为“所谓乡村建设，事项虽多，要可类归为三大方面：经济一面，政治一面，教育或文化一面。虽分三面，实际不出乡村生活的一回事”。由于三大方面都不离乡村生活，所以建设无论从何方入手，都可使其他两面得以发展。“例如，从政治方面入手，先组成乡村自治体；由此自治体去办教育，去谋经济上一切改进，亦未尝不很顺的。或从教育入手，由教育去促成政治组织，去指导农业改良等经济一面的事，亦可以行。”[②]到此，政治、经济与教育三者便在相互作用中都得到了发展。又因为中国问题复杂严重，所以，必须在了解全盘关系的基础上把握问题的轻重缓急，从要紧问题着手解决，“譬如金融紧迫亦许问题在产业衰落，工业建设亦许从农业开端，发达教育要于经济上求，经济复兴必先解决政治问题……”[③]所以，政治、经济、教育的这种互相依托关系，决定了三者必须合一而不相离。基于此，我们一定要把政治、经济、教育这三者融合起来进行社会建设。

但怎样才算政治、经济、教育三者的真合一呢？梁漱溟这样表述道：“将来的政治大概其主要内容就是经济和教育了，所谓国家一面是经济的团体，一面也就是教育的团体。本来人生亦只有经济和教育两桩事，经济是生活；教育是生活的向上发展。所谓政治，在这里不过表见个人意志和团体意志的那些事。可是意志的内容是什么呢？还不外经济和教育罢了。到经济生活安排得很好的时候，无处不含有教育意义在内，也即无处不是教育。通统是经济，也通统是教育。政治、经济、教育三者合一，到此乃真合一了，人类生活亦才正常合理化了。”[④]可见，三者合一的时候便是新社会建成的时候，也是人类生活正常合理的时候。按照梁漱溟的上述社会因素子概念的理解，在这种社会状态下，教育已解决了文化失调问题，社会建构内容中的政治、经济、文化与教育形成了合理互动相补、彼此协调促进的优化或良性循环关系。

---

①梁漱溟：《答乡村建设批判》，中国文化书院学术委员会编：《梁漱溟全集》（第二卷），济南：山东人民出版社，2005年版，第606页。

②梁漱溟：《山东乡村建设研究院设立旨趣及办法概要》，中国文化书院学术委员会编：《梁漱溟全集》（第五卷），济南：山东人民出社，2005年版，第227页。

③梁漱溟：《乡村建设理论》，中国文化书院学术委员会编：《梁漱溟全集》（第二卷），济南：山东人民出版社，2005年版，第165页。

④梁漱溟：《乡村建设理论》，中国文化书院学术委员会编：《梁漱溟全集》（第二卷），济南：山东人民出版社，2005年版，第564页。

四、学校社会化与社会学校化

“学校社会化”与“社会学校化”主张的提出，是梁漱溟综合分析了学校教育、社会教育各自的优劣后概括出旨在平衡学校教育与社会教育的一种策略途径。他的这一主张受到了杜威“教育即生活”“学校即社会”及“做中学”教育哲学思想的影响，而对陶行知创办的晓庄乡村师范学校的参观更是加促了他这一口号的提出并令之付诸实践。他参观完晓庄师范学校后，对其办学理念“生活即教育”“社会即学校”及“教学做合一”的生活教育观大加赞赏，认为它“很合我们意思”，晓庄的教育目标体现了学校与乡村社会的融合。

在他看来，真教育即为学校教育与社会教育的融合，“于此，一以见今日学校教育之不完不妥；一以见今日社会教育亦为一时的措施：两者各不足为准理当事的真教育。真教育行且见其为两者之融和归一”①。

鉴于学校教育的弊端，他提出了学校社会化的主张，认为只有亲身经验的才是真知识，而学校里大多是假知识、死知识，以致学生不能适应社会生活。基于此，“学校须力求社会化”。相比而言，社会自然教育使人贴近社会，它的这一长处正好是学校教育的短处。学校社会化就是谋求学校教育与社会自然教育的平衡，而这在教育上甚为重要。学校社会化的作用在于：“如此，不会有死板无用的知识学问，举凡所学得的知识都是社会所需要的。若出而入社会，不但能应付，且格外有能力。”②

那么，又如何来安排“社会学校化”呢？答曰：“就所在社会环境施其教育，与平时教育恒设为特殊环境(学校)者异——此即化社会为学校。”这是梁漱溟对社会学校化的精要概述。如此解释其中的原因：“因为不能将农民、工人等从社会抽出来，脱离生产行程而施以教育。”③所以，要就民众所处的社会环境对其施以教育影响。这与当前的终身教育理念相吻合，即强调脱离学校教育之后的继续

①梁漱溟：《社会本位的教育系统草案》，中国文化书院学术委员会编：《梁漱溟全集》(第五卷)，济南：山东人民出版社，2005年版，第395页。

②梁漱溟：《杜威教育哲学之根本观念》，中国文化书院学术委员会编：《梁漱溟全集》(第七卷)，济南：山东人民出版社，2005年版，第696页。

③梁漱溟：《教育的出路与社会的出路》，中国文化书院学术委员会编：《梁漱溟全集》(第六卷)，济南：山东人民出版社，2005年版，第390页。

学习，不过此时的学习更多是自发性的，以适应社会的不断发展。社会上开设的成人课程即为社会学校化的辅助力量。根据“社会学校化”理念，梁漱溟主张在社会中要处处形成教育的环境，以“启人向学之诚而萃力于创造自己”[①]，到此，社会对人的功用才能发挥尽致。

在提出了“学校社会化”与“社会学校化”的主张后，梁漱溟又指出两者内在统一的设计意向在于使学校安排的生活接近社会生活，而又比社会生活更有意义，令学生在学校仍可以从亲切的经验中获得知识学问。这样就在学校教育与社会教育中做到了扬长避短。

梁漱溟上述主张揭示了社会与教育的紧密关系。教育的目的在于为社会培养人，而这个人必须是有社会生活能力的人，能够适应社会并改进社会，这就要求教育要社会化。反过来，社会要为教育提供一个培养标准，即教育培养出的人要具备怎样的能力才可以适应并改进现社会，社会为学校提供了教育规格及质量诉求，由此规范了教育内容、组织方法及测评方案。

综上所述，梁漱溟的教育社会观主要渗透在他的乡村建设理论中，而他的乡村建设理论（包含有乡村教育思想）又是建立在他对中国问题的认识和判断上的。他认为中国问题的根本是文化的失调，而解决该问题又必须从这一根本入手，由此他将落脚点定在了教育上，即以教育为手段解决中国的社会问题，凭借教育建立一个新的社会构造。但是这个“教育活动”又要回归到中国的乡村，以乡村入手进行一系列的改革。在这场浩大的乡村建设运动中，他提出了很多有关社会改造和教育改革的理论，其中不少具有很强的前瞻性，无论是对于当今的新农村建设还是现在的新课改都是有借鉴价值和启示意义的。比如，他提倡学校社会化，这与新课改中的教育内容要取材于现实生活不谋而合，并有助于克服教育以读书为重，偏向知识技能一边的偏颇；他主张教育要照顾个体的整个生活，培养个人的社会生产与生活能力，这又与当前教育目标中的全面发展理念相吻合或有异曲同工之妙；针对中国各地方社会情形不一的现状，他又倡导因地制宜的活教育，这与新课程改革中主张开发地方课程（或乡土课程）及校本课程有不谋而合之处。

---

①梁漱溟：《乡村建设理论》，中国文化书院学术委员会编：《梁漱溟全集》（第二卷），济南：山东人民出版社，2005年版，第571页。

教育从属于社会生产力或上层建筑,自然不能脱离社会而呈孤悬状态,离群索居或自命不凡。这种表面上的清高、神圣,只会招致教育的失落与无助,留存的多是碰壁及弊端,并且是迷路而无所归依。但教育之于社会的力量又是充分而富有潜力的,通过教育服务于社会,无论是在制度革命时期,还是在建设发展阶段,只要合理利用,都会发挥出积极、有效的作用。梁漱溟的论述不仅符合当代教育学相关原理,而且从实证及思辨方面均有深化的意义。梁漱溟对于教育社会功能思想的思考有较强的论理性及理性价值。

在《社会本位的教育系统草案》一文中,梁漱溟提出了"教育宜放长及于成年乃至终身"的原则,这是具有前瞻性的教育观点,用现在的话说就是终身教育。在提出终身教育理念的同时,他从心理学、社会学的角度探讨了终身学习的可能性与必要性,例如援引了桑代克关于"成人与学习"研究的成果,认为人类与生俱来的学习能力并不局限于未成熟期,而是贯穿于人一生的。以个体对社会发展的需求、适应性道出了终身学习的价值:"现代生活日益繁复,人生所需要学习者,随以倍增,卒非集中童年一期所得尽学,由此而教育延及成年之趋势,日渐重迫。""以现代文化进步社会变迁之速,若学习于早,俟后过时即不适用;其势非时时不断以学之不可。"①而他在乡村建设中实施的成人教育便是推行终身教育的途径,并注意与社会生活结合,培养成人的职业能力,以谋求教育改革与经济提升的双赢。

①梁漱溟:《社会本位的教育系统草案》,中国文化书院学术委员会编:《梁漱溟全集》(第五卷),济南:山东人民出版社,2005年版,第396页。

第二节　乡村教育理论形成的前期历程

与陶行知等从改革学校教育特别是教学中存在的弊端出发不同，梁漱溟基于中国社会困境出路探寻而转向乡村建设运动，更带有社会化及整体性的一面。"我心中的问题，归纳起来主要的不外两个：人生问题与社会问题（中国问题）。我早自少年时期对人生问题有过烦闷，有过追求。而当我是一个中学生的时候，又对社会问题——处于危亡之中的中国如何自救图存十分关心。"[①]他正是从解决社会问题与人生问题入手思考教育问题、从事乡村教育实验的。

1922年初，正在北京大学任教的梁漱溟曾应邀前往山西作"东西人的教育之不同"的演讲，他在演讲中分析了中西方教育的异同，指出西方人的教育偏于知识的学习，而中国人的教育重在情志教育，各有所得，各有所失，而应该两者兼顾，把情志教育放在首位，同时还对中国教育存在的问题进行了尖锐的批评。随后，他开始进行一系列的教育思考和实践。梁漱溟在北大的学术研究至少完成了两大转变：一是由佛学转向儒学，抛开出家思想，转而入世；二是由于儒家强烈的入世思想，使梁漱溟逐步走出书斋，忧心民族前途和社会现实生活，殚精竭虑于人生和教育问题。梁漱溟在北大7年，前期是为发挥儒学而教育，后期是鉴于对社会问题的思考而涉足对当时教育问题的关注，但这时仅仅是就教育论教育，重点是针对学校教育的弊病而进行思考和实践的。梁漱溟走向乡村教育实验为核心的乡村建设运动，是以离开这所著名的高等学府而另谋教育与社会的改革路向为转折点的。

一、山东曹州的办学活动

1924年初夏，梁漱溟毅然辞去北京大学教职，远赴山东曹州中学办学。这也是他投身乡村建设运动，实践救国之道、人生追求的开端。梁漱溟离京去曹州办学，有两方面原因：一是对当时的学校教育极为不满；二是受山东省教育厅厅长王鸿一之邀。1924年6月，他在《办学意见述略》一文表达了对当时学校教育的

①梁漱溟：《梁漱溟学术精华》，北京：北京师范大学出版社，1980年版，第2页。

不满:"现在的学校只是讲习一点知识技能而已,并没有照顾到一个人的全生活,即在知识技能一面也说不到帮着走路。……我的意思,教育应当是着眼一个人的全生活而领着他去走人生大路,于身体的活泼、心理的活泼两点,实为根本重要,至于知识的讲习,原自重要,然固后于此。"①

在这期间,梁漱溟主要是针对教育制度上的不足提出了他对教育的认识和理解,是针对学校教育而展开的思考和实践。从他对其他教育团体和乡村改进机构的评价可以看出,此时他还没有把教育和社会改造看作是必然的联系,此阶段是为青年学生健康成长而投身教育的,教育既是他的手段又是他的目的。

半年后国内政局风云突变,冯玉祥举国民军之大旗,推倒曹锟、吴佩孚政权。王鸿一在山东参与军阀倒戈,曹州顿起战祸。梁漱溟十分恼怒,开始后悔与王鸿一合作,便于 1924 年底一个人离开曹州返京,将曹州中学托给门生陈亚三管理。梁漱溟在曹州办学遇到挫折,没有取得预期实绩。曹州办学的经历使梁漱溟认识到:"虽学校制度难于改措,溟初不谓其即兹当废,抑且溟今后亦未见能不与学校为缘,然溟今后所欲独任之教育事业则绝不容以自家宗旨搀杂现行学校制度之内,如往昔在曹州之所为也。"②

回京后,梁漱溟与大约十个追随他的弟子,并与熊十力先生一道在北京什刹海东煤厂租房共读,互相勉励。在北京这两年,梁漱溟对中国社会的发展道路产生了困惑。一方面觉得中国应该学习先进的西方文明;另一方面却又认为西洋文明不适合中国国情。在这种深陷困境的反省自学中,梁漱溟开创了一种新的教育形式——朝会。

梁漱溟所主持的朝会,有重振古代讲学之风的意向。后来他搞乡村建设,也吸取了这一形式,经常率领师生做朝会,讲自己的人生体会和治学心得,启发学生去关注和思考社会问题,提高自身人生和道德修养。

梁漱溟经过几年的思考,萌发和坚定了振兴农村,进而为中国社会谋出路的

①梁漱溟:《办学意见述略》,中国文化书院学术委员会编:《梁漱溟全集》(第四卷),山东人民出版社,2005 年版,第 784 页。

②梁漱溟:《致〈北京大学日刊〉函》,中国文化书院学术委员会编:《梁漱溟全集》(第四卷),山东人民出版社,2005 年版,第 807 页。

思想和决定,使他的思想发生了一次质变的飞跃,困惑终于得到释然。

> 只是扫除了怀疑的云翳,透出了坦达的自信;于一向所怀疑而未能遽然否认者,现在断然地否认他了;于一向之所有见而未敢遽然自信者,现在断然地相信他了!否认了什么?否认了一切的西洋把戏,更不沾恋!相信了什么?相信了我们自有立国之道,更不虚怯!天下事,有时非敢于有所舍,必不能有所取;有时非有所取,亦每不敢有所舍。不能断然有所取舍,便是最大苦闷。于所舍者断然看破了;于所取者断然不予放过了;便有天清地宁,万事得理之观。①

梁漱溟自从1927年以后,下定决心从事乡村建设与教育工作,从中国乡村入手解决中国的社会问题,寻求民族发展的道路。因此,梁漱溟乡村建设与教育理论的提出,关系到现代化道路方向的确立。他对中国传统社会有独特的认识,认为中国是一个幅员辽阔的农业社会,即或有些城市,也很少能算得上都市,而境内所见,无非是些乡村。现代化的建设不是要以都市文明去改造中国传统的乡村社会,发展工商业,使农民尽快走上现代农业的道路。恰恰相反,中国现代化的正确选择应该是加强或重振乡村建设,谋取乡村的发达,实现一种"乡村文明"。

二、广州乡治讲习所的尝试

1927年,梁漱溟应李济深等人的邀请赴广州探寻教育革新之路,由于时机不成熟,未能落实。在此期间,他向乡治讲习班的学员作了"乡治十讲"的演讲。随后,又向中央政治会议广州分会提交乡治方案的建议书,首次刊发于1928年9月9日的《民国周报》第5卷第35期。

从梁漱溟所作演讲的内容文字可以看出,乡治讲习所主要属社会教育机构,为政府储备和训练人才,尤其应培养适合领导乡村自治的人才。这体现了"政教合一"的办学特色,也由此揭示了梁漱溟此后乡村教育活动的社会化走向。在这里,他首次比较全面地阐述了乡村教育的理论主张,明确形成从乡村自治入手,

---

①梁漱溟:《主编本刊(村治)之自白》,中国文化书院学术委员会编:《梁漱溟全集》(第五卷),山东人民出版社,2005年版,第13页。

以农立国,改造旧中国,建立一个新中国的社会蓝图。梁漱溟认为,“乡治”的原因有三方面:一是中国社会本是一农业社会,80%以上的人口是农民,只有乡村有办法,中国才有办法;二是中国传统的儒家文化仍然大有价值,有复兴儒家之志,而城市当时受西方影响太深,唯有乡村较适合重振儒家文化;三是西方的民主政治在中国行不通,想通过“乡治”为中华民族另谋一条出路。

遗憾的是,梁漱溟开办乡治讲习所的想法没有得以实现。1928 年秋,他谢绝了李济深聘请他就职广东省教育厅厅长职位的请求,而只同意出任广东省立第一中学校长,在一次讲演时说:“我到广东来,自己抱着一点意思,是想试着去作我的乡治的主张。所谓乡治者,是我认为我们民族前途的唯一出路;因为构成中国社会的是一些农村。大家每以为先要国家好,才得农村好;这实在是种颠倒的见解。其实是要农村兴盛,全个社会才能兴盛;农村得到安定,全个社会才能真安定。设或农村没有新生命,中国也就不能有新生命。”①

1929 年初,由于李济深的失势,梁漱溟不久后就被迫离开了广东,返回北京。

三、河南村治学院的教育实验

梁漱溟在从广东回北京的途中,分别参观了黄炎培在江苏昆山安亭乡徐公桥创办的乡村改进实验基地、陶行知的晓庄乡村师范学校、晏阳初在河北定县翟城村创办的中华平民教育促进会试验区以及阎锡山在山西太原等地实行的村政建设,最后撰写了《北游所见记略》,作为总结性成果。在这次漫长的考察过程中,梁漱溟对各地的乡村建设及教育运动有了大体的了解,虽然认为黄炎培和晏阳初等人的思想有许多偏颇之处,但是此行仍让他兴奋不已、极受鼓舞。他发现,在当时的中国有这么多知识分子已经开始重视农村工作并且开始致力于改造农村,这一发现让梁漱溟坚信自己走的道路是正确的,乡村改革是解决中国社会问题唯一可行的途径,于是就更坚定了奋斗的信念:从乡村入手解决中国问题,替中国开出一条新路来。

梁漱溟从广东回到北京以后不久,又应王鸿一的邀请去河南筹建河南村治

①梁漱溟:《抱歉——苦痛——一件有兴味的事》,中国文化书院学术委员会编:《梁漱溟全集》(第四卷),山东人民出版社,2005 年版,第 840 页。

学院。村治学院主要是倡导和实施村治,目的是教育农民,破除迷信,同时研究乡村问题并培训乡村自治工作者。1929 年 10 月, 通过河南省政府委员会议决案, 河南村治学院在河南省辉县百泉村成立, 梁漱溟任教务长, 并兼任《村治月刊》主编一职,主讲乡村自治等课程。1930 年梁漱溟在《村治月刊》上分期发表《中国民族自救运动之最后觉悟》一文,文中明确指出,乡村自治是中华民族自救运动最后的一新方向,乡村运动的实质就是一场文化复兴运动。这些都是梁漱溟乡村建设理论的重要组成部分。以此为纲要及雏形,后来构成 1936 年由邹平乡村书店出版的《乡村建设理论》的思想。

在《河南村治学院旨趣书》这份纲领性文件中,梁漱溟对办学的旨趣、措施和方法做了较全面的阐述,并就这一时期乡村建设的认识做了这样的概括:中国是一个村落社会,散漫、自由的生存方式以及缺乏阶级、国家意识是其结构的突出特点,这和欧洲各国在政治、经济、文化等方面相比有许多不同之处,有着其自身的特殊性。中国社会的特殊性决定了中国不可能走欧洲国家的道路。他明确指出:“欧化不必良,欧人不足法。”中国社会的问题实际上就是极其散漫,欠缺组织, 因而从乡村入手以理性求组织是解决中国社会问题的必由之路, 这就是“村治”建设的由来。社会组织的构造有经济和政治两个方面,经济是政治的基础,当以经济组织为先。经济的发展模式主要表现为以合作形式实现农业复兴,由农业引发工业,经济困境得到解除之后,中国的政治问题才能得到解决。河南村治学院分设农村组织训练部和农村师范部,农村组织训练部的宗旨是改良农村经济组织和政治组织以增进农民生活,以及从事农村组织研究和实习训练。农村师范部主要负责乡村教育理论的研究与实践训练。除此之外,还涉及农业改良实验、农业教育和乡村自卫方面的工作。

河南村治学院有一套完整的教育制度,学院的组织大纲及学则课程等都由梁漱溟亲自悉心参与制定。《河南村治学院组织大纲》中的“总纲”规定了开展村治教育的学院名称、学校地址、隶属机构、办学宗旨、学院机构设置、分管工作等事宜。《河南村治学院学则及课程》分六章详细介绍了部班级制、入学及试学、在学待遇及结业服务、院内公共生活秩序、部主任制、课程概要等规则。可见,河南村治学院的机制健全,分工明确。就学院课程而言,河南村治学院的各部课程包括精神陶炼、自卫常识、技能训练、农村经济研究、农村政治问题研究,种类齐全,涉及政治、经济、军事、文化各个方面,立足于国家问题、民族问题、社会问题之解决,而且注重社会调查和实用性。

1930年,中原大战爆发,河南是主战场。10月,河南村治学院迫不得已匆忙关闭,梁漱溟回到了北京。

总之,1924年至1930年这段时间,梁漱溟已经坚定了从乡村入手,以文化复兴中国之路,虽然只是一些零星的观点和看法,还没有形成整套理论或作详细具体的阐发,但是也有了相当多的经验,这为以后梁漱溟在山东从事乡村建设打下了坚实的基础。按梁漱溟的说法,山东乡村建设研究院是河南村治学院的继续:"要建立一个真正的宪政国家,不是宣布一个宪法、改个名儿,就能真成为宪政国家。宪政国家的基础应当是地方自治,地方自治又应从乡村入手。乡村是基层、是基础,把地方自治,特别是地方自治的基层、基础搞好,建设起来,这个宪政国家才真正是一个宪政国家。我离开城市去广东搞乡治,河南搞村治,山东搞乡村建设就是为了这个目的。"①

由此可见,由河南的村治方案到山东的乡村建设不仅是阶段的延伸或由中原大地向齐鲁之域空间的位移,而是从形式到内容均有节律性的有序变化。

①成学炎整理:《梁漱溟先生谈山东乡村建设》,山东省政协文史资料委员会、邹平县政协文史资料委员会编:《梁漱溟与山东乡村建设》,山东人民出版社,1991年版,第79页。

第三节　山东邹平乡村教育实验的组织建设

据1933年梁漱溟在《山东乡村建设研究院设立旨趣及办法概要》中的设计，山东乡村建设研究院一要负责研究乡村建设问题，二要指导乡村建设的实施。研究院的内部组织主要分为三块：乡村建设研究部、乡村服务人员训练部和实施乡村建设的实验县区。其他相关的设施和组织包括农场、医院、图书馆、社会调查部和邹平师范学校。

山东乡村建设研究院的行政组织为：院长、副院长各一人，下设总务处，掌握行政事务。新建阶段由梁仲华担任院长，孙则让任副院长，叶云表任总务主任。与在河南村治学院时的情况相类似，梁漱溟在山东乡村建设研究院创办之初，虽然不负主要的和最高的行政责任，但由于他具有思想家的性格和行为方式，他实际依然是研究院的灵魂人物，办院的原则与章程不仅大都出自他的手笔，而且在相当程度上也确实体现了他的教育思想和办学方法。

梁漱溟设想的乡村建设的具体步骤是：由乡村建设运动者通过政教合一的乡农学校组织，以及后来在目标内容与形式方法上加以变通调整后的村学、乡学教育机构对儿童青少年、农民实施精神陶炼、自卫训练和生产知识教育，以推进整个乡村社会的改良。因此，乡村建设的首要任务是培养乡村建设运动的领袖、骨干分子以及服务人员，然后由他们去教育培养新型农民及其他的子弟。《山东乡村建设研究院设立旨趣及办法概要》一文指出了该院所设研究部、训练部及实验县区的职能、任务和具体办法，院部组织还包括总务处（负责掌管全院行政事务）、乡村服务调查处（负责指导训练部学员乡村服务事务）、社会调查部（掌管社会调查、提供研究资料）、合作指导处、农场、医院、乡村书店等。

一、乡村建设研究部

乡村建设研究部的任务有两项：一是普遍提倡具体研究，以为学术界开风气；

二是要具体规划本省各地方的乡村建设方案。[1]同时招收研究生,对象为大学毕业生或同等学力者,学制 2 年,为期 2 年,目的是培养高级乡村建设干部,毕业后分配到实验县任县府科长、乡指导员并指导工作。梁漱溟担任研究部主任一职,亲自讲授乡建理论和研究指导。

研究程序是“先作一种基本研究:——那便是乡村建设根本理论的研究。次则为专科研究;随着各人已往学识根柢的不同,和现在兴趣注意的不同,而自行认定一科或数科研究之”[2]。学生先进行乡村建设理论培训,主要是学习梁漱溟的乡建思想、社会进化论、党义、军事训练等。然后开始探讨,可以根据自己的基础或兴趣自己选择一科或数科,例如农业改良、农村经济、产业合作、乡村教育、乡村自治、乡村自卫等科目。但是,科目的认定必须得到研究部主任的审量许可,作业的进行须听从部主任及教师的指导。

研究部采用导师制,在全国大学里聘请特约导师担任指导工作。除必要外,极少使用讲授法授课,主要使用个别谈话或集体讨论的教学方式。研究生在导师的指导下自学讨论,学生以更多的时间在乡下实习,将实践中的问题带回来,提出解决办法,毕业时以论文形式提交研究成果,作为考核标准。

研究部于 1931 年 6 月第一次招生,限招 30 名,学生学习期间的膳宿由公家负责,并提供制服,每月还给予津贴 10 元。生源有户籍限制,限于山东本省。外省学子可自费入学,但名额不能超过本部学生的十分之一。研究部办了 3期,共毕业五六十人。研究生毕业后大部留本院或实验区工作。“结业后,通常有一般人继续留在研究院里,其他人则转到山东各县的高级行政岗位上或其家乡类似岗位上。从它的教育作用看,这个部门是研究院制定政策和计划的机构。”[3]

①梁漱溟:《山东乡村建设研究院设立旨趣及办法概要》,中国文化书院学术委员会编:《梁漱溟全集》(第五卷),济南:山东人民出版社,2005 年版,第 232 页。

②梁漱溟:《山东乡村建设研究院设立旨趣及办法概要》,中国文化书院学术委员会编:《梁漱溟全集》(第五卷),济南:山东人民出版社,2005 年版,第 233 页。

③[美]艾恺:《最后的儒家——梁漱溟与中国现代化的两难》,王宗昱、冀建中译,南京:江苏人民出版社,2003 年版,第 175 页。

二、乡村服务人员训练部

训练部负责培养预备到乡村服务的人才，即乡村建设基层工作干部，学制1年，由陈亚三担任训练部主任。陈亚三毕业于北京大学哲学系，是梁漱溟的学生。

（一）训练部的招生

训练部的生源主要是"就地取材"，需要满足三个条件：一是世代居乡，至今仍在乡村居住的，这样的学生不仅熟悉乡村情形，而且保持着乡村习惯，容易和村民打成一片，有利于乡建工作的开展；二是具有初中文化程度，有知识、有运用文字的能力，可以为公众服务；三是年纪在20至35岁之间，年富力强而且比较稳重。招生覆盖全省，限每县10至20人，邹平名额较多。训练部共招收3期1040人，此外还用各种方式集训了约1500人。学员结业后，回原籍充任各乡县乡村建设基层工作干部。训练部的招生工作特别仔细，由招考委员会分组出发到预先制定招生的县进行召集宣传，然后分区就地进行考试。

训练部自成立以来都是公费制度，限于本省户籍，外省人若求学可以自费旁听。到1935年的时候，由于前来求学旁听的人很多，为满足一般需要，梁漱溟对训练部的招生和学制做出两项调整：一是训练部招生不再限制省籍，取消公费制度，一律改为自费，另外设立奖学金补助贫寒学生；二是根据投考学生的学历，将学制改为一年制和两年制两种。高中或师范毕业者训练一年，初中及同等学力者训练两年。远道而来求学的有河南、广西、湖南、浙江等地的学生，一方面是因为是受国内乡村建设热潮的影响，另一方面也是因为山东乡村建设研究院声名在外。

（二）训练部的组织管理

训练部以40名学生为一班，每班配班主任和助教各一名，各班主任上有部主任负责管理。班主任的"指导照管"是训练的中心，"指导照管"涵盖的内容很多，比如学生身心活动、学生精神的陶冶、学生学识的增益、学生身体的锻炼、改阅学生日记等。因这些工作要求，便有了班主任"应与学生同起居共饮食""以时常聚处为原则"的规定。训练部各班学生成立自治团，在班主任的指导下自行办理教务、庶务、卫生清洁等事。

训练部的一年课程期里是没有假期的，星期例假、纪念节假和寒暑假一概不休息。一是因为功课多但学制短;二是因为梁漱溟认为既然是培养乡村人才,就要合乎乡村社会的习惯,乡村是没有放假停工这一说的。研究部排定公共生活时序表,午前、午后、晚间三个作业段共 8 个小时。何时起床、盥洗、朝会、就餐、作业等,通通遵循该表。所谓作业,不全是讲课读书,尤其在周日多安排院外活动,如野外操练、巡回讲演、乡村调查等。

(三)训练部的教学内容

学生要先接受三项训练,然后才能转入正常学习。这三项训练也就是培养学习的内容,包括:实际服务的精神陶炼、从事乡村建设的实际知识教育、解决乡村实际问题的基本能力教育。按梁漱溟自己的说法:"(1)实际服务之精神陶炼。——要打动他的心肝,鼓舞他的志趣,锻炼他吃苦耐劳、坚忍不拔的精神;尤其要紧的,是教以谦抑宽和处己待人之道。(2)为认识了解各种实际问题之知识上的开益。——非有一番开益其知识的工夫,则于各种实际问题恐尚不易认识了解。(3)为应付解决各种实际问题之技能上的指授。——例如办公事的应用文,办合作的应用记事簿,办自卫的军事训练等。必须受过了这三项训练,而后乡村服务人才的条件才得以完具。"

为了实现这三项训练,训练部的课程安排有:(1)党义之研究,概括三民主义、建国大纲、建国方略,及其他等目。(2)乡村服务人才之精神陶炼。(3)村民自卫之常识及技能之训练,概括自卫问题研究、军事训练、拳术,及其他等目。(4)乡村经济方面之问题研究,概括经济学大意、农村经济、信用生产消费各项合作、簿记、社会调查及统计、农业常识及技术、农产制造、水利、造林,及其他等目。(5)乡村政治方面之问题研究,概括政治学大意、现行法令、公文程式、乡村自治组织、乡村教育、户籍土地各登记、公安、卫生、筑路、风俗改良,及其他等目。①

其中《乡村建设理论》是一门主课,每周一到二次,每次一个小时左右。上课时两三个班集中在研究院大礼堂里,由梁漱溟亲自主讲。"梁先生讲课语调较慢,很清楚。每次讲完,我们对梁先生的见解、主张都很赞成。"②

---

①梁漱溟:《山东乡村建设研究院设立旨趣及办法概要》,中国文化书院学术委员会编:《梁漱溟全集》(第五卷),济南:山东人民出版社,2005 年版,第 234—235 页。

②刘溥斋:《我在研究院训练部学习和从事乡建活动的经过》,山东省政协文史资料委员会、邹平县政协文史资料委员会编:《梁漱溟与山东乡村建设》,济南:山东人民出版社,1991 年版,第 58 页。

训练部特别重视学生的思想道德教育。学生每人发一本笔记本，每天记一篇，记日记也是一门主课，由班主任批阅。教师通过这种方式了解学生的思想。训练部还比较重视军事课，从部队请来教官，每周至少三次军训。训练部对学生的生活也有严格要求，要求学生艰苦朴素，合乎民风，不许穿好的衣服，也不许留长发。目的是为了先从形式上和农民沟通关系，便于将来乡村工作的开展。

按照梁漱溟以前的"班长制"，学生分成一些小组，每个小组有自己的班主任。每一个小组作为一个自我管理的团体在一起生活、学习和工作，几乎没有在一起娱乐的机会，梁漱溟的儒式职业习惯根本没有考虑到星期日或休假日。每天的生活从上午五点半开始就被一个安排得很紧、严肃得如同修道院的时间表支配着，以进行有目的的活动。此外，每个学生还被要求写日记，对他的工作、周围环境及他本人做出考察和反省。这种日记要定期上交给班主任进行检查。

每天拂晓，全校师生在天还没亮时就集合在一起做一段时间的静思。梁漱溟或其他教师做一段朝话，这种朝话是进一步思考的材料。梁漱溟希望通过这种体验方式把学生锻炼成为研究院解决山东农村问题的合乎需要的坚强先锋。他们将习惯于在无亲属关系的集体中生活和工作，习惯于艰苦的劳作，明了自己工作的深远意义，满怀儒者的热忱去发挥道德影响。①

教学内容规范着教学组织形式，组织形式又反作用于内容的实施，两者互动联系，共同完成教学目标任务的规定，并体现了办学者的思想理念设计。

(四)训练部毕业生的流向

训练部从1931年夏至1935年10月，共举办三期，为全省107县共培养乡建实施人才1040人。另据1937年的统计，研究院与所属实验区，共培养、训练学生累计达3000多人。毕业生绝大部分返回本乡从事乡村建设工作。②

据训练部第一届学生于长茂回忆：

在两年的学习中，每日亲听先生讲授《中国民族自救运动之最后悔悟》

①[美]艾恺：《最后的儒家——梁漱溟与中国现代化的两难》，王宗昱、冀建中译，南京：江苏人民出版社，2003年版，第176页。

②宋恩荣：《梁漱溟的乡村教育实验》，《教育研究与实验》1988年第2期。

和《乡村建设理论》等课。在讲授中梁先生忧国忧民的心情每每流露于言表。每日授课三四个小时,其苦口婆心、谆谆诲人的精神,以及那精湛的论述和铿锵有力的语言,深深打动着每一个受教育者的心。由于先生耳提面命,言传身教,我和同学深受感化,过去热心向往城市生活的同学,结业后都愉快地到贫穷落后的农村去工作。①

1936年,研究院的训练部纳入师范教育体系,改为山东省第一乡村建设师范学校,菏泽分院与原有的省立第五师范合并,改为山东省第二乡村建设师范学校。

三、邹平实验县的组织建构

山东乡村建设研究院是研究农村救济建设等问题的学术研究机构，学术要变成现实,必须靠实验区来实验。山东省政府在该研究院成立之时就把山东邹平划为乡村建设实验区,一切事情隶属研究院,有关乡建的各项政策措施都在此加以实验,实验区是梁漱溟乡村建设理论的实践基地,其既是专供学生实习乡村建设实际工作的场所,也是乡村建设的示范区域。1933年,选定邹平县为实验县。随着乡村建设运动的开展,又相续选定菏泽、济宁等十余处为实验区,在各县辖区内广泛开展乡村建设与教育活动。邹平实验县县长一职先后由梁秉锟、朱桂山、王怡柯、徐树人等担任,梁漱溟也曾于1935年6月短暂兼任。

(一)村学—乡学—县政府

邹平县原有的7个行政区,改划为14个乡,城区为首善乡,乡以下为36个自治团体。这样邹平实验区就形成了村学—乡学—县政府三级行政机构。村学、乡学的设置体现了梁漱溟以传统儒家为基础的思想,希望采用“古人的道理”教育村民,以达到道德约束的目的。如在村学设立民事纠纷调解委员会,尽量采用温和的手段化解矛盾。

(二)行政机构设置

1.村学机构

各村学设立以下机构:

①于长茂:《沉痛悼念梁漱溟先生》,梁培宽编:《梁漱溟纪念文集》,北京:中国工人出版社,2003年版,第67页。

村部。设村队长一人,在县警卫队培训的人员中选取担任,负责全村联庄会员的训练,同时负责维持本村的自卫治安。

民事纠纷调解委员会。由村学学长、理事和村中选出的1至3名德高望重公正人士组成民事纠纷调解委员会,负责调解村内民事纠纷,减少诉讼。

户籍员。在村中选出一名有文化、有责任心的村民担任户籍员,负责全村的户籍工作,直接受乡户籍主任的领导。

2.乡学机构

各乡学设立以下机构:

乡队部。设乡队长、副队长各一人,由县政府委派在县警卫队培训的一年制学员担任。乡队长负责全乡自卫治安和联庄会员的训练工作。

户籍室。由乡副队长兼任户籍室主任,负责全乡户籍管理和禁缠足、戒早婚、禁烟、禁赌等工作。

卫生所。卫生所的工作人员由县医院培训的卫生人员担任,每乡分配一人,负责全乡医疗卫生工作。

3.县政府机构

第一科。负责全县民政工作。

第二科。掌握全县武装。下设青年农民征训所,直辖警卫队。有军事教官数人,负责培训各乡学的乡队长和乡副队长。

第三科。掌全县财政和省款、地方款的预算、决算事项。

第四科。掌管全县公路、水利、电话和度量衡。县电话事务所总机装有70多部话机,各乡乡学都通电话,县城东西两城门内,安有公共电话两部,任人使用,便利村5个自然村庄。乡设乡学,村设村学,乡学是村学的上级。除首善乡设实验小学外,其余13个乡按序号排列称为第×乡学。村学乡学作为学校负责本村、本乡的行政事务,相当于村民。①

第五科。负责全县教育工作。

户籍室。设户籍室主任一名,下有户籍员、统计员4人,掌管全县户籍工作,如人口生亡、户口迁移等。

此外还设有秘书室(负责保管档案材料、规章文件)、承审室(掌管司法、民事诉讼等)、公报处(负责刊登本省、本县重要消息)、民众问事处(负责解答乡下农民进城询问不明白的事情)、金融流通处、农民自新习艺所、乡村饭店等辅助机构。第一科科长田慕周,第二科科长窦学岩,第四科科长钱子范,第五科科员李守文和宋乐颜都是研究部培养出来的学生。

如果上述机构的功能或价值从大教育观视角加以揭示阐发,可以认为村学和乡学的教育内容主要有以下几个方面:

(1)村学、乡学设儿童共学处、小学部、职业训练部,因陋就简,随处施教,注重对合作社职员、社员冬春训练蚕业、机织传习等(办理学校教育和社会教育,侧重职业性的教育)。

(2)推行各项改良措施,如禁缠足、戒早婚及买卖婚姻、禁烟、戒游堕、戒斗殴、农业改良、造林、修路、讲卫生等(推进社会改良)。

(3)扶助农民组织生产、消费、运销、信用各种合作社,以办生产、运销社为主。各乡经常办合作训练班,训练合作人员,凡村学教员均须合作函授班毕业,会指导办合作:高小及成人部教育加入合作内容,把合作社作为从经济上组织农民的主要手段,辅以技术指导,良种推广,推动合作组织普遍发展(辅助农民生产)。

(4)办理乡村自卫,自卫组织名为"联庄会",先由各乡选送青年施以严格的军训,委任各乡的乡队长、副乡队长。办理联庄会训练班,每年办一次,训期两个

①山东省政协文史资料委员会、邹平县政协文史资料委员会编:《梁漱溟与山东乡村建设》,济南:山东人民出版社,1991年版,第120页。

月。受训后按地段编组，每村编为一组，设村组长、副组长。全乡编为一乡队，受乡学节制及乡队长的指挥，维护治安，防护青苗。在不妨碍农事原则下，每月至乡学集合一次，举行"乡会乡射"操练练习（办理乡村自卫）。

从这四方面看，乡学和村学的教育内容比较广泛，侧重于农村社会的实际，大致包括伦理、风俗、职业培训、技术传授，军事训练等。此外，还办理户籍等事宜。

四、农场

乡村建设有"富、教、养、卫"四大任务，"富"为首要任务，所以地址就设在黄山西北角的德国天主教堂一带，占地 20 多亩，内设田艺、园艺、畜牧、养蚕和兽医五个组，还建了一个酱油厂，用以对大豆深加工。农场制定周详的计划，开展种猪、鸡种、蚕业改良设计和美棉推广设计。于鲁溪任场长，之后乔礼卿任场长。于鲁溪是山东淄川县人，金陵大学农科毕业。农场的主要工作是畜牧、育种、试种美棉与美烟等，并负责指导组织梁邹美棉运销合作社及棉花打包厂。农场主要任务是指导改良农业、发展农村副业、推广实践经验、繁荣农村经济，同时为学生在农场进行各项农业实习提供条件，训练部有关农业常识及技术的课程就由农场主任及技术人员担任指导。农场积极培育优良品种，并通过实验推广谋求生产工艺及技术的改进，在一定范围内受到了农民的欢迎，既加深了他们对乡村建设研究院的认识，也使农民获得了一些农业科学技术知识。

五、邹平师范学校

1933 年，根据梁漱溟"村有村学，乡有乡学，县有县学"的乡村学校式建设实验要求，设立县学师范部，学生住在文庙前的廊坊内，破门烂窗，四壁透风，条件艰苦，生源多样。邹平师范学校的教育活动受乡村建设研究院乡村教育与建设整体方案及要求的制约，为乡村建设的理想目标服务。

1935 年 8 月，陶行知晓庄师范学校的得力助手、生活教育派的重要成员张宗麟应聘到邹平县简易乡村师范学校任校长，并实施了一系列的改革。

张宗麟（1899—1976），浙江绍兴人。中国现代教育家。1925 年东南大学教育系毕业后，协助陈鹤琴办南京鼓楼幼稚园，为中国第一位男性幼儿教师，力求创办适合中国国情的幼稚园，主要研究成果成为国民政府教育部1929年颁布的《幼稚园课程暂行标准》的依据。他认为幼稚教育乃一切教育的起点，对人生和社会都至关重要；幼稚教育的宗旨在于养成健康活泼的身体，培养良好习惯和能力；以自由和自然为原则，从儿童的需要出发；要求教师热爱儿童、尊重儿童、向儿童学习、做儿童的朋友。1927年任晓庄学校幼稚师范指导员，1936年协助陶行知办生活教育社。他提出学校教育和实际生活打成一片，提倡到农村去普及幼稚教育，为劳苦大众服务。抗日战争爆发后，在上海办救亡训练班，主编抗战读本。1942年离上海赴新四军淮南根据地，任江淮大学秘书长。他还先后担任延安大学教育系副主任、北方大学文教学院院长和华北京大学学教育研究室主任，著作有《张宗麟幼儿教育论集》和《张宗麟乡村教育论集》。①

作为陶行知学说的拥护者，张宗麟积极提倡“生活即教育，社会即学校”“教、学、做合一”的教育思想，因此，他主持下的邹平简易乡村师范学校基本承袭晓庄师范学校的做法，取得了良好的教学效果，在当时社会上影响很大。

(一)办学目的及教学内容

“教育目的反映了一定社会对受教育者的要求，是教育工作的出发点和最终目标，也是确定教育内容、选择教育方法、检验和评价教育效果的根据。”②由此可见，教育目的实为教育活动的方向与灵魂，至为重要。梁漱溟视域所及整个社会的建设与发展，其重心所在为社会基层的乡村，尤以乡村教育为原点及依托，也是核心所在。

梁漱溟倡导的乡村建设，就总体而言，是一种企图在保留现存社会关系的基础上，通过乡村教育的方法，由乡村建设引发工商业，以实现国民经济改造和社会改良的运动。乡村教育是梁漱溟乡村建设理论及实践的重要组成部分。乡村教育与乡村建设的相关性不仅是手段、方法与任务、目标的线性联系，也不全是部分与整体的概念所属的逻辑，而是渗透与融合的彼此相依、相互促进的协同共生的融合关系。梁漱溟说：“大家身躯上都有中国社会问题的负担与压迫，在探求方向时，在寻求自家工作或自家事业如何办法才对之时，不期然而殊途同归；办

①教育大辞典编委会编:《教育大辞典》(第十卷)，上海:上海教育出版社，1991年版，第293页。

②中国大百科全书总编辑委员会编:《中国大百科全书》，北京:中国大百科全书出版社，1985年版，第172页。

教育者除非不想办真正的教育，如果想如此，非归到乡村建设不可。”①

梁漱溟把乡村建设作为一项系统工程，强调乡村的经济建设、政治建设都有赖于乡村教育的发展。在他看来推动乡村社会进步，表面上是以经济建设为主，骨子里却在于教育工夫，这就是他所说的：“建设、教育二者，不能分开……从人一面说，就是教育；从物一面说，就是建设。物待人兴；建设必寓于教育。”②

梁漱溟作为邹平乡村教育实验的设计师及推行者，他对实验过程、环节及所出现问题的解决呕心沥血，亲力亲为，将师范教育与整体实验开展中学校师资培养紧密结合起来，对教师质量要求的重视，具体落实在邹平师范学校的办学期望之中，因而该校的办学目的恰是邹平乡村教育实验目的本质之反映。

张宗麟是邹平乡村师范学校的主持者，其理念及主张引导着学校的办学活动。他认为乡村师范的使命有四：一是训练改造乡村的师资；二是改造乡村；三是沟通知识分子与农民；四是在发展教育学上也负有特殊使命。③乡村师范的使命是该类教育办学目的与教学内容的纽带，教学内容是围绕着办学目的而设计的。张宗麟指出：“全国乡村师范如此发达，而乡师的详细课程，并无规定。所以各处所办大都各出心裁。有的完全打破一切课程的形式，从实事上去做，如晓庄的各项教、学、做合一；有的是调和形式课程与实地做，如比较有改进精神的乡师；有的就直抄县立师范的课程。”④从中得知，此期的乡村师范课程没有统一的标准。

邹平师范学校的课程设置主要参照了国民政府教育部 1932 年 12 月 17 日颁行的《师范学校法》和 1933 年 3 月 18 日修订的《师范学校规程》，按照中等师范学校课程计划的要求，主要开设文学、数学、史地、理化、教育学、心理学、社会学、军事、音乐、美术及公民道德等学科。在此基础之上，邹平师范学校根据梁漱溟乡村建设的思想及陶行知生活教育理念的精神，加以必要的变通改革。由于该

①梁漱溟：《自述》，中国文化书院学术委员会编：《梁漱溟全集》（第二卷），济南：山东人民出版社，2005 年版，第 33 页。

②梁漱溟：《乡村建设理论》，中国文化书院学术委员会编：《梁漱溟全集》（第二卷），济南：山东人民出版社，2005 年版，第 471—472 页。

③张沪编：《张宗麟乡村教育论集》，长沙：湖南教育出版社，1987 年版，第 474—475 页。

④张沪编：《张宗麟乡村教育论集》，长沙：湖南教育出版社，1987 年版，第 14 页。

校处于乡村教育实验区,因而其课程设置更贴合农村实际,校本课程的开发与邹平乡村建设实验的具体工作要求相联系,科学有序,体现了地方学校与国家统一办学之间的目标差异及个性特征,因而更具其新颖独特性。

1926年,由陶行知撰述的《中华教育改进社宣言》称:“本社的乡村教育政策是要乡村学校做改造乡村生活的中心,乡村教师做改造乡村生活的灵魂。我们主张由乡村实际生活产生乡村中心学校,由乡村中心学校产生乡村师范。乡村师范之主旨在造就有农夫身手,科学头脑,改造社会精神的教师。”[①]邹平师范学校基本上仿照了晓庄学校的办学方式,制定了符合生活教育的目标及要求,特别重视科学技术知识的传授,生产劳动技能以及从事社会改造、创造理想生活的心理及人格的培养与训练。

(二)革新教学方式

张宗麟到任不久，就对学校的教学组织方式进行改革。他主张实行道尔顿制,主要的教学方法是讨论法。上课前各科教师提前告知学生具体的学习内容,指导学生先进行自学。在课堂教学中学生经过自学提出疑难的问题,师生组织共同讨论,最后由教师做总结性点评或讲解,再布置课外作业。道尔顿制强调学生独立工作能力的培养,最大限度地发挥了学生的主动性、积极性。师生之间通过讨论产生思想的交流与碰撞,不仅活跃了课堂气氛,增强了师生情谊,而且有助于针对学生的差异性,长善救失,因材施教,同时培养了学生的实践操作能力。

为培养专业人才,邹平师范学校还采用按学科加以分组教学的方式,如学历史要求弄清中国农民起义失败的原因、辛亥革命的教训等；学地理要算一算帝国主义侵占了我们多少领土;军事组要学习阵地战、游击战等各类战术知识,知晓步枪、冲锋枪等各类枪支弹药的使用,还要练习露营野餐和战地救护。[②]这种组织方式的改变,有效克服了死读书、读死书与读书死的状况,学生的精神心理发生积极的提升,学习气氛空前高涨。

(三)丰富文娱生活

邹平师范学校位于县城的孔庙内,教育设施简陋。张宗麟带领学生拆除残墙

---

①胡晓风等编:《陶行知教育文集》,成都:四川教育出版社,2005年版,第208页。

②宋一平、王晶五、耿巨吾:《邹平县简易乡村师范学校与张宗麟老师》,山东省政协文史资料委员会、邹平县政协文史资料委员会编:《梁漱溟与山东乡村建设》,济南:山东人民出版社,1991年版,第236页。

断壁，整修校舍，一扫过去的古刹气氛，呈现出充满朝气及活力的文明校园景象。现代学校教育是在经过办学者设计的环境下进行的，良好的校园环境拥有育人益智的潜在功能。

张宗麟在坐落于校园的孔庙大成殿设立阅览室，备有《大众生活》《大众哲学》《社会科学》《世界知识》《中国农村》等进步书籍和刊物，还有开阔学生视野的《大公报》《邹平实验县报》等报纸，供学生课外阅读，丰富学生的精神生活。在此基础上，学校还组织学生办壁报，一年级是《萌芽》，二年级是《野火》，师生们纷纷在壁报上写文章、画漫画，大声疾呼抗日救国。

除了常规的课堂教学外，邹平师范学校还组织部分学生办理“午学共学处”，通常在午饭后，选择适当地方，由师范学校的学生召集村内失学的男女儿童或青年，教他们唱歌、识字。

在课余时间，邹平师范学校会分配音乐教师组织学生大唱进步歌曲，例如《开路先锋》《大路歌》《渔光曲》《打回老家去》《毕业歌》《满江红》等，学生唱起来歌声嘹亮、情绪激昂，激发着斗争向上的精神。有些时候教师还会指导学生排话剧，诸如《放下你的鞭子》《雷雨》等，都广受好评。

张宗麟早在1927年就加入中国共产党，用梁漱溟的话说“他的思想偏左”，在教学中这种“偏左”的思想渗透在各个方面。比如他鼓励学生阅读进步书籍，亲自教授学生唱进步歌曲《锄头舞》《凤阳花鼓》等，启发教育学生分辨敌我的能力。

1935年7月6日，国民政府北平军分会代理委员长何应钦在日本华北驻屯军参谋部威胁下被强迫致电天津日本驻屯军司令官梅津美之郎表示接受日方提出的苛刻要求，内容包括为：“撤免偏向全民统一战线的河北省政府主席于学忠及平、津两市市长；取缔反日团体及反日活动等方面。”①这一协议，习惯上称《何梅协定》。它的出笼，遭到中国人民的抗议与揭露。在张宗麟的引导下，邹平师范学校暗涌着一股革命思潮。为反对《何梅协定》，全校师生举行了大规模的游行示威，事件结束后，张宗麟被迫辞职离开了邹平。

---

①李华兴主编：《近代中国百年史辞典》，杭州：浙江人民出版社，1987年版，第450

1936年,研究院的训练部纳入师范教育体系,改为山东省第一乡村建设师范学校,校址位于山东乡村建设研究院内。研究院正门朝南,挂有两个牌子,一为山东乡村建设研究院,一为山东省第一乡村建设师范学校。梁漱溟任校长,张俶和任教务长,黄艮庸任总务长。下设特师部和简师部,部设部主任,班设班主任。特师部招收初中毕业生,学制3年;简师部招收高小毕业生,学制4年。两部学生结业后,都分配充当乡农学校、乡学、村学的教师。特师部招6个班,学生300余人;简师部前后共招3个班,分一、二、三年级,学生约有150人。对学生实行军事管理,每人发蓝制服,按时出操、打靶和野外训练。乡村师范学校的课程内容也和其他普通乡师大体相同了。因为当时省教育厅规定,学生毕业时,必须参加全省会考,会考不及格的不发给毕业证书。所以,不得不有如此的改变。①

梁漱溟主持下的山东邹平乡村教育试验区所建立的邹平师范学校是在"教育救国""乡村教育"等思想的影响下,为改造中国旧有的师范教育、乡村教育和中国农村应运而生的。邹平师范学校采取灵活多样的办学形式,开展因地制宜的教学,不仅培养了一大批博学多识的学生,同时也为乡村教育试验区基础教育及社会成人教育输送了亟需的教育工作者,为民国时期乡村建设运动中"邹平模式"成效及地位的取得发挥了应有的智力支持,尤其是师资力量的保障作用,也是中国现代师范教育史上乡村师范教育模式的一个具有个性的、鲜活的案例。如今的教师教育体系中,诸如此类的"乡村师范教育"已经不复存在了,但乡村师范以自己艰辛的发展历程和历史贡献改变了中国部分乡村国民教育的落后状况,实际上对中国现代教育发挥了作用,并在中国师范教育史上写下了浓墨重彩的一笔。现如今,虽然改变农村教育使命的载体已不限于师范教育,乡村师范教育更已被包容性更大、层次更高的师范学院、师范大学所替代,但是我们仍坚信,梁漱溟在乡村教育实验中所创立的多育结合的办学模式、秉承的服务乡农的办学宗旨、持有的朴实刚毅的乡村师范奉献精神已经融入当代师范教育发展的血脉之中,是激励教师队伍继续前行的恒毅力量。

---

①贾巨川:《山东省第一乡村建设师范学校及邹平乡村建设实验情况》,山东省政协文史资料委员会、邹平县政协文史资料委员会编:《梁漱溟与山东乡村建设》,济南:山东人民出版社,1991年版,第243页。

第七章

事业巅峰

——山东邹平乡村教育实验(下)

第一节　山东邹平乡村教育实验的实施

基于乡村教育实验思想的基本认识，梁漱溟亲自设计了乡村教育实验的组织机构、活动内容、职责分工及其相互关系，具体由山东乡村建设研究院加以承担与管理。在此背景下，以山东邹平为中心的乡村教育实验开始有序实施及推行，主要包括三个方面：乡农学校教育实验，邹平村学、乡学的学校式教育实验，邹平村学、乡学的社会式教育实验。

一、邹平乡村教育实验基地的选择与实验的阶段

山东乡村建设研究院选址邹平为实验区推行乡村教育实验的原因主要有三个：(1)该县当时人口不过18万，不大不小，规模比较合适；(2)该县靠近胶济铁路，交通便利；(3)该县没有大地主，乡村建设易于进行。多年后，梁漱溟回忆说："我们搞乡村建设，要在社会基层入手，如果这个县很大，我们的人力不够，照管不了。邹平在当时人口不过18万(其他资料记载，只有155768人)，我们所以选择邹平，这是第一点。再一点，我们跟省政府常常联系，如果离济南太远，不太方便。邹平刚好靠近胶济铁路线，离周村很近，去济南比较方便，觉得邹平比较合适。当时就是这么个想法。还有个好的方面，它没有大地主……这就便于我们做工作。"①

邹平工商业不发达，一向为农村社会，西距济南170里，东南距胶济铁路之周村站35里，城北40里的孙家镇经小清河可西达济南，青岛到周村的汽车穿城而过，水陆交通可谓便利。当时邹平全境东西43里，南北80里，在山东为第三等县。山水众多，东南土地平沃，于普通农作物外兼有蚕桑。西北地势较高，多植棉。邹平当时拥有"耕地约七十一万亩……无过瘠过肥之差别。其土地分配，大致亦颇平均，鲜阶级不同之悬殊"。民风较淳朴，农民百分之八九十务农，百分之八十六的土地掌握在自耕农手中。这样，基本符合实验要求的邹平就被选中了。

山东乡村建设研究院在省政府的大力支持下，开始实验。研究院设在邹平县城东关之外，其东南半里之遥设有农场一处。

①山东政协文史资料研究委员会编：《山东文史资料选辑》(第22辑)，济南：山东人民出版社，1986年版，第139页。

邹平的乡村教育实验大体可以分为两个阶段。1931 年 3 月至 1933 年 7 月为第一个阶段，称为乡村建设实验时期，为初级实验阶段。本阶段主要为试办乡农学校。1933 年至 1937 年 7 月卢沟桥事变，此为第二个阶段。日本帝国主义发动全面侵华战争，铁蹄践踏山东大好河山，被迫中断实验。本阶段又称为县政实验时期，为高级实验阶段，主要是按照乡村建设理论及实验计划推行实验的时期，开办村学、乡学是其中的核心要素及项目。梁漱溟所设计的具体内容可以分为下面三个方面：

> 经济一面，政治一面，教育或文化一面。虽分三面，实际不出乡村生活的一回事；故建设从何方入手，均可达于其他两面。例如从政治方面入手，先组成乡村自治体；由此自治体去办教育，去谋经济上一切改进，亦未尝不很顺的。或从教育入手，由教育去促成政治组织，去指导农业改良等经济一面的事，亦可以行。但照天然的顺序，则经济为先；必经济上进展一步，而后才有政治改进教育改进的需要，亦才有作政治改进教育改进的可能。如其不然，需要不到，可能性不够，终是生强的作法。我们从事乡村建设，原是作促进社会进步的工夫，固不能待其天然自进；然于此中相因相待之理不知留意，建设必将无功。①

这里所构想的通过“教育或文化”工作努力达到政治、经济的改进成为乡村教育实验综合化的特征，而其中又突出经济建设之于政治进步、教育文化发达的先决条件或基础作用，表明梁漱溟关于社会改革思想已由道德伦理、文化精神向产业技术、经济资本方向调整、转移，这是一种富有现实性的进步。不过，这种变化主要反映在第二阶段的教育实验之中。

二、邹平乡农学校的教育实验

乡村建设培训部培养了乡村建设人才后，他们回乡如何服务？于各县建设实施从何着手？梁漱溟提出办乡农学校，即用乡农学校的组织去具体推行乡村建设。“邹平的乡村工作，是以乡农学校来进行。乡农学校就相当于江南一带的乡村改进会，或农村改进区；也相当于北方定县的平民学校。不过都不很相同。”“我们的办法，是在相当大小范围的乡村社会以内，成立乡农学校。”②

①梁漱溟：《山东乡村建设研究院设立旨趣及办法概要》，中国文化书院学术委员会编：《梁漱溟全集》(第五卷)，济南：山东人民出版社，2005 年版，第 227—228 页。

②梁漱溟：《乡农学校的办法及其意义》，中国文化书院学术委员会编：《梁漱溟全集》(第五卷)，济南：山东人民出版社，2005 年版，第 347 页。

乡农学校也是梁漱溟实现其乡村建设理论的组织机构，在尚未取得地方自治实验权以前的乡农学校，是一个集政治、经济、教育、军事于一体的组织，在这个组织中，既能使民众享受充分的民主，又可为每一个人提供平等受教育的机会，并且扬弃新老教育中的优点和不足。乡农学校开展的教育工作又分学校式和社会式教育。学校式教育是指根据需要在乡农学校中分别设立儿童部、成人部、妇女部等；社会式教育则是指通过农业改良、倡办合作事业和风俗整顿等社会改造和社会建设措施来实施广义的教育工程。根据当时中国乡村的实际状况，梁漱溟认为只有通过乡农学校的形式，把乡村组织起来开展自救，才能解决中国乡村存在的种种问题，所以乡农学校就是“乡村建设”的组织形式。到 1932 年，山东邹平全县共成立乡农学校 91 所，学生总数达 30966 人。①

成人部农闲时上课，所有男性成人均须参加，授课时间每晚 7~9 时。课程有公民学（故事、时事和“精神训练”等）、识字、基础知识、唱歌、武术等。课程设置以“因时因地制宜”为原则。妇女教育部一般为下午开课，课程基本与男性成人教育相同，增加了育婴及家政等内容。儿童教育部每天上课（女童只上半天课），农忙时停课，课程有国语、算术、常识和公民等，以“适用”为原则，重视精神陶冶。需要指出的是，各部的教学除了有以上提到的“恒常类”课程，还有按当时当地需要和问题而设的“特殊类”课程，如有匪患的地方设讨论匪患的功课；养蚕种棉的地区随时成立短期补习班。乡农学校高级部招生的对象为曾经进过学校受过 4~5 年教育，年龄在 18 岁以上的青年人，课程以史地和农村问题为主，目的是培养乡村建设干部人才。史地课程是让他们明白历史的变迁，而有自己所处时代地位的自觉。在梁漱溟看来，非明白历史的变迁，必不会应付现在的环境而创造未来的前途；非从深处认识问题，就不知道问题的来历，得不到解决问题的方法。农村问题课程是让他们从眼前身受种种问题，往深处认识之、了解之。此外，还要对他们进行乡村事业的技术训练，以培养乡村工作的技术能力。

乡村教育应从何处入手呢？在这个问题上，梁漱溟与其他乡村教育领袖见解不同。他既不从扫盲这个提高民众识字率的基本问题入手，也并非立足于促进农业职业教育、改良农业技术方面，而是以“人生行谊教育”为视角切入乡村社会，这也就成为邹平乡农教育模式的主要内容之一。所谓人生行谊教育，就是关于人生态度、品德、道义等的教育。梁漱溟从其生命哲学观出发，认为知识技能是生活的工具，是死的；只有生命本身才是活的。必须以活泼的生命去进求、去运用，而

①宋恩荣编：《梁漱溟教育文集》，南京：江苏教育出版社，1987 年版，第 245—246 页。

后才能获得知识技能。生命消沉无力,则知识技能一切谈不到;而果得生命活泼,亦自然知所进求运用,正自不难著其功。因而,在他看来:“中国教育除非从此没办法则已,如其有办法,必人生行谊教育之重提,而后其他一切知识技能教育乃得著其功;抑必将始终以人生行谊教育为基点而发达其他知识技能教育焉。”[①]

他坚信在当前剧变的世界中,必须从人生问题上启发指点,使农民从“窘闷消沉”转向“乐生”后,才能谈得上识字运动和农业改良运动;否则,农村各项事业既难以推行,也难以取得成效。就梁漱溟所从事的邹平乡村建设,亦即其邹平教育模式而言,也是以此为出发点的。关于乡村建设运动与人生行谊教育之间的关系,梁氏之门生黄艮庸先生亦有其真知灼见,他说:

> 人生态度之提醒,乃乡村运动之根本原动力也;此力不活,一切均为死的,政治经济上之实际问题,吾决其无解决之日失。且吾人之乡村运动,为人类而尽责也,亦为自己性命尽责也。……吾愿吾师则以人生态度重提一义为重,而将乡村运动的名称,逕称之为“新人生的运动”,使本末轻重所在,一望了然,而青年人又可从根源处着力耳。

他进一步指出:

> 在今日之社会现象,人人穷饿,非衣食足,不能兴礼义,此何待言。然吾人以经济一言以号召天下,吾知其饿者之易易,吾知其能唤醒饿者之起而求食,非能晓起饿者以求生也。苟能唤起饿者以求生,则其道并非经济的可能为力也。其道何由?吾应之曰,厥仍首在教育。……今日之教育,应注重人生行谊,使人与人之间,各以其生命相感召,以成吾民族生机之大潮。[②]

由此可见,乡村建设以人生行谊教育为出发点,以唤起乡民的生命活力,成为梁漱溟及其学生的共识,并且成为当时邹平乡建同仁的共识。曾在南京晓庄师范任教,后被梁漱溟邀至邹平从事乡农教育的杨效春即指出:“乡农教育所指望的,对于乡农是整个的人生教育;对于乡村是整个的社会再造。”[③]在邹平县印台乡从事乡农学校工作的尹明甫告诫乡农说:“不要单看重有形的洋钱,要看重

①梁漱溟:《丹麦的教育与我们的教育》,中国文化书院学术委员会编:《梁漱溟全集》(第七卷),济南:山东人民出版社,2005年版,第679—681页。

②黄艮庸:《黄艮庸先生寄梁漱溟先生书》,《乡村建设》1933年1月11日第2卷第17、18期合刊。

③杨效春:《乡农教育释义》,《乡村建设》1932年第2卷第9期。

无形的做人的道理。”[①]

从课程设置看，乡农学校的教育内容很丰富，有知识技能教育、人生行谊教育（精神陶冶）、体育、美育及综合教育等。但是，在具体的施教过程中，各项教育内容并非同等并列，人生行谊教育，即道德教育或精神陶炼是教育内容的基点与核心。因为邹平的乡村建设不是一般的乡村建设，而是一种文化改造、民族复兴。精神陶冶主要包括三方面内容：合理的人生态度与修养方法、人生实际问题的讨论及对中国历史文化的分析。而这三者皆以“中国民族精神”为核心。梁漱溟指出，要使中国人认识自己，认识自己的民族精神。“人类之所以为人类，在其具有理性；中国古人很早就认识了人类的理性，发挥了人类的理性，所以中国民族虽遇今日之难关而无碍。”[②]要开发理性，就要大大发扬中国民族精神。而所谓民族精神，中国人的精神不是别的，就是以孔子为代表的儒家的伦理思想。通过思想陶炼和灌输，期冀达到如下目标：“启发大家的深心大愿”“替他从苦闷中找到出路，从彷徨中找到方针，从意兴消沉中仿佛叫他有了兴趣”“让乡下人活起来，不但使他脱离了迷信与习惯，并且使他脱离了彷徨及苦闷；必如此，农业方可改良，合作社方可组织”。[③]

在教学组织方式上，梁漱溟立足中华传统文化来思考中国社会的改造，注重民族精神的再造，他独创的“朝会”形式被应用在学校中。乡农学校每天都举行朝会，教员进行精神陶冶讲话。乡农学校的日常教学活动中主要采用讲授法、师生讨论问答法，其间还借鉴了陶行知的“小先生制”，创立了“共学团制”，团内设团长、团副及秘书长，均由学生担任。学生按程度高低分成两部分，程度高的称“导友”，程度低的称“学友”。导友又分文化导友、政治导友和经济导友三种。每团下设五组（处），每组由 3 名导友、10—100 名学友合成。共学团制教学形式分为直接教学、分组教学和野外教学三种，学习方法采用“自学辅导制”。

动不是容易的，适宜的动更不是容易的。现在只有先根本启发一种人生，全超脱了个人的为我，物质的歆慕，处处的算账，有所为的而为，直从里

①尹明甫：《邹平印台乡农学校报告》，《乡村建设》1933 年 2 月 21 日第 2 卷第 21 期。

②梁漱溟：《精神陶炼要旨》，中国文化书院学术委员会编：《梁漱溟全集》（第五卷），济南：山东人民出版社，2005 年版，第 504 页。

③梁漱溟：《精神陶炼要旨》，中国文化书院学术委员会编：《梁漱溟全集》（第五卷），济南：山东人民出版社，2005 年版，第 499—500 页。

面发出来活气——罗素所谓创造冲动——含融了向前的态度,随感而应,方有所谓情感的动作,情感的动作只能于此得之。只有这样向前的动作才真有力量,才继续有活力,不会沮丧,不生厌苦,并且从他自己的活动上得了他的乐趣。只有这样向前的动作可以弥补了中国人夙来缺短,解救了中国人现在的痛苦,又避免了西洋的弊害,应付了世界的需要,完全适合我们从上以来研究三文化之所审度。这就是我所谓的刚的态度,我所谓适宜的第二路人生。本来中国人从前就是走这条路,却是一向总偏阴柔坤静一边,近于老子,而不是孔子阳刚乾动的态度;若如孔子之刚的态度,便为适宜的第二路人生。①

梁漱溟关于乡农学校的设计方案,尤其是道德精神、社会工作、民众生产生活相关的课程计划,体现了其乡村教育与建设思想理念及人生态度。

三、邹平村学、乡学的学校式教育实验

梁漱溟在他的《乡村建设大意》中强调:“我们中国现在所急切需要的就是要有团体组织,就是要往团体组织里去变;而求得团体组织之道,在中国是必须发挥伦理关系,发挥义务观念。”②这种组织在乡村就是村学、乡学——要使父老兄弟合村团结成立村学;全乡的人团结成立乡学。村学是乡学的基础,乡学是村学的上层。村学、乡学既是教育机关,又是县以下的乡、村级政权机关。山东邹平乡村建设研究院师生在梁漱溟的亲自指导下,到邹平各区乡调查研究,试办乡村教育,总结经验,制定出一套改革办法,就是乡农学校、乡学及村学制度,自 1932 年开始逐步在全县实行。1932 年,取消原有的区,将全县划分为 10 个乡,乡设乡学,乡以下分若干村,村设村学。1933 年研究院将全县原有的 7 个行政区改划为 14 个乡,城关为首善乡。首善乡设立实验小学,各乡设乡学,各乡的重点村设村学。据《邹平通史》记载:1931 年,邹平县共有县立小学 2 处,学生 427 人;村立小学 282 处,学生 7961 人;区立高级小学 6 处,学生 418 人。没有中学和师范。1934

①梁漱溟:《东西文化及其哲学》,中国文化书院学术委员会编:《梁漱溟全集》(第一卷),济南:山东人民教育出版社,2005 年版,第 538—539 页。

②梁漱溟:《乡村建设大意》,中国文化书院学术委员会编:《梁漱溟全集》(第一卷),济南:山东人民教育出版社,2005 年版,第 665 页。

年，村立小学发展到308处，学生8903人；乡学（相当于部颁高级小学）14处，学生750人。①

（一）村学、乡学的构成

村学、乡学作为“政教合一”的乡村组织，由学长、学董、教员及学众组成。学长作为乡村最有威望、最有品德的人，由学董会推举并由县政府礼聘主持教育，教训一村或一乡的人，主要为调和众人，不负事务责任；学董为乡村领袖，负责公共事务，负责办理村学或乡学，另设常务学董（即理事）一名主持一切行政工作；教员大多由山东乡村建设研究院研究部或训练部毕业生担任，除了教学还肩负推进社会工作的责任；学众是村中乡中的所有男女老少。

另外，在乡学里还有辅导员，是代表县政府下乡村去的，多半在研究院受过训，由研究院推荐、县政府委任。“辅导员的责任只从侧面引导，监督乡学中的一切工作，主要掌握乡建政策的正确贯彻，他们是整个乡学中的灵魂人物。”②“辅导员和教员的地位不同，教员是村学或乡学聘请的先生，而辅导员则是代表县政府下乡去工作的，不属于乡学的组成人员。他们的职责主要是辅导乡学的学长、学董和教员各尽职守，并巡回视察指导该乡学所属各村学及小学的种种活动。和教员一样，他们也大多是山东乡村建设研究院研究部和训练部的毕业生，并常驻乡村，唯回县参加县教育行政会议。就其职责而言，辅导员的作用是在县政府与地方之间，一方面代表县政府传达意旨于地方，同时又将地方情形和民意转达于县政府，以加强二者之间的联系。”③

这样，村学与乡学，实质上就是一个乡村自治机关，取代了原有的乡镇区公所，负责起与乡村有关的一切事宜。特别的是这个机关是以教育的外在形式呈现的，以“新礼俗”的形成为目的。“邹平自实验计划施行后，已将从前之区公所、乡镇公所等机关取消，而代以村学、乡学。但村学、乡学在这里不仅是个机关，并且是个团体。”“村学、乡学意在组织乡村，却不想以硬性的法令规定其组织间的分际关系，而想养成一种新礼俗，形著其组织关系于柔性的习惯之上。”村学、乡

①熊吕茂：《梁漱溟的乡村建设理论对发展西部农村教育的启示》，《河北师范大学学报》（教育科学版）2006年第1期。

②卢资平：《忆邹平实验县第十二乡乡学》，山东省政协文史资料委员会、邹平县政协文史资料委员会编：《梁漱溟与山东乡村建设》，济南：山东人民出版社，1991年版，第213页。

③郑大华：《民国乡村建设运动》，北京：社会科学文献出版社，2000年版，第263—264页。

学既是地域范围的界定,也有程度、等级的差异。村学是乡学的基础,是个小团体;乡学是村学的上层,是个大团体,个体属于团体中的一人。结成这个团体,目的是“齐心学好,向上求进步”。①

(二)村学、乡学的教育目的

村学、乡学既是学校,也是行政机关,其任务是完成社会改造期的文化改造的使命,化社会为学校,引导众人一齐向上学好,讲求进步。梁漱溟关心的是怎样利用教育去培养“新的政治习惯”(即新礼俗)来构建一个新社会。要实现这个目标就要依靠团体组织,依靠村学、乡学来实现。

> 村学、乡学的目标就在培养新政治习惯,启发大家的注意力与活动力,让多数人从被动地位转到主动地位,从散漫消极变为积极团结。……我们山东乡村建设研究院在邹平作乡村建设实验,什么时候才算成功呢?直捷了当的说,就是村学、乡学真正发生组织作用,乡村多数人的注意力与活动力均行启发,新政治习惯培养成功,而完成县自治,研究院实验县的大功就算告成。②

村学、乡学的对象不仅是个别的或部分的青壮年农民,而且是包括了一定区域内的男女老幼。按照梁漱溟的设想,村学、乡学真正发展起来以后,便可恢复中国古代那种行之有效的乡邻结构模式,在政治生活中起到引导和推动农民参与团体生活的作用。梁漱溟认为,中国社会缺乏团体生活和团体力量,是中国散漫无力、落后于西方的重要原因之一,因此,他所设计的村学、乡学,在其主观上就是要吸收西方团体生活的长处,启发农民自觉地组织起来,树立一种团体意识,形成一种集体力量。③

(三)村学、乡学的办学活动

1933年1月,梁漱溟在《乡农学校的办法和意义》中把乡农学校的课程分为两大类,“各乡校同有的功课”和“各乡校不必相同的功课”。1934年2月,梁漱溟在《村学乡学须知》中明确地将村学、乡学的工作分为甲、乙两项,甲项工作为学

---

①梁漱溟:《村学乡学须知》,中国文化书院学术委员会编:《梁漱溟全集》(第五卷),济南:山东人民出版社,2005年版,第448—449页。

②梁漱溟:《我的一段心事》,中国文化书院学术委员会编:《梁漱溟全集》(第五卷),济南:山东人民出版社,2005年版,第535—536页。

③虞和平主编:《中国现代化历程》(第二卷“启动与抉择”),南京:江苏人民出版社,2001年版,第762—763页。

校式教育工作,乙项工作为社会式教育工作。

学校式教育:以成年农民为主要对象,正式的课堂教育分为成人教育、儿童教育和妇女教育三部分。村学酌设成人部、妇女部、儿童部等,对他们施行生活所必需的教育;乡学酌设升学预备部、职业训练部等,与村学互为补充。

> 此项工作本以成人为主,但以种种之因袭势力将必先成立儿童部(即小学)。其次则成人部夜班,这不难成立,尤其是在冬日农暇之时。此项夜班或先从讲故事及各种谈话入手,渐次乃及于识字等课程。信仰既立之后,则妇女部亦可成立。如于某项生产技术(如蚕业、棉业等)有训练农民之处,则农忙时亦正可有一种临时讲习课业之进行。例如养蚕时为蚕业讲习,种棉时为棉业讲习之类。①

由以上资料可知,在梁漱溟的设计中,儿童部(小学)、成人部、妇女部这三项教育工作环环相扣,是一个较为完整的链条,将乡村民众纳入其中,以多种教育形式对他们实施学校教育,以达到构建新社会的目的。

1.教育管理组织

在学校的组织形式上,梁漱溟采取了政教合一的形式,把行政机关教育机关化,以实现其以教统政,让教育居于社会领导地位的愿望。

(1)乡教育辅导员和县督学定期到各村学检查教学工作。各村学所自聘的教师经县教育部门鉴定审核合格后,可以任教。全乡各村学每年春季集中在乡学驻地举行学生讲演、体育等各种文化课目表演观摩大会,借以促进教师教学、学生学习的积极性。每年实验县政府集中各乡学学生在研究院大操场开观摩大会,各乡学生由各乡队长带队,在大操场做军事操练,县领导做出点评。

(2)定期开展乡农学校学员培训。每年有春冬两季,在乡学中轮流训练各村18至40岁的男子。乡学教师负责教授文化课,乡队长教授军事课,辅导员、乡理事、学长分别承担教授乡建知识、识字明理、时事新闻等课程。

(3)各村学设一处夜校,对成年人实施教育。各村学教师每晚7点到9点授

①梁漱溟:《村学乡学须知》,中国文化书院学术委员会编:《梁漱溟全集》(第五卷),济南:山东人民出版社,2005年版,第459—460页。

课2个小时，农民可以在现有课程中选修。但在1935年以后，农闲季节里，16岁到30岁之间的男村民都必须修10周的短期课程。因为主要集中在冬季，"农闲学，农忙不学"，所以又称"冬学"。

（4）为了解决失学儿童的就学问题，设立"共学处"，采用陶行知的"小先生制"教学。组织村、乡学儿童部的优等生，利用午饭、晚饭前一至一个半小时的空闲时间教失学儿童读书识字。学生由"小先生"自由招生，小孩教小孩，亲切又自然。课程主要有识字、唱歌、卫生、讲话、礼节练习与游戏。每一个"小先生"有学生3个以上（最多不超过10个），便成立一处，钉上第几共学处的牌子。各村共学处在各村成立全村共学处联合大会，每个星期日举行一次，地点在各村、乡学。由"小先生"表演，讲故事，讲公民常识与公民道德，联合唱歌，做团体游戏等。①截止到1937年1月，全县设有共学处466处，学生达5468人。

每天，从10人到100人不等的年轻人聚集在约好的庙里、空房子里、树林里，甚至街巷的角落里。他们在一起上识字课，用唱歌和讲故事的形式把卫生、时事等方面的基本常识灌输给大家。他们还举行识字比赛和唱歌比赛，很快就使学生对他们的"班集体"产生了热情。通过他们，县里最穷苦的年轻人也被纳入了研究院的网络系统中。当正规学校在一起举办"观摩会"时，共学处的孩子们也参加。到1937年，这样的共学处几乎达到了500个。此外还有大约300所村办小学。通过这样一个互相联系的网络，邹平接近实现了普及教育。②

邹平实验县政府还颁布了《邹平实验县教育辅导方针》，规定对16—30岁失学青年的教育采用导友制，分为识字导友与专科导友。

2.课程设置及内容

各村学、乡学都是按照梁漱溟的设计进行构建、管理，办学情况基本相当。如前身是邹平辉里镇镇立高级小学的第十二乡学，教学组织及内容如下：

> 全县一至十三乡，每乡都有乡学一处，学生人数不同，小乡一个班，大乡两个班，每班四五十人，都是小学五六年级，叫高级部。各村学教师二三人，

①祝超然：《邹平短期义务教育的实施》，《乡村建设》1935年第5卷第4期。

②［美］艾恺：《最后的儒家——梁漱溟与中国现代化的两难》，王宗昱、冀建中译，南京：江苏人民出版社，2003年版，第181—182页。

学生人数不等，至少有一个复式班。村学是一至四年级，叫初级部。课程：高级部主要是国语、算术、史地、自然、劳作、体育、唱歌等，各乡随时增设乡土课程，如山区增加林业知识，棉区增加农业种植等。初级部课程主要有国语、算术、常识、体育、唱歌（也叫唱游）。教师的工资待遇，校长30元，教导主任25元，高级部18—22元，初级部教师12—15元（都是月工资，那时候叫薪金）。经济来源：除了乡学教师和村学中由研究院、县派来的教师开支省款外，其他初级部教师都是开支地方款，也叫县款。①

乡学分初级班和高级班，初级班的学生大都来自本村，属于村学，学制4年，相当于国民小学的初小部，招收一至四年级的学生，白天上课，有国语、算术、常识、体育、唱歌（也叫唱游）。高级班的学生来自全乡，学制2年，即小学的五六年级，课程有国语、算术、公民、自然、历史、地理、卫生、音乐、体育、美术。每天六节课，按时作息，并设有严格的点名、考勤、备课、请假、会议等制度。就课程设置而言，乡学的教育内容与一般的国民小学差别不大，所不同的是教材可以根据自己需要编写，如新闻消息、乡建活动、精神陶冶、人生向上等。还遵循因地制宜原则，增设有乡土课程，如山区增加林业知识，棉区增加农业种植等。村学亦同。除了日常的课堂教学外，学校还组织多种课外活动。

课外活动时间，经常由教员带领高年级学生，通过演讲、办板报、喊口号、演话剧等形式，宣传男子剪发，女子放足，禁止早婚，破除迷信，新法接生。通过这些活动，学生不但巩固了课本上学到的知识，还对乡民进行了教育，可谓一举两得。②

夜校虽然面向全乡农民招生，但那时女性入学的很少，基本上都是男学生。夜校的课程有文化知识、精神陶冶、时事、农业知识、唱歌、武术等。教师是小学教师、学长、村理事、村队长等人。美国学者艾恺是这样描述的：成人教育部的课程有如下内容：公民学（包括讲故事、时事、梁漱溟思想和精神陶冶等项目）、识字、基础知识（有关合作社、农艺和公共卫生的）、音乐、军事技术。下午为妇女开

---

①卢资平：《山东邹平实验县的片段回忆》，山东省政协文史资料委员会、邹平县政协文史资料委员会编：《梁漱溟与山东乡村建设》，济南：山东人民出版社，1991年版，第125—126页。

②卢资平：《忆邹平实验县第十二乡乡学》，山东省政协文史资料委员会、邹平县政协文史资料委员会编：《梁漱溟与山东乡村建设》，济南：山东人民出版社，1991年版，第214页。

设的课程大致相似,只是还包括托幼和家庭经济方面的训练。[①]

与守旧派不同,梁漱溟对西方民主、科学的精神予以充分的肯定,认为对其价值只能无条件地承认、接受,而不是其他迟疑、犹豫、半推半就或“犹抱琵琶半遮面”的羞羞答答、扭捏作态。

> 因为旧派并没有唱导旧化,我自无从表示赞成;而他们的反对新化,我只能表示不赞成,他们的反对新化并不澈底:他们也觉得社会一面不能不改革,现在的制度也只好承认,学术一面太缺欠,西洋科学似乎是好的;但总像是要德谟克拉西精神科学精神为折半的通融。莫处处都一贯到底。其实这两种精神完全是对的;只能为无条件的承认;即我所谓对西方化要“全盘承受”。怎样引进这两种精神实在是当今所急的;否则,我们将永此不配谈人格,我们将永此不配谈学术。你只要细审从来所受病痛是怎样,就知道我这话非激。所以我尝叹这两年杜威、罗素先到中国来,而柏格森、倭铿不曾来,是我们学术思想界的大幸;如果杜威、罗素不曾来,而柏格森、倭铿先来了,你试想于自己从来的痼疾对症否?[②]

综上所述,村学、乡学学校式课程的内容很丰富,有知识技能教育、精神陶冶、体育、美育及综合教育等。我们很明显可以看出:精神陶冶(即人生行谊教育)是教育内容的基点与核心。不管哪种教育组织,精神陶冶都是最重要、最不可缺少的部分。其包括三部分,即“合理的人生态度和修养方法的指点,人生实际问题的讨论及中国历史文化的分析”[③]。而“所谓历史文化的分析,就是指点中国文化的特质(就是民族精神);所谓合理的人生态度,是讲中国古人的人生态度,也还是民族精神;乃至于讲修养的方法,也是源于古人,资借于民族精神”[④]。

---

①[美]艾恺:《最后的儒家——梁漱溟与中国现代化的两难》,王宗昱、冀建中译,南京:江苏人民出版社,2003年版,第180页。

②梁漱溟:《东西文化及其哲学》,中国文化书院学术委员会编:《梁漱溟全集》(第一卷),济南:山东人民教育出版社,2005年版,第532—533页。

③梁漱溟:《精神陶炼要旨》,中国文化书院学术委员会编:《梁漱溟全集》(第五卷),济南:山东人民教育出版社,2005年版,第501页。

④梁漱溟:《精神陶炼要旨》,中国文化书院学术委员会编:《梁漱溟全集》(第五卷),济南:山东人民教育出版社,2005年版,第507页。

精神陶冶，主要讲解中国民族历史概要、村学乡学须知和古人的道理。梁漱溟把精神陶冶归于“有定的功课”一类，他认为乡村教育应该“始终以人生问题为中心，要始终以人生行谊教育为基点而发达其他知识技能教育”“对这样活力消沉的农民，我们要以精神陶炼的方法，引动他们的生机，使之有定力，有意志，而勇往向前；知道前面还有开展广阔的人生大道在着”。[①]借助村学、乡学的形式，努力把社会上人与人之间复杂的关系，纳入师生情谊之中，企图在伦理本位的基础上，重建中国社会新秩序，形成“新礼俗”。一切行政倡议，通过村学、乡学中的日常功课如识字、唱歌、讲话等发挥作用，由过去的行政强制，改为知识道德感化。

从表面上看，精神陶冶的内容似乎是文化保守、复古主义，实际则不然，它充满了骚动活力和积极向上的精神，涉及人生观、价值观和历史观等道理。“大概起初要先顺着他的心理，以稳定他的意志，将中国的旧道理巩固他们的自信力。”[②]这里的“旧道理”是指以孔门儒学为代表的传统思想文化。“指着孔子的这个学派，或者说孔子就是代表。在精神陶炼里大概要讲许多古人的道理，要在古人所创造的学问中有所探求，来帮助我们今天的生活。”[③]但新的探求却应排除乾嘉考订或桐城词章或理学心性主观精神的路径，而是引入西学内容，“再输入新的知识道理来改革从前不适用的一切，以适应现在的世界”[④]。

梁漱溟之所以能对东西文化都持既有肯定、又有批评的态度，与他将文化的本质理解为人生态度有关。他所肯定与维护的中国文化，实际上只是一种人生态度，所以传统对梁漱溟来说基本上不是一个负担，他对待传统也不像许多维护传统的人那样教条。普遍国民性所带有的持中调和、怡然自得、田园牧歌般的人生态度，对于要经历现代巨变的中国来说，可能稍嫌消极。因此，他又把孔子“刚”的态度提出来，并居于显著地位。“刚之一义也可以统括了孔子全部哲学，原很

---

①梁漱溟：《山东乡村建设研究院之工作》，中国文化书院学术委员会编：《梁漱溟全集》（第五卷），济南：山东人民教育出版社，2005 年版，第 306 页。

②梁漱溟：《乡农学校的办法及其意义》，中国文化书院学术委员会编：《梁漱溟全集》（第五卷），济南：山东人民教育出版社，2005 年版，第 350 页。

③梁漱溟：《精神陶炼要旨》，中国文化书院学术委员会编：《梁漱溟全集》（第五卷），济南：山东人民教育出版社，2005 年版，第 507 页。

④梁漱溟：《乡农学校的办法及其意义》，中国文化书院学术委员会编：《梁漱溟全集》（第五卷），济南：山东人民教育出版社，2005 年版，第 350 页。

难于短时间说得清。但我们可以就我们所需说之一点，而以极浅之话表达他。大约‘刚’就是里面力气极充实的一种活动。……刚也是一路向，于此路向可以入的浅，可以入的深；所以他也可以是一种非常粗浅极其简易的。我们自然以粗浅简易的示人，而导他于这方向。如他有高的可能那么也自进于高。我今所要求的，不过是要大家往前动作，而此动作最好要发于直接的情感，而非出自欲望的计虑。”[①]显然，他是希望这个重新表述了的人生态度可以满足现代中国的要求，为未来中国文化的发展奠定基本方向。

除了精神陶冶，唱歌也作为“有定的功课”被规划到常规教学内容中。歌曲的种类有很多，如《植树歌》《农夫歌》《放足歌》《戒烟歌》《吃饭歌》《朝操歌》《精神冶炼歌》等，这些歌的歌词都寓意深刻，易懂易唱。这种简单便捷的方式不仅可以增长知识、娱乐生活，还能起到精神陶冶的作用。

3.教学组织形式和教学方法

村学、乡学主要的教学组织形式是班级授课制，将学生分成固定的班级进行教学。由于师资、生源、经费等原因，在小学高级部采用复式班的方法来组织教学。共学处采用陶行知的“小先生制”，也就是国外的“导生制”。

过去的私塾基本是讲授法，教师讲授，要求学生死记硬背。村学、乡学反对以往填鸭式、注入式的教学，采用讲授法、探究法、五段教学法、道尔顿教学法、直观教学法等多种教学方法，跟以往的教学方法相比更能激起学生的主观能动性，取得了良好的教学效果。

所有教师人手一册陶行知所著的《古庙敲钟录》和另一种书。在教法上主张“教、学、做合一”，大致意思是教师在教中学，学生在学中做，教师再在做中教，务使教、学、做三者密切结合起来。主张对学生启发诱导，反对填鸭式、注入式，同时也并入五段教学法，即预备、提示、比较、总括、应用。每一课要先引起动机，再决定目的。有的乡学还试行过道尔顿式教学法，即把课本上的一个单元，由教师拟出表式提纲，并找出有关材料，课堂上把学生分成组，讨论解答问题，这时老师巡回指导。学生经过讨论后，向教师提出仍不能解答的问题，由教师引诱启发学生解答，然后师生共同研究答案，写好提纲细目，最后由教师总括，系统讲

①梁漱溟：《东西文化及其哲学》，中国文化书院学术委员会编：《梁漱溟全集》(第一卷)，济南：山东人民教育出版社，2005年版，第537页。

述。不过此方法由于参考材料少，教师水平不高，采用的时间不长，之后就逐渐不用了。当时就城里实验小学用的时间长。

这里的城里实验小学，就是邹平县小学，梁君大任校长，后改名为邹平实验小学。梁君大是梁漱溟同族的侄子，他在实验小学进行了一系列的改革：破除旧习俗，男女生同校同班；组织出板报、唱歌、体育活动、野外写生、春游等活动，丰富学生的课外生活；改革教材和教学方法；培养学生的集体生活习惯和自制能力。

> 比如上课，教师不能光讲，要启发学生多想；不能光向学生灌输，要发挥学生的主观能动性，获取灵活的知识。我们除鼓励学生多看参考书，开阔知识面外，又办起地理、数学、自然等科的教学室。教学室陈设模型，挂上图画与图表等物，进行直观教学，并引导学生实际操作，从动眼、动脑到动手，获取全面的知识。课文的内容，也力求联系实际。我是教语文的，课文都是从上海新出版的杂志上选的。我记得选过夏衍的《包身工》和一些抗日救亡的文章作教材。这样，帮助学生进一步了解社会实际，激发同学们的爱国热忱，为一些学生走上革命道路作了思想引导。
>
> 学校按班编成中队、小队，全校为大队。各队的正副队长，全由学生担任。每早有晨会、升旗、做操、讲话的活动。集会的整队，行进时的维持秩序，上课时的维持纪律，全由学生自己负责，教师只在必要时加以指导。各班的墙报组、歌咏队、球队等，也都由学生自己负责，教师只尽辅导的责任。总之一切活动都尽量发动学生自己去做，既启发了同学的主动精神，也锻炼了他们的组织能力，有些性格软弱的学生通过参加各种活动也逐渐坚强起来了。①

实验小学虽然受实验县管辖，经费需要教育科核发，聘请教师也需要教育课批准，但是在教学改革方面独立于实验县。既不受山东省教育厅的约束，也不隶属于研究院，在办学方面比较自由。后来在张宗麟的提议下，实验小学成为邹平简易师范学校的实习基地，改名为简师附小。梁君大除任实验小学校长外，还兼任简师的生活指导部长。梁、张二人政见一致，后梁随张一起离开了邹平。

①邹晓青：《回忆三十年代我在邹平县从事教育工作的经历》，山东省政协文史资料委员会、邹平县政协文史资料委员会编：《梁漱溟与山东乡村建设》，济南：山东人民出版社，1991年版，第185页。

附录:邹平实验县区设立乡学村学办法

一、总则

(一)本实验区为推进社会,促成自治,以教育的设施为中心,于乡设乡学,于村设村学。

(二)乡学村学,以各该区域之全社会民众为教育对象,而施其教育。

(三)乡学村学,以各该学董会,于县政府之监督指导下,主持办理之。学董会之组织,另订之。

(四)乡学村学,由各该学董会,依该区民众群情所归,推举齿德并茂者一人,经县政府礼聘为各该学学长。学长主持教育,为各该区民众之师长,不负事务责任。

(五)乡学村学之经费,以由地方自筹为原则;但县政府得酌量补助之。其补助办法,另定之。

(六)乡学村学之一切设备,为地方公有,应开放于一般民众而享用之;其管理规则,由各该学董会自订定之。凡各地方原有之体育场、图书馆等,均应分别归并于乡学村学中而统一管理之。

二、村学

(七)本实验县区各村,为改进其一村之社会,促成其一村之自治,依法组织村学学董会,推举村学学长后,得成立各该村之村学。

(八)凡初成立之村学,在一年以内,其教员之一人或二人,以县政府之介绍而学董会聘任之,其薪给由县库支出之;一年期满后,应由其地方自行聘任,自行供给之。

(九)村学受县政府及乡学之指导辅助,视其力之所及,又事之所宜,进行下列工作:

甲、酌设成人部,妇女部,儿童部等,施以其生活必须之教育,期于本村社会中之各分子,皆有参加现社会并从而改造现社会之生活能力。

乙、相机倡导本村所需之社会改良运动(如禁缠足、戒早婚等),兴办本村所需要之各项社会改进事业(如合作社等),期于一村之生活,逐渐改善,文化逐渐增高,并以协进大社会之进步。

(十)村学为行其教学应有之分部、分班、分组等编制,办法另定之。凡村学成立之村,其原有之一切教育设施,如小学校、民众学校等,应分别归入前项编制中,以统属于村学。

（十一）村学学长为一村之师长：于村中子弟有不肖者，应加督教，勿使陷入咎戾；于邻里有不睦者，应加调解，勿使成讼。

（十二）村自治事务，经村学之倡导，以村理事负责执行；而村学学长立于监督地位。

（十三）村理事办理政府委任事项及本村自治事务，除应随时在村学报告于村众外，每月应有总报告一次。

三、乡学

（十四）本实验区各乡为改进一乡之社会，促成其一乡之自治，依法组织乡学学董会，推举乡学学长后，得成立各该乡之乡学。

（十五）凡初成立之乡学，在一年以内，其教员之一人或二人，以县政府之介绍而学董会聘任之，其薪给由县库支出之；一年期满，应由其地方自行聘任，自行供给之。

（十六）县政府于乡学，得派辅导员辅导其进行。

（十七）乡学受县政府之指导辅助，视其力之所及，又事之所宜，进行下列工作：

甲、酌设升学预备部、职业训练部等。——办理本乡所需要而所属各村学独立所不办之教育。

乙、相机倡导本乡所需要之各项社会改良运动，兴办本乡所需要之各项社会建设事业。

（十八）乡学对于所属各村学之一切进行，应指导辅助之。

（十九）乡学为行其教学应有之分部、分班、分组等编制，办法另定之。凡乡学成立之乡，其原有之一切教育设施，除应编归村学者不计外，如高级小学、民众学校高级部等，应分别归入前项编制中，以统属于乡学。

（二十）乡学学长为一乡之师长：于乡中子弟有不肖者，应加督教，勿使陷入咎戾；于乡党有不睦者，应加调解，勿使成讼。

（二十一）乡自治事务，经乡学之倡导，以乡理事负责执行；而乡学学长立于监督地位。

（二十二）乡理事办理政府委任事项，及本乡自治事务，除应随时召集所属各村理事，在乡学会会议进行外，并应每月举行例会一次。

四、附则

（二十三）乡学村学之设立，以政府办法，地方乐于接受，地方自动，政府善为接引为原则；无事强迫进行。除乡学因关系地方行政较多须于本实验区工作开始后三个月内一律成立,以应行政之需要外;其村学应逐渐推广设立,不定期限。①

四、邹平村学、乡学的社会式教育实验

“村学、乡学的教育是广义的;教员的责任亦即是广义的教育工夫——村学、乡学的问教育,本以阖村人众为教育对象,要在推进社会为主,而亦将通常学校教育归包在内。故教员责任不以教书为足,且不以能教校内学生为足。”②教员还应该经常与村众作随意之亲切谈话,随地尽其教育职责;应注重实际社会活动,向着一个预定目标进行;吸引村众来学校聚谈,学校成为他们经常聚会的地方。也就是说,村学、乡学既是社会教育机构,又是学校教育机构。不仅负责社会教育的任务,而且还要完成学校教育的任务。这是要将教育的出路与社会的重建合并起来解决。梁漱溟赋予村学、乡学社会教育的功能,期待其能推进社会、改造社会,希望以社会教育的手段达到改造社会的目的。

社会式教育:根据《邹平实验县区设立村学乡学办法》的规定,无论是村学还是乡学,都要倡导本村(乡)所需要的社会改良运动,如禁缠足、禁早婚等;兴办本村(乡)所需要的社会改进事业,如合作社等。

> 例如,有匪患的地方,便成立自卫组织,作自卫训练。这即是此时此地乡农学校的功课。再如,山地可以造林;共同造林,共同保护。又如产棉区域,从选种、种植,到成立运销合作社。还有织布、养蚕、烘茧等。这一切都是乡农学校的功课。因此,可以随宜成立林业公会、机织合作社、棉花运销合作社、储蓄会、禁赌会、戒烟会等。③

相比较来说,乙项工作(社会式教育工作)更是村学、乡学的主要工作。梁漱溟非常重视社会式教育,他指出:

①梁漱溟:《邹平实验县区设立乡学村学办法》,中国文化书院学术委员会编:《梁漱溟全集》(第五卷),济南:山东人民出版社,2005年版,第382—385页。

②梁漱溟:《村学乡学须知》,中国文化书院学术委员会编:《梁漱溟全集》(第五卷),济南:山东人民教育出版社,2005年版,第459页。

③胡应汉整理:《梁漱溟先生的乡村建设运动——答哈佛研究生Guy S. Alitto君之问》,梁培宽编:《梁漱溟先生纪念文集》,北京:中国工人出版社,2003年版,第41页。

中国文化的一个转变期，正是除旧布新的时候。所谓除旧，旧是在成人的身上，除旧则必对成人下工夫；所谓布新，尤须对成人而言，比如改良农业，或作农业推广，你不对成年的农人作教育的工夫，又能如何呢？所以要创造文化，故施行成人教育，施行成人教育即所谓创造文化，即所谓乡村建设，即所谓社会教育。乡村建设与社会教育，是一而二，二而一者。

现在很有些人提倡施行农业教育于未成年的儿童。不知在农业教育未推广到成人以前，绝不能推行到未成熟的分子，因为你没有许多榜样给他。比如说做父亲的尚未能改良农业，他的儿子，一个很小的孩子，究如何去改良农业？所以想把社会文化安排停当，在中国的今日，即应着重成人教育。再者，此刻中国乡里的成人在年龄上算得成人，若对新的生活方式来说则尚未成人，犹等于儿童，当然需要教育。总之，你不想改造中国文化则已，否则非要注重成人教育不可！①

梁漱溟多次强调乡学、村学的意义，期望以此激发农民的上进心，提高农民的素质，并把农民纳入团体之内，培养互助合作的习惯。在组织制度或管理结构上，所有“村众”都是“学众”，接受“学长”的教化，学童则根据教化的要求，从行政上加以贯彻，并与村学、乡学乙项工作的教育内容相统一，从而使县以下所属基层两级社会实现了“政教合一”的建构，完成了梁漱溟乡村建设与教育理论的框架模型。

社会式教育是一种广义的教育，村学、乡学的社会教育活动及功能主要表现在以下几方面。

（一）经济建设

村学、乡学在经济方面的工作，是以扶助农民组织生产、消费、运销等多种以生产、消费为主的合作社的形式展开的，如美棉运销合作社、蚕业产销合作社、机织合作社、林业生产合作社、信用合作社等。这些合作社给社员提供贷款和优质的农产品种子，以提高农民的收入。从广义上讲，优良品种的推广，是对民众施行关于改良农业生产及生活方法的各种教育。

---

①梁漱溟：《社会教育与乡村教育之合流》，中国文化书院学术委员会编：《梁漱溟全集》（第五卷），济南：山东人民出版社，2005年版，第436页。

在邹平成立金融流通处，又组织农民入股成立信用合作社和庄仓信用社，这三种形式的乡建金融组织对活跃邹平金融、推进乡村建设起了很大作用。金融流通处作为县金库，并经营农业信贷业务，贷款以合作社为对象，不贷个人。[①]辅以技术指导，良种推广，推动合作组织普遍发展；信用合作社主要业务是储蓄和贷款，为社员解决生产、生活上资金短缺的问题，还包办社员集体向农村金融流通处贷款的事务；信用庄仓合作社是由庄仓合作社演变而成，主要业务是吸收股金存款和贷款。以乡为单位，农民以粮入股，集体仓储，庄仓社可以将所集之仓谷作保证，向农村金融流通处办理集体贷款，也可发行庄仓债券。乡建金融运用利率、货币、信用聚集资金，以低息、集体为原则发放贷款，抵制了高利贷活动，起到了组织生产、发展生产、引导资金流向的作用。

各乡经常办各种合作培训班，训练合作人员，凡村学教员均需经合作函授班毕业，有指导办理合作社方面的知识。并把高小和成人部教育加入合作社内容，寓教育于经济管理，把合作社作为从经济上组织农民的主要手段。合作社倡办合作事业，并寓教育于合作之中，以图改变几千年来小农经济养成的中国农民各顾身家的狭隘意识，培养一种适应现代文明的团体意识。[②]这些举措在一定程度上确实缓解了农民原来所遭受的经济剥削和经济压力，促进了技术的进步和经济的发展。

梁漱溟并不打算照搬英法自由竞争的资本主义制度，而提倡伦理本位、互助合作的社会构造，主张从农业“平稳过渡”到工业。对此，他是这样理解的：

> 从外面看农业受压迫较缓，从本身看农业关系太大痛痒太切，要求喘气活动最急，而同时农业又极有活动可能，似乎不难从这里缓一口气。这是如上已说了的。但是仅能缓一口气，苟延残喘，殊非我们的要求。我们的要求是翻起身来达于进步的健全的经济生活。那就必须有进步的生产技术(巧)，社会化的经济组织(大)，而其关键则看能不能工业化。因此要问，我们尽力于农业，其结果就在农业上呢？还是很快地很自然地引发工业？假使结果不在工业上，便非翻身之路。然而我们可以肯定地回答，尽力于农业，

①万永光：《梁漱溟先生及其在山东从事乡村建设的运动》，山东省政协文史资料委员会、邹平县政协文史资料委员会编：《梁漱溟与山东乡村建设》，济南：山东人民出版社，1991年版，第32页。

②宋恩荣：《梁漱溟的乡村教育实验》，《教育研究与实验》1988年第2期。

其结果正是引发工业；并且我敢断定，中国工业的兴起只有这一条道。①

正如有的学者所总结的那样，梁漱溟办的村学、乡学具有如下特点：第一，纳社会改造于教育之中，用教育来完成社会改造；第二，教育着重于成人，与平常教育着重于儿童不同；第三，着重于社会教育，力求把教育普及到全体民众之中，与平常教育着重于学校学生不同；第四，化社会为学校，就所在社会环境施教，与平常教育只囿在学校施教不同；第五，教学内容、学习资料根据经济、政治、国防的需要来定；第六，注意集体生活习惯的养成。②

应该说，贯彻梁漱溟乡村教育实验的核心内容及思想理念是科学与道德两大要素，与五四新文化运动的两面旗帜“科学”与“民主”有更多的一致性，但也有其差异性。梁漱溟对中西文化的对垒以及中国社会道路的走向并没有激进民主主义者如胡适、于文江、鲁迅及易白沙等人那样的火爆或决断，也缺乏早期马克思主义者如陈独秀、李大钊等人那样的果敢、勇猛，而是糅合中西、有所选择，但其趋向及道路仍是现代化的努力，这一点直到他在新中国成立初期遭遇困境之后的20世纪60年代仍然执着地坚持。据汪东林对梁氏的访谈记录材料显示：

因为六四年那个时候是建国十五周年，大家都讨论《政府工作报告》，几乎所有的发言都说，我们国家所有这些成绩的取得，都是因为抓住了阶级斗争这个红线。梁漱溟他心里不同意这个，所以他就作了准备，写了稿子，很长的，讲起来也得起码两个小时吧。他把这个新中国成立以后的15年的成就，归功于两句话，一句话叫科学之事，一句话叫道德之事。科学之事，他说是因为我们新中国成立以后搞成的建设，主要讲建设成就，是因为顺应了科学才取得，我们如果不顺应科学的话，就不取得。那么什么叫道德之事呢？这个道德就是说，他是旧社会过来的人，旧中国是一盘散沙，什么东西都抓不起来，新中国成立以后，因为共产党领导得法，所以人民群众的力量发挥出来了，这个发挥出来就不得了，这是取得这个成绩的第二大原因。现在。我讲给你这么一听，好像这话也没什么错，是不是？听起来，他没有讲别的。但是他唯独没有提一个，即阶级斗争一个字他都没说。③

①梁漱溟：《乡村建设理论》，中国文化书院学术委员会编：《梁漱溟全集》（第二卷），济南：山东人民教育出版社，2005年版，第508页。

②苗春德主编：《中国近代乡村教育史》，北京：人民教育出版社，2004年版，第183页。

③汪东林：《1949年后的梁漱溟》，北京：当代中国出版社，2007年版，第15—16页。

(二)乡村自卫

邹平未划为实验县前,维持治安的是公安局和民团大队。1933 年 7 月 1 日邹平被划为实验县后,7 月成立民团干部训练所,设立干部队和征训队两个分队。干部队的人员多是原公安局和民团大队裁撤后选留的精壮人员,共 39 人,职责是维持地方治安。征训队的人员是以公开招考的形式录用的,招考要求在“简章”中有明文规定。此处拟予摘录,具体如下:

邹平实验县民团干部训练所征训员送考简章

1.定名:本简章定名为邹平实验县民团干部训练所征训员送考简章。

2.宗旨:以培养民团干部人才、训练农民自卫、普及民兵制度为宗旨。

3.名额:第一期以 30 名为定额。

4.资格:身体健全,品行端方,并无嗜好,曾由高级小学毕业,或具有同等学力者。

5.年龄:以 20 岁以上 25 岁以下为合格。

6.征训办法:每乡由乡理事选送合格学员 4 名,经本所甄别试验,择优录取2名,实施训练;但第十三乡区划特大,得加倍保送录取。

7.试验课程:国文、算术、常识、口试、身体检验。

8.待遇:服装、书籍、宿膳等费概由本所提供。

9.毕业期限:以 4 个月为期,期满毕业后,分派各乡学、村学,训练民众自卫,并办理户籍事宜。

10.试验日期:8 月 20 日早 8 点到研究院候试。

11.开学日期:8 月 28 日。

12.本简章自呈奉山东乡村建设研究院核准之日施行。如有未尽事宜,得呈请修正之。

从上文资料中可看出,征训队以培养民团干部为目的,毕业后分派到村学、乡学训练民众自卫。第一届征训队招收 33 人,学习时间为 4 个月。“学习训练的课程很多,以军事训练为主。军事训练分为学科和术科两种。学科讲步兵操典、野外勤务、射击、夜间教育等;术科每天两次军训,有制式教练、战斗教练、打拳、劈刀、刺刀等。除学习军事学术两科外,还有应用文、户籍法、自卫要义、经济常识、社会调查及棉业合作等课程。”①征训队的训练很紧张,早上 4 点多出操跑

①王建五:《忆邹平实验县自卫训练及第五乡学》,山东省政协文史资料委员会、邹平县政协文史资料委员会编:《梁漱溟与山东乡村建设》,济南:山东人民出版社,1991 年版,第 191 页。

步，每天出操 3 次，晚上还安排有文娱活动。结业后，由邹平县政府分配到各乡担任正副队长，成为乡村自卫的骨干力量。因为训练期很短，所受训练也比较粗浅，所以任职后有时会调集到县里予以补充训练。县政府授予的结业证章图案由枪杆、笔杆、锄杆三样组成，寓意是农忙时拿锄杆种地，农闲时拿笔杆学习文化，有战争时拿起枪杆打仗。

1935 年 1 月，民团干部训练所改建为警卫队。邹平警卫队并不是专管治安的，实际上是自卫教育机构，是把各乡村学校选送来的青年，施以军事训练和乡村工作教育，青年学习半年至一年，毕业后回乡担任乡队长。在农闲时，集合青壮年分批进行军事训练，并编成班排，每月进行一次土枪射击，也叫团练。[①]邹平警卫队还曾应校长张宗麟的要求，对邹平简易师范学校进行过军事训练。"借着乡学团练射击时，研究院老师们对大家上课，讲解农林常识，如科学种田、提倡国货、办合作社、养良种家畜、养蜂等常识，总之对村民进行教育，使之向上学好求进步，人们的精神面貌，也有所改观。"[②]

邹平成为实验区之前，根据山东省政府颁布的《山东各县联庄会暂行章程》的规定"山东各县各村都要建立联庄会自卫"，建立了联庄会组织。后邹平实验区参照《山东联庄会训练简要办法》，制定了《邹平实验县联庄会训练暂行办法》，加强了联庄会会员的训练工作。"经过县、乡训练的人员，称为联庄会会员。会员们身着蓝色军装、军帽，下缠绑腿，腰际束一条皮带（武装带），手持土造步枪或汉阳造钢枪。"[③]由征训队毕业的学员担任正副队长，办理联庄会训练班，每年办一次，训期两个月。受训后按地段编组，每村编为一组，设村组长、副组长。全乡编为一乡队，受乡学管辖和乡队长指挥。

联庄会会员集中训练两个月后毕业，然后一律按所在之乡编为乡队。各乡队长直隶于乡学，受乡理事指挥监督。各乡队之会员，平时居住在本村，各村或邻近二三小村会员编为一村组，全县共 107 组。各村组选出正副村组长，直隶于该

①范广监：《我参加山东乡村建设运动的经过》，山东省政协文史资料委员会、邹平县政协文史资料委员会编：《梁漱溟与山东乡村建设》，济南：山东人民出版社，1991 年版，第 67 页

②范广监：《我参加山东乡村建设运动的经过》，山东省政协文史资料委员会、邹平县政协文史资料委员会编：《梁漱溟与山东乡村建设》，济南：山东人民出版社，1991 年版，第 70 页。

③张为春：《邹平实验县第七乡姚家村训练壮丁纪实》，山东省政协文史资料委员会、邹平县政协文史资料委员会编：《梁漱溟与山东乡村建设》，济南：山东人民出版社，1991 年版，第 203 页。

村学,受村理事或村庄长指挥监督,并直辖于乡队。[①]

邹平实验县自 1933 年冬开始训练联庄会员,以军事训练为主,同时施以成人教育,集中训练 2 个月毕业。至 1937 年共训练 4 届,共训练会员约 3000 人。与以往不同的是,联庄会的集中训练以学时制的形式开展。成人教育训练的内容主要有:党义教育、乡村建设大意、法律常识、史地教育、联庄会员须知、识字明理教育、唱歌、精神讲话、棉业合作教育、自卫教育、农村问题教育,尤其注重精神陶冶,以振奋民族意识,促进纪律生活的养成。

联庄会训练的内容,以军事训练为主,同时实施成人教育。全期训练学科共42小时,其中步兵操典 16 小时,步兵野外勤务 18 小时,射击教范 4 小时,夜间教育 4 小时。术科共 240 多小时,其中制式教练 160 小时、战斗教练 30 多小时、野外演习40 多小时、射击 10 小时、夜间演习 12 小时、武术 30 小时。学科每日 1 次,为1小时;术科每日 2 次,第一次 2 小时,第二次 2.5 小时,武术每日下午加操时实施,每次 40 分钟。夜间教育全期共 6 次,每次 2 小时,于每星期六自习时间进行。全期实弹射击 1 次,成人教育每日 3 次,每次 1 小时,全期为 144 小时。[②]

除集中训练外,每月还定期举行补习训练,成为"联庄会乡会乡射"。上午开会名为"乡会",下午射击会操名为"乡射",每月 1 次,每次 1 天。

(三)社会风俗

邹平乡村经常开展各种文体活动,向农民宣传革除旧风俗的必要性。移风易俗,如禁缠足、戒早婚及买卖婚姻、禁烟、戒游堕、戒斗殴、演文明戏、放无声电影、开办农民运动会等活动,既丰富农民的业余生活,又弘扬文明的生活方式和文化意识,以清除落后有害的旧风俗。文明戏即现代话剧,内容大都是有关社会教育或宣传旧风俗之害。以第九乡为例:

> 第一幕剧是关于开展社会教育的,剧情是:在未开展民众教育的社会情况下,群众愚昧落后,书信、文契不能看……后来,接受了宣传教育,参加了

①王建五:《忆邹平实验县自卫训练及第五乡学》,山东省政协文史资料委员会、邹平县政协文史资料委员会编:《梁漱溟与山东乡村建设》,济南:山东人民出版社,1991 年版,第 191 页。

②王建五:《忆邹平实验县自卫训练及第五乡学》,山东省政协文史资料委员会、邹平县政协文史资料委员会编:《梁漱溟与山东乡村建设》,济南:山东人民出版社,1991 年版,第 196 页。

乡农学校……不再受人愚弄欺骗。另一幕剧是宣传缠足危害的，剧情是：一家财主有两个女儿，大女儿缠足，是闺阁秀女，二女儿是未缠足的洋学生。一天深夜，财主家遭到绑票，其二女儿翻墙跳到外院逃走；大女儿脚小，跳不起，跑不动，被绑架，哭哭啼啼被绑票者架走。老财主为此花了一大批银圆，最后醒悟到：还是天足好。①

通过演话剧宣传新文化，以无声电影普及自然科学知识。诸如此类活动能引起村民的好奇心，借助喜闻乐见的形式让村民减少抵触心理，收到了良好的教育效果。除了通过种种宣传对村民进行教育劝导外，还兼以处罚的手段。如以游街的形式对坚持缠足者予以处罚；为改造乡间小偷、赌棍、地痞、毒品贩，成立了成人特别教育班，后改为自新习艺所，对劣迹者施以特殊教育。“农民自新习艺所：在县府内，拘留临时犯错误又不合判刑的人，如赌博、吸毒品者等。他们一面受教育，一面劳动，如编筐、编席和打扫卫生等。”②

（四）公共卫生

山东乡村建设研究院成立后的一段时间里，工作的重点是乡村组织和乡村自卫，而对公共卫生没有引起足够注意。1934 年 9 月底，研究院与齐鲁大学医学院合作，在城区首善乡成立山东乡村建设研究院医院，医院直属研究院，先以门诊部对外营业。1934 年 11 月，正式成立邹平县政建设实验区卫生院，作为卫生推行机关，负责乡村卫生工作，确保地方卫生工作的开展，直属邹平县政府。该院同时是齐鲁医学院的卫生实验区和学生实习基地。

为了方便偏远地区的农民看病，研究院和县政府计划在城区外的 13 个乡各成立一所卫生所。由卫生院负责培训开办卫生所所需的医务人员，再由这些卫生所培训各村医务人员，深入农村进行保健宣传和防疫活动。卫生院为培养医务人员，先后开办了两班，招收卫生员约 30 余人，训练时间为 1 年。在第二班将要结业并成立其余各乡卫生所的时候，因日军入侵而停顿。

---

①王向浦：《乡建时期邹平农村宣传、文体活动的片断回忆》，山东省政协文史资料委员会、邹平县政协文史资料委员会编：《梁漱溟与山东乡村建设》，济南：山东人民出版社，1991 年版，第 180—181 页。

②卢资平：《山东邹平实验县的片段回忆》，山东省政协文史资料委员会、邹平县政协文史资料委员会编：《梁漱溟与山东乡村建设》，济南：山东人民出版社，1991 年版，第 122 页。

卫生院和它的医院设在邹平城内,在各乡则分设卫生所。卫生所原计划在全县13个乡各设一所,但一时财力物力不及,第一期先后设立了6个乡卫生所。卫生所隶属于乡学,但其业务和技术方面则受到卫生院的直接指导,其人员、医药、器材也直接由卫生院供给,卫生院并经常派人到各乡协助工作。卫生所的工作一方面是普通疾病的门诊和巡回治疗,重大疾病的护理和转院;一方面是学校卫生、妇幼卫生、预防注射、传染调查等项,通常是上午门诊治疗,下午搞卫生工作。[①]

医院还非常重视社会卫生教育,除经常举办卫生展览,挂卫生宣传图画(苍蝇放炸弹、蚊子害死人等),陈列生理病态标本、药品和解剖器械等宣传品外,还组织巡回医疗队下到各乡,一方面治疗农民的疾病,另一方面对农民进行卫生宣传和教育。有时他们还利用赶集的机会,向农民发放卫生宣传品。[②]

综上所述,村学、乡学的教育除了担负文化教育的功能外,还是一个广泛的教育工程,寓教育于经济管理、军事训练、社会文化习俗及卫生事业之中。不只传承文化,还传授生活生产技能等最实用的知识,打破了长久以来人们对学校的狭隘认识。

梁漱溟不是河南村治学院的院长,也不是山东乡村建设研究院的首任院长,但是他的乡村建设思想是研究院的精神支柱和思想灵魂。梁漱溟通过研究部和训练部讲解其思想,做到了在思想上占领人的头脑,在自身周围团结着一批不计报酬的知识分子。他们不计个人的得失,不辞辛苦地来到邹平这个地方,实践着一个知识分子的社会责任。山东乡村建设研究院是一个知识分子的集合体,他们来自天南地北,以个人的知识和才能在梁漱溟乡村建设思想的领导下为农村贡献力量。他们的工资不及河北省定县的十分之一。梁漱溟利用传统和儒家思想,以及部分经过改造消化的西方思想文化因素,培养农民的组织意识和技术,使其乡建思想在邹平得到真正彻底的落实。以村学、乡学为中心,以县政改革为特色的邹平在山东乡村建设中的成就最大,影响也最大,引来了大批的参观者,奠定了梁漱溟乡村建设领袖的地位。以至于很多人一谈起山东的乡村建设运动,就把它等同于邹平乡村建设。当然,从教育的视域理解,山东邹平乡村建设运动的核心则在乡村教育实验。

①王冠军:《回忆抗战前的山东乡村建设》,山东省政协文史资料委员会、邹平县政协文史资料委员会编:《梁漱溟与山东建设》,济南:山东人民出版社,1991年版,第11页。

②郑大华著:《民国乡村建设运动》,北京:社会科学文献出版社,2000年版,第319页。

第二节　山东邹平乡村教育实验的反思及评价

梁漱溟乡村教育实验的目的，一方面是对中国教育现代化历程中如何实现中国化问题的探索，另一方面也是他自己哲学思想、政治思想的具体运用。梁漱溟试图通过一种广义的教育工程，来开出乡村建设的新风气，挽救数十年来的乡村破坏，从而借以解决中国文化的复兴与中国民族的自救问题。这些充分表现了他的理论方向及思想动机，也充分反映了他的哲学思想及其关于中国社会的历史观与政治主张。

诚如上章所述，此时期全国范围内掀起出现了一场乡村建设运动，其中以乡村教育为核心或特色的主要有：1.山东乡村建设研究院。2.中华平民教育促进会定县实验区。3.江苏省立教育学院。4.中华职业教育社。5.河南镇平、内乡、析川三县民团组织。6.江宁实验县。7.兰溪实验站。8.青岛市乡区建设办事处。9.金陵大学农学院与乌江农业推广实验区。10.北平三大学乡村工作：(1)燕京大学清河社会实验区，(2)师范大学乡村教育实验区，(3)北平中法大学温泉乡建工作。11.江苏省立徐州民众教育馆。12.山东省立民众教育实验区。13.绥远新农试验场。14.广西省经济委员会农村建设试验区。15.安徽农村合作事业单位。参加者单位繁多，派别不同，但其目的都是着眼于中国农村的建设与复兴。正如当时梁漱溟在一次全国乡村工作讨论会中指出的："我们到会同人各从不同的动机，不期而然地集于乡村运动一途，好多为始意所不及料。四面八方来到一块，这证明今日乡村运动，好像是天安排下的，非出偶然。"①梁漱溟主持的山东邹平乡村建设实验在近代中国的乡村教育实验运动中独树一帜。他充分考察了中国社会的特点，总结出中国问题的根本所在是"文化失调"。中国文化的根在乡村，所以，改变中国贫弱的现状，必须从农村开始，恢复或重建因"西洋文化的侵入"而失调的中国文化。因此，他将其开展的乡村建设运动说成是一个文化

①韩明汉：《中国社会学史》，天津：天津人民出版社，1987年版，第152—153页。

重建运动,或者说是一个“创造新文化”的运动。虽然梁漱溟的这种创造新文化的努力随着他的乡村建设运动的失败最终化为了泡影,但是他在这一努力中所提出的中国传统文化能否为现代社会所用的问题,其意义却是相当深远的。更难能可贵的是,梁漱溟并不满足于书斋里的纯理论性的探讨,而是大胆地将这种探讨引向社会实践。他所开展的乡村建设运动,即是他企图在实践中解决传统文化与现代化关系问题的一次尝试。如他在邹平的乡建实验中,对乡村的社会秩序、经济发展、文化教育和风俗习惯等问题,都在遵从传统的基础上做了适应现代社会要求的改良。尽管他的这些尝试最终都未能获得成功,但是他对传统文化与现代化这一命题的揭示,以及对传统文化在现代社会中的价值的肯定,对于我们今天来说都具有重要的参考价值。

梁漱溟希望能够从中国传统文化里寻求救国的良方。对此,早期共产党领袖陈独秀在《寸铁、精神生活、东方文化》文中称梁漱溟要把东方文化当作特别优异的东西保存起来,实际上就是“要把人囚在幽谷里,我们不得不大声疾呼地反对,看他们比曹锟、吴佩孚更为可恶。因为他们的害处大过吴、曹。梁漱溟说我是他的同志,说我和他走的是一条路,我绝对不能承认;他要拉国人向幽谷走,我要拉国人向康庄大道走,如何是一条路,又如何是同志”。这里既表明了阶级立场与思想认识上的差异,同时也指出了梁漱溟乡村教育实验的困惑。

梁漱溟的“中国社会无阶级论”导致其乡村建设理论出现了以下偏差:一是对共产党在农村划分阶级及开展土地革命斗争持保留甚至抵触的态度,认定中国的乡村建设只能走“理性”的路。毋庸置疑,梁漱溟的上述认识,不仅使他漠视共产党的土地革命,而且也使他的乡村建设运动陷入了困境。由于他把地主和农民都一概统称为“乡村居民”,因而使得乡村建设的领导权实际上落入了地主豪绅的手中。因此,出现了梁漱溟所哀叹的“号称乡村运动而乡村不动”的尴尬及难处。对此,梁漱溟分析其原因是:“农民偏乎静,我们偏乎动;农民偏乎旧,我们偏乎新。我们虽然不赞成像现在政府那样东建设西建设的多事,但无论如何总是进取的态度,到底不能如农民所要求‘多一事不如少一事,少一事不如无事’。——这多一事不如少一事,简直是他们最亲切的要求,这是最没办法的。又我们虽然不同于习染西洋风气的青年,处处违反乡村人心理,但无论如何我们思想行动还是新的。总之,从心理上根本合不来,所谓‘号称乡村运动而乡村不动’,就因为我们在性质上天然有和乡下人不能一致之处。"[①]乡村建设运动本应和农民打成一片的,因为"中国问题之解决,其发动主动以至于完成全在其社会中知识分子与乡村居民打并一起,所构成之一力量"[②]。而现在知识分子不但不能和乡村居民打拼一起,反而不合,当然就成了乡村建设运动的一大难处。而这不合的最主要的原因就在于乡村建设运动不能真正解决大多数乡村居民的实际问题。二是对土地问题在乡村建设中的重要性缺乏清醒的认识。梁漱溟虽然注意到了土地问题,但却认为解决土地问题必须依靠一个"主动的、能动的政治力量"才能进行,因而未能认识到解决土地问题对乡村建设的紧迫性和重要性。正是由于梁漱溟这一认识的失误,致使他在拟订乡村建设方案时,未能将解决农民的土地问题置于应有的重要地位,结果他领导的乡村建设与教育实验活动,由于未得到农民的真正支持而最终宣告结束。

邹平乡村教育实验还影响促进了全国乡村建设活动的发展。1933 年 7 月 14 日至 15 日,全国第一次乡村工作讨论会在山东邹平的乡村建设研究院举行,赴会者有河北、江苏、广东、浙江、江西等 10 多个省的 35 个乡村运动团体代表。与会者分别报告各地乡村工作情况,交流得失经验,相互切磋,并推举梁漱溟、晏阳初、黄炎培等 6 人为主席团员,轮流主持大会。之后,此次会议的工作报告经整理由中华书局出版,即为《乡村建设实验》(第一集)。这次会议凸显了邹平乡村教育实验在全国的示范领导作用,进一步扩大了邹平乡村教育实验在全国的影响。邹平乡村教育实验声名在外,吸引了众多的考察者前去参观。1934 年,以李宗黄为首的中央组委会考察团对邹平的乡学、村学、县政、农场、县学师范部等方面的工作进行考察评估,给予实验较高的评价。以农场为例,"农场成立虽仅三载,其内部之试验及对外之推广成绩颇佳。……虽为经费所限,设备简单,不如青岛农场之完备,但实际影响于乡村经济农民生计者至大"[③]。香山幼儿师范的校长戴自庵带领一个班的学生在邹平简易师范学校进行了长达 3 周的参观学习。国民政府聘请的意见顾问斯提斐尼特意前去邹平参观户籍行政工作。可见,邹平乡村教育实验的影响并不局限于邹平实验区,而是辐射到全省乃至全国。

①梁漱溟:《我们的两大难处》,中国文化书院学术委员会编:《梁漱溟全集》(第二卷),济南:山东人民出版社,2005 年版,第 581 页。

②梁漱溟:《中国问题之解决》,中国文化书院学术委员会编:《梁漱溟全集》(第五卷),济南:山东人民出版社,2005 年版,第 210 页。

③李宗黄:《考察江宁邹平青岛定县纪实》,南京:正中书局,1935 年版,第 86—88 页。

在梁漱溟的思想体系中,传统和现代之间不可调和的两极关系并不存在。他的“文化三路向”以及“老根新芽说”,实际上都表明了这一点。“因为中国今日是无秩序,所以不能用暴力革命,所以我们否认一切在民族社会内的军事行动。中国此刻要紧的是培养新东西,新东西长成,旧的自然脱掉,性急的人,徒自着急,益使乱局延长耳!”[①]梁漱溟不满足于书斋里的纯理论的探讨,而大胆地把这种探讨引向了社会实践。他的乡村建设即是他意欲在实践层面解决这一问题的尝试。如他在邹平的乡建实验中,对乡村的社会秩序、经济发展、文化教育、风俗习惯等都在遵从传统的基础上,做了适合现代社会要求的变化。梁漱溟的尝试尽管受挫了,但他对于传统与现代化这一命题的揭示,以及对传统在现实社会价值的肯定,对于我们今天来说都具有重要的参考价值。

①梁漱溟:《乡村建设理论》,中国文化书院学术委员会编:《梁漱溟全集》(第二卷),济南:山东人民出版社,2005年版,第239页。

第八章

国学教育的实践

——重庆北碚的教育活动

20世纪初,重庆因僻处巴蜀,在学术上固以僻陋称于世,各方面的研究也是无足称者。抗战爆发,国府迁渝,重庆市由一个普通的省辖市变为直辖市,而且成了中国抗战时期的陪都。

在这一时期,一批厂矿企业、大中学校、科研机构、政府机关相继迁来重庆北碚及其附近,大批文化人也随之来渝。战区中等学校的迁渝,是重庆市中等教育发展的一个重要方面,而另一个更重要的方面是战时地方政府和地方人士兴办中等学校。比如说,重庆北碚区三峡实验区的国立重庆师范学校、私立育才中学、私立勉仁中学、私立相柏中学、私立力行中学等。其中,私立勉仁中学是由梁漱溟建立起来的,可以说具有代表意义,由此推动了重庆的学术研究,也提高了重庆在现代文化史上的地位。

梁漱溟于1940年2月在璧山县来凤驿创办了勉仁中学。1941年迁到北碚金刚碑,并在此创办了勉仁书院。1946年改建为勉仁国学专科学校,1948年改为私立勉仁文学院,校址在北温泉松林坡。梁漱溟任董事长兼校长,并亲自授课。该学院设有中国文学、历史、哲学三系,1950年5月停办。勉仁中学、勉仁书院、勉仁国立专科学校以及后来的勉仁文学院,我们统称之为"勉仁学系"。

梁漱溟来到了重庆后,并未放弃他之前的乡村建设理想,也没有丢掉他一直为国内和平而奔走的事业。撤到大后方,他首先把中华民族的存亡放到了第一位,对抗战提过不少意见,但国民政府不采纳,独裁压制,后来他便访问延安,目的就是为了抗战。在延安他受到了毛泽东的接见,他们进行了多次深度的交流,互相切磋抗日思想。

在积极主张国共共同抗战的同时,梁漱溟也认识到了中国的贫穷与落后导致了帝国主义列强的多次蹂躏。因此,如何使中国变得强大成为他苦苦追寻的目标,因为只有国家强盛了,中华民族才能从根本上改变受欺凌的地位。正是有了这种思想,他在积极宣传抗日之余,先后在重庆办起了一系列学校,也就是我们熟知的勉仁学系，培养了大量有文化、有知识的抗日人才。这是他抗战前教育思想的继续，与他抗战前在河南、山东等地的乡建实验目标一脉相承。在张澜先生的支持下，他搞民众教育馆，办乡村建设学校，但由于宣传抗日，民众教育馆和乡村建设学校被国民党当局查禁。随后，梁漱溟、陈亚三等由沦陷区来到重庆，与璧山教育界知名人士钟芳铭联系后，1940 年，梁漱溟先生与同仁、学生来到璧山，住璧山来风驿，发起创办勉仁中学。同年 1 月，他相继撰写出《创办私立勉仁中学缘起》及《办学意见述略》。文中称：

> 愚既自华北巡历战地归来，顾念大局艰难，无可尽力，将退而聚徒讲学。适在川从游诸子以兴学为请。时则中等教育之有待改善不异畴昔，而教育当局今实示其改善之机（如新颁导师制）。吾与诸友夙尝着力于是，顾不可及今之时，本其经验，并力以图，稍抒其疾痛难已之怀耶？①

从 1940 年办勉仁中学开始，他从此开启了在重庆北碚这一风景秀丽的地方的一系列办学活动。梁漱溟在政治上表现突出，他热爱祖国，痛恨帝国主义侵略中国，积极主张团结抗日。他是一位政治家，但从他一系列的办学活动来说，我们不得不说他也是一位爱国的现代教育家。

此外，中国平民教育家晏阳初在河北定县进行的乡村平民教育运动因抗战爆发而中断，退到重庆继续从事乡村工作。在此期间，晏阳初深受梁漱溟教育思想的影响，在重庆的乡村工作改用了乡村建设的名称。诚然，梁漱溟部分教育思想也通过晏阳初及受其影响的广大乡村建设者来实现。在梁漱溟影响下，1939 年 5 月，晏阳初以中国乡村建设学会教育委员会名义提出，经学会理事会讨论通过，由他在重庆负责筹办乡村建设育才院，1945 年改称乡村建设学院，成为中国第一所乡村建设学院，着手乡建人才培养，梁漱溟、卢作孚皆为学院董事会成员。1941 年晏阳初在璧山县设实验区作为学生研究基地，1946 年经省政府将实验区扩到四川省第三行政区全区，称为华西实验区，进行了卓有成效的乡村建设工作。从而可见，梁漱溟的教育思想不仅表现在他自己的教育活动上，同时表现在与他处于同时代的教育家的教育行动上。

---

①梁漱溟：《创办私立勉仁中学校缘起暨办学意见述略》，中国文化书院学术委员会编：《梁漱溟全集》（第六卷），济南：山东人民出版社，2005 年版，第 60 页。

第一节 北碚——"勉仁"成长的土壤

梁漱溟在重庆的办学活动都发生在北碚这个地方。勉仁中学在开办后不久，在卢作孚、卢子英兄弟的帮助下，也被迁到了这个地方。我们不禁要问，为什么梁漱溟会选择这个地方来办学呢？主要原因还是由于国民政府迁都重庆，大批知识分子来到陪都，而北碚离重庆城区有一段距离，受政治中心的束缚较少，文化上更开放。另外还有两个主要原因：一方面原因是缙云山嘉陵江风景秀美，适合办学；另一方面原因是卢作孚的支持和帮助。

一、梁漱溟赴重庆办学的背景

抗日战争前夕，梁漱溟积极探索乡村建设运动，并应邀赶赴川、渝等地进行参观讲学。抗日战争爆发后，他开始积极为抗日奔走，先后到达了延安、桂林等地，进行了一系列的革命探索和社会救亡运动。以下是梁漱溟赴重庆办学前后的一些相关事迹活动，以年谱的方式展现：

1937年（44岁）

3月，《乡村教育理论》（又名《中国民族之前途》）由邹平乡村书店出版。该书分甲、乙两部，甲部为认识问题，乙部为解决问题，其主旨为中国民族的前途在于乡村建设。

5—6月，应四川当局邀请，赴重庆、成都讲学和参观。6月13日，在成都演讲《我们如何抗敌》，号召知识分子尽力于战时民众动员工作。

7月7日，抗日战争全面爆发，自此离开山东乡村建设研究院，为抗日奔走。

8月上旬抵达上海，在《大公报》发表《怎样应付当前的大战》。8月14日，应邀出席南京国民政府在中山陵召开的国防最高会议参议会，被聘为国防最高会议参议员。17日，在国防会议上提出大量派遣知识分子下乡、动员民众抗日和改良教育等主张。

10 月，与晏阳初、黄炎培等面见蒋介石，陈述抗战主张。其后，梁漱溟起草《非常时期乡村工作大纲》。

本年，因战火延及山东，山东乡村建设研究院建院七年（1931—1937）之后结束，部分人员撤至河南镇平、湖北武汉以及山东西南山区，从事抗战工作。

1938 年（45 岁）

1 月 1 日，从武汉乘坐飞机到西安，然后转乘汽车至延安。除了解当地人民生活情况、教育设施外，还与中共领导人毛泽东就抗战形势、中国社会道路作广泛深入交谈，阐述了“伦理本位、职业分途”的论点，被批评为“改良道路”。

3 月，在徐州发表《告山东乡村工作同人同学书》和《山东乡村工作人员抗战工作指南》，号召山东乡建人员大敌当前要团结一致，积极投入抗日救亡运动。

7 月 6—15 日，最高国防会议参议会改组为国民参政会，梁漱溟被选为参政员，出席汉口第一次会议。提出“请政府召开战时农村问题会议建议案”。

12 月，根据自己一向对中国问题的认识，并参以访问延安所获认识，提出“根本解决党派问题的方案”。要求建立不受党派干预的国民政府，实行党政分家，军队脱离政党归属国家等。

本年，在四川南充创办南充民众教育馆，两年后被迫关闭。

1939 年（46 岁）

2 月，自重庆，经西安、洛阳，去抗日游击区巡视，历经豫东、皖北、苏北、鲁南、冀南、豫北、晋东南，前后 8 个月。根据战地见闻，对敌后游击队的抗战斗争给予高度评价，对民众的牺牲精神深感敬佩。

11 月下旬，为调停国共两党争端，形成第三方面的力量，与相关民主进步人士在重庆组成“统一建国同志会”。

1940 年（47 岁）

1 月，撰写《创办私立勉仁中学校缘起暨办学意见述略》，2 月，与学生、同仁在璧山来凤驿创办勉仁中学。

4月1—10日，出席国民参政会第一届第五次大会，提出《请厘定党派关系，求得进一步团结，绝对避免内战，以维国本案》，主张迅速解决国共争端。

年底，皖南事变前夕，与黄炎培、左舜生、张君劢共4人商定将“统一建国同志会”改组为“中国民主政团同盟”。盖认为第三方面任务重大，“非加强组织不可”。

1941年（48岁）

1月，皖南事变爆发，因不愿坐视国内分裂之剧变，与民盟同仁奔走于国共两方。

3月19日，在重庆上清寺召开中国民主政团同盟成立大会，被推举为中常委。3月29日，受民盟委派，赴香港创办民盟言论机关《光明报》，自任社长。在报上发表了民盟成立宣言及民盟对时局的主张纲领。年底太平洋战争爆发，香港沦陷，报纸停刊。

本年，在著名实业家卢作孚的支持下，勉仁中学由璧山搬迁至重庆市北碚金刚碑。

1942年（49岁）

年初，自香港脱险，至桂林。

本年，在桂林开始创作《中国文化要义》。先后撰写了大量论著：《纪念蔡元培先生》《教育的出路与社会的出路》《我的自学小史》《理性与宗教之相遭》等。

1943年（50岁）

秋季，国民党召开宪政会议，电邀梁漱溟参加，遭断然拒绝。梁漱溟撰写《答政府召见书》，寄邵力子，批评国民党的一党专制政策以及压制民主的行径。

本年，又撰述一些有影响作品，如《纪念梁任公先生》《中国文化问题略谈》《民主的涵义》《理性与理智之分别》等。

1944 年(51 岁)

1 月,在桂林《大公报》发表《中国以什么贡献给世界》,认为"人生向上,伦理情谊"便是中国民族精神所在,原本是人类精神。这人类精神发出来的时机,将在民主主义、社会主义将要完全实现的时候。中国人之特长为人生目的之正当观念。重申《东西文化及其哲学》所提出的"最近未来的世界文化,将是中国文化的复兴"的论点。

5 月,《梁漱溟最近文录》出版,收集了梁漱溟 1940—1943 年所写的系列文章。

9 月 19 日,中国民主政团同盟在重庆上清寺召开代表会议,决定将之改名为"中国民主同盟",以便吸收更多社会民主进步人士。

1945 年(52 岁)

6 月,唐现之据《梁漱溟先生教育文录》增订改编而成的《梁漱溟教育论文集》由开明书店出版。

8 月,日本战败投降。时在广西贺县(今贺州市),认为外患既除,内争可泯,建国大业开始,"夙日文化研究之愿当偿"。离广西经广州,返归重庆。

1946 年(53 岁)

1 月 10—31 日, 以中国民盟代表的身份加入在重庆召开的政治协商会议。在闭幕会上声明意欲退出现实政治,"创办一研究机构, 从世界文化的比较研究上作认识老中国的工夫"。

4 月,担任民盟秘书长。此后,梁漱溟以民盟秘书长的身份,积极奔走于国共双方, 调停其争端, 除 8 月份曾一度去云南昆明调查民盟中央委员李公朴、闻一多被刺一案外,在其任民盟秘书长职务期间(5 月初到 10 月底),"都在京沪间为和谈尽力"。10 月底,眼见调停无望,内战无法避免,便辞去了民盟秘书长的职务。远去重庆北碚,在勉仁国学专科学校闭户著书,继续撰写《中国文化要义》一书。"冀以我对于老中国之认识,求教于世;一面亦与同人暨诸生朝夕共讲之业。"

1947 年(54 岁)

在重庆北碚,继续写作并为重庆勉仁国学专科学校学生讲授《中国文化要义》。

本年，撰写了一些重要的文化、政治论文在报刊发表，如1月18日在重庆《大公报》发表《政治的根本在变化》；3月1日在《观察》2卷1期上发表《树立信用，力求合作》。

本年，宣告正式脱离民盟。在北碚向学生说："就此减脱关系，所望于及门诸生者，能将吾之学问传下去。"

1948年（55岁）

8月，勉仁国学专科学校改为勉仁文学院。熊十力继任校长，梁漱溟为董事会董事长，主讲哲学系、历史系相关课程，并亲自撰写《勉仁文学院创办缘起及旨趣》作为该学院的办学规章。

1949年（56岁）

6月，在勉仁文学院完成《中国文化要义》的收尾工程，交由成都路明书局出版。该书的主旨在于帮助人们"认识老中国，建设新中国"，并提出中国文化的重要特征在于"理性早启，文化早熟"，又重申"中国没有阶级"，无须进行阶级斗争的观点。

11月，《梁漱溟先生近年言论集》由龙山书局出版。该书收录了其1941年至1949年间所发表的论文23篇，十余万字。

12月底，携家眷离开重庆北碚，返回北京。

本年，发表《悼念陶行知先生》《敬告国民党》《敬告中国共产党》等论文。

上述年谱中所列举的相关事迹，与梁漱溟当时所参与的其他社会活动是相呼应的。

1931—1937年梁漱溟在山东邹平搞乡村建设运动，办乡村建设研究院，但在搞教育的同时，他积极主张抗日，并奔走各方，宣传抗日。一方面动员群众起来抗日；一方面给政府当局做工作，游说他们抗日。同时，还教导学生抗日，进行自卫。他说："在七七卢沟桥炮声未响之前，我们抗战的情绪已经紧张了。"梁漱溟不但在山东做群众工作，宣传抗日斗争，而且还受刘湘的邀请，到四川宣传抗日，在成都、重庆等地，向各界人士作30多次演讲，说的是"我们为何抗敌”[①]。这在一定程度上奠定了他日后在重庆北碚的抗日宣传活动以及后来的办学活动的基础。抗日战争爆发后，他积极向国民政府做工作，主张团结抗日。在山东邹平，因办学需要与山东省主席韩复榘交往甚多，曾多次劝韩复榘积极抗日，但韩复榘并不听，令他很是气愤。后来由于韩复榘仓皇撤退，日军的铁蹄踏遍华北，在山东所办的乡村建设学校与乡村建设实验都不能继续进行下去，通过教育复兴乡村、由农业现代化进而实现国家工业现代化的美好理想随即付之东流。无奈之下，他来到了抗战的大后方重庆，由此开始了重庆北碚“勉仁”系列办学的新征程。此前，梁漱溟就在重庆演讲过几次，可以说与重庆有着深厚的渊源。

二、卢作孚对梁漱溟办学活动的支持

20 世纪初，北碚是巴县的一个小乡镇。1927 年 3 月，民族实业家卢作孚接任江北、巴县、璧山、合川四县特组峡防团务局长，驻防北碚，以此为中心，在嘉陵江三峡地区开展乡村建设。到 1936 年 4 月正式成立嘉陵江三峡乡村建设实验区署时，北碚已是初具规模的小市镇了。但是，北碚的真正兴旺发展，却始于抗日战争时期，当时重庆被定为陪都，北碚被划为迁建区。一时间，在北碚及其附近的乡镇，迁进了上百的政府机关、科研机构、大专院校、文化单位，云集了上千的政治家、科学家、教育家、文化艺术家，北碚也从此闻名遐迩，被人们称为“陪都的陪都”。

翻一部关于北碚地方介绍的书籍，其中对这一座嘉陵江畔的灵秀小城这样描述：

> 北碚，地处嘉陵江三峡中，山川秀丽，风景优美，久负盛名，属首批国家级风景名胜区之一。国发（1982）136 号文件指出：“缙云山，北温泉的山岳江河，温泉峡谷，丛林古刹，溪流瀑布，奇葩异卉，展示了巴山蜀水幽、险、雄的特色。”北碚，原名白碚镇，是清初巴县五大镇之一。因江边石梁横亘江心，人称白鱼石，又名黑碚石。古人谓岩石随水曲折日碚，白鱼石正如其形，且居巴县之北，故名北碚，北碚隔江相对的东阳镇，南齐为东阳郡，唐置东阳古城。境内缙云山是著名的佛教圣地，缙云寺和温泉寺自南朝创建以来，深得

①重庆北碚梁漱溟学术研究会编：《梁漱溟学术研究会会刊》（内部交流本），1995 年版，第 66 页。

历代帝王的重视,累受朝廷封赐。南宋末,元宪宗蒙哥攻打钓鱼城不下,崩殂于温汤峡的温泉寺内。

民国初年,三峡地方不靖,川东道委地方士绅在北碚组建江巴壁合峡防团务局。1927 年春,爱国实业家卢作孚出任峡防局长,着手开发三峡,从事乡村建设,创办了北泉公园、北碚公园和中国西部科学院。1936 年设立嘉陵江三峡乡村建设实验区,1942 年改设北碚管理局,行使一县的地方权力。抗战期间,大批科学文化单位迁居峡内,各界名流学者云集北碚,兴旺繁荣,无以复加。中华人民共和国建立后,北碚又一度成为川东行政公署省会,如今是重庆市的一个郊区,人口 37 万,面积 374 平方公里。①

北碚生态环境优美,青山常翠,碧水长流。缙云山是国家级自然保护区,是长江上游亚热带阔叶植物宝库,这道绿色生态屏障减少了主城区的"热岛效应"。北碚气候宜人、生态良好、环境优美,是适宜居家、求学、创业的"花园城"。抗日战争时期在北碚居住的文人墨客也对北碚有着深厚的感情,对北碚始终念念不忘。

提到卢作孚,一般都认为他是一位爱国实业家。他创办了民生实业股份有限公司,短短 10 年间,发展成为旧中国最大、最具影响的民营航运企业。因此,他也被誉为"中国船王"。他倡导的"民生精神"也被誉为"20 世纪 20 年代至 40 年代企业文化建设卓有成效的一个典范"。

卢作孚同时也是一位教育家,诚如卢作孚所言:"自己现在是办实业的,但实际上是一个办教育的,几乎前半生的时间都花在办教育上,而现在所办的实业,也等于是在办教育。"②他早期从事记者、教学工作,开展民众教育实验,后期投身民生公司航运业后实践职工教育和乡村建设实验。

梁漱溟一直景仰并高度评价卢作孚以重庆北碚为中心开展的乡村城镇化建设与民生轮船公司的社会集团化教育实验,以及他的人格精神与品性修养。梁漱溟在《怀念卢作孚先生》一文中提到:"1941 年我将创办不久的勉仁中学迁至北碚。1946 年尾,我退出和谈、辞去民盟秘书长职务后,便在这景色宜人的北碚息

①李萱华编著:《北碚诗词》,重庆:西南师范大学出版社,1991 年版,第 1—2 页。

②卢作孚:《如何彻底办教育》,1948 年 4 月 22 日《嘉陵江报》。

影长达三年之久，静心从事著述；《中国文化要义》一书即写成于此时。1948 年我又与一般朋友创办勉仁文学院于北温泉，从事讲学活动，直到 1949 年底四川解放后来北京，才离开北碚。在上述我在北碚从事的种种活动中，自然都得到作孚先生以及子英先生的热心支持和帮助。”[①]可见，卢作孚对梁漱溟在北碚的教育活动帮助之大。与卢作孚在重庆的交往中，梁漱溟对卢作孚的评价也是极高的，在此引用梁漱溟的一段话：“抗日战争爆发，我撤退到大后方的四川之后。当时作孚先生与我所从事的活动虽不同，但地点均多在重庆，因此交往较多。在彼此交往中，更感到作孚先生人品极高。我尝对人说：‘此人再好不过！他心中完全没有自己，满腔里是为社会服务的事业。这样的品格，这样的人，在社会上找不到。’作孚先生有过人的开创胆略，又具有杰出的组织管理才能，这是人所共见。人们对他的了解较多的在此，人们常称道他的自然也多在此，但岂知作孚先生人品之高尚更是极难得的呀！”[②]

①梁漱溟：《怀念卢作孚先生》，中国文化书院学术委员会编：《梁漱溟全集》（第七卷），济南：山东人民出版社，2005 年版，第 526 页。

②梁漱溟：《怀念卢作孚先生》，中国文化书院学术委员会编：《梁漱溟全集》（第七卷），济南：山东人民出版社，2005 年版，第 525—526 页。

第二节　从勉仁中学到勉仁文学院

有“中国最后一位大儒”之称的梁漱溟，曾经在重庆北碚断断续续生活了近十年时间，特别是北碚缙云山在梁漱溟一生中占据重要位置。1940 年，他在璧山县来凤驿创办私立勉仁中学。翌年，在卢作孚、卢子英支持下，北碚政府为开办勉仁中学拨款 3 万元，将其移往北碚，同时由勉仁斋团体成立勉仁书院。1945—1946 年，梁漱溟在重庆奔走于国共两党之间，希望能促成国共和谈，终至失败。1946 年，奔走和谈无果，梁漱溟回到北碚金刚碑，在北碚主导创办勉仁国学专科学院，1948 年改为勉仁文学院。其宗旨应与早先成立的勉仁书院一致，但书院类似研究院性质，文学院近似普通文科大学。至此，我们可以看到勉仁中学、勉仁书院、勉仁国专、勉仁文学院，梁先生在重庆办的系列学校都以“勉仁”命名，这与梁漱溟受儒家思想的影响有关。众所周知儒学思想文化的核心思想就是“仁”，勉仁学校，顾名思义就是取儒家“勉以行仁”之意。这里用梁漱溟自己的话来说：“儒家之学在求仁。‘仁者，人也’，即求实践其所以为人者而已”[①]“力求实践其所以为人者所必勉之者而已。勉乎此，虽不能至，而于仁为近，于不仁为远矣”[②]“‘仁，人心也’；人之所以为人者独在此心，其异于禽兽物类者几希”[③]。对仁的最简单明了的注释莫过于仁即是心。

另据当年勉仁文学院的学生唐宦存解释：“仁，是二人，许多人，大家友好相处。仁是做人的最高境界。梁先生办学，目的在于对学生‘勉以行仁’，教学生‘认识旧中国，建设新中国’。”[④]

---

①梁漱溟：《礼记大学篇伍严两家解说合印叙》，中国文化书院学术委员会编：《梁漱溟全集》（第四卷），济南：山东人民出版社，2005 年版，第 3 页。

②梁漱溟：《礼记大学篇伍严两家解说》，中国文化书院学术委员会编：《梁漱溟全集》（第四卷），济南：山东人民出版社，2005 年版，第 9 页。

③梁漱溟：《礼记大学篇伍严两家解说》，中国文化书院学术委员会编：《梁漱溟全集》（第四卷），济南：山东人民出版社，2005 年版，第 11 页。

④佚名：《梁漱溟在北碚》（上），中国人民政治协商会议重庆市委员会网站。

勉仁中学校训："仁以立志，奋勉求学。"梁漱溟在创办勉仁文学院时，曾对学生胡应汉说："吾无复邹平实验之趣，亦无意与政治为缘。所望于及门诸生者，能将吾之学问传下去，自有开花结果之日。"[①]而仁道正是儒学的核心要旨，也符合和谐文化建设需要，属于儒家传统精华，是弘扬中华文化、建设中华民族共有精神家园的基本内容。这也是梁漱溟办学一直所追求的信念。

一、勉仁中学

梁漱溟从"改造旧中国，建设新中国"的深心大愿出发，主张"教育救国"，提出了一套社会本位教育系统理论和方案。1933 年 8 月 22 日，梁漱溟先生推出了《社会本位的教育系统草案》，明确指出：本案基于三根本见地，即"学校教育、社会教育不可分""教育宜放长及于成年乃至终身" 和 "教育应尽其推进文化改造社会之功"。在中国办教育"必须理会以上三根本点"，否则"必无从尽其应负荷之任务，必失其教育之功用，而不免转为社会病"。[②]这个教育纲领，标志着梁漱溟教育理论的成熟。为实现这个方案，梁漱溟不遗余力地开办曹州六中、广州一中、重庆勉仁中学、勉仁文学院，大办乡学、村学等，同时提倡民众教育馆、图书博物馆、公共体育场、公共剧场、民众识字班等社会教育。

但与此同时，梁漱溟也认识到一个国家教育制度的改造有其客观条件，不可以急功近利，自己的能力有限。他认为青年期是人生的关键期，所以来到重庆后，他首先把中等教育放在第一位，然后再逐步改造，这是他教育的设想。基于以上思想，勉仁中学得以产生。

梁漱溟为此撰写《创办私立勉仁中学校缘起暨办学意见述略》：一国教育制度之根本改造，有其时，有其势；客观因素不至，吾不能急切以求之也。理想制度之实施，既且有待；现行学校教育之补偏救弊，夫何能已。若中学教育尤为人所

①唐宦存、杜林编著：《师足寻迹——记现代新儒家宗师梁漱溟》（内部交流本，内刊号 048713），2003 年版，第 145 页。

②梁漱溟：《社会本位的教育系统草案》，中国文化书院学术委员会编：《梁漱溟全集》（第五卷），济南：山东人民出版社，2005 年版，第 393—400 页。

关切者。青年期(12 岁至 18 岁,亦曰成丁期)为人一生关键,其心理生理之发育开展在是,而易受贼害,亦在乎是。中等教育适当此期,于此而不得其当,心窃伤痛之也。①

至此,梁漱溟已经决定兴办勉仁中学。他与同道中人商量办学的注意事项,命名为“办学意见述略”,由陈亚三和黄艮庸筹备。为什么要这两人筹备呢?梁漱溟认为陈亚三参加过山东邹平的办学,而黄艮庸参加过广州一中的办学,可以说两人对中学的办学都比较有经验,现在两人又恰好在四川,让他们两个来筹备是再合适不过了。早先开办的曹州六中,同时设了重华书院,重华书院是教师进行学习及提升自己的地方,所以基于此,梁漱溟也有建一所书院的想法,只是因为当时条件尚未成熟,只好先开办勉仁中学进行讲学。在勉仁中学开办后不久,勉仁书院也开办了,梁漱溟邀请其好友熊十力主持。勉仁书院的开办也圆了梁漱溟在勉仁中学开办之初想开办书院的一个梦想。

勉仁中学于 1940 年秋开学,分设高中部、初中部。高中部两个班,初中部两个班,均要进行入学考试,不合格不录取。学费为平民价格。班上学生不等,其中初中部有 50 来人,有璧山当地的,有附近各县的,还有从沦陷区来的。当时梁漱溟的大儿子梁培宽和梁培恕,陈亚三的儿子陈道宗都在此班学习。学校开办不久,由于各种原因,梁漱溟在卢作孚、卢子英的帮助下将勉仁中学从重庆璧山县迁到了北碚。

二、勉仁文学院

1945 年,梁漱溟从广州来到重庆,一方面参加国共调停工作,一方面致力于学术研究。抗日战争胜利后,1945 年 10 月 1 日,中国民主同盟在重庆召开临时全国代表大会,会上选举张澜等 18 位中央常务委员,梁漱溟亦在其中,并积极参加国内和平调停。梁漱溟一直忙于宣传抗日并且为了争取国内和平而奔波劳碌,反对国民党的“先安内后攘外”的消极抗日政策,全身心投入抗日斗争和国内和

①梁漱溟:《创办私立勉仁中学校缘起暨办学意见述略》,中国文化书院学术委员会编:《梁漱溟全集》(第六卷),济南:山东人民出版社,2005 年版,第 59 页。

平事业。然而，对自己所办学校的教务、教学无暇顾及。1946年10月底，因国共和谈破裂，梁漱溟辞去民盟秘书长，来到金刚碑定居，又在嘉陵江畔五指山成立了勉仁国学专科学校，张俶知任校长，陈亚三任副校长，梁漱溟自己任董事长。梁漱溟将勉仁国学专科学校作为勉仁文学院的预备，他认为求人不如求己，就在勉仁中学的基础上成立了勉仁国专，这样较为简单一些。在此期间，梁漱溟除了主持学校的工作以外，最主要的工作就是写作《中国文化要义》一书。他将其研究的成果每周给学生讲两次课，大约四到六小时。另外，他还与勉仁中学和勉仁专科学校的教师一起讨论中国文化问题。1948年春，勉仁国学专科学校迁到北碚北温泉后松林坡，同年暑期改为勉仁文学院，即在原国学专科学校基础上成立勉仁文学院。董事会有卢作孚、晏阳初、张群等，梁漱溟为董事长。学院分哲学、文学、历史三个系，梁漱溟亲自兼任哲学系主任。梁漱溟早有建立一文化研究机构的要求，但是当时抗战开始，他忙于为抗战奔走，所以一切就搁置了。梁漱溟在《勉仁文学院创办缘起及旨趣》中指出：勉仁文学院何为而创立？它是为要作当前文化问题之研究。所谓漱溟之心愿者，即是自己蓄心从事于此研究已久，更愿创立一文化研究机构，萃聚师友共同从事也。[①]

梁漱溟指出中国屡次改革都没有成效，没有使中国摆脱贫穷，是中国固有的文化造成的。如何创造文化的新局面，以摆脱当前的矛盾，完成历史的转变，是现代人的任务，现代人都应该关心并想办法解决。

> 如何创造文化之新局？此不能不把人类历史从过去到现在弄清楚。要知：一切未来莫不本于过去；矛盾之解决，还从矛盾中求得。对于旧的文化，新的文化，东方文化，西方文化，任何一面绝不容掉以轻心。只有向此中深深作理会，才得看出一条路来。就中国说，认识老中国实为建设新中国之本。却是我们一向缺欠恰在此。[②]

> 文学院为大学制之一独立学院。在大学各学院中，文理二院之所讲求为学术根本所在，与法、商、农、工、医之主于学术应用者不同。文学院各种学

①梁漱溟：《勉仁文学院创办缘起及旨趣》，中国文化书院学术委员会编：《梁漱溟全集》第六卷，济南：山东人民出版社，2005年版，第795页。

②梁漱溟：《勉仁文学院创办缘起及旨趣》，中国文化书院学术委员会编：《梁漱溟全集》第六卷，济南：山东人民出版社，2005年版，第797页。

问之主要对象在人，又与理学院各种学问之主要对象在物者不同。文学院之文，盖人文之文也。吾人为文化问题之研究，开办一特殊组织之研究所最直接。不然，则办大学亦有足取。大学不徒为一教育机关，亦为一研究机关；且可以培养继起之研究人才。而其着手，则莫要于先办文学院。中国学问一向详于人事，忽于物理；而西洋反是。径不妨说，西洋学问在理学院；中国学问在文学院。吾人求认识老中国，文学院其必居先，无可疑也。前既言之，一切文化转变，文化矛盾要在人生态度价值判断之间。理学院所讲，纯为科学；科学虽无所不究，独不及此。此为哲学所特有事；哲学则文学院之主科也。且文化出于历史；欲知未来，莫要审其过去。历史，又文学院之主科也。他日进一步，当开办毗于文学院之法学院。人事之学问在此，文化建设之研究亦在此也。至于一切研究之有资于物质科学生物科学者，诚亦不少；是则赖于国内外学术机关之交换配合。凡事必有其重点；人务自抒其所长。以同人之力量绵薄，即此已感弗胜任，一时不敢侈言其他。①

梁漱溟先生一生关注的主要问题就是如何从中国的传统中开出未来中国文化的道路。可以说创办勉仁文学院是其理想的一个实现途径。在梁漱溟的领导下，勉仁书院和勉仁文学院集中了一大批著名的教授和学者。比如国学大师吴宓，自西南联合大学解散后，入蜀定居，住在勉仁文学院，任文学教授，历任西南师范大学历史系、中文系教授。这些雄厚的师资力量，无疑为文学院增添了不少光彩。他们以认识老中国为其宗旨，致力于中国传统文化的研究，并把这种研究与时代的发展结合起来。

①梁漱溟：《勉仁文学院创办缘起及旨趣》，中国文化书院学术委员会编：《梁漱溟全集》（第六卷），济南：山东人民出版社，2005年版，第801页。

第三节　“勉仁”办学的薪火相传

1949 年 7 月，北碚金刚碑勉仁文学院已决定停办，勉仁中学高中部亦于15日起决定停办。突然停办后，暑期留校师生推派代表面谒梁漱溟董事长请求继续办理，但仍无结果，即将失学同学厥状甚惨。勉仁学校的停办一方面是因为经费原因。勉仁的办学经费主要来自社会支持和募捐，由于梁漱溟一直倡导平民教育的办学思想，学费一直十分低廉，梁漱溟一直靠苦心经营勉强支撑。梁漱溟为继续开办学校，做出了很多努力，为给教师发工资，把夫人的结婚首饰都变卖了，他甚至想到了“卖”字筹经费。1947 年初，梁漱溟还在重庆《大公报》上刊发了为勉仁学校及书院募捐的启事：“奔走大局疏于经营，今日归来颇负债务……敬请各界同情人士海内外知交惠予援助。惠捐五万元以上，当作书（对联屏幅匾额等）为报；百万以上并当走谢。”①

作为学富五车的大家，书法虽不是梁漱溟的“主业”，但他那极具书卷气的笔墨却受到许多人的追捧。据其学生及后人回忆，在此之前，梁漱溟为人作书从来都不收润笔，而这次破天荒地在报纸上公开发表自己的有偿服务启事，完全是为了给办学筹募经费。据说启事刊出之后，前来向梁漱溟索要书作的人络绎不绝，也暂时缓解了办学经费的燃眉之急。

但梁漱溟先生有自己的原则，李宗仁担任代总统后，让梁漱溟去南京商谈国是，梁漱溟以“不行动”为由，谢绝了邀请。后来李宗仁派程思远来北碚，并送来一大笔钱，梁漱溟认为时局已致此，和平已经没有希望，现在他也帮不了什么忙，又给拒绝了，但钱他收下了。因为勉仁学校经费正十分困难，也正因为这笔为数不少的经费，使勉仁学校渡过了难关。

1950 年 1 月中旬，梁漱溟受毛泽东、周恩来的邀请，去北京参加政府的工作。勉仁文学院即由院委员会副主任邓子琴先生任代理院长。虽然勉仁的办学

①梁漱溟：《梁漱溟为勉仁学校、书院募捐启事》，中国文化书院学术委员会编：《梁漱溟全集》（第六卷），济南：山东人民出版社，2005 年版，第 701 页。

状况一直处于惨淡经营的境地,但此时勉仁中学及勉仁文学院的停办,其主要原因恐怕还不是经费问题。

在1949年3月初出版的《大公报》(重庆版)上,还曾看到勉仁中学及勉仁文学院“伙食团未雨绸缪,煤米油盐可用一学期”的报道。据1949年7月19日《国民公报》的消息称,其停办理由据梁漱溟表示:“与理想相违背。”据1947年就读于勉仁文学院的唐宦存说,梁漱溟将学校冠以“勉仁”之名,目的在于对学生“勉以行仁”,是其“教育救国”理想的具体实践。梁漱溟并没有实现其教育救国的理想。从梁漱溟和唐宦存的这两句话以及梁漱溟拒绝李宗仁的行为来看,我们看到的是梁漱溟对国民党当局的彻底失望。换言之,正是因为梁漱溟对当局的失望,他停止了勉仁的办学。

梁漱溟说:“我对主席陈明我在川中办学情况。主席指示勉仁文学院可交西南大区文教部接收,所有教职工及学生各予适当安排。其中随我工作多年的人亦可以令其来京仍随我工作。当下主席对林老林伯渠嘱咐:梁先生的这些人员到京之时,请林老决定安置。至如勉仁中学可以续办一时期,以后再交出,全由国家统一办理。其后勉仁文学院教职员工和学生多并入西南师范学院,其中副院长陈亚三则来京,以我的秘书名义安置在政协。勉仁中学最后亦交出,改为重庆第二十二中学。”①

勉仁文学院由西南文教部接收并入西南师范学院,成为现今西南大学文科重要组成部分,对川渝两地乃至全国高等教育事业都有所贡献。勉仁中学又续办一期也移交给政府,位于嘉陵江畔、缙云山下的金刚碑五指山11号。1993年更名为重庆市第二十二中学,后改为重庆市勉仁职业中学,2003年成为市级重点职业中学。2004年勉仁职中与北碚职业教育中心合并,同年,该校被民营重庆市华杰职业学校租用,挂华杰职业学校牌和北碚职业教育中心勉仁教学部(亦称勉仁职业教育中心)牌,算是保留了梁漱溟创建80多年、在重庆也存续70年的勉仁文化品牌的最后一点痕迹。正因为勉仁书院不一般的运作方式,也因为梁漱溟对儒学不一般的理解,对社会本位教育系统不一般的坚持,才使得勉仁成为当时所创书院中唯一能在现今还发生影响的书院。虽然这种影响更多呈隐性,但显性的

①梁漱溟:《追记在延安北京迭次和毛主席的谈话》,中国文化书院学术委员会编:《梁漱溟全集》(第七卷),济南:山东人民出版社,2005年版,第443—444页。

也不能说没有，毕竟勉仁中学本身还在（尽管名称几经变更），某种意义上勉仁的精神应该也还在。尤其近年，当代书院作为传统文化载体在全国范围掀起一波又一波复兴热潮。

梁漱溟及其主导下的师友团体所创办的“勉仁”系列学校，特别是勉仁书院和勉仁文学院，在中国现代教育史上有较大影响，在新儒学发展史上、在缙云山历史文化传承中的地位，乃至在重庆、在中国传统文化中的地位都十分重要。

第九章

一代教育宗师

——现代教育理论的探索（上）

梁漱溟是一位思考并行动着的新儒者，本章系统阐述梁漱溟自北大求学、任教始，到后来投身乡村教育和后期讲学及社会活动中积累并开拓的教育学理论，以还原或确定其现代原创性教育家的地位与身份。随着梁漱溟人生经历的变化和思想的逐渐成熟，并经过自身不断的实践和理论创新，其教育理论也经历了一个逐渐完善和深入的过程。而从所论述或阐析的内容来看，十分丰富而庞大，可以在现代中国教育流派色彩斑斓的场域下考察，并可以比拟为现代教育学的一种文本结构及体系。笔者在挖掘、分析的同时，力图将其教育理论的诸多方面与同时代著名教育家陶行知、晏阳初等教育名家的观点、特色进行比较分析，并分别探讨梁漱溟的教育理论对当今我国教育不同层面或领域所具有的启发意义。

第一节　教育目的论

教育目的实为教育活动的方向和灵魂,至为重要。教育目的的问题关系到教育活动培养什么人的问题,有关"教育目的"的概念虽众说纷纭,但其解释亦大同小异，即把受教育者培养成为一定社会所需要的人的总要求，受制于一定社会的生产力、生产关系,并根据人自身发展的需要加以确定。梁漱溟作为一位在现代中国颇具影响力的新儒家、教育家，其本意并非为教育而教育，而为探求"人生问题"和"中国问题"。正如他自己所言:"我省思再三,我自己认识我,我实在不是学问中人,我可算是'问题中人'。"[①]然其一生中大多数时间都没有离开教育,他在国家民族危难时刻,以教育为利器,以图达到社会理想的目的。尤其在乡村教育运动实践中,他形成了独具一格、富有特色的"全生活教育""乡村教育"教育目的观,对我国现代教育理论有创新性价值。当今我国教育改革中对思想理念的选择确立至为重视,教育目的诸多内容依然是困扰当今中国教育的大事,认真研究梁漱溟对此的探索及理论观点,不仅具有学术价值,而且对当今教育事业有着现实意义。

一、社会理想教育目的

梁漱溟早年受其父影响,形成了所谓"趋利""避害"的功利主义人生思想,但是随着人生阅历的增加,烦恼不断涌现,继而转入佛学出世思想。1917—1924年,梁漱溟在北大任教,此间完成了人生最后一次思想转向,归宗儒学。儒家本身强烈的入世思想,使归宗儒学的教育家梁漱溟,更加关注民族前途和社会现实生活,直指教育的社会理想政治、经济及文化目标,肯定教育具有现实、社会的目的诉求及人生价值。他指出数十年来中国教育之所以失败，虽有教育本身导致失败的缘由,但吃亏的还在于中国社会没有出路,因为社会没有出路,加重了教育的惨败。

①梁漱溟:《我生有涯愿无尽——梁漱溟自述文录》,北京:中国人民大学出版社,2004年版,第37页。

> 过去中国教育之错误，论者已多，现在亦不须细数。但核实之言之，总不外误在一切抄袭自外国社会，不合中国社会条件，此为主要一层。其次为自己有所参酌变动之处，或失原意，或恰恰蹈袭中国旧弊，此为附属一层。然假使中国社会正将以外国社会的出路为出路，则此教育设施纵不合于社会固有条件，犹不违于将有之新条件。尽管枝节上错误甚多，而大方向不差，必无惨败之理。[①]

由此可见，梁漱溟认为教育没有出路是因为教育与当时社会发展的大方向相差太多，批判当时的教育无利于中国社会出路的解决，并对教育的失败感到痛心。教育应具有配合社会运动、完成社会改造的义务。这是教育本质的要求，也是教育目的中的应有之义。

> 我们要记住这一定理：若社会的出路在此，而教育的大方向与之相符顺，便彼此相成，同有出路；反之，若社会的出路不在此，而教育却以此为方向，便彼此相毁，一齐没有出路。

> 因为教育故不能外于社会自有出路，但非谓教育的命运，就只能是被决定的。吾人可以体认把握社会的出路所在，而努力以求之。在力求社会出路之时，教育亦是要运用的一件法宝，同时即从社会出路里面，教育亦得其出路。

> 就眼前为例，我们抗战就是求社会出路。教育固然不能包办抗战，却亦为抗战所必要运用一事。此时教育的出路，正亦在抗战上乃能求得之。又如过去革命北伐，为那时求社会出路的大道；黄埔培养干部的教育，最能相配合，那么，黄埔教育便亦因之有出路。今后建国，更是我们求社会出路的正面文章。在建国上非用教育不可，教育亦非配合建国，没有它的出路，这是一定的。[②]

梁漱溟认为教育的出路与社会的出路息息相关，他的教育目的思想在于教育为时代所用，致力于社会出路，服务于社会发展，并最终实现理想的社会目的。换言之，作为社会子系统的教育须符合社会时代的要求，实现社会理想，这是教育发展的出路，也是教育具有的时代社会价值，以及所应发挥的责任担当。

---

①梁漱溟：《教育与人生：梁漱溟教育文集》，北京：当代中国出版社，2012年版，第163页。

②梁漱溟：《教育与人生：梁漱溟教育文集》，北京：当代中国出版社，2012年版，第166页。

在通过教育探索实践以实现寻求社会理想的奋斗历程中，梁漱溟要求教育目的、教育内容、教学组织方法及测评项目要求等均以社会出路为准。以教育为利器来重塑中国传统文化，教育配合社会，为社会所运用，使教育来承担重建中国社会秩序、拯救民族危亡、实现美好社会理想的重责。怀着教育为社会服务的美好信仰，梁漱溟毅然于 1924 年初夏走出北京大学书斋，到山东曹州从事教育改革实践。他用儒家社会教育及人本教育的功能理念，融合西方近现代教育制度设施及思想主张去办属于自己的教育，为乡村文化复兴与经济发展，进而实现中国社会的现代化而不懈奋斗。

二、全生活教育目的

梁漱溟对现实学校教育的实施情况感到痛苦与不满，认为所施行的教育只关注对学生单纯的知识传授，而缺乏对学生身心的疏导，忽视对学生人生道路的指导。他在山东曹州办学(1924—1925)之时所作《办学意见述略》一文中对此做了描述与阐发：

> 现在的学校只是讲习一点知识技能而已，并没照顾到一个人的全生活，即在知识技能一面也说不到帮着走路。单说在知识技能一面帮着走路，就当是对每个学生有一种真了解——了解他的资质和其在这一项学问上之长短——而随其所需加以指点帮助；像现在这样只是照钟点讲功课，如何能说到此。而且教育只着眼知的一面，而遗却其他生理心理各面恐怕是根本不对的，何况要讲求知识技能，也非照顾到生理心理各面不行。我的意思，教育应当是着眼一个人的全生活而领着他去走人生大路，于身体的活泼、心理的活泼两点，实为根本重要；至于知识的讲习，原自重要，然固后于此。……要办教育，便需与学生成为极亲近的朋友而后始能对他有一种了解，始能对他有一些指导。我们办学的真动机，就是因为太没有人给青年帮忙，听着他无路走，而空讲些干燥知识以为教育，看着这种情形心里实在太痛苦，所以自己出来试做。①

由此得知，梁漱溟认为当时的学校教育只注意智育，没有涉及学生人生道路

①梁漱溟：《办学意见述略》，中国文化书院学术委员会编：《梁漱溟全集》(第四卷)，济南：山东人民出版社，2005 年版，第 778 页。

的指导，这是不可取的。教育应该注重到“一个人的全生活”，即教育不仅要传给学生知识，还要注重每个学生的生活，引导他们走正确的道路，使他们在德、智、体及知、情、意、行等各方面都得到发展，得以健康地成长。

> 我办学的动机是在自己求友，又与青年为友。所谓自己求友，即一学校之校长和教职员应当是一班同志向、同气类的，彼此互相取益的私交近友，而不应当是一种官样职务关系，硬凑在一起。所谓与青年为友，含有两层意思，一是帮着他走路，二是此所云走路不单是指知识技能，而是指学生的整个的人生道路。而当时的学校教育，至多是讲习一些知识技能而已，并没有顾及到学生的全部人生道路。……我想新的教育，则应与他们为友，堕落的能引导他奋勉，烦闷的能指点他得到安慰、勉励，以至于意气奋发。……故尔我们办学实是有感于亲师取友的必要，而想聚拢一班朋友共处共学，不独造就学生，还要自己造就自己。①

上述两段引论中同时也透露了梁漱溟关于教育，尤其是关于教学问题的主张或倾向，如良好师生关系的建立必须是在教育共同体双方沟通交往的基础上达成；教育活动应以学生的特点及需要为基础，不是高压灌输，强制变动，要激发学生主体精神及自觉能动性；教学应以学生差异性设计作为组织及评定的合理依据，而不是以绝对的统一或共同标准作为活动过程及结果的衡量工具，“长善救失”，弥补差距恰是卓越或有效的教学理念。如此等等，既可视为全生活教育目的论的组成内容，也是达成理想教育目标的途径方式。

为青年发展教育是梁漱溟早期的办学志向，对青年实施“全生活教育”是梁漱溟教育目的论的闪光之处。在他出任曹州中学校长后，甚至采取“量力乐输”“以人情行之”的方式听凭学生自愿交纳学费，足以体现其一切为了青年学生的教育信念。他不愿采用权利义务、买卖交易以及法律条文的方式处理、解决学校教育及管理中的矛盾冲突，而是倾向于选择人情关怀的手段建构学校的校园文化，尤其是师生的人际关系。期以善良、真诚与信任的态度行为打动学生，以高尚的道德情感感染学生，帮助学生生活。教育要着重学生的身心成长，教育者要顾及学生的全部人生道路。这种言论主张尽管有其过于理想化以至于不乏浪漫的一面，而且实际推行的社会条件也会缺乏或不够充分，从而也无法在现实意义上全

①汪东林编：《梁漱溟问答录》，长沙：湖南人民出版社，1988年版，第47—48页。

然实现其教育目的,但在教育理论上却有着重要的意义。

三、乡村教育目的

中国在20世纪二三十年代出现了一场延续时间长达20年之久的乡建运动,其中教育活动是重要组成部分。梁漱溟是众多乡建流派中的典型代表、鲜活样本。他的乡村建设与教育活动发端于1925年山东曹州的教育设想与1929年广州的乡治讲习所活动;产生于1930—1931年河南村治学院的实践;稍后延续于山东乡村建设研究院的实验,渐趋高潮;1937年7月日本全面侵华战争爆发后转移到重庆,中心在文化学术传承及社会教育,以期达到民族复兴、富国强国。其教育思想遂通过乡村教育的实践模式作为载体得以实现。

梁漱溟认为,中国的社会问题就是由于东西文化相遇,中国文化相形见绌,为应付新环境而学西洋,结果老文化破坏殆尽,农村破产崩溃。因此,当务之急是"创造新文化,救活旧农村"。而中国本来就是一个大的农业社会,中国的建设问题归根到底是乡村建设,教育目的也就在于乡村建设。

(一)乡村教育的内涵及其对教育目的的影响

梁漱溟认为,现存的学校教育不合于教育的道理,使聪明的人变成愚钝,使有能力的人变成认无能的废物。他在《抱歉——苦痛——一件有兴味的事》一文中做了如此描述:

> 使得乡间儿童到县城里入了高等小学以后,便对他旧日乡村简朴生活过不来:旧日饭亦不能吃了,旧日衣亦不能穿了;茶亦没得喝,烟亦没得吃,种种看不来,种种耐不得。而乡村农家应具的知识能力,又一毫无有,代以学校里半生不熟绝不相干的英文、理化等学科知识;乡间的劳作一切不能作,代以体操、打球运动与手足不勤的游惰习惯:在小学亦如此。①

梁漱溟认为,学校教育模仿西方,严重脱离乡村实际需要。正是基于此,乡

①宋恩荣编:《梁漱溟教育文集》,南京:江苏教育出版社,1987年版,第26页。

村教育势在必行:“所以三十年间新式教育的结果，就是一批一批地将农村人家子弟诱之驱之于都市而不返。……故新式教育于乡村曾无所开益,而转促其枯落破坏。然中国固至今一大乡村社会也;乡村坏则根本摧。教育界之有心人发见其非,于是有乡村教育之提倡。”①

为适应乡村教育特定对象范畴的探讨及建构，就势必对于教育的含义做大教育视野的考察与界定。就此,梁漱溟在《社会教育与乡村建设之合流》中对教育的含义做出这样的表述:“什么是教育?统同是教育。在学校里读书是教育,在家庭里做活也是教育;朋友中相得的地方是教育,街上人的谈话,亦莫不是教育。教育本来是很宽泛的东西。至于教育的功用,不外为‘绵续文化而求其进步’。换句话说就是‘不使文化失传,不使文化停滞不进’。人类不能不有生活,有生活就不能不有社会,有社会就不能不有教育,教育是很天然的。”②同时,在《抱歉——苦痛——一件有兴味的事》中还指出教育有两个必要条件:“教育之一事应当一面在事实上不离开现社会;而一面在精神上要领导现社会。”③因此,教育理应存在于乡村建设的方方面面。

因教育两字很活而阔,教育这一回事,是人类社会自然之作用,人类社会无教育,即无任何前进?故社会之进步,全靠教育,要推进社会之运动,无疑的为教育运动,此运动以社会为对象,而下工夫,如改善乡村风俗习惯,指导农民合作,启发农民智觉等,都是教育,故可以认我们的乡村运动,就是乡村教育运动。④

他把乡村建设等同于乡村教育,在《社会教育与乡村建设之合流》一文中指出:“民众教育或社会教育,即乡村建设”⑤“乡村建设也就是民众教育。民众教育不归到乡村建设就要落空;乡村建设不取道于民众教育将无法可行”⑥。于是,又

①梁漱溟:《丹麦的教育与我们的教育》,马秋帆编:《梁漱溟教育论著选》,北京:人民教育出版社,1994年版,第78—79页。

②梁漱溟:《社会教育与乡村建设之合流》, 中国文化书院学术委员会编:《梁漱溟全集》(第五卷),济南:山东人民出版社,2005年版,第433页。

③宋恩荣编:《梁漱溟教育文集》,南京:江苏教育出版社1987年版,第19—20页。

④梁漱溟:《我们的乡村运动》,钟离蒙、杨凤麟编:《中国现代哲学史资料汇编》(第二集第八册),沈阳:辽宁大学哲学系印行,1982年版,第191页。

⑤梁漱溟:《社会教育与乡村建设之合流》,中国文化书院学术委员会编:《梁漱溟全集》(第五卷),济南:山东人民出版社,2005年版,第436页。

⑥梁漱溟:《我的努力与反省》,桂林:漓江出版社,1987年版,第93页。

提出了这样的命题:“让教育往乡村跑”“让地方自治往教育上跑”。乡村建设即是知识分子带领民众完成文化改造的活动,其着重点始终全在教育,乡村建设的用意在于整个社会的综合发展。在《乡村建设理论》中,他认为乡村建设的意义具体表现在如下几个方面:其一,“乡村建设运动,是由于近年来的乡村破坏而激起来的救济乡村运动”①;其二,“起于中国乡村无限止的破坏,迫得不能不自救;乡村建设运动,实是乡村自救运动”②;其三,“乡村建设运动实是图谋中国社会之积极建设的运动”③;其四,“今日中国问题在其千年相袭之社会组织构造既已崩溃,而新者未立;乡村建设运动,实为吾民族社会重建一新组织构造之运动”;最后一层的意思,“乃乡村建设真意义所在”。梁漱溟认为,今日整个中国日趋崩溃,向下沉沦,在此大势中,其问题实非一乡一邑或某一方面所能单独解决。所以,“乡村建设,实非建设乡村,而意在整个中国社会之建设,或可云一种建国运动”④。

综上所述,在梁漱溟的理论视野下,由于教育内涵及对象从制度化学校教育向大部分属于非制度化乡村教育转移,教育参与者也从青少年儿童的在校生变为包括失学儿童、少年、成年农村大众在内的全体乡村人员,教育目的自然不能限于社会对教育部门机构的规范要求以及学生的成长发展上,而应在非制度性及社会生产与生活方面着力。由此教育目的设计视野突破了学校质性因素的组合,而走向了乡村社会的民众素质的转变及提高,既有物质技术,也有道德规范、行为习惯,更有伦理精神、文化风尚。从另一方面来看,教育目的内涵的调整是为了适应发展乡村教育的需要,以乡村教育改造或重建实现乡村建设的整体任务,进而达到复兴农村、重振中国社会的理想愿景。当然,梁漱溟的乡村建设与教育实验虽然以大农村为基地,体现大教育的思路,但其中也有以带有组织计划及干预控制手段、方式的学校教育机构,即山东邹平、菏泽及济宁等实验区的乡

---

①梁漱溟:《乡村建设理论》,建中国文化书院学术委员会编:《梁漱溟全集》(第二卷),济南:山东人民出版社,2005年版,第149页。

②梁漱溟:《乡村建设理论》,中国文化书院学术委员会编:《梁漱溟全集》(第二卷),济南:山东人民出版社,2005年版,第153页。

③梁漱溟:《乡村建设理论》,中国文化书院学术委员会编:《梁漱溟全集》(第二卷),济南:山东人民出版社,2005年版,第155页。

④梁漱溟:《乡村建设理论》,中国文化书院学术委员会编:《梁漱溟全集》(第二卷),济南:山东人民出版社,2005年版,第161页。

农学校、村学及乡学，甚至还办过简易乡村师范以及成人教育的专门教育培训机构。当然，这些机构都带有社会特性及组织管理行政化色彩。无论如何，这样就增强了教育目的论的教育学意义及话语概念陈述的依据。

（二）乡村教育目的的主要内容

梁漱溟乡村教育理论的发展经历了三个阶段：第一，萌芽时期：1925 年夏秋时节，梁漱溟在广州乡治讲习所进行有关“乡村立国”的演讲，标志着其乡村教育理论的产生。第二，发展时期：梁漱溟乡村教育理论从初创进入基本成熟阶段，通过1928年秋至 1931 年春河南村治学院办学实践活动，他试图从文化伦理本位的高度谋求乡村整个建设的和谐与统一，并充分认识到中国社会的特殊性决定了中国不可能走欧洲国家道路，他在《河南村治学院旨趣书》一文中就提出“知欧化不必良，欧人不足法”；第三，完善时期：1931 年秋冬至 1937 年全面抗战爆发，在山东邹平等地以“改造乡村、再造民族”为目的进行乡村教育与建设实验，进一步丰富和完善了乡村教育理论体系。随着教育理论和实践的不断完善，梁漱溟的教育目的论也更为丰富及深化。

梁漱溟认为，乡村教育的目的在教育功能论表现层面可以从受教育者个体、乡村社会及国家民族三个方面加以衡定：在个人方面旨在提高受教育者学识的文化知识教育、增进体魄的健康教育、提升生产与生活技能的职业教育、启发心灵的品性教育、引导乡农参与并改进社会及文化生活的公民教育；在乡村方面是为了改良农业，倡导自卫，除暴安良，奠定基层社会秩序的基础，减去乡村建设的阻力，增大乡村建设的势力，使乡村建设事业推行；在国家方面是为了加速普及教育、培养健全国民、实现民本政治、扶持民族生命。

乡村教育是与乡村建设紧密相关的，不仅是手段或方式，抑或是其中的重要内容，甚至有种从属概念的内构包融关系。梁漱溟在《乡村建设理论》中称：“所谓建设，不是建设旁的，是建设一个新的社会组织……即建设新的礼俗”[①]，而“新社会、新生活、新礼俗、新组织……都是一回事，只是名词不同而已”[②]。这个

①梁漱溟：《乡村建设理论》，中国文化书院学术委员会编：《梁漱溟全集》（第二卷），济南：山东人民出版社，2005 年版，第 276 页。

②梁漱溟：《乡村建设理论》，中国文化书院学术委员会编：《梁漱溟全集》（第二卷），济南：山东人民出版社，2005 年版，第 278 页。

新的组织只能通过理性来求得。所谓理性,也就是教育。这就是说,乡村教育的目的就是为了建立一个新的社会组织,这一组织在固有文化的基础上,吸收西方社会的优点:民主与科学,民主即团体组织的平等生活,科学就是改革社会、转变人生所应具有工商业性质的科学文化,尤其是增进效率的工具手段和实用技术。这就避免了大教育观下教育目的论泛化而无法捉摸,或者"学校教育消亡论"者对教育目的的淡漠乃至边缘化的偏颇,使其具有教育制度框架内的分析空间。他所设立的乡农学校、村学及乡学等教育机构实际上就是这一社会组织的雏形。

乡村教育目的主要通过具体的教育活动来落实或实现。教育活动开展的构建要素则可大略包括机构组织、内容及教育主体参与者师生三方面。而就教育目的指向而论,则必然会反映在受教育者学生的发展要求及规格中。梁漱溟在开展乡村教育实验的过程中,无论是对于教育组织机构、教育对象还是教育内容等方面,都提出其自身相应的目的。

第一,从乡村教育实施机构来看,主要包括前期的乡农学校及后期的村学、乡学。在《乡村建设理论》一文中,梁漱溟提出乡农学校的教育目的:"我们必须启发村人自觉……乡农学校是个安排，这个安排干什么？就是让乡村人发生自觉。"[①]梁漱溟想通过选择一系列的人文教育、科学教育及乡土风情民俗的课程资源,以多种组织方式及教学活动加以编制并实施,借以增强乡村儿童少年及民众的知识技术、能力素养,达到提高村民自觉意识的目的,使他们认识到"天下事无论什么都要靠他本身有生机,有活气,本身有生机,有活气,才能吸收外边的养料""这样事情才有办法,乡村以外的人才能帮得上忙"。[②]

村学、乡学的目标在于从上述乡农学校所采用各类教育资源中加以合理编选,培养新政治习惯(即新礼俗),启发大家的注意力与活动力,他在《我的一段心事》中主张"让多数人从被动地位转到主动地位,从散漫消极变积极团结"[③]。

①梁漱溟:《乡村建设理论》,中国文化书院学术委员会编:《梁漱溟全集》(第二卷),济南:山东人民出版社,2005年版,第353页。

②梁漱溟:《乡村建设大意》,中国文化书院学术委员会编:《梁漱溟全集》(第一卷),济南:山东人民出版社,2005年版,第620页。

③梁漱溟:《我的一段心事》,中国文化书院学术委员会编:《梁漱溟全集》(第五卷),济南:山东人民出版社,2005年版,第535页。

所以，“以乡村为根，以中国的老道理为根”“从中国旧文化里转变出一个新文化来”。[①]这也注定了乡村建设所成就的乡村组织并非完全是东方化的产物，必然是一个“中国固有精神”和“西洋文化长处”这两样“中西具体事实的沟通调和”。[②]既然乡村建设做的是“改造中国文化和补充中国文化的工夫”，那么作为其乡村组织的村学、乡学就不是我们所认为一般意义上的教学组织了。梁漱溟所赋予其担当的使命乃是推动社会、组织乡村，带领大家“齐心学好向上求进步”。

第二，从教育对象来看，乡村教育的主要成员包括民众及未成年学生，教育目的表现出差异性。梁漱溟指出，中国处于社会改造的特殊时期，教育“宜放长及于成年乃至终身”。乡村教育要以农村成年民众为主要教育对象。这是因为，“创造新文化，救活旧农村”，不能忽视农民这一主体力量，所以农村教育要注重对农民的培养与训练。1935 年前后，梁漱溟在邹平全县范围内推行农村义务教育和成人教育，有步骤、有计划地对民众开展知识文化、文明卫生以及现代生活方式的教育，进行军事、职业技能、精神陶冶等方面培养与训练，并逐渐达到以启发民族意识、培养组织能力、增进生活常识、陶炼服务精神为宗旨的成人教育目的。

对于未成年学生，教育目的的设计则有另一番图景：乡村学校突出儿童团体精神、合群意识的培植，促进学生主体性学习、心智能力的发展以及联系社会、注重实用操作技术的训练。在《今后一中改造之方向》中他所提供的思路和主张是：

> 是要学生拿出他们的心思、耳、目、手、足的力量，来实做他们自己的生活。不一定是他们个人的，就是团体的，也要由他们自己去管理，去亲身经历。总要用他们自己的心思才力，去求他们所需要的知识学问。我们很不满意现代手足不勤心思不用的教育。……总而言之，现在的学生，只站在一个被动和受用的地位；好像把学生时代，看做是人生一个短期的预备时代，是专门读书的时代，不是做任何事情的时代。……教育的本意，是要把人养成有本领有能力；如果要使一个人有本领有能力，就非发展他的耳、目、心思、手、足不可。[③]

①梁漱溟：《乡村建设大意》，中国文化书院学术委员会编：《梁漱溟全集》（第一卷），济南：山东人民出版社，2005 年版，第 614页。

②梁漱溟：《乡村建设理论》，中国文化书院学术委员会编：《梁漱溟全集》（第二卷），济南：山东人民出版社，2005 年版，第 278页。

③梁漱溟：《今后一中改造之方向》，中国文化书院学术委员会编：《梁漱溟全集》（第四卷），济南：山东人民出版社，2005 年版，第 868页。

简言之,就是要着重培养学生的实际动手操作能力,使心、手、耳、目统一运用起来,将来能够更好地适应社会,提升自己的综合能力。使他们充满生产、生活情趣和公共道德,在完善、发展自身的基础之上,承担起改造乡村、振兴社会的责任。

第三,从教育内容来看,乡村教育实验根据乡村社会实际及民众的特点,主要包括德育、智育与情意教育三个部分,有具体的目的要求。

首先,德育之目的。梁漱溟认为中国乡村精神已经破产,一切旧的风尚、规矩、观念都被动摇而摧毁,新的风尚规矩此刻尚未建立,道德教育的目标就是让乡下人活起来,恢复他们的安定,使之有自信力。因此,人类生命的意义在于创造,德育就是为了帮助人创造。在《人生在创造》中,他认为:“工夫用在许多个体生命上,求其内在的进益开展,而收效于外”①,也即成就个体生命的德行。

其次,智育之目的。梁漱溟主张开启民智,设立文化常识、历史社会、西方近现代科学技术、农业生产、工商贸易基础、乡村建设以及知识文化素质、生产技术及精神陶炼科目,培养农民的道德自觉意识,开发农民智慧,在“人生向上”方面,“不仅使被训练者成为一个有知识的分子,而且使其成为能合理地运用其知识,具备高尚人格的一个人”②。通过知识与技术的教育,促使民众努力求进步,向上发展。

再次,情意教育之目的。中国社会是“伦理本位、职业分途”的社会,中国人向来注重“人生行谊”的情意教育。情意教育的目的就是让农民养成团体合作的习惯,合作是靠大家都遵循一个“礼”的方式,凡事大家商讨着来解决。另外,在《乡村建设大意》中梁漱溟提出:“准情夺理,以情义为主,不囿于法律条文。”③即在一定程度上或某些方面以情意道德的手段代替法律进行乡村教育。

在乡村教育实验的各项工作中梁漱溟一直渗透着“伦理主义,人生向上”的

①宋恩荣编:《梁漱溟教育文集》,南京:江苏教育出版社,1987年版,第221页。

②梁耀祖:《山东乡村建设研究院设施概况》,董宝良、周洪宇编:《中国近现代教育思潮与流派》,北京:人民教育出版社,1997年版,第484页。

③梁漱溟:《乡村建设大意》,中国文化书院学术委员会编:《梁漱溟全集》(第一卷),济南:山东人民出版社,2005年版,第707页。

思想。他认为在这里面含藏着自爱爱人的深厚意思,是人类生命力量的源泉,也可以认为是乡村教育的人文精神。他倡导发扬中国传统伦理的情义精神,把人格平等的意识注入其中。这是对封建伦理道德和礼教的分析与汲取,体现了梁漱溟在乡村教育实验中对以儒学为代表的道德文化的弘扬与改造态度。揆之教育学原理,对教育内容这一概念的理解除教育资源、媒介、信息及价值之外,应该从组成部分结构角度去把握,一般包括德、智、体、美几个方面。梁漱溟所着意探求的领域是农村教育,又以社会教育为聚焦,因此相关的思考不可能是纯粹状态的学校教育,而自有其个性,这或许更能体现乡村教育的现实愿景。

梁漱溟是从教育社会学视野论述乡村建设与教育的相互关系的,教育目的论是其中的重要内容。在《乡村建设理论》中他认为:“今日中国问题在其千年相沿袭之社会组织结构既已崩溃,而新者未立;或说是文化失调……”①为此,他在《乡村建设大意》中提出了自己乡村建设的目的:“救济乡村便是乡村建设的第一层意义;至于创造新文化,那便是乡村建设的真正意义所在。乡村建设除了消极地救济乡村之外;更要紧的还是在积极地创造新文化。所谓乡村建设,就是要从中国旧文化里转变出一个新文化来。”而创造新文化的途径便是乡村教育。乡村建设是对中国农村社会全方位的、整体性的改造,所以其最终目的,“就是要从中国旧文化里转变出一个新文化来。……从创造新文化上来救活旧农村”②,进而达到民族复兴、富国强国的宏伟理想,而这也正是乡村教育的理性诉求及最终目的。

四、梁漱溟教育目的论的现实启示

对于如何评价梁漱溟的教育理论和实践,学术界可谓仁者见仁,智者见智,并未能达成共识。笔者非常赞同美国学者艾恺博士的观点,他说:“通常,一件事做成了,人们会说那是对的;一件事没有做成,人们就说那是错的。但是并非任

①梁漱溟:《乡村建设理论》,中国文化书院学术委员会编:《梁漱溟全集》(第二卷),济南:山东人民出版社,2005年版,第162—163页。

②梁漱溟:《乡村建设大意》,中国文化书院学术委员会编:《梁漱溟全集》(第一卷),济南:山东人民出版社,2005年版,第611—615页。

何事情都宜于根据我们眼见的成败去认识和估量。”①在我看来，梁漱溟教育目的论的许多内容和思想理念都有很大的前瞻性和预见性，对于当今我国的教育改革仍有很大的借鉴意义。

(一)增强受教育者的主体性，激发求学的自觉心

梁漱溟主张教育要发挥受教育者的主体性，激发求学的自觉心。这就要他们拿出心思、耳、目、手、足的力量来做自己的生活，用他们自己的心思才力，去求他们所需要的知识学问，才能得到理想的效果。也就是说，学生自觉心的获得需要全身心的感受，心思、耳、目、手、足的力量的释放，而能带来这些感受和力量的则是自身亲自的体验。对此他有着深刻的见解：

> 一个人缺乏了自觉的时候，便只像一件东西而不像人，或说只像一个动物而不像人。自觉真真是人类最可宝贵的东西！人若只在本能支配下过生活，只在习惯里面来动弹，那就太可怜了。中国古人与近代西洋人都有很大的创造与成就。近代西洋人系向外致力，其对象为物，对自然界求了解而驾驭之。中国古人求了解自己，驾驭自己——要使自己对自己有一种办法。亦即是求自己生命中之机械性能够减少，培养自己内里常常清明自觉的力量。我们要开发我们的清明，让我们的正源的力量培养出来；我们要建立我们的人格。失掉清明就是失掉了人格！②

梁漱溟在长期的教育活动中，践行了上述观点，并有所拓展和深化。如1925—1927年广东一中的改革就贯彻了这样的理念：教育不是教育你成功干了什么，是教你更会受教育，教你学习更会学习的方法，提高自我发展的能力。而在山东邹平乡村教育实验中，他要求学校教育要为学生们自觉、自力创造条件，让学生们自己体验，自己做事，过自己的生活，在“教、学、做”中生活和成长，以提高自己的实践能力。教育的本质追求在于唤醒学生的“自觉”。

在信息化和知识爆炸的时代，我国的学校教育中仍存在种种弊端。受应试教育的评价体系的制约，学生的逻辑思辨能力弱化，动手能力普遍缺乏，“高分低能”现象屡屡出现，主体的教育理念显得更为重要。教育活动中注重学生的主体

①[美]艾恺：《最后的儒家——梁漱溟与中国现代化的两难》，南京：江苏人民出版社，2003年版，第4页。

②梁漱溟：《教育与人生：梁漱溟教育文集》，北京：当代中国出版社，2012年版，第268—269页。

性、自觉性，引导他们进行自主学习与创造，其间尤需充分发挥学生自身的自觉性与积极性。这已成为个人、组织乃至社会的迫切需要，也是大力推进素质教育的根本要求。

（二）树立“全生活教育”观念，倡导对受教育者身心的关照

梁漱溟认为，办教育的目的不只是关注知识的授予，更要留意他们身心成长中的烦闷与问题，促使青年学生身心健康发展的教育才是理想的教育，才是我们要办的教育。

> 盖从我们对于教育的观念而言，所谓办教育应当是与青年为友之意。所谓与青年为友一句话含有两个意思：一、是帮助他走路；二、此所云走路不单是指知识技能往前走，而实指一个人的全生活。而且教育只着眼知的一面，而遗却其他生理、心理各面恐怕是根本不对的，何况要讲求知识技能，也非照顾到生理、心理各面不行。要在全生活上帮着走路，犹非对每一个学生有一种真了解——了解他的体质、资禀、性格、脾气、以前的习惯、家庭的环境，乃至他心中此刻的问题思想——而随其所需，随时随地加以指点帮助才行。[①]

对此，梁漱溟在曹州中学的入学须知中就明确指出，学生既然到我们这里来上学，那么他们生活的方方面面，从饮食起居到思想情感，从身体锻炼到精神培养，我们都要顾及，不使学生们感到有什么痛苦，有什么生理上或心理上的病态而我们不知道。由此可见，梁漱溟的教育目的的思想符合学生的成长规律，并且力图将知识教育与学生生命教育并举，从而切实地促进学生身心全面健康的发展，这是符合时代、社会对人才培养普遍性要求的教育理念，弥足珍贵。

随着我国经济的飞速发展，科技日益进步，生活节奏加快，人际关系越来越复杂，人们的思想观念不断更新，社会环境也日趋复杂。所有这一切都会给人们的心灵带来极大的冲击，也波及校园中的莘莘学子，造成学生的心理问题日渐增多，其中存在心理异常甚至心理疾病的学生也不在少数。学校教育能否促进学生的身心健康发展关系到教育事业的成败。借鉴梁漱溟教育目的论的思想，从中受到启发，就需要我们在办学实践中充分树立全生活教育观念，关注学生

①梁漱溟：《教育与人生：梁漱溟教育文集》，北京：当代中国出版社，2012年版，第83—84页。

的身心健康发展,加强学生的心理健康教育,健全学生的人格品质,从而促进其身心和谐发展。如此才能实现新时期的素质教育质量目标,有效促进人与社会的和谐发展。

(三)实施"精神陶冶"的人生行谊教育,重视对受教育者道德的培养

梁漱溟的教育目的论突出对学生实施人生行谊为主的情意教育,把对道德的要求放在知识学问之上,要求受教育者要有良好的精神涵养和道德素质。在《东西人的教育之不同》一文中他便指出:"所谓教育,不但在智慧的启牖和知识的创造授受,尤在调顺本能使生活本身得其恰好。"本能就是人的情意,"所谓不学而能,不虑而知"。他认为人生教育、道德教育比知识教育更重要。

> 我可以断言:中国学术除非不复兴盛则已,如其兴也,必自人生问题之研讨入手,及引起其他一切若近若远之科学研究;抑必将始终以人生问题为中心而发展一切学术焉。中国教育除非从此没有办法则已,如有其办法,必自人生行谊教育之重提,而后其他一切知识技能教育乃得著其功;抑必将始终以人生行谊教育为其基点而发达其他知识技能教育焉。①

因此,梁漱溟在山东乡村建设研究院为教员开设了"精神陶炼"课,在村学、乡学开设了"精神讲话"课,要求教员们在努力使乡村人精神活起来上下功夫。"精神陶炼"于未成年人则称之为人生行谊教育。这些都充分表明他深刻认识到人生行谊教育对广大受教者积极向上精神的激发和振奋的意义,并具有转而促进知识技能教育的独特价值。

当今社会中,梁漱溟具有预见性的"精神陶炼"、德育思想仍有现实意义。从基础教育开始,教育者就应加强对学生进行良好的道德品性教育及行为习惯培养,使中华民族的优良传统真正深入人心。这样,才能真正培养出德、智、体等多方面全面发展的新一代。

(四)理论与实际相结合,学校教育符合社会的现实需求

梁漱溟教育目的论始终与其自身教育实践活动紧密相连。理论的创新来源于实践活动,实践活动的有效须有理论引导。每个时期的办学活动中,他都非常重视实践的作用。山东邹平乡村教育实验就十分突出,职业教育、成人教育、社

①李渊庭、阎秉华:《梁漱溟先生年谱》,桂林:广西师范大学出版社,1991年版,第85页。

会教育的组织结构及办学方式,在课程与教学的诸多方面力图紧密联系当地的社会生产、生活等实际需要。梁漱溟在《教育的出路与社会的出路》一文中对清末民初以来学校与社会脱节的弊端做了如下深入的反思:

> 如学校培养出来的人不合社会的需要,毕业即失业——此即二十年前职业教育所为提倡之由来。又如教育与社会相隔绝,受过教育转成社会之病累——此即十五年前乡村教育所为提倡之由来。但至今日,职业教育、乡村教育亦未能开得出路……又如数十年来屡说要普及教育,但受教育的人,却日见其少,不见其多,农业教育办了几十年,而社会上新农业不兴;工业教育办了几十年,而社会上新工业不兴。凡此,自都是我们教育失败之证。①

这就从反面论证了教育不能脱离社会实际需要这一基本原理。包括学校在内的所有教育机构在人的自然性及个性化尊重得到满足的前提下,应该根据社会的需要培养人才,以社会的发展为指导确定培养目标。针对各种各样的社会生产、生活现实要求进行教学和实践。这对于当今正大力进行的教育改革来说,也是值得借鉴的。在教育过程中,不能只是教给学生书本知识,更要教给他们人生的知识,培养他们的品格,健全他们的心理精神并提升实践应用能力。在这样的教育目的方案的规范与导向下,教育才能培养出具有社会生活生产技能、与时俱进的现代化建设者。

综上所述,梁漱溟身体力行,奉献了自己毕生的精力从事教育活动,随着其人生经历的变化和思想的成熟,他的教育目的思想不断地丰富与深厚。从上述有关教育目的论的内容中看到的不只是他对人生、教育及社会的思考,更能感受到与他同一个时代的知识分子对民族问题的苦苦思索,为理想而不懈奋斗的崇高品质。梁漱溟的教育目的论是一笔宝贵的精神财富,应当汲取其中的合理要素,从中获得解决现实教育问题的启示。在21世纪实现中华民族伟大复兴的使命下,我们更应该对教育在中国社会发展中所应肩负的责任做多向度的理性思考。

---

①梁漱溟:《教育的出路与社会的出路》,中国文化书院学术委员会编:《梁漱溟全集》(第六卷),济南:山东人民出版社,2005年版,第367页。

第二节　教育本体论

梁漱溟曾对弟子说:“我觉得我有一个最大的责任，即为替中国儒家作一个说明,开出一个与现代学术接头的机会。”①出于这样的志向,他逆全盘西化潮流而上，试图通过中西哲学的比较，为中国传统文化的现代转型探寻一条切实可行的路径。他认为西方文化陷入了绝境,唯有东方文化才可以拯救世界,遭到了很多人,尤其是西化派的反对,并被先入为主地视为不折不扣的文化保守主义者。其实，他并非是要彻底复归传统文化，而是想借助传统文化来重新发扬中国的文化精神;与此相应的,他的新儒学思想并非拘泥于传统儒学或宋明理学,而是有选择地发挥了宋明陆王心学,并吸收西方文化,尤其是柏格森哲学的因素,带有西方科技文化的浓厚色彩。梁漱溟的哲学本体思想便是西方生命哲学和原始儒家宇宙观相融合的产物。其中柏格森的生命主义哲学有着持续的影响，通过对柏格森生命哲学的儒化阐释,他提出了“教育即生命”的教育本体论,并将教育作为培植、滋养生命的手段和目的取向,通过接受教育,学生最后要能达到对生命的“自新”与“日新”。而基于教育的生命本体论思想,梁漱溟在乡村教育中实施了一系列的改革措施,囊括教学方法、教学内容和教育管理等方方面面。通过对以弘扬“生命”为主旋律或基调的教育改革举措的梳理,有裨于对这位教育大师教育理论的理解,并促进对当前新课程改革的理性思考。

一、教育本体论的衍生与发展

梁漱溟教育本体论的发生与发展是与柏格森(Henri Bergson,1859—1941)的生命主义哲学和杜威(John Dewey,1859—1952)“教育即生活”的教育哲学息息相关的。柏格森的生命哲学是梁漱溟整个哲学本体论的原始理论参照,作为新儒家的开山人物,梁漱溟的教育哲学思想必然离不开儒家哲学观的影响,他的教育本体论思想便是对柏格森的生命哲学进行儒化阐释的产物。而杜威的“教育即生活”理论让梁漱溟找到了共鸣,得出了“教育即生命”的论断,形成了自己的教育本体观。

①梁漱溟:《东方学术之根本》,中国文化书院学术委员会编:《梁漱溟全集》(第二卷),济南:山东人民出版社,2005年版,第135—136页。

（一）柏格森生命主义哲学的儒化阐释

梁漱溟的生命哲学思想是其教育本体论的渊源，而这是建构在柏格森的生命创造进化学说之上的，可以说西方现代哲学和原始儒家哲学观共同促进了梁漱溟生命本体论的形成。他曾自称："于初转入儒家，给我启发最大，使我得门而入的，是明儒王心斋先生；他最称颂自然，我便是如此而对儒家的意思有所理会。开始理会甚粗浅，但无粗浅则不能入门。后来再与西洋思想印证，觉得最能发挥尽致，使我深感兴趣的是生命派哲学，其主要代表者为柏格森""中国儒家、西洋生命派哲学和医学三者，是我思想所从来之根柢"。[①]

王心斋（1483—1541），即王艮，明代学者、教育家，泰州学派创始人。早年即从事讲学传道活动，后师从王守仁。先后讲学于会稽阳明书院、泰州安定书院、金陵新泉书院。晚年回故乡安丰场讲学达 13 年之久，门徒中以樵夫、陶匠、农夫为多。其学贵心悟、重实践，认为"经世之业，莫先于讲学以兴起人才者也""人之天分不同，论学则不必论天分""愚夫愚妇皆知所以为学"。他提出"百姓日用即道"，注重从日常生活中体验、履行封建道德，以"安身立本"作为道德修养的出发点（《王心斋先生遗集·语录》）。上述王心斋的教育学说及方式、方法，与梁漱溟心仪并描摹的教育改革图景十分吻合，其中的理念精神被其生命化教育本体思想所吸纳。

柏格森的生命主义哲学是 20 世纪西方社会第一个非理性主义的哲学流派，主要是反对实证主义和理性主义思潮的产物。自五四运动以后传入中国便成为当时思想界比较热门的哲学流派之一。那时作为现代新儒家的梁漱溟就对柏格森的生命哲学极力推崇。受柏格森生命哲学的影响，梁漱溟将生命作为其哲学思想体系的核心，并将它作为哲学本体与儒道思想内容糅合，曾加以阐述："在我思想中的根本观念是'生命''自然'，看宇宙是活的，一切以自然为宗。……中国两个重要学派——儒家与道家，差不多都是以生命为其根本。如四书上说：'天何言哉？四时行焉，百物生焉''致中和，天地位焉，万物育焉'都是充分表见生命自然的意思。"[②]可见，梁漱溟对于柏格森的生命哲学并非是全盘接受的，而是扬弃

①梁漱溟：《中西学术之不同》，中国文化书院学术委员会编：《梁漱溟全集》（第二卷），济南：山东人民出版社，2005 年版，第 126 页。

②梁漱溟：《中西学术之不同》，中国文化书院学术委员会编：《梁漱溟全集》（第二卷），济南：山东人民出版社，2005 年版，第 125 页。

了柏格森“生命”本能的冲动,融合进了孔儒的心性思想,用“理性”的方式来求得问题的解决。他的文化主张和教育本体理论便是以儒化了的生命哲学为指导的。

(二)杜威教育哲学的生命化解读

梁漱溟在进行乡村建设的实践中还受到了杜威教育哲学的影响。他从生命哲学的视角出发,以生命观念去解读杜威,把杜威“教育即生活”的教育信条用“教育即生命”来阐释。之所以做出这样的阐释是因为梁漱溟认为生活是生命的延续,基于此,很多情况下他将生命与生活等同来看,生命为体,生活为用,体用是一回事。而教育是对整个生命、整个人格的关注与滋养,并非只是知识技能的传授,教育活动是使生命更加充盈且有意义的过程。可见,梁漱溟推崇的是生命教育,是全方位的立体化教育,关注的是对学生全部人生的引导、指点及训练。

梁漱溟以“教育即生命”为内核的教育本体论思想强调教育与生命的合一性,将生命归为个体生命与社会生命的集合,认为人们要认识生命,就必须寻找到个体生命与社会生命的连接点,而杜威“教育即生活”的论断恰好将这一连接点定位于教育。在杜威看来,教育是可以贯串一切东西的,并且恰好贯串了人类的个体生命与社会生命。个体生命与社会生命的彼此相依表现为个体生命的生长需要依靠教育从社会生命中汲取养料,而社会生命的完善也依赖于个体生命经验的彼此沟通交流。“从个体生命来看教育时,必须看出他受社会的影响,从社会里面学习,接受他人传给的经验,离开这个无所谓教育;从社会生命来看教育时,离开了个人经验之彼此交通、传递、继续、发挥、扩大,亦无所谓教育;社会生命从个体来,个体生命从社会来。”①个体生命与社会生命是教育得以存在的两个必不可少的元素,离开任一方都无所谓教育,教育与生命是融会贯通的。

从教育即生命的教育本体论出发,梁漱溟把教育的功能视为促进人的生命能力的自由生长,教育的目的是发展人的生命能力而非压制或对其放任不管。人之所以为人,便在于人类个体本身具有主动发展、提升其生命的能力。将《大学》里的“苟日新,日日新”与杜威《民本主义与教育》中的“饶有变化的主宰能力”等同

①梁漱溟:《教育与社会》,中国文化书院学术委员会编:《梁漱溟全集》(第七卷),济南:山东人民出版社,2005年版,第691页。

来看，借以进一步阐释教育教养人的生命能力的功能。除了“日新”，还引进“自新”来诠释人的生命能力，凸显教育在教养人的生命能力时不仅通过“日新”使生命富有活力和生长力，而且通过“自新”来达到个体生命生长过程中的主动性。

梁漱溟关于个体教育与社会教育及其生命性类型的划分、关系的揭示是一种教育社会学视野的观照，富有新意。我们可以联想到卢梭(Jean-Jacques Rousseau，1712—1778)，这位18世纪法国浪漫主义教育大师在教育小说《爱弥儿》一书中将教育分为“人的教育”“物的教育”和“自然的教育”三种类型，前两者大概归属于社会教育，后者为个体教育，只是卢梭将个体自然本性及生命潜力内在冲动视为决定性的教育力量，致使自由教育、自主教育至高无上，颇有销蚀、降低人和事物所发生教育的必要性价值。反观梁漱溟的观点，两类教育均以生命为基点或支撑，包含了自然性秩序及特点，却未曾使受教育者放任自流，依旧保留了教育影响的干预、计划及目标的设计，而这或许更能昭显教育的蓬勃力量。

二、教育本体论对生命教育的诉求

(一)教育要关注学生的生命

教育的生命本体论将生命或曰具体的现实的人视为教育的原点，是实施一切教育的依托。教育的成功与否与一个人的生命状态息息相关，因此要关注生命本身。梁漱溟看到了这一点，并就此阐述道：“然以吾人所见，知识技能乃生活之工具；求之在人，得之在人，运用之在人。人之生命消沉无力，则知识技能一切说不到。而果得身心条理，生命活泼，亦自然知所追求运用；知识技能亦乃有以著其功。”[①]为了更加警示世人认识到这点，他道出了一般中学教育失败的原因即在于完全忽略了生命本身。由此可见，教育改革者和实施者对于生命的关注和教养是其成功的充分条件。梁漱溟认为，人之所以具有可教育性就在于人对生命能力的诉求，即追求生命意义和生命质量的提升。从这一角度来说，教育的目的便是成全生命，培养受教育者成为“真正的人”，而“真正的人”是指身心各方面和谐发展的个体。他认为人类生命的内涵即包含有和谐，并极为推崇中国传统文化

①梁漱溟：《创办私立勉仁中学校缘起暨办学意见述略》，中国文化书院学术委员会编：《梁漱溟全集》(第六卷)，济南：山东人民出版社，2005年版，第62—63页。

中对于和谐生命的追求,这里的和谐不仅指人自身的和谐,还强调人与人以及人与社会的和谐关系。他在分析了当时社会的教育现状后,发现教育者往往忽视学生身心两方面的发展,学生接受的是零碎、枯燥、浅薄无力的教育。基于此,“教育应当是着眼一个人的全生活而领着他去走人生大路,于身体的活泼、心理的活泼两点,实为根本重要”①。并且,以全生活为教育对象要彻底细密地对学生的身心两面加以了解认识,这是有针对性地实施个性化教育的前提。

教育本体论阐释的是教育是什么的问题,即教育的本质问题。对于教育的本体我们可以用“教育自身”这个词来概括,也就是说教育的本体就是教育本身,所以只有把握了教育自身才能更好地把握教育的本体。而梁漱溟综合柏格森的生命哲学和杜威的教育哲学理论后得出“教育即生命”的观点,无疑是在说生命即教育的本体,教育的目的是发展人的生命能力,实现生命的“自新”与“日新”。可见,梁漱溟走的是生命教养的道路,力图通过教育达到对整个生命的关照和提升,并由此而实现文化的调整、改造,进而实现社会复兴及强盛的理想目标。

(二)重视情意教育的开展

梁漱溟将生命与生活等同来看:生命即连续不断的生活的集合体,生活是生命的外在表现,生命为根为本,生活为表为用。两者只是字样不同而已,一个为体,一个为用。在明确了生命与生活的内在关系后,又进一步指出情意是生活的根本,即生命的根本,因为情意乃人之本能,是人与生俱来、不虑而知的。因此,生命的教养要依赖于情意教育,情意教育的目的即为调理本能使生活本身妥帖恰好。对于此梁漱溟是这样表述的:“生活的本身全在情志方面,而知的一边——包固有的智慧与后天的知识——只是生活之工具。工具弄不好,固然生活弄不好,生活本身(即情志方面)如果没有弄得妥帖恰好,则工具虽利将无所用之,或转自贻戚;所以情志教育更是根本的。”②基于此,教育除了要传授知识、开启智慧外,尤其要注重调理人的本能以保证个体生活的和谐,而调理本能的功夫全在情意教育上。可见,生命教育的实现必须依赖情意教育的开展,借助情意教育来滋养个体的生命、协调个体身心各方面的发展。

梁漱溟明确了情意教育的重要性后,又指出传统教育虽然重情意本身,但教

①梁漱溟:《办学意见述略》,中国文化书院学术委员会编:《梁漱溟全集》(第四卷),济南:山东人民出版社,2005年版,第784页。

②梁漱溟:《东西人的教育之不同》,中国文化书院学术委员会编:《梁漱溟全集》(第四卷),济南:山东人民出版社,2005年版,第663页。

育方法却不当，原因在于未能认识到情意教育与知识教育的根本不同，因此，在实际教学中常用知识教育的方法进行情意教育，试图以此来唤醒人的情意，以达到情意教育的目的，忽视了人的主体性参与，不注重主体的情感体验在情意培养上的作用。针对这样的现状，梁漱溟反对人们以枯燥无味的知识教育方法进行道德教育，认为这样做根本影响不了受教育者的情意本身，即无法触碰到他们的心灵深处，而只会扰乱、妨碍他们本能的发挥，由此下去，收效甚微。情意教育的实施，应当从调理本能入手，使个体自己感受到教育的必要性，主动地接受教育，将之转化为自己的道德行为并在实际生活中践履。

(三)强调教育中学生的主体地位

教育的生命本体观要求教育者尊重学生独特的个体生命，教育活动中学生是作为一个具体真实的人存在的。教育的目的就是培养学生成为真实的人，真实的人的生命是活泼有力的，生活是妥帖恰好的，是自主、独立，有个性，有担当的。而要培养出这样的受教育者就要求在教育中尊重学生的主体地位，根据学生的自身特点对其实施有针对性的全人生指导。梁漱溟对以情意途径为主的道德教育中如何引导学生的主体性做了个案式的分析。“譬如孝亲一事，不必告诉他长篇大套的话，只须顺着小孩子爱亲的情趣，使他自由发挥出来便好。爱亲是他自己固有的本能，完全没有听过孝亲的教训的人即能由此本能而知孝悌；听过许多教训的人，也许因其本能受妨碍而不孝亲。”[①]这种对学生生命潜质的尊重与顺应，就是基于学生主体作用发挥的教育价值的肯定。

教师在教育过程中发挥着不可替代的主导作用，其程度及效果如何，恰恰表现在对学生生命主体特点的认识和理解，尤其是倡导并发挥学生的主体性。在梁漱溟的教育理念中，教育对象为学生的全生活，而作为教师应该是能够着眼于学生的全部生活的，尤其是学生整个生命之身心两方面，然后基于此去领导学生走人生之路。同时他又指出教师要在全生活上帮着学生走路，必须对每个学生有全部的了解，这样才能根据学生的需求随时随地地对他们进行指导和帮助，并将教育中出现的不恰当的赏罚行为归因于教师对学生了解的缺乏。由此可见，教师对学生身心各方面的了解是有效地实施教学的必要，正确合理的教育理念也形成于此。

教育活动中师生主客体关系的主导与主体两者是辩证统一，而不是孤立、分

①梁漱溟：《东西人的教育之不同》，中国文化书院学术委员会编：《梁漱溟全集》(第四卷)，济南：山东人民出版社，2005年版，第663页。

离的关系。梁漱溟在山东乡村建设研究院开展的乡村建设实验中要求教师对学生进行全人生的指导，并就此做了具体而明确的规定："本院训练部学生以四十名为一班，班置班主任及助教各一人。班主任对他一班的学生之身心各方面活动，皆负有指导照管之责；凡学生精神之陶炼，学识之培益，身体之保育锻炼等，固自有各样的课程作业，但必以此班主任的指导照管作为训练的中心。"此外，"各班学生成立自治团，凡经本院划归该部自行办理之教务、庶务、卫生清洁等事，亦都是在班主任指导之下，进行自治"[①]。教师对学生学习及生活各方面的指导，体现了教育中教师的主导地位，其中学生是作为教育主体存在的，教师的一切行为活动都是围绕学生展开的，目的是对学生进行生命的教养、培育。

我国教育长期以来带有明显的工具理性色彩，这就导致了对学生主体地位的忽视。这种教育缺乏个体意识，对于"人"的意识往往是以群体模式出现的，因此在教育中很难照顾到学生的个体差异与个体需求，而实施的是一种一视同仁式教育，关注的是大多数学生群体而非有差异的具体个体。学生被作为一个类而不是一个具体真实的人来看待，教育忽视了学生的生命需求，忽视了学生是作为一个有思想、有情感、有个性的真实人存在的。这种教育理念引领下的教育行为，自然难以获得预设的教育目标。

(四)形成亲密的师生关系

为了建立稳定、持续的师生良好人际关系，梁漱溟主张对于学生的人生指导，不应只局限于学校阶段，而应扩展至生命的全程，不仅要指导学生的学习生活，而且要指导学生的工作生活，主张"一日为师，终生为师"。针对学生毕业步入社会后茫然无助及担心无法适应社会而产生的彷徨、烦闷心理，梁漱溟建议学校和导师要伴随学生一生，即便学生已经毕业离校仍要将其视为自己的门生，对其生活进行指导。目的是令学生步入社会生活后仍能感觉到有师友的关怀在，内心有所依托，以至于不会因生活的困扰而自甘堕落或随波逐流；又能在其烦闷时给予一种向上的力量，激励他们奋进。这样一来，他就把教师与学生的师友关系延伸到了学生生命的全部过程。

教师只有与学生形成极亲密的师生关系才能了解学生，对他们进行指导。但梁漱溟发现，现实中的大多数教师并不怎么关注学生身心各方面的发展，对于学生存在的问题甚至全然不知。这样的情况下，根本无法指望教师对学生进行

①梁漱溟:《山东乡村建设研究院设立旨趣及办法概要》，中国文化书院学术委员会编:《梁漱溟全集》(第五卷)，济南:山东人民出版社，2005年版，第235—236页。

生活指导。因此,他主张养成亲密师生关系以改变教育中情感关怀的缺失,也为了教师能够全面了解并指导学生的生命发展。

而对于如何养成亲密师生关系,梁漱溟倡导构建导师制,并以导师制作为实施生命教养的方法之一。在《办学意见述略》一文中,梁漱溟主张施行导师制以纠正现行教育制度中存在的学生身心两方面常被忽视,所受教育零碎、偏颇、浅薄无力的问题。导师制的施行中,首先要求导师与学生形成亲密的师友关系,双方互为最亲近之人;之后要在亲密的师生关系的基础上,对学生的身心施以合理的教育,最后再施以知识技能教育,以达到学生知情意行的全方位发展。其具体方案为:"每一导师皆分有几个或十数个之学生;此几个或十数个学生之全部生活,亦即为此一导师之教育对象。学生个个有其最亲近之导师,导师亦人人有其最亲近之学生。……据此以求身心并进之合理教育,其所设施方可以着实而不虚罔。迨其生命渐几活泼,更从人生问题上多方启发指点,俾其心理趋向自有转移,不觉平添无限活力。就其活力而鼓励振导之,使之进求知识技能,则所得之成绩,敢断言其必有以大异于今日之中学者。"①此外,导师每天与学生同处共学,不单能造就学生,还能于其中求得自身的提升。

三、基于教育本体论实施的教育改革

(一)在教育活动中加强学生的自我管理

梁漱溟秉持"教育即生命"的本体论思想,主张教育活动要关注受教育者的生命,教师要了解、关心学生生活的全部,于生理、心理的各面都要兼顾,以达到教养生命、培养真实的人的教育目的。因此,教育的过程便是以生命为基点,通过教养生命以成全生命的动态延续。而学生是教育活动中特有的一种生命形态,是教育得以存在的根本保障,因为没有学生参与的教育将是虚弱无力、毫无生机的教育。教育的意义在于提升和完善学生的生命,培养学生对生命进行"自新"的能力,以期最终达到生命的和谐统一,包括个体生命本身生理与心理——知、情、意——的和谐以及个体生命与社会生命的和谐这两个方面。

基于这种教育理念,在学校活动的组织、管理以及纪律的维持方面,梁漱溟

①梁漱溟:《创办私立勉仁中学校缘起暨办学意见述略》,中国文化书院学术委员会编:《梁漱溟全集》(第六卷),济南:山东人民出版社,2005年版,第65页。

提倡发挥学生的主体地位以实现学生的自我管理，而教师只是在必要时候进行一定的指导。梁漱溟在山东邹平所办乡村学校的组织管理的具体方式如下：学校按班编成中队、小队，全校为大队。各队的正副队长，全由学生担任。每早有晨会、升旗、做操、讲话的活动。集会的整队，行进时的维持秩序，上课时的维持纪律，全由学生自己负责，教师只在必要时加以指导。各班的墙报组、歌咏队、球队等，也都由学生自己负责，教师只尽辅导的责任。总之一切活动都尽量发动学生自己去做，既启发了同学的主动精神，也锻炼了他们的组织能力，有些性格软弱的学生通过参加各种活动也逐渐坚强起来了。[①]可见，自我管理能力的养成使得学生的生命内涵更加丰盈，并富有活力。

(二)教育内容力求贴近社会生活实际

梁漱溟深感当时的教育制度使得学生变成了不能做事的“废物”，于社会是毫无用处的，究其根本就在于学校的教育内容脱离生活实际，使得教育出来的知识分子所追求的生活方式与广大群众的生活方式和利益相脱离。他举例说，乡村的儿童在县城读书后，便无法适应以前的乡村生活，乡村的饭吃不得，乡村的衣穿不得，乡村的一切都看不惯。但乡村农人应具备的知识与能力，他们却丝毫没有，乡间的劳作也一切做不得。在学校所学的只是些半生不熟、派不上用场的学科知识和球类运动，严重脱离了生产劳动，成了社会的“废物”。

上述现象必须谋求改革，梁漱溟所主张的新教育的目标是把学生培养成兼有“农夫的身手”“科学家的头脑”“艺术家的情趣”“社会改革家的热情和精神”的新人。为了达到这一目标，他在村学、乡学中除了进行基础知识教育的普及外，还开设了有地方特色的乡土课程，以贴近当地群众的生活，解决他们生活实际中遇到的各种问题，也为学生将来参与社会生活提供实际的生活经验准备。乡土课程必须要符合当地的实际需要，比如山区要增加林业知识，教村民如何山地造林；棉区增加农业种植知识，讲授农业方面的先进技术；有匪患的地区教村民防匪自卫，等等。

巴西教育家保罗·弗莱雷的课程观强调教育内容要联系学习者的生活实际，他认为：“真正的教育不是‘A’对‘B’的教育，而是‘A’和‘B’的教育，是将世界

①邹晓青：《回忆三十年代我在邹平县从事教育工作的经历》，山东省政协文史资料委员会、邹平县政协文史资料委员会编：《梁漱溟与山东乡村建设》，济南：山东人民出版社，1991年版，第185页。

作为中介的教育……教育的内容产生于人们生活的现实世界。"[①]而梁漱溟在邹平乡村创办的乡农学校中乡土课程的开发正好体现了教育内容与生活实际的联系，也只有根据村民生活实际设计的教学内容才能最大限度地调动他们学习的积极性，取得应有的教育效果。同时，除了开设贴近群众生活实际的乡土课程外，梁漱溟还力求教材中课文的选择也要联系社会实际，以此来进行社会教育，沟通学校与社会，防止学生与社会脱节，增加学生对社会事件的敏感度。

（三）教学方法的改进

1.变传统的填鸭式教学为注重学生的自学

梁漱溟进行的村学、乡学改革反对以往填鸭式、注入式的教学，重视学生的自主探究式学习，认为只有亲自探索得来的知识才是切实有用的知识。否则，将不被自己所受用。知识技能只有被自身消化吸收，才能转化为自己的真知、真能。真正的知识是自己求得的而非别人授予的。"一分自求，一分真得；十分自求，十分真得。"[②]所以，一个人的学问成就都是自学的结果，学校教育只是教授学生学习的方法，以促进学生的自学。

教学观念的改变必然导致教学行为的转移。在教学方法上要求减少教师的讲授时间，以学生的自学为主。尤其对于聪慧的学生，教师要尽量放手，鼓励学生自主学习，通过自学可以加深学生对教材知识的理解与掌握。强调学生自学之余，梁漱溟更多关注的是学生的体验式学习，认为只有自己体验、探究而来的学问才是真学问，而通过教师对学生自学能力的培养，学生就可以实现求学发展过程的自新。

2.采用小组讨论式教学，发挥学生的主观能动性

在村学、乡学的教学活动中，梁漱溟强调"教师不能光讲，要启发学生多想；不能光向学生灌输，要发挥学生的主观能动性，获取灵活的知识"[③]。主观能动性即培养学生生命生长过程中的主动性，这是实现学生生命"自新"的保障。据当年教育实验亲历者的回忆：

---

①黄志成：《被压迫者教育学——弗莱雷解放教育的理论与实践》，北京：人民教育出版社，2003年版，第78页。

②周如川：《浅论梁漱溟的教育思想及当代启示》，《世纪桥》2012年第3期，第43页。

③邹晓青：《回忆三十年代我在邹平县从事教育工作的经历》，山东省政协文史资料委员会、邹平县政协文史资料委员会编：《梁漱溟与山东乡村建设》，济南：山东人民出版社，1991年版，第185页。

为了发挥学生的主观能动性,梁漱溟的某些乡学中实行道尔顿制,主要的教学方法即讨论式。“办法是:把课本上的一个单元,由教师拟出表式提纲,并找出有关材料,课堂上把学生分成组,讨论解答问题,这时老师巡回指导。学生经过讨论后,仍不能解答的问题向教师提出,由教师引诱启发学生解答,然后师生共同研究答案,写好提纲细目,最后由教师总括,系统讲述。”①

可见,讨论式教学对教师的教学业务水平要求较高,尤其是教师的课堂组织能力,因此,教师教学能力的提升是有效实施教学改革的基础一环。此外,丰富的教学资源是进行教学改革的物质基础。而讨论式教学的最大优点即在于最大限度地发挥了学生的主观能动性,通过讨论可以产生思想的交流与碰撞,活跃课堂气氛,一改过去课堂填鸭式教学的沉闷氛围。

3.教、学、做合一

梁漱溟还强调以生命体验而不是学理论究的方式学习知识,注重在实践中进行学习,力行“教、学、做合一”。他自称不是学问家,而是实践家,研究学问旨在于解决人生问题和现实社会问题,而不是为了学问而学问。因此,得到的知识“不是书本上的知识,不是学究式的研究,而是从活的问题和材料痦寐以求之一点心得。其中有整个生命在,并非偏于头脑一面之活动,其中有整整 40 年生活体验在,并不是一些空名词、假概念”②。

梁漱溟“教、学、做合一”的教学主张是在参观访问了陶行知创办的晓庄试验乡村师范学校后提出的。晓庄师范学校的教育模式是唯一受到梁漱溟无保留赞许的乡村改革方案。而“教、学、做”在晓庄是一个完整的过程,“教师在教中学,学生在学中做,教师再在做中教”③。1929 年,梁漱溟参观晓庄学校回到广州后,热情地介绍了他所看到的一切,滔滔不绝地说:

①卢资平:《山东邹平实验县的片断回忆》,山东省政协文史资料委员会、邹平县政协文史资料委员会编:《梁漱溟与山东乡村建设》,济南:山东人民出版社,1991 年版,第 126 页。

②山东省政协文史资料委员会、邹平县政协文史资料委员会编:《梁漱溟与山东乡村建设》,济南:山东人民出版社,1991 年版,第 22—23 页。

③梁漱溟:《抱歉——苦痛——一件有兴味的事》,中国文化书院学术委员会编:《梁漱溟全集》(第四卷),济南:山东人民出版社,2005 年版,第 839 页。

首先令我们注意的，就是他的“教、学、做合一”的信条。他们相信教育方法，即是：“事情怎样做就怎样学，怎样学就怎样做。”在我觉得这是很合于教育道理的。譬如种田是一种生活，我们就应该在田里做，就在田里学，也就在田里教。做饭吃饭是一种生活，我们便应该在厨房饭厅里做，就在那里学，就在那里教。教育要本于生活，教育必须教和做合一。①

他还指出，这样培养出来的学生，至少有两种好处：第一，有能力，包括劳作的能力、智慧方面的能力、作团体社会生活的能力；第二，有合理的生活，也就是平民化的生活。而反观现实教育状况如何呢？“我们啊！无能力又不平民化，不能做事又要享贵族生活。——社会的病痛，是学校制度给与社会的病痛！”②在此鼓舞下，梁漱溟开始着手改造广东省立第一中学，并提出一个完整的方案，即训练学生“拿出他们的心思、耳、目、手、足的力量，来实做他们自己的生活，建立他们自己的公共生活，以便能独立地解决他们将来遇到的任何问题……现存的制度只是把学生变成不能做事的废物”③。学校的一切事宜，都由师生自己来管理，包括生活、学习和纪律的各方面，还要求以“积极的学习”取代“被动的坐堂听讲”，力求使灌输式的教授法减少到最低限度。

梁漱溟的教育本体论思想是与其哲学本体观相一致的，都强调对生命的关注。教育的目的在于成全生命、教养生命，情意教育是实施生命教育的途径；教学实践中注重学生主体性的发挥，并强调亲密师生关系的构建；以“教、学、做合一”连通教育与生活的隔阂。这些渗透有新课程改革和素质教育的理念，对现代教育有深刻的启示意义。纵观我们当代的教育教学实践，不难发现，片面追求知识、技能的传授与掌握，偏重灌输式的教学方法，教学过程忽视学生的主体参与，缺乏对学生情感发展的关注，教育内容脱离生活实际的现状已经妨碍了学生创造性思维的发展及独立生活能力的养成，这与我们倡导并推行的全面发展

①梁漱溟：《抱歉——苦痛——一件有兴味的事》，中国文化书院学术委员会编：《梁漱溟全集》（第四卷），济南：山东人民出版社，2005年版，第846页。

②梁漱溟：《抱歉——苦痛——一件有兴味的事》，中国文化书院学术委员会编：《梁漱溟全集》（第四卷），济南：山东人民出版社，2005年版，第851页。

③梁漱溟：《今后一中改造之方向》，中国文化书院学术委员会编：《梁漱溟全集》（第四卷），济南：山东人民出版社，2005年版，第868页。

的素质教育目标相差甚远。梁漱溟的教育本体观将生命视为教育的本体，关注对学生生命的教化和滋养，提倡情意教育的开展，重视学生的主体参与，把学生看作教育活动的管理者，强调亲密师生关系的构建，并以“教、学、做合一”为信条将教学与生活紧密结合在一起。他的教育本体观弥补了当前教育中存在的缺陷，对推行新课程改革、实现素质教育有积极的作用。

第三节　教育功能论

教育功能，亦称“教育作用”或“教育职能”，是把人类积累的知识、经验传授给新一代，促进其身心发展，使其成为适合社会需要的人，保障和推动社会的发展。教育对人的发展和对社会的发展二者之间相互联系，既是通过培养人以促进社会发展；同时又按照社会发展需要来培养人、促进人的发展。[①]教育功能是由教育的内部结构和外部结构决定的、对个体发展和社会发展所产生的各种影响和作用。教育的根本目的在于促进人的全面发展，同时，教育作为社会结构的子系统，是通过培养人来影响社会的存在和发展的，这就是教育的个体功能和社会功能。梁漱溟所进行的乡村建设，实质上是一项广义的教育工程，当然也会对乡村社会和民众及学生个体产生各种影响，本节试图从现代教育理论中教育功能论的视角加以探讨。

一、教育功能论的形成背景

众所周知，人的发展要受到遗传、环境和教育等因素的影响，教育更是在人的身心发展中发挥着主导作用。因此，梁漱溟教育功能论思想理念的形成，与其从小所处的家庭环境和所受的家庭教育密不可分。“我在父亲面前，完全不感到一种精神上的压迫。他从未以端凝严肃的神气对儿童或少年人。”[②]父亲对梁漱溟是完全放宽的，很少言正厉色地教训孩子。梁漱溟受父亲的影响，收到了很多“暗示”，这就对梁漱溟今后进行教育活动产生了启发。

（一）家庭教育的影响

梁漱溟从小受父亲的教育大多是以下三项：“一是讲戏，父亲平日喜看京戏，即以戏中故事情节讲给儿女听。一是携同出街，购买日用品，或办一些零碎事，

①教育大辞典编纂委员会编：《教育大辞典》，上海：上海教育出版社，1990年版，第17页。

②梁漱溟：《我的自学小史》，中国文化书院学术委员会编：《梁漱溟全集》（第二卷），济南：山东人民出版社，2005年版，第664页。

其意盖在经理事物,懂得社会人情。一是关于卫生或其他的许多嘱咐,总要儿童知道如何照料自己的身体。”[①]看似生活琐事,但是却潜移默化地影响了梁漱溟,他从小所受的家庭教育对他后来所从事的乡村建设运动有很大的启发意义,使他对教育的功能更有一些创新性的认知。“因其非天资高明底人，所以思想不超脱。因其秉性笃实而用心精细,所以遇事认真。因为有豪侠气,所以行为只是端正,而并不拘谨。他最看重事功,而不免忽视学问。前人所说‘不耻恶衣恶食,而耻匹夫匹妇不被其泽’的话，正好点出我父一付心肝。——我最初的思想和作人,受父亲影响,亦就是这么一路(尚侠、认真、不超脱)。”[②]父亲从小让梁漱溟接受新式教育,对他追求自由的教育予以支持,使他从小就形成一种道德自律性与自豪感,并确立终生为“人生问题”与“中国问题”之解决而奋斗的社会责任感和进取心，并为此后他进行乡村建设运动奠定了基础。后来梁漱溟在怀念父亲时说:“使我幼稚的心灵隐然萌动对社会对国家的责任感,而鄙视那般世俗谋衣食求利禄的‘自了汉’生活。”[③]

(二)乡村建设的独特视野

梁漱溟终其一生的奋斗目标就是要解决两个问题:一是人生问题,即人活着为了什么;二是社会问题,亦即是中国问题,中国向何处去。[④]在漫长的人生道路上,梁漱溟试图通过践行乡村建设的理念来实现自己的奋斗目标。什么是乡村建设?在梁漱溟看来,乡村建设就是知识分子带领民众完成文化改造的活动,其着重点始终全在教育,乡村建设必始于教育。“中国是乡村社会,故社会教育即乡村社会教育。此种教育是很活的、很实际的教育,此教育即乡村建设。”[⑤]在《社会本位的教育系统草案》里集中说明为什么现在的教育要归到乡村建设,中国教育应当如何改造,什么是教育,教育是干什么的,也即乡村教育的功能。

> 至于教育的功用,不外为“绵续文化而求其进步”。换句话说就是“不使文化失传,不使文化停滞不进”。人类不能不有生活,有生活就不能不有社会,有社会就不能不有教育,教育是很天然的。无论作广义的解释或狭义的

①②梁漱溟:《我的自学小史》,中国文化书院学术委员会编:《梁漱溟全集》(第二卷),济南:山东人民出版社,2005年版,第664页。

③[美]艾恺:《梁漱溟传》,郑大华等译,长沙:湖南出版社,1988年版,第17页。

④汪东林:《梁漱溟问答录》,长沙:湖南人民出版社,1988年版,第15页。

⑤梁漱溟:《社会教育与乡村建设之合流》,中国文化书院学术委员会编:《梁漱溟全集》(第五卷),长沙:山东人民出版社,2005年版,第436页。

解释，都不外“绵续文化而求其进步”这个定义（所谓文化者，一切文物制度，礼俗习惯莫不属之）。教育的功用，就是如此。如果教育能尽其功用，论理说社会上不应当再有暴力革命，因为社会出了毛病，教育即可随时修缮改正，固不待激起暴力革命而使社会扰攘纷乱也！人类社会所以有革命，就因为教育不居于领导地位。在人类的历史上，社会的构造上，支配社会的是政权，是国家；而政权与国家者，又有其背后的武力作后盾，教育不过是站在被役使的地位而已！换句话说，政权即武力，武力即政权，看表面政治可居于第一位，但其里面仍有经济作背景，教育或理性，仅居于第三位，无能为也，故仍不免暴力革命！①

由此可见，梁漱溟的乡村建设具有全局性，是全方位的，不仅仅是改造乡村、救济乡村，或者是经济、政治和教育建设，更重要的还有文化建设，实现文化的传承与受教育者个体的创造性发展，进而救活旧中国。梁漱溟在进行乡村建设的过程中，教育活动贯穿始终，无论是对政治、经济、社会、文化，还是对广大乡村民众，都产生了很大的影响，也即是乡村教育的文化功能、社会政治功能、经济功能，以及乡村教育和人的发展的关系。

梁漱溟曾草拟了一个《社会本位的教育系统》草案，其内容分三个部分：学校教育和社会教育不可分；教育宜放长及于成年乃至终身；教育应尽其推进文化改造社会之功。实际上，他的教育实践就是反映了这三个倾向，这也是其社会政治、经济和文化功能发挥的一个原则。教育具有综合性，它对于社会生产力和上层建筑的影响更是潜移默化和源远流长的。正如梁漱溟所说：“只有乡村安定，乃可以安辑流亡；只有乡村产业兴起，可以广收过剩的劳力；只有农产增加，可以增进国富；只有乡村自治当真树立，中国政治才算有基础；只有乡村一般的文化能提高，才算中国社会有进步。总之，只有乡村有办法，中国才算有办法，无论在政治上、经济上、教育上都是如此。”②他认为，要拯救中国，必须先救济农村，而要改造农村，必须先兴教育，只有进行乡村建设，把学校式教育、社会式教育和家庭教育相结合，并施以情意教育、成人教育、终身教育等，根据乡村的实际情况，安排教学内容和教学方法，才能求得乡村的安定、产业的兴起以及文化的提高。

---

①梁漱溟：《社会教育与乡村建设之合流》，中国文化书院学术委员会编：《梁漱溟全集》（第五卷），济南：山东人民出版社，2005 年版，第 433—434 页。

②梁漱溟：《山东乡村建设研究院设立旨趣及办法概要》，中国文化书院学术委员会编：《梁漱溟全集》（第五卷），济南：山东人民出版社，2005 年版，第 225 页。

二、教育的社会政治功能

梁漱溟从教育社会学视野出发指出，人非社会则不能生活，而社会则非有一定秩序不能进行。“任何一时一地之社会必有其所为组织构造者形著于外而成其一种法制礼俗，是即其社会之秩序也。于此一时一地，循之由之则治，违之离之则乱，是在古人谓曰治道。”[①]可见，良好的社会组织构造的重大意义。“所谓乡村建设，乃以乡村中寻求解决中国政治问题、经济问题及其他一切社会问题之端倪。此端倪之寻得，即新社会组织结构之发现。”[②]所以必须立足中国社会的特殊性，聚合民众的力量来构造新的社会组织。

> 中国这个国家，仿佛是集家而成乡，集乡而成国。我们求组织，若组织家则嫌范围太小，但一上来就组织国，又未免范围太大；所以乡是一个最适当的范围……再则，我们的这个新组织，明白地说：是要每一个分子对于团体生活都会有力的参加，大家都是自动的，靠多数人的力量组织而成；那末，为团体主体的多数人既都在乡村，所以你要启发他自动的力量，启发主体力量，只有从乡村作工夫……还有一个理由：如果大家没忘记我以前所说的：中国的经济建设必从复兴农村入手，从那一段道理上就确定了现在我们的新机构是要从乡村开端倪，从乡村去生长苗芽；——中国新社会组织的苗芽一定要生长于乡村。而也正因为中国的新社会组织要从乡村去求，恰好也就适合了那种从理性求组织的意思。换句话说：在乡村中从理性求组织有许多合适点。掉过来说：在都市中从理性求组织则比较不容易。[③]

因此，通过乡建运动而建设一个新的社会组织构造，才是梁漱溟乡村教育政治功用的深刻思想之精髓，也是乡村建设的核心。这个新的社会组织有两点：一是从理性求组织，一是从乡村入手，即“有形的事实是乡村，无形的道理是理性”，而“新社会组织构造应是中国古人所谓乡约的补充改造”。这里的乡约也是宋朝

---

①梁漱溟：《乡村建设理论提纲》，中国文化书院学术委员会编：《梁漱溟全集》(第五卷)，济南：山东人民出版社，2005年版，第369页。

②梁漱溟：《由乡村建设以复兴民族案》，马秋帆编：《梁漱溟教育论著选》，北京：人民教育出版社，1994年版，第117页。

③梁漱溟：《乡村建设理论》，中国文化书院学术委员会编：《梁漱溟全集》(第二卷)，济南：山东人民出版社，2005年版，第313—314页。

的《吕氏乡约》，乡约体现了人生向上和伦理情谊。由此，梁漱溟试图通过建立村学、乡学作为其新的社会组织形式，村学、乡学就是"'乡约'的补充改造"[①]，其所发挥的作用绝不是把它们仅仅作为一种教育机关来对待。乡学、村学虽然担负着一种对乡村民众传递知识、信息交流、进行智育的功能，但从根本上说，它们是一种伦理情谊化的乡村组织，且其学与教的真实含义也不是字面上的原初本意，而是融合了中国自古以来就有的"乡约"精神，将民众组织在一种具有伦理情谊化的组织内，互相劝勉为善，以最终达到追求社会整体进步的功能。

所以，村学、乡学既是教育机关，又是行政机关，是政教合一的组织。"而所谓政教合一就是把人生向上这件事情亦由团体来帮助，使人的生命往更智慧更道德更善良里去。换言之，把帮助人生向上的事情亦由最高有力的团体来作。"[②]其主要内容就是："办社会教育的机关，藉政府力量施行他的社会教育；而政府则藉社会教育工夫，推行他的政令。或将下级行政机关，合并于社会教育机关；或就下级地方组织，而设教育机关；或以教育机关，而兼负下级行政的任务。种种不一。"[③]梁漱溟构想此社会组织形式，以期解决中国的社会构造问题。

三、教育的社会经济功能

梁漱溟认为，中国社会问题的解决和经济建设之间是相互依存的关系，要完成新社会的建设，必然要求社会的进步，而社会的进步，同时又依赖于经济建设。所以，中国要以建设完成革命，从进步得到平等。"然此推进整个社会向前进步的工作，表面上是经济建设为主，骨子里无处不是社会教育工夫。建设、教育二者，不能分开。……从人一面说，就是教育；从物一面说，就是建设。物待人兴；建设必寓于教育。乡村建设本没旁的意思，就是要求中国社会的平均发展真实进步，其不能不归于教育一途，势所当然。"[④]因此，乡村教育对于经济的发展同样

①梁漱溟：《乡村建设理论》，中国文化书院学术委员会编：《梁漱溟全集》（第二卷），济南：山东人民出版社，2005年版，第320页。

②梁漱溟：《什么是政教合一？》，中国文化书院学术委员会编：《梁漱溟全集》（第五卷），济南：山东人民出版社，2005年版，第690页。

③梁漱溟：《乡村建设理论》，中国文化书院学术委员会编：《梁漱溟全集》（第二卷），济南：山东人民出版社，2005年版，第470页。

④梁漱溟：《乡村建设理论》，中国文化书院学术委员会编：《梁漱溟全集》（第二卷），济南：山东人民出版社，2005年版，第471—472页。

具有重要的作用。

梁漱溟通过考察近代中国剧烈的社会冲击与变革,得出这样的基本认识:中国向西方学习走城市文明的道路并没有成功,乡村农业面临空前的危机,但是,中国工业没有基础,农业却有深厚的基础。因此,必须走乡村建设的道路,发挥教育的作用,从农村入手,以农业的发展带动工业。“所谓中国建设(或云中国经济建设)必走乡村建设之路者,即谓必走振兴农业以引发工业之路;换言之,即必从复兴农村入手。”[①]因此,做乡村运动而不着眼整个中国问题,那便是于乡村问题也没有看清,那种乡村工作亦不会有多大效用。须知今日整个中国社会日趋崩溃,向下沉沦,在此大势中,其问题并非一乡、一邑或某一方面,所得单独解决。“乡村建设运动,实非建设乡村,而意在整个中国社会之建设,或可云一种建国运动。”[②]可见,乡村建设运动具有前瞻性的意义,乡村教育的经济建设功能也由此可见一斑。其主要的行为方式是,在知识分子的引导下,经过社会教育和成人教育的实践活动,把民众逐步联合起来,最终能够达成经济上的独立与自卫。具体内容包含这几个方面:“非个人营利,也非国家统制,而是从农民的联合以达于整个社会的大组织”“从农业引发工业,而非从商业发达工业”“从经济上的自卫自立入手,以大社会自给自足为归,自始即倾向于为消费而生产,最后完成为消费而生产,不蹈欧美为营利而生产的覆辙”。[③]

中国传统教育弊病百出,而且“世人有见于教育之无用,受教育者几乎转为社会之赘碍物”。归结起来有社会的原因,也有教育的问题。“是故教育本身固应改造,社会问题亦必须解决。”而且,教育的重要功能应该是促进社会生产的发展,活跃经济。所以,为了确立教育的战略地位及先行者角色,“不先求社会为生产的社会,而徒求教育为生产的教育”,旨在通过改造教育达到促进经济发展的目的,“自一面言之,为教育本身的改造;自另一面言之,即正所以改造社会。以教育促社会于生产,还以社会促教育于生产”。[④]由教育的先行,通过人才培养与

①梁漱溟:《乡村建设理论提纲》,中国文化书院学术委员会编:《梁漱溟全集》(第五卷),山东人民出版社,2005年版,第367页。

②梁漱溟:《乡村建设理论》,中国文化书院学术委员会编:《梁漱溟全集》(第二卷),山东人民出版社,2005年版,第161页。

③梁漱溟:《乡村建设理论》,中国文化书院学术委员会编:《梁漱溟全集》(第二卷),山东人民出版社,2005年版,第495—496页。

④梁漱溟:《社会本位的教育系统草案》,中国文化书院学术委员会编:《梁漱溟全集》(第五卷),山东人民出版社,2005年版,第409页。

科技研发,从而促进工具改进及生产关系协调,最终获得教育与社会互动促进的良性效果。

因此,为了凸显教育对经济的功效,弥补教育在生产上的不足,以及脱离社会生活的现实弊端,梁漱溟提出了职业教育的方案。"着重对农民、工人、商人等作教育工夫,增进其职业上的能力乃至各种能力,期于养成新农民、新工人、新商人等;而不着重办职业学校,养成农业学生、工业学生、商业学生等。职业教育家有谓将来必以补习教育为职业教育之重镇者,可谓得之。"把农民教育好,提高农民的基本知识技能和素养,农业就能兴盛;重视工商教育,激励从业者进行良性竞争,提高他们生产的积极性,工商业自然也就会振兴。就职业教育的办学组织形式而论,梁漱溟主张采取体制、计划内外兼顾,合理调整及灵活实施的办学模式。也就是说,"在职业训练中必须打破一切非必要的学校形式而无所拘"[①]。同时,对于职业教育机构入学资格、修业年限、课程标准、师资等都应该根据一时一地的具体情况合理设置。

农村教育只有立足于社会实际,并且以人为主体,从受教育者的特点和需要出发,使受教育者本身的知识素养和专业技能提高了,才有可能带动社会经济的发展和更新。

四、教育的社会文化功能

梁漱溟认为,中国的社会问题是由于东西文化相遇,中国文化相形见绌,为应付新环境而学西洋,结果中国老文化破坏殆尽,中国农村破产崩溃。因此,当务之急是"创造新文化,救活旧农村"。而中国原本是一个大的农业社会,中国的建设问题归根到底是"乡村建设"。梁漱溟在《乡村建设理论提纲》中提到,"浅言之,起于中国乡村的破坏","破坏的力量有三:政治属性的破坏力——兵祸、匪乱、苛征等;经济属性的破坏力——外国之经济侵略等;文化属性的破坏力——礼俗风尚之改

①梁漱溟:《社会本位的教育系统草案》,中国文化书院学术委员会编:《梁漱溟全集》(第五卷),济南:山东人民出版社,2005年版,第410页。

变等。而三者又相连环,辗转影响加重其破坏。中国近百年史即是一部中国乡村破坏史:前大半期,顺着近代都市文明的路学西洋而破坏中国乡村,后小半期,又由反近代都市文明的潮流学西洋而破坏中国乡村”,“三大破坏力以文化居先而政治最大。因破坏不外两面:国内的与国外的,国内的固当由政治负责,即国际的侵略,其责亦在政治”。①

“文化重构”是乡村建设运动的核心和特色,也是乡村教育的文化功能之所在。近代以来,中国同西方世界的冲突,不是政治或经济某个局部的问题,最根本的是文化的冲突,“是整个文化不相同的问题”②。经济政治改革的失败,就在于“中国社会极严重的文化失调”③。为此,乡村建设运动就是要从“中国旧文化里转变出一个新文化来”④,并通过乡村建设的道路来实现中国的现代化。

> 自从我们与西洋文化接触,受其包围,受其压迫,使我们不得不想法子应付此环境,所以一味的摹仿人家,图变换自己。换句话说,就是拿人家的法子来应付人家。可是,每一次的摹仿都没有学出什么,变成什么;不惟没有积极的成功,而一度的变化自己,正是一度的加深的破坏自己。现在已破坏到体无完肤,不堪收拾,非从头建设起不可!⑤

可见,梁漱溟认为教育的功能在于“绵续文化而求其进步”,不使文化失传。但是,梁漱溟也指出乡村建设运动起于“救济农村”和“改造农村”,所以,乡村教育的作用,从近期来看是改造乡村,救济乡村,使乡村充满活力和希望;从长远来看,则是为了文化的传承和进步,也就是“积极的创造新文化”。为了实现此长远目标,自然要注重民众教育,或者说社会教育。“此民众教育或社会教育,即乡村

①梁漱溟:《乡村建设理论提纲》,中国文化书院学术委员会编:《梁漱溟全集》(第五卷),济南:山东人民出版社,2005年版,第364—365页。

②梁漱溟:《东西文化及其哲学》,中国文化书院学术委员会编:《梁漱溟全集》(第一卷),济南:山东人民出版社,2005年版,第334页。

③梁漱溟:《乡村建设理论》,中国文化书院学术委员会编:《梁漱溟全集》(第二卷),济南:山东人民出版社,2005年版,第164页。

④梁漱溟:《乡村建设大意》,中国文化书院学术委员会编:《梁漱溟全集》(第一卷),济南:山东人民出版社,2005年版,第611页。

⑤梁漱溟:《社会教育与乡村建设之合流》,中国文化书院学术委员会编:《梁漱溟全集》(第五卷),济南:山东人民出版社,2005年版,第435—436页。

建设。中国的民众多在乡村,故民众教育即乡村民众教育。""想把中国社会文化安排停当,在中国的今日,即应着重成人教育。再者,此刻中国乡里的成人在年龄上算得成人,若对新的生活方式来说则尚未成人,犹等于儿童,当然需要教育。总之,你不想改造中国文化则已,否则非要注重成人教育不可!"所以,梁漱溟提出了成人教育的实施办法:一方面要办民众教育,一方面要构造一种适合受教育者接受教育的特殊环境。当时的中国已经不能将重心置于学校式的教育,而应该以社会式教育为主体。"抽乡民而置之于学校,亦事实所不许。事实上非在其原来的环境里头,教以农业改良,教以乡村自治不可。"①

为解救文化危机和实现道德观念的更新,梁漱溟提倡中国人固有的两大精神,一个是伦理主义,一个是人生向上。"伦理主义的要点,就是尊重对方,仿佛没有自己,与个人本位从自己出发的恰好相反。"②"所谓人生向上,非如近代西洋人的一个满足欲望的人生,单是看见了本身权利、现实幸福,而是着重奋发向上。"③为此,在乡学、村学中相应设置了精神陶炼科目,更以音乐、艺术辅助之,救济乡村精神的破产,让乡下人活跃起来,鼓励大家齐心向上,学好求进步,也希望广大民众通过对乡农学校、村学及乡学等这些组织形式的积极参与,在获得现代化的物质利益的同时,能够养成关注和维护公共利益的基本素质,依靠公德的柔性力量推动乡村的现代化进程。这也是乡村教育对文化发展和进步所起的重要作用。

梁漱溟设计的精神陶炼课,含有三方面的内容:合理的人生态度与修养方法的指点,人生实际问题的讨论,兼及中国历史文化的分析。人生实际问题,就是家庭问题、社会问题,如何处父子夫妇兄弟朋友等。"所谓历史文化的分析,就是指点中国文化的特质(就是民族精神);所谓合理的人生态度,是讲中国古人的人生态度,也还是民族精神;乃至于讲修养的方法,也是源于古人,资借于民族精神。"④民族精神才是精神陶炼的核心,这些古人的精神其实都源于儒家学派,他试图把中国古代文化的精华贯穿在乡村建设中,以此使中国民族文化能够"返老还童"。

①梁漱溟:《社会教育与乡村建设之合流》,中国文化书院学术委员会编:《梁漱溟全集》(第五卷),山东人民出版社,2005年版,第436页。

②梁漱溟:《村学乡学释义》,中国文化书院学术委员会编:《梁漱溟全集》(第五卷),山东人民出版社,2005年版,第440页。

③梁漱溟:《村学乡学释义》,中国文化书院学术委员会编:《梁漱溟全集》(第五卷),山东人民出版社,2005年版,第439页。

④梁漱溟:《精神陶炼要旨》,中国文化书院学术委员会编:《梁漱溟全集》(第五卷),山东人民出版社,2005年版,第507页。

梁漱溟提出“乡约”是中国老文化的一个精髓,对于农村文化的改善和发展具有重大意义。“乡约”分四大纲领:“一、德业相劝;二、过失相规;三、礼俗相交;四、患难相恤。”[①]“我们要知道乡约的主要之点,就是立志。必须从立志开头,才能有乡约;必须把人生向上之意提起来,才能有乡约;所以我们的乡约也要从发愿来。可是这种立志发愿,不是用强制力能够往前作的。志愿者何谓也?即自动自发之意;而强制者为被动。自动与被动是不相容的;被动不能发生志愿;出于强制则无志愿,无志愿则完了。”[②]他进一步把“乡约”加以阐释:第一,将消极的彼此顾恤,变成积极的有所进行;第二,人生向上,志气的提升。梁漱溟通过乡农学校来实施改造之后的“乡约”,在乡农学校中开展社会式教育和学校式教育,使中国社会能通过教育发出新芽,以期达到教育的文化功能。

梁漱溟认为:“中国今日所起之问题,可有经济上、政治上、文化上之区别。三者互有连带关系,不能为单独之讨论。惟余个人,为中国计,为世界计,以文化上之问题为最重要;苟此能解决,则凡所以达此目的之政治或经济制度,无论何种,余皆愿承认而不悔。”[③]据此,可以看出,梁漱溟所从事的教育事业,兼具政治、经济、文化的功能,三者缺一不可。

五、教育与人的发展

(一)对传统教育功能的反思

梁漱溟说过:“中国文化最大的缺点是个人不被发现。”他显然已经领悟到传统“人格”的某种局限,尤其是在家族本位的框架里不足以实现个人的价值,因此也不足以造成生机活跃的社会。[④]可以看出,梁漱溟对“人格”力量现代性重构的推崇以及个体性价值的重视。

---

①梁漱溟:《乡村建设理论》,中国文化书院学术委员会编:《梁漱溟全集》(第二卷),济南:山东人民出版社,2005年版,第321页。

②梁漱溟:《乡村建设理论》,中国文化书院学术委员会编:《梁漱溟全集》(第二卷),济南:山东人民出版社,2005年版,第335页。

③梁漱溟:《精神陶炼要旨》,中国文化书院学术委员会编:《梁漱溟全集》(第五卷),济南:山东人民出版社,2005年版,第514页。

④马勇:《梁漱溟评传》,合肥:安徽人民出版社,1992年版,第3页。

梁漱溟重视学生主观能动性作用的发挥，他认为教育“是要学生拿出他们的心思、耳、目、手、足的力量，来实做他们的生活。不一定是他们个人的，就是团体的，也要由他们自己去管理，去亲身经历。总要用他们自己的心思才力，去求他们所需要的知识学问。我们很不满意于现代手足不勤心思不用的教育。……总而言之，现在的学生，只站在一个被动和受用的地位；好像把学生时代，看做是人生一个短期的预备时代，是专门读书的时代，不是做任何事情的时代。……教育的本意，是要把人们养成有本领有能力；如果要使一个人有本领有能力，就非发展他的耳、目、心思、手、足不可”①。

当然，在这个过程中，梁漱溟强调的是培养学生的生活情趣和公共道德，除了让学生会读书，更要让他们学会生活。为此，教学方法和教学内容应予改变。他强调伦理主义和人生向上，对受教育者进行精神陶炼的教育，加以合理的人生态度与修养方法的指点、人生实际问题的讨论以及中国历史文化的分析，旨在培养其公共意识和对其进行精神唤醒，最终目的就是使学生得到全面发展。

梁漱溟注重“寓教于乐”的教育原则，反对体罚的方法，认为“赏罚是利用人计较算账的心理而支配他的动作，便使情志不得活动，妨害本能的发挥”“所以这不但是情志的教育所不宜，而且有很坏的影响”。②

学校教育的功能不仅仅是灌输给学生知识，更多的应该在教学方法上加以改进，注重人生向上的情意教育，不是扼杀学生的灵性，而重在对学生进行引导，才能使之受用终身。

（二）乡村建设中个体的发展

中国近百年史，国际与国内的双重压迫，天灾与人祸的叠次摧毁，短浅而又零散单弱的农人或农家有什么办法呢？“非我们（知识分子作乡村运动者）使他们发生公共观念，教他们大家合起来如何解决问题不可。合起来成为有组织的力量，然后乡村才可以起死回生。”③在这里，梁漱溟也强调了人，即知识分子对

---

①梁漱溟：《今后一中改造之方向》，中国文化书院学术委员会编：《梁漱溟全集》（第四卷），济南：山东人民出版社，2005年版，第868页。

②梁漱溟：《东西人的教育之不同》，中国文化书院学术委员会编：《梁漱溟全集》（第四卷），济南：山东人民出版社，2005年版，第664页。

③梁漱溟：《乡农学校的办法及其意义》，中国文化书院学术委员会编：《梁漱溟全集》（第五卷），济南：山东人民出版社，2005年版，第349页。

于乡村教育的重要作用。同时又须集聚广大民众的力量，中国问题才能得到解决，“大家一齐回乡，骈力作广义的促兴农业工夫——乡村建设工夫，开出乡村建设的风气，造成乡村运动的潮流，则数十年来乡村破坏之一大方向，又何难扭转过来？自身的出路，民族的出路——于此可得”①。

教育必然要回归乡村，而且乡村建设更离不开人的作用，怎样建设乡村，从而使乡村充满活力呢？毋庸置疑，首先应当解决农村民众的切身问题，这也是乡村建设的意义所在。所以，要发挥知识分子的引导作用，带领民众、教育民众经常“聚合”，运用团体的力量行事。梁漱溟认为中国此刻有两大缺乏：一是缺乏团体组织；一是缺乏科学技术。可是在这两个问题中，要从团体组织入手，“因为团体组织是人的本身的事情；人是主，科学是工具。从团体组织入手，才能引进科学技术”②。可见，乡村建设中，对民众本身进行引导教育迫在眉睫。

> 在一乡村社会中，他们的乡村领袖不一定常常见面。就是彼与此、此与彼常常见面，也不一定是大家聚合。就是聚合，也不一定同多数民众一齐聚合。我们办乡农学校的第一个用意，就是使乡村领袖与民众因此多有聚合的机会。在平常的时候，没有聚合的机会，有什么困难的问题，只是心里苦闷，各自在家为难叹气。现在聚合了，就可将他们共同的困难问题拿出来互相讨论，相向而叹气。自然就可以促他们认识他们共同的不幸命运，促他们自觉必须大家合力来解决。……假使他们不十分聚合时，我们的教员（乡村运动者）要设法从中作吸引的功夫、撮合的功夫，使他们聚合。假使他们虽聚合而谈不到问题上，则我们要提引问题，促使讨论。假使他们虽谈到问题，而想不出解决之道，将付之一叹的时候，我们要指示出一条道路，贡献一个办法，或彼此两相磋商研究出一个办法。因为单使他们设法，往往没法可设；单是我们出主意，又往往不能切合实际而可行。现在我们要与他们合在一气，则想出的办法或能合用也。我们不但帮助他们想办法，我们还要引发鼓舞激励他们的兴趣意志，如此则乡村可以活起来。③

①梁漱溟：《山东乡村建设研究院设立旨趣及办法概要》，中国文化书院学术委员会编：《梁漱溟全集》(第五卷)，济南：山东人民出版社，2005年版，第226页。

②梁漱溟：《村学乡学释义》，中国文化书院学术委员会编：《梁漱溟全集》(第五卷)，济南：山东人民出版社，2005年版，第438页。

③梁漱溟：《乡农学校的办法及其意义》，中国文化书院学术委员会编：《梁漱溟全集》(第五卷)，济南：山东人民出版社，2005年版，第348—349页。

因此,“乡村建设天然是中国社会的一种社会运动,要靠知识分子来引导,要靠乡村自身为主力”[①]。这样才能达到救济乡村、改造乡村的目的。而且梁漱溟认为乡村建设的动机就是培养中国人的新政治习惯,这个习惯,其实就是团体生活的习惯,并且是进步的团体生活习惯。即“团体中的多数份子不是被动的,都是为有力的参加者”[②]。可以看出,作为主体的人,对于整个乡村建设的基础性作用。梁漱溟在《山东乡村建设研究院工作报告》中指出:“本院现时工作本于前旨,着眼于三点:研究实验中国乡村社会现在所切需且其所能有之组织方式;启发乡村自救意识;倡导知识分子回乡运动。”[③]

总的来说,解决中国的问题,就要把知识分子与乡村农民结合起来。“知识分子为文化所寄托,负有培养、补充、建造文化之责任,此实无可旁贷者也。民众教育系知识分子与乡村民众互通声气之一办法。余以为知识分子领导农民,建设乡村厥为取道民众教育。民众教育不在乡村建设上做功夫,则民众教育必落空;乡村建设不取径于民众教育,则一切无办法。今日吾人从事乡村建设工作所办事业,如领导民众造林、养鱼、改良农业等,皆为新事业,而非民间所固有者,亦皆属民众教育之功课。”[④]另外,要让民众在村学、乡学中接受生产生活所应有的教育,使之具有参加社会和适应社会的生活能力,只有民众进步了,社会才能进步,文化才能进步,中国才能进步。

梁漱溟尽管本身是书生式的社会改革家,但是他却无法静坐书斋,过纯学问的生活。国家民族的兴衰始终萦绕在他心中,“我不能死,我若死,天地将为之变色,历史将为之改辙”。这显示出一代大师的傲骨,更是对于国家、社会与人民疾苦的一种抱负和关忧,这驱使他倾其一生进行教育理论的创新。梁漱溟在教育功能论上的可贵卓识在于:把文化的重构与经济、政治的发展相协同,文化的进步不仅仅是文化自身的,更是可以作用于社会政治、经济层面的,应该把教育事业与社会政治、经济、文化,特别是个人发展紧密结合起来,发挥其应有的功用,才能真正达到社会事业的可持续发展。

---

①梁漱溟:《乡村建设是什么?》,中国文化书院学术委员会编:《梁漱溟全集》(第五卷),济南:山东人民出版社,2005年版,第377页。

②梁漱溟:《村学乡学释义》,中国文化书院学术委员会编:《梁漱溟全集》(第五卷),济南:山东人民出版社,2005年版,第438页。

③梁漱溟:《山东乡村建设研究院工作报告》,中国文化书院学术委员会编:《梁漱溟全集》(第五卷),济南:山东人民出版社,2005年版,第389页。

④梁漱溟:《民众教育何以能救中国?》,中国文化书院学术委员会编:《梁漱溟全集》(第五卷),济南:山东人民出版社,2005年版,第486—487页。

第十章

一代教育宗师

——现代教育理论的探索(下)

第一节　道德教育论

作为现代新儒家的代表，梁漱溟的德育思想带有强烈的儒家气息，所关注的是发端于先秦、大兴于宋明理学时期的儒家心性之学，德育思想的哲学基础即为“心性论”。他主张通过复归理性，重建新的社会组织构造，以挽救处于危亡边缘的中国社会，并称自己研究学问并非为了学问本身，而是要将自己对人生、社会问题的思考认识应用到实际当中，借以改造、影响社会。同时他指出，中国社会所存在的不是什么旁的问题，而是文化失调的问题，要解决中国社会的危机，靠的是社会礼俗，重在教化，也就是以德代法，而非依赖硬性法规加以约束。这样一来，德育就不仅是构成教育理论的有机成分，更成了他解决社会问题的一种方式。

一、德育思想基础——“以德代法”的道德价值观

作为新儒家的一代宗师级人物，梁漱溟的思想深深扎根于儒学，其哲学根底是建立在王阳明学说之上的，在性与情关系的探讨上，与王阳明的心学有相似之处。他坚信人类先天赋有一种迁善的能力，“人都是要求善求真的，并且他都有求得到善和真的可能”，因为“人在直觉上都自然会找到对上去”[①]。他把人心分为情与知两方面，其中，情是情感本能，也可称为是直觉；知即理智，是人类的欲望之源，是人与外界相区分的凭证。由于人的认识活动受本能直觉支配，而且人在直觉上都自然会选择及走向合理的方向，因此主张“任直觉”。所谓“任直觉”实质就是倡议遵循人的自然本能，而自然本能即“求善的本能”或曰道德本能。

梁漱溟把直觉看作是人生的工具，把理智当作科学的工具，认为人之本性发挥作用使用的人生工具是直觉时则为善，因为“率性之谓道”；反之则可能走向

---

①梁漱溟：《东西文化及其哲学·补遗》，中国文化书院学术委员会编：《梁漱溟全集》（第一卷），山东人民出版社，2005年版，第541页。

恶。但直觉又不会直接发挥效用，需要借助礼乐的作用。只有顺着人们的本能直觉，借助礼乐给人以直达内心深处的情感冲击，内心与外界相沟通，感觉和理智才能借助直觉指导我们的行为，使思想与行动同步趋向于善。对此，他解释道："人原是受本能、直觉的支配，你只同他絮絮聒聒说许多好话，对他的情感冲动没给一种根本的变化，不但无益，恐怕生厌，更不得了。那唯一奇效的神方就是礼乐，礼乐不是别的，是专门作用于情感的；他从'直觉'作用于我们的真生命。"①

基于以上认识，梁漱溟指出共同的价值不能靠机械的法律条文表达，而需要依托外在的礼与内在的理(道德标准)，因为人类的道德本能使人类先天赋有迁善的能力，且中国自古是个伦理本位的社会，社会秩序的维持依赖于礼俗，过去和将来都如此。他设计复兴农村的第一条理念即以"道德启蒙开路"，强调必须先为农民找到精神上的出路，并以人生向上的目标激励之，才能完成乡村改造的任务，逐渐实现中国社会的复兴。其中，"人生向上"即"理性"，理性是天然内在于人的，属道德自觉的机制保障，"道德不外情义，于此有其自觉，则为理性"②。具有理性的人通常有平静的心理，但理性天然内在于人，又并非纯属放任自流、听之任之，是需要渐次开发的，而这一功夫也在礼乐。个体主要是通过礼乐作用于直觉，使直觉顺应理性的要求，对人的情感进行调控，从而做出适当的行为。个体之所以需要以礼乐为依托，其缘由还在于"抽象的道理，远不如具体的礼乐。礼乐直接作用于身体，作用于血气，使人的心理性情变化于不觉，而理性油然能现，其效乃最大最神"③。关于"人生向上"的内涵，主要是指"不以享福为念，而惧自己所作所为有失于理"，而实现的途径则在于"'发动他进取心，是更要紧'，将来的太平日子，必须靠我们的进取求得之。必须在农业上、工业上、教育上、政治上各方面都求进步……所以现在要紧的就是打开他这个窍，打动他进取的心，使他乐生进取，发生公共观念，发生齐心合作的要求"④。由此，现在需要做的就是通过对人理性的启发教育，发动人们的"进取心"，不仅包括道德意义上的求

①梁漱溟:《东西文化及其哲学》，中国文化书院学术委员会编:《梁漱溟全集》(第一卷)，济南:山东人民出版社，2005 年版，第 468 页。

②梁漱溟:《大学教育·新实验——谈勉仁书院说理想》，中国文化书院学术委员会编:《梁漱溟全集》(第六卷)，济南:山东人民出版社，2005 年版，第 830 页。

③梁漱溟:《理性与宗教之相违》，中国文化书院学术委员会编:《梁漱溟全集》(第六卷)，济南:山东人民出版社，2005 年版，第 387 页。

④梁漱溟:《乡村建设大意》，中国文化书院学术委员会编:《梁漱溟全集》(第一卷)，济南:山东人民出版社，2005 年版，第 683 页。

善,还包括一切领域中的求进步之意。这样,未来社会秩序的维持才能建立在以道德自律为核心的礼治基础上,而法律只是一种辅助手段。社会秩序的维持不能完全依靠法律,其原因在于法律是作为一种强力存在的,而强力的约束会使人感到痛苦。

“以德代法”观认为,社会的冲突及人际活动交往遇到问题首选道德而非法律的方法加以解决,道德的方法要求准情夺理,按情理而非强硬死板的法律条文来判别是非,并以秉持情义的原则去调和矛盾纠纷。乡治中主张慢慢养成省察宽恕的风气,不用法律去干涉,法律会伤害人与人之间的情义,而将问题归于道德协调或感化,放在教育的层面上加以管教,本着爱惜的情义来督导和规劝。这一观念或策略尤其适用于乡村社会化教育,而这又恰是梁漱溟教育理论及实验的主要内容及特色所在。恰如他所表述的那样:“乡村的事却断不能用法律解决的办法,必须准情夺理,以情义为主,方能和众息争;若强用法律解决,则不但不能够调解纠纷,反更让纠纷易起。”①“本来一乡一村即等于一家,一家之中彼此应当有情义,乡党邻里之间也是一样,不能用强硬的法律解决的办法;一用法律则有伤情义了……所以我们不得不把他变了,把原来用法律的我们改用德教,不用法律解决而用教育的意思,从教他向上学好爱惜他的意思来规劝他。”②

“以德代法”观的另一层意思即“以礼代法”。因为道德本身是抽象的、内在于人心中的,必须将其具体化、外在化才能为人们所归依,其中起作用的便是礼俗。梁漱溟认为,乡村建设的目的是建设一个新的社会组织构造,即建立新礼俗。

> 所谓建设,不是建设旁的,是建设一个新的社会组织构造——即建设新的礼俗。为什么?因为我们过去的社会组织构造,是形著于社会礼俗,不形著于国家法律,中国的一切一切,都是用一种由社会演成的习俗,靠此习俗作为大家所走之路(就是秩序)。我常说:人类的生活必是社会生活,而社会生活又须靠有秩序,没有秩序则社会生活不能进行。西洋社会秩序的维持靠法律,中国过去社会秩序的维持多靠礼俗。不但过去如此,将来仍要如此。中国将来的新社会组织构造仍要靠礼俗形著而成,完全不是靠上面颁行法律。

①梁漱溟:《乡村建设大意》,中国文化书院学术委员会编:《梁漱溟全集》(第一卷),济南:山东人民出版社,2005年版,第706页。

②梁漱溟:《乡村建设大意》,中国文化书院学术委员会编:《梁漱溟全集》(第一卷),济南:山东人民出版社,2005年版,第704页。

所以新礼俗的开发培养成功，即社会组织构造的开发培养成功，新组织构造、新礼俗，二者是一件东西。①

并且指出新礼俗就是中西文化的沟通调和，是中国问题得以解决的关键，新礼俗的成功建设意味着中国新社会的建成，中华民族的复兴指日可待。

我们讲新的建设，就是建设新礼俗。那么，所谓新礼俗是什么？就是中国固有精神与西洋文化的长处，二者为具体事实的沟通调和(完全沟通调和成一事实，事实出现我们叫他新礼俗)，不只是理论上的沟通，而要紧的是从根本上调和沟通成一个事实。此沟通调和之点有了，中国问题乃可解决。现在中国问题所以不好解决，就是因为这个问题已经到了深微处——中西人生精神的矛盾，找不出一个妥帖点，大家只在皮毛上用力，完全不相干！所以我们必须从此根本矛盾处求其沟通调和，才是真的解决。从根本矛盾求得沟通调和之点，把头绪找清楚了，然后才有用力处；如果用不上力量，则你建设也是白建设！再找补一句，当中国精神与西洋长处二者调和的事实有了时，就是一个新社会的实现，也是人类的一个新生活。新社会、新生活、新礼俗、新组织构造，都是一回事，只是名词不同而已。②

以道德代替法律规范人们的行为，固然最贴近人的情义，有助于人际关系的和谐和社会良好风气的形成。但是，道德主要依据认识、情意及信念等认知与非认知的心理活动，是不具有强制力的，需要建立在人们高度发达的道德认知和道德自觉基础上，至少近现代直至目前，中国人的道德素养是远远达不到的。所以，梁漱溟的这一思想不免沾染有夸大道德社会及个体功能的“乌托邦”幻想。不过，他的这一主张在当下是值得学习发扬的。在我们极力推崇法治的时代，道德的作用无形中被忽视，本来道德是可以作为法律的援助手段规范社会秩序和人们行为方式的，可是道德意识与能力的缺失使得法律在一些不触犯法律条文却有失社会公德的行为面前显得苍白无力。所以，从这一层面上说，道德重建仍显得颇为重要。

①梁漱溟：《乡村建设理论》，中国文化书院学术委员会编：《梁漱溟全集》(第二卷)，济南：山东人民出版社，2005年版，第276页。

②梁漱溟：《乡村建设理论》，中国文化书院学术委员会编：《梁漱溟全集》(第二卷)，济南：山东人民出版社，2005年版，第278页。

二、德育的主要内容

德育内容即对受教育者施以道德教育的诸种影响资源及素材，具体的德育内容在特定的社会历史时期有不同的表征，主要受到社会公共道德准则的制约。梁漱溟通过对社会环境及道德现状的分析，将德育内容归为情意教育、精神陶炼与心理调整三大部分。其中，情意教育在于个体生活道德的养成，精神陶炼侧重个体社会道德的训练，而心理调整则试图通过个体的自我反省来达到道德上的完满。

（一）情意教育

梁漱溟对东西方教育的不同做了独特的阐述："西洋人所以教人的，除近来教育上的见解不计外，以前的办法尽是教给人许多知识：什么天上几多星，地球怎样转……而中国书上那些道理也仿佛为西洋教育所不提及。此西方教育各有其偏重之点是很明的。大约可以说中国的教育偏着在情志的一边，例如孝悌……之教；西洋人的教育偏着知的一边，例如诸自然科学……之教。"[①]并指出造成这一区别的原因在于"两方文化的路径根本异趣"，而两者不可偏废则是完全的合理的教育。

梁漱溟看重情意教育，认为它是中国教育的特色和优势所在，需要振兴发扬。因为，情意乃人之本能，是人与生俱来，不虑而知的，是生活的根本。

> 生活的本身全在情志方面，而知的一边——包括固有的智慧与后天的知识——只是生活之工具。工具弄不好，固然生活弄不好，生活本身（即情志方面）如果没有弄得妥帖恰好，则工具虽利将无所用之，或转自贻戚，所以情志教育更是根本的。这就是说，怎样要生活本身弄得恰好是第一个问题；生活工具的讲求固是必要，无论如何，不能不居于第二个问题。所谓教育不但在智慧的启牖和知识的创造授受，尤在调顺本能使生活本身得其恰好。本能虽不待教给、非可教给者，但仍旧可以教育的，并且很需要教育。因为本能极容易搅乱失宜，即生活很难妥帖恰好，所以要调理他得以发育活动到好处，这便是情意的教育所要用的功夫——其功夫与智慧的启牖，或近与知识的教给便大不同。从来中国人的教育很着意于要人得有合理的生活，而极顾虑情志的

①梁漱溟：《东西人的教育之不同》，中国文化书院学术委员会编：《梁漱溟全集》（第四卷），济南：山东人民出版社，2005年版，第660—661页。

> 失宜。从这一点论，自然要算中国的教育为得，而西洋人忽视此点为失。盖西洋教育着意生活的工具，中国教育着意生活本身，各有所得，各有所失也。①

中国教育虽然重情意本身，但教育方法不当，往往试图以知识教育之法唤醒人的情意，以期达到情意教育的目的。其实，人的生活态度与行为习惯的改变，不能依赖于单纯的道德说教，而必须让道德主体体验到他是个问题，并且是他本身的问题才行，即变“外界使他晓得”为他“内心的一种要求”。唯有如此，道德主体才有提升自我道德的欲望和内在动力。单纯灌输给孩子应有的教育并不能使他的情意上有变化，打动不了他的内心，反而会扼杀他的创造性，也必然会忽视人的主体性参与，忽略主体的情感体验在情意培养上的作用。梁漱溟看到了这一点，并对如何实施正确的情意教育提出了自己的看法：

> 然中国教育虽以常能着意生活本身故谓为得，却是其方法未尽得宜。盖未能审察情的教育与知的教育之根本不同，常常把教给知识的方法用于情志教育。譬如大家总好以干燥无味的办法，给人以孝悌忠信等教训，如同教给他知识一般。其实这不是知识，不能当作知识去授给他；应当从怎样使他那为这孝悌忠信所从来之根本（本能）得以发育活动，则他自然会孝悌忠信。这种干燥的教训只注入知的一面，而无甚影响于其根本的情志，则生活行事仍旧不能改善合理。……我们对于本能只能从旁去调理他、顺导他、培养他，不要妨害他、搅乱他，如是而已。譬如孝亲一事，不必告诉他长篇大套的话，只需顺着小孩子爱亲的情趣，使他自由发挥出来便好。爱亲是他自己固有的本能，完全没有听过孝亲的教训的人，即能由此本能而知孝亲；听过许多教训的人，也许因其本能受妨碍而不孝亲。在孔子便不是以干燥之教训给人的。他根本导人以一种生活，而借礼乐去调理情志。但是到后来，孔子的教育不复存在，只剩下这种干燥教训的教育法了。这也是我们以后教育应当知所鉴戒而改正的。②

除了单纯的道德说教，赏罚的方法在情意教育中也是不可取的。因为“赏罚是利用人算账计较的心理而支配他的动作，便使情志不得活动，妨害本能的发

①梁漱溟：《东西人的教育之不同》，中国文化书院学术委员会编：《梁漱溟全集》（第四卷），济南：山东人民出版社，2005年版，第663页。

②梁漱溟：《东西人的教育之不同》，中国文化书院学术委员会编：《梁漱溟全集》（第四卷），济南：山东人民出版社，2005年版，第663—664页。

挥;强知的方面去作主,根本扰乱了生活之顺序。所以这不但是情志的教育所不宜,而且有很坏的影响。因为赏罚而去为善或不作恶的小孩,我以为根本不可教的;能够反抗赏罚的,是其本能力量很强,不受外面的扰乱,倒是很有希望的"①。

梁漱溟反对道德说教和赏罚,重视个体的情感体验,提倡个体通过道德的自我体认去积极主动地提升自身修养水平,这是德育方法由他律到自律的转变。之所以以自律取代他律,原因在于外在行为规范的强力约束对人道德行为所起的作用远不如人的道德自律自然、明显。基于此,他认为,人的行为活动应靠道德自律和人的习惯、礼俗达到自我规范,以成为一种很自然的行为习惯。

梁漱溟从情意教育与知识教育不同的社会效用价值出发,认为情意是人生活的根本,是知识这一生活工具发挥效用的依托,并把情意教育作为中国教育的特色和优势,其实这是中国伦理本位社会性质在人的道德观念和教育上的反映。情意教育调理本能、着意生活的特性,使得它与知识教育迥异,因此,两种教育的方法必然不可混用。运用知识教育之法施行情意教育只会适得其反,真正合理的方法是借助礼乐来调理情意,这就同上文所述的礼乐与直觉、理性的关系沟通在了一起。到此,梁漱溟为我们实施情意教育提供了一定的方法指导,其中不少思想与现在提倡的自然教育和个体心理成长理论有相通之处。

(二)精神陶炼

如果说情意教育着重人生活本身的调理,处理人生活之问题,诸如培养人之孝悌忠信等,是个人生活之道德养成;那么人生行谊教育则着重以改造人心开始来培养人之于国家、社会的责任感,已经从小我上升到了大我、由个人扩展到了社会,是个人社会道德的学习与训练。

梁漱溟认为,改造社会必以改造人心开始,因此特别重视精神陶炼的作用,并把它作为德育的核心。其实这是由"乡村服务人员之精神陶炼"而来的。所谓精神陶炼,就是要启发每个人的"志气愿力",其中包含三方面的内容:合理人生态度的指点、中国历史文化的分析和人生实际问题的讨论。这三者都以"中国民族精神"为核心,旨在从整体上认识中国民族精神,复兴以理性为特征的中华文

①梁漱溟:《东西人的教育之不同》,中国文化书院学术委员会编:《梁漱溟全集》(第四卷),济南:山东人民出版社,2005年版,第664页。

化,通过锻炼个体的心理品质以实现为中国社会服务的宏愿。

为了达到精神陶炼的目的,梁漱溟在山东邹平乡村教育研究院第一阶段(1931—1933)设立的乡农学校中安排了精神陶炼课程,且在各层次的教育中均有体现:对于儿童教育的内容,主要有国语、算术、常识和公民等,尤其重视精神陶冶;对于男性青年,所讲授内容有公民学(包括时事政治、精神陶炼)、识字、基础知识、武术等,授课时间每晚7—9时;初高级乡农学校的教学内容主要有识字或者基本的文化知识教育,而以精神的陶冶为重点。在乡农学校的教学活动中,他指定以《弟子规》《朱子治家格言》《三字经》等为精神陶炼课程的初步教材,《礼记》《小学》作为该课程的教授课本。安排精神陶炼课程的目的是为了启发大家的深心大愿和救济"破产"了的乡村精神,让乡下人活起来。这里所谓精神的破产,指一切旧的风尚、规矩、观念都已被摧毁,而新的风尚规矩此刻尚未建立。

梁漱溟指出,乡村建设这一浩大宏伟工程的实现依赖于人的深心大愿,只有深心大愿发出来,人们才有力量担负乡建的任务。所谓的"深心大愿就是要你有真问题,不要有假问题,要有大问题,不要有小问题。如果我们发现有真问题、大问题,此即深心大愿发出来的时候"①。并主张应具有佛教家的深心即悲悯,这里的悲悯并不限于对灾难而发的悲悯,而是无时无刻存在于个体的对于人生的悲悯,是通过反省人生发出来的,已经从个人拓展到了社会。

(三)心理调整

梁漱溟认为,人单求知识是毫无用处的,紧要的是注意自己的缺欠并调理之,以求"心志清明,思想有条理"。唯有自己的心思、心情健全(即道德上达到完满),才算是真学问,才是真进步。人优于动物之处,一在自觉,二在能调理自己。他还指出调理自己需要注意心思与心情两方面。"所谓心思,即指理智上逻辑条理要清楚,但理智从属于感情",而"心思之清楚有条理,是与心情有关系的;在心情不平时,心思不会清楚,所以调整心情是最根本的"。所谓调整心情是要改正懈与乱,使自己不散懈,不暴乱;即调整自己,"使心情平和有力",这也是"改变气质的根本功夫"。②

①梁漱溟:《精神陶炼要旨》,中国文化书院学术委员会编:《梁漱溟全集》(第五卷),济南:山东人民出版社,2005年版,第492—493页。

②梁漱溟:《朝话》,中国文化书院学术委员会编:《梁漱溟全集》(第二卷),济南:山东人民出版社,2005年版,第51页。

心理的调整依赖于自身反省,自我反省在个人道德修养中有很大的作用。梁漱溟认为:“人在世上生活,如无人生的反省,则其一生就活得太粗浅,太无味了。无反省则无领略”。[①]人内心往往不由自主地存在许多矛盾冲突,这时就需要反省自身,以求得忏悔和自新。反省自身时需要选择一个清静的环境,“须大家在清静无人时,自己反省,鉴察过去;把从前不对的地方,深自‘忏悔’掉泪,抛开过去”[②],以求自新。朝会是梁漱溟带领学生反省自身的一种独特的学习和修身活动。做朝会时,要求“初时都作静默,要大家心不旁骛,讲话则声音低微而沉着,话亦简切。到后来则有些变了,声音较大,话亦较长。但无论如何,朝会必须要早,要郑重,才能有朝气,意念沉着,能达人人心者深,能引人反省之念者亦强”,“我们就是在这时候反省自己,只要能兴奋反省,就是我们生命中最可宝贵的一刹那”[③]。

然而,毋庸讳言,教育与发展绝不是个体性行为,而是个体与环境、群体及他人交互作用下合力的结果。自古道:智者不能自见其面,勇者不能自举其身。人是很难看清楚自己的,而且即便看清了也不易随时自主地调理自己。梁漱溟指出,此时唯一的方法就是“亲师取友”,原因在于“每人常会把自己忽忘了……就是靠朋友的好处,以融化感应自己的缺短而得其养,假定我的脾气是急躁的,与脾气和平者相处,可以改去急躁;我的精神不振,而得振作的朋友,我处于其中,也自然会于无形中振作起来”[④]。“亲师取友”的另一层意思是教师与学生为友,教师要关注学生生活的方方面面并给予指导。“所谓与青年为友,包含两层意思:一是帮助他走路;二是此所云走路不单是指知识技能往前走,而实指一个人的全生活。”“我的意思,教育应当是着眼一个人的全生活,而领着他们走人生大路,于身体的活泼、心理的活泼两点,实为根本重要;至于知识的讲习,原自重要,然固后于此。”[⑤]与学生为友,不但可以引导堕落者奋勉,指点烦闷者使其得以安慰、

---

①梁漱溟:《朝话》,中国文化书院学术委员会编:《梁漱溟全集》(第二卷),济南:山东人民出版社,2005年版,第58页。

②梁漱溟:《朝话》,中国文化书院学术委员会编:《梁漱溟全集》(第二卷),济南:山东人民出版社,2005年版,第45页。

③梁漱溟:《朝话》,中国文化书院学术委员会编:《梁漱溟全集》(第二卷),济南:山东人民出版社,2005年版,第41页。

④梁漱溟:《朝话》,中国文化书院学术委员会编:《梁漱溟全集》(第二卷),济南:山东人民出版社,2005年版,第52页。

⑤梁漱溟:《办学意见述略》,中国文化书院学术委员会编:《梁漱溟全集》(第四卷),济南:山东人民出版社,2005年版,第784页。

勉励,造就学生;也可以造就老师自己,使其自身道德得以提升。此外,“亲师取友”还强调教师的道德示范作用,要求教师以身作则,以自身道德感染学生。这就充分肯定了良好的社会及学校环境与道德榜样力量在个体道德健康发展中的积极作用。

三、德育思想的评价

(一)“精神陶炼”的德育为重思想体现正向功能

在梁漱溟看来,西方功利主义思想的袭来,使得人们过于追求物质利益,不以言利为耻辱,反而把追逐利益看作高尚的事情,最终迫使人们忽视了对于德行的培养,致使道德信念濒于崩毁;西方教育制度的移植和推行使得教育成了追求功利的牺牲品,将获得文凭作为享受优质生活的本钱。这些思想滋生了人们颓废、奢侈的生活习惯,给社会造成了一种公开贪婪的气氛,使得人们看不到人生真正的意义所在。因此,源于西方的现代教育只能养成恶劣的习惯,且导致道德上的松弛滑落。要解决以上问题,必须建立新礼俗、新秩序,并且这一新礼俗是以伦理情谊为本源、以人生向上为目的的,是一个纯粹的理性组织。这一组织的建立必以道德教育为基点、道德理性自律为依托、道德实践为归属。这些便是他德育目标思想的体现,即通过道德教育构建一种新的礼俗以复归理性,发动人的进取心,养成积极向上的态度。

梁漱溟重视道德的正向功能还体现在他所设计的学校办学规程中,如山东曹州中学坚持“无论学生纳费多少,将受同等待遇”的原则,体现了公平教育理念。在广东省立第一中学的教育管理规程中,对学生的测评考核同样不以智力和学习成绩为主,资质和态度才是考查的主要内容,采取评价方式多元化,坚持定性评价与定量评价相结合,关注学生的全面发展,恰恰弥补了应试教育的弊端。这样的办学制度反映了梁漱溟以道德为重的儒家思想,这种理念下培养出来的学生往往具有较高的综合素养。

(二)“道德体验与内省”的德育理念具有积极意义

根据学生偏于模仿的心理特点,梁漱溟强调团体中教师的榜样示范作用,要求教师以身作则,以自身道德感染学生;尤其低年级学生,他们的模仿意识和模仿能力较强,教师良好道德行为的展露,可以为他们提供一个学习的样本。亲师取友，为学生营造良好的德育环境，教师和伙伴的力量有助于其道德行为习惯的养成。德育活动中重视并发挥教育主体的能动参与，不以硬性规章条例规范学生道德行为，而是强调学生的主体建构、道德体验与内省，注重道德的自我养成，为教育主体主观能动性的发挥提供了极大空间。这样背景下的德育工作将不会枯燥、被动，个体在主动的参与中享受着德育的浸润，同时，师生间由严肃的权威式关系转为亲密的师友关系。

当代基础教育新课程标准倡导多维关注学生的发展，倡议民主平等的师生关系；教学中教师为主导，学生为主体，教师是活动的策划者、组织者、引导者，一切活动都是为了学生的主体性参与，是服务于学生的。梁漱溟注重团体道德精神及习惯的教育，并主张团体中师生亲密关系的形成，他的团体式生活思想是以“乡约”为基础的，强调组织成员相互间的道德监督，以期通过彼此监督使道德品质日臻完善。很显然，这种思想观念意在建构团体中人与人间的相互影响并着力道德环境对人内心的渗透，通过发挥道德情感的感染力来达到道德教育的目的。他指出办学的动机就是交友，以学生为友，并指点学生的全部生活，促进学生知情意行的全面发展，体现了以“学生为本”的素质教育理念。但教师如果要对学生进行全人生的指导，必须先对他们有一定的了解。为了便于教师对学生有全面的了解，梁漱溟主张实施导师制以建立亲密的师友关系。导师制主要是指一位导师负责特定数量学生的全部生活，对其班组的学生进行身心各面的全人生指导。为了保证这一任务的完成，导师不可随意而定，要有硬性的规定，即导师自身应是一位知识渊博而又具有高尚道德操守的人，这样才能够对学生的全部人生进行妥帖、恰当的指导。此外，每位导师名下的学生数量不宜多，如此分工组织才能照顾到每位学生生活的全部，否则，就难免会影响德育的效果。我们的德育工作也应吸取梁漱溟导师制的方法，德育工作不能只交由班主任或是辅导员一人负责，课任老师也有义务和权利指导本班学生，承担学生道德培养的任务。道德教育责任的分摊有利于照顾到每一位学生个体，德育过程中教师主导力量的发挥，同学生主体性道德体验与内省的活动，两者结合并内在统一，从而真正获得其成效的最大化。

（三）“寓教于情”的德育手段值得肯定

寓教于情，注意学生情趣的激发，作为一种教育手段方式或艺术，是德育工作者所普遍接受的，但去赏罚的教育主张是否合适，当前教育行为中到底该不该去赏罚则需要进一步探讨。不过，笔者比较赞同梁漱溟的观点，觉得奖赏或惩罚措施都源于学生主体之外，学生内在情趣有助于学生的心智活动及自我建构。这种非认知心理因素其自身内容尺度也是当代乐学教学论的核心理念，同样适用于道德教育活动,有助于培养学生的德行修养。因此,仅凭赏罚的措施来规范学生的行为,并不能使其在内心认同该种条规,改变的只是学生的外在表现,难以达到道德教育的真正目的,学生的道德能力及水平本身或许并未得以提升。

毋庸讳言,梁漱溟的德育思想包含了许多中国传统德育伦理的旧观念,好多都已经不合时宜了,但其间所蕴含的合理与积极元素仍不失为当今德育的宝贵营养。德育内容、德育标准以及德育方法等不能凝固不变,而应在继承的基础上创新,使之处于动态变化中,不断地丰富和调整,以符合当前的社会现实状况并直入人们道德问题深处,并在动态中求创新,动态中促进步,一步步接近道德的制高点。

第二节 成人教育论

梁漱溟出生于1893年10月18日，逝世于1988年6月23日。这期间恰是中国处于动荡和激变的历史岁月，正如1985年他在其弟子所编的《梁漱溟年谱》“自序”中所写到的：“我出生于中日甲午之战的前一年，又经历了八国联军的入侵和第二次中日战争（‘七七事变’）等列强对我国的欺凌和侵略。从清王朝的覆亡和辛亥革命的成功、蒋介石政权的垮台和新中国的建立……其间的政治纷争、军阀混战和社会动乱，我亲身经历的不少，耳闻目睹者更多。”①可以说，梁漱溟所经历的世纪是一个政权变更、社会改革、思想激进的特殊历程。在这样的时代，国家领土主权受到侵犯，社会建设遭到严重破坏，人民百姓生活困苦，中国文化濒临崩溃。然而，也正是这样的时代，造就了大量的文化精英，激荡出知识分子的思考力和奋发精神。在20世纪二三十年代，梁漱溟就是怀揣此向上之心，开始了乡村建设这一思考真诚却屡经坎坷的救国之路，本节探讨其乡村教育理论的重要组成部分——成人教育的思想及基本主张。

一、成人教育思想的缘起

梁漱溟主张进行乡村建设运动以改造中国，且一直尤为重视乡村成人教育的发展与功用，这与他对当时中国社会本质问题的认识是密不可分的。

梁漱溟认为：“中国问题并不是什么旁的问题，就是文化失调——极严重的文化失调。”②“自中西两个不同的文化相遇后，中国文化相形见绌，老文化应付不了新环境，遂不得不改变自己，学西洋以求应付西洋；但结果学西洋没有成功，反而把自己的老文化破坏了。老文化破坏殆尽，而新文化未能建立，在此青

①佟自光引编：《飞扬与落寞——梁漱溟的孤独思考》，北京：东方出版社，2006年版，第5页。

②梁漱溟：《乡村建设理论》，中国文化书院学术委员会编：《梁漱溟全集》（第二卷），济南：山东人民出版社，1989年版，第164页。

黄不接前后无归的过渡时期,遂陷于混乱状态。"[①]这种混乱状态在农村毫无保留地表现为:乡村经济的破产和风俗习惯的改变。在当时,中国是一个农业国家,80%的人口住在乡村,农业是中国的主要产业,是中国国命所寄,中国的文化是以乡村为本的文化,中国的社会是以乡村为本的社会。因此,乡村的痛苦就是全国的痛苦,要拯救中国,必须从乡村的文化改造和建设入手,即创造新文化以救活旧农村。而处于文化改造时期的中国,发展儿童教育以加速社会成员的成熟来延续文化已不足够,更为紧迫和有效的是进行文化的除旧布新。"所谓除旧,旧是在成人身上,除旧则必对成人下工夫;所谓布新,尤须对成人而言,比如改良农业,或作农业推广,你不对成年的农民作教育的工夫,又能如何呢?所以要创造文化,故实施成人教育,施行成人教育即所谓创造文化……想把社会文化安排停当,在中国的今日,即应着重成人教育……此刻中国乡里的成人在年龄上算得成人,若对新的生活方式来说则尚未成人,犹等于儿童,当然需要教育,总之,你不想改造中国文化则已,否则非要注重成人教育不可!"[②]

基于对当时中国社会问题的认识,梁漱溟最终将文化改造的对象落实到了中国乡村,落实到了成年农民身上,将针对乡村民众的成人教育作为解决中国问题的关键,成人教育思想也成为其乡村建设理论的重要组成部分,随着实践工作的不断深入而日趋成熟。

二、成人教育的目的

教育目的是一种与社会理想相联系的教育理想,任何教育家的教育思想都不可避免地要涉及教育目的的设定。教育目的不仅是教育、教学活动的出发点和归宿,指导和制约着一切教育、教学活动,而且隐含着教育家理想的人才目标形象,亦包含着其对教育在社会中所起作用的理解。梁漱溟从中国文化入手解决中国的现实社会问题,而中国文化的再生又是以教育为载体、以成人教育为主体,因此,其成人教育的目的必然包含着个人发展和社会改造两个方面。

①梁漱溟:《乡村建设大意》,中国文化书院学术委员会编:《梁漱溟全集》(第一卷),济南:山东人民出版社,1989年版,第615页。

②梁漱溟:《社会教育与乡村建设之合流》,中国文化书院学术委员会编:《梁漱溟全集》(第五卷),济南:山东人民出版社,1989年版,第436页。

在个人发展方面,梁漱溟认为成人教育的目的在于与青年为友。“所谓与青年为友一句话含有两层意思:一、是帮着他走路;二、此所云走路不单是指知识技能往前走,而实指一个人的全生活。”[①]可见,成人教育不仅要促进个人知识能力的提升,更为注重个人精神气的形成,立足于成人自身发展的需求,最终使其学会生活。为实现这一目的,梁漱溟进而设立了成人教育的主要阵地:村学、乡学,并提出了适宜的教育目标——齐心学好,向上求进步。他指出:“我们现在更进一步,要使父老兄弟阖村的人结团体,成立村学;全乡的人结团体,成立乡学。结这个团体干什么呢?为的是齐心学好,向上求进步。”[②]此教育目标的设定是仿宋朝吕和叔所拟乡约的思想,继承了其相勉为善的宗旨,但又有些许不同。因为当时的中国有许多地方需要进步,成人必须讲求进步才能应付新环境,因此这一目标的设定比乡约更多了一层向上求进步的意思。成人教育以齐心学好、向上求进步为导向,根据成人需要,随时随地地加以指导和帮助,最终达到学会生活的教育目的。

成人教育的另一个目的在于推进文化、改造社会。梁漱溟说:“(一)平时要在能为社会绵续文化而求其进步;(二)变时(改造时期)要在能减少暴力至可能最小限度于其前,能完成改造达可能最大限度于其后。”[③]社会稳定时期,成人教育的目的在于绵续文化不使其间断;社会改造时期,成人教育的目的在于推进社会改造。当时的中国正处在社会变革时期,经过辛亥革命和国民革命,旧的秩序已被推翻,而新的秩序尚未建立,整个社会生活正试图进入一种新的方式,因此实施成人教育以改造社会的目的在当时更为迫切。而之所以把成人作为社会改造的主力,则在于成人身上既有旧文化的残留又面临着新文化的冲击,二者集于一身且无从调节,使得成人终日处于迷惘、苦闷的状态。此时通过教育的手段对成人施以正确的引导,可以帮助其革除陈旧落后的思想,另外成年人自身发展的成熟性也使得他们可以较快地习得新知识,适应新的生活方式,因此通过成人教育来革除旧文化、创造新文化,以最终达到社会改造的目的。

---

①梁漱溟:《办学意见述略》,中国文化书院学术委员会编:《梁漱溟全集》(第四卷),济南:山东人民出版社,1989年版,第777—778页。

②梁漱溟:《乡村建设大意》,中国文化书院学术委员会编:《梁漱溟全集》(第一卷),济南:山东人民出版社,1989年版,第668—669页。

③梁漱溟:《社会本位的教育系统草案》,中国文化书院学术委员会编:《梁漱溟全集》(第五卷),济南:山东人民出版社,1989年版,第398页。

梁漱溟先生成人教育目的的双重性——个人发展和社会改造，二者相辅相成、相得益彰，在当时的社会背景下是充满智慧和独创性的。

三、成人教育的课程设置

在促进成人个体发展和推进社会改造这两大教育目的的指导下，梁漱溟将成人教育分为甲乙两项工作，甲项工作为学校式教育工作，乙项工作为社会式教育工作。两项工作中的课程设置紧贴农民实际需要且门类繁多，大体可分为两大类：通用课程和乡土课程。

(一)通用课程

通用课程，是成人教育中各教育组织均要保障实行的内容，主要在于帮助成年人学习基本的文化知识、掌握乡村建设大意、投身乡村建设运动和树立正确的人生态度。

通用课程主要包括：一是识字课，各地成年农民多是不识字的，这就使得成人在应对新文化改造旧社会时出现偏差，所以开设识字课成为必要。课本采用杨效春编纂的《乡农的书》，全书共100课，采取每晚一课的进度，一冬学完。二是唱歌课，唱歌是梁漱溟对成人进行德化教育的重要手段，主要曲目有《农夫歌》《戒烟歌》《放足歌》《植树歌》《朝操歌》《吃饭歌》《精神冶炼歌》等。这些歌的歌词不仅通俗易懂，与农民生活息息相关，而且寓意深刻，颇具教化意义。三是精神讲话，“主要讲解中国民族历史概要，使学员知道中华民族悠久的历史及民族的领袖人物，讲解村学、乡学须知，使学员了解村学、乡学组织以及如何当好学众，讲解古人的道理，使学员恢复已失去的合理观念，从而树立起生活的自信力，变意志消沉为积极向上”①。

梁漱溟将精神讲话作为一门课程，对当时的中国乡村来说是有重要意义的。因为任何一个社会都有其价值判断，中国的传统文化受到新的世界洪流的冲击而发生剧烈变化，几十年来不间断的剧烈变化最后延伸至乡村，乡村不得不抛弃传统的好习惯、好风尚，乡村社会便失掉了其价值判断，再加上几十年来天灾人祸的频繁打击，乡民终日苦闷无主、死板沉寂，乡村出现了精神破产。此时是中国

①郑大华：《民国乡村建设运动》，北京：社会科学文献出版社，2000年版，第265页。

人、中国社会、中华民族精神最颓败的时候，而广大成年农民作为乡村建设的主力军，创造新文化以改造旧社会必须首先解决成年农民的精神破产问题。精神讲话这一课程，首先对成人进行合理的人生态度和修养方法的指点以恢复其自信心、恢复其失去的合理观念；另外进行人生实际问题的讨论，比如家庭问题、社会问题或其他人际交往问题；最后历史文化的分析必不可少，以此助中华民族精神复兴。可见，精神讲话的意义便在于使成人恢复合理的价值观念、人生态度，学会生活以修复乡村的精神破产，推进社会改造。

另外，成人教育的通用课程还包括农业知识课程，此项课程的实施是以村学和乡学为策源地，主要借助良种推广的形式，因地制宜地对不同地段的广大成年民众施以农业生产教育。首先，由相关工作人员分赴各乡村进行调查访问，借以了解各种农作物的分布情况、农副业的经营情形以及出现的问题，从而制定农业改良与生产计划。比如，经调查得知邹平北部地势平坦为产棉区，但棉种品质低劣；南部山岭重叠，适合栽培果树、造林、种桑养蚕、养蜂，但病虫害严重。因此，划定北部各乡进行棉业改良，推广高产量的脱字美棉；划定南部各乡进行造林、果木、蚕业、蜂业改良，并推广各项改良品种。其次，在具体进行优良品种推广时，在各村学、乡学举办农业技术培训班、农业技术讲习班，对成年农民进行细致的农业知识教育，详细讲解农民当前所用品种与新品种的差异，让其了解采用新品种的优势所在，并掌握基本的种植或喂养方法。最后，由农场提供优良品种，帮助农民进行生产。这项课程，不仅丰富了广大农民的农业知识，普遍提高了农民的农业生产技术，而且切实带动了当地农业大发展，是梁漱溟推行成人教育以改造社会的成功探索。

除却识字、唱歌、精神讲话和农业课程外，成人还要接受党义教育，主要是学习三民主义和社会时政；了解乡村建设大意，学习村学、乡学须知，了解村学、乡学的组织以及如何当好学众。此外，针对成年妇女还设有托幼和家庭经济等方面的课程。

（二）乡土课程

除通用课程之外，各教育组织可以根据当地实际需要，因时因地制宜地开设一些特色课程，此类课程本文统称为乡土课程。乡土课程与通用课程相比，其随机性较强，一切课程的设置均以当地的现实需要为根本，问题解决后课程即可结束；课程的组织实施也不仅仅局限于课堂讲授，而是更多地融入具体情境中进行操作性学习。

由于是根据当地当时的需要而自行开设课程,因此乡土课程的种类繁多,例如,传染病流行时,卫生健康课程可以乘机进行;匪患严重的地方,自卫训练正好开展。譬如山东邹平地区,匪患频发,当地教员便组织开展自卫训练,以18至30岁的成年人为主要对象。开设的课程除了精神讲话、乡村建设大意、党义教育等通用课程外,主要有:军事训练(分为术科和学科两种。学科包括:射击、步兵操典、野外勤务、夜间教育。时间为每日1次,每次1小时。术科包括:战斗训练、制式教练、射击、武术、夜间演习、打拳、劈刀、刺刀。时间为每日2次,第一次2小时,第二次2个半小时),法律常识(学习法律手续及调解法,使其能服从法律和睦乡里),史地教育(讲邹平乡土志,鸦片战争后国家大事及世界大势,使其明白自身在本县本省本国及世界之地位和义务),联庄会员须知(使知联庄会之意义、组织及会员之责任),识字明理教育,教唱歌(学会军歌、农夫歌和其他歌曲30首,以激发大众团结奋斗、救乡救国之精神),合作教育(讲合作纲要,使其明了合作之意义及合作之办法),自卫教育(讲自卫要义,使其明了农村自卫的意义及办法),农村问题教育(讲中国农村重要问题及其解决方案)。[①]另外,农业生产也根据各地自然地理、气候的不同而相机成立种种短期的职业补习班,开设种棉、造林、纺织、养蚕等相宜课程,在实地操作时与成人讲解要点,理论联系实际,帮助成人将生产和生活中的经验提升到理论高度并加以推广。

此外,梁漱溟非常重视成人教育内容的实用性,因此他要求教员要多深入田间地头与成年农民进行交流,通过谈话的方式了解所遇到的问题,并通过自身的知识经验协助其解决。这一过程也属于乡土课程的一部分,其解决的问题更贴近农民实际需要也更具有紧迫感。此项工作的实行,对成年农民的具体引导包括三个部分,即提出问题—思考策略—鼓舞实施,将课程实施的过程看作一个问题解决的过程。具体做法为:第一,提引问题。乡民聚会闲谈时会谈到如匪患、兵祸、传染病、天旱、粮少等种种困苦问题,教员了解后应主动提引问题,培养乡民提出问题、解决问题的意识。第二,商讨办法。先由乡民自己思考解决办法,思考无果时,教员进行积极引导。商讨办法的过程需要教员和当地乡民齐心合作,各自发挥自身优势,既要尊重作为上层知识分子的教员所提出的办法,又不可忽视当地乡民的实际经验。第三,鼓舞实施。教员要鼓舞乡民切实实行解决方案,克服其目光短浅、胆小谨慎的毛病。在帮助乡民发现问题部分时,村学或乡学的教员还应注意以下几点:“(1)问题太难,眼前无法解决者,不必提引。若为讲说,使其

①郑大华:《民国乡村建设运动》,北京:社会科学文献出版社,2000年版,第278页。

先认识问题，自未尝不可。(2)问题非急迫，事业亦不大，而不难举行，确可有效果者，亦当亟为提引。3.在商讨办法鼓舞实行之时，为慎重起见，应常请示上级指导机关。4.善于为此工夫者不在促动于一时，而在涵养酝酿其动机于平日。"[①]问题解决，此课程即可结束。

四、成人教育组织形式多样

教育组织形式是以一定的教育思想为指导，根据教育目的、教育内容以及各种教育主客观条件组织安排教育活动的方式。梁漱溟所倡导的成人教育因地制宜，组织安排形式多样。

(一)村学、乡学

梁漱溟根据当时中国乡村的实际情况，以村学和乡学作为开展成人教育的重要阵地。所谓村学、乡学，是以古代《吕氏乡约》为蓝本所设计的一种面向全体民众的政教合一的乡村组织。村学是乡学的基础，是本；乡学是村学的上一层，是末。二者均在于帮助村民齐心向上，学好求进步。

1.人员构成

村学、乡学主要由学董、学长、教员辅导员、学众四部分人组成。

学董，是"村中或乡中有办事能力的人"[②]。作为乡村的领袖，学董的职责在于："第一，劝学众入学；第二，注意开会，用心讨论；第三，凡经决议，即倡导实行；第四，领先尊敬学长；第五，协助理事办事；第六，遇事公开讨论，以求多得人了解与赞助；第七，希望大众监督公事；第八，要接受学长的规诫；第九，要礼待教员；第十，要代表乡村对县政府说话；第十一，要善将县政府意思转达于众；第十二，要与其他各学董和衷共济。"[③]

---

①梁漱溟:《村学乡学须知》，中国文化书院学术委员会编:《梁漱溟全集》(第五卷)，济南:山东人民出版社，1989年版，第462页。

②梁漱溟:《乡村建设大意》，中国文化书院学术委员会编:《梁漱溟全集》(第一卷)，济南:山东人民出版社，1989年版，第676页。

③梁漱溟:《村学乡学须知》，中国文化书院学术委员会编:《梁漱溟全集》(第五卷)，济南:山东人民出版社，1989年版，第456—458页。

学长,是“村中或乡中品德最尊的人”[①]。作为教育的主持者、民众的师长,学长的职责在于:“第一,要知自爱自重;第二,要爱抚后生,调和大众;第三,于村中子弟有不肖者应加督导;第四,于邻里有不睦者应加调解;第五,要监督理事而调护之;第六,要明白以上的意思而自处于超然地位;第七,乡学学长义同于上,其所照顾更在一乡。”[②]

教员,是村学或乡学聘请的先生。教员除却教授知识外,要以推进社会为主。教员的职责具体表现为:“第一,应时常与村众接头,作随意之亲切谈话,随地尽其教育工夫;第二,应注重实际社会活动,向着一个预定目标进行(此目标或为村学公议要进行之一项社会改良运动,或一项社会建设事业,或教员自己心中想作之事亦可);第三,更要紧的是吸引阖村人众喜于来村学内聚谈。”[③]

辅导员,是代表政府下乡工作的,大多是山东乡村建设研究院研究部和训练部的毕业生,由研究院推荐,县政府委任,不属于乡学的组成人员。辅导员的职责在于沟通政府和地方,一方面代表政府传达旨意于地方,另一方面又将地方的情形和人民意愿转达于县政府。

学众,是“村中或乡中男妇老少一切人等”[④]。学众以成年农民为主,其职责在于知道如何做村学、乡学的一分子。具体为:“第一,要知道以团体为重;第二,开会必到,事事要从心里过一遍;第三,有何意见即对众说出;第四,尊重多数,舍己从人;第五,更须顾全少数,彼此迁就;第六,要知道应为团体服劳;第七,好人要勇于负责,出头作事;第八,尊规约,守秩序;第九,要知敬长睦邻;第十,要知道尊敬学长;第十一,要接受学长的训饬;第十二,要知道信任理事;第十三,要知道爱惜理事;第十四,要知推村学之义于乡学。”[⑤]

①梁漱溟:《乡村建设大意》,中国文化书院学术委员会编:《梁漱溟全集》(第一卷),山东人民出版社,1989年版,第676页。

②梁漱溟:《村学乡学须知》,中国文化书院学术委员会编:《梁漱溟全集》(第五卷),济南:山东人民出版社,1989年版,第454—456页。

③梁漱溟:《村学乡学须知》,中国文化书院学术委员会编:《梁漱溟全集》(第五卷),济南:山东人民出版社,1989年版,第459页。

④梁漱溟:《乡村建设大意》,中国文化书院学术委员会编:《梁漱溟全集》(第一卷),济南:山东人民出版社,1989年版,第676页。

⑤梁漱溟:《村学乡学须知》,中国文化书院学术委员会编:《梁漱溟全集》(第五卷),济南:山东人民出版社,1989年版,第451—453页。

2.部门设置

村学酌设成人部和妇女部。

成人部的学生为成年农民,其在闲暇之余可以参加每天晚上7点至9点开设的成人教育课程。1935年之后规定,农闲季节里16岁以上、30岁以下的成年男性农民必须修够10周的短期课程。成人部的教师为当地的小学教师、学长、村理事、村队长等人,一般先从讲故事或各种谈话入手,而后延伸到课程的学习,这一部分的学习采用班级授课制。

妇女部是专门为成年女性所设,课程在下午进行,与成人部课程基本相同,另外根据女性成年人的特点还进行托幼和家庭经济等方面的教育。

乡学酌设职业训练部和高级部。

职业训练部每三个月为一期,每期四五十人。此部门主要对各村18岁以上、40岁以下的成年农民进行职业轮训和农业技术知识的传授。

高级部是根据求学的程度差异而设立的, 所招收的对象为受过四五年以上教育但仍想继续学习的青年农民。由于当时这样的农民并不多,因此并不是所有乡学都设有高级部,在一区或十几个乡村才有。而那些所在乡学没有设高级部,但经审查合格批准入学的青年可以到邻近设有高级部的乡学就读。高级部设立的意义用梁漱溟先生的话说就是:“一切乡村事业的举办,无不需要大家合作成立一种组织,才得进行;而在一切的组织中,多数民众固然是不可少的成分,但如果没有一二或二三较有头脑的干部人才,则此组织亦不能成功。在乡间曾受过几年教育的青年,正好作此种人选的预备,高级部设立的意义大概如此。他们的功课着重史地与农村问题。史地是让他们明白历史的变迁,而有自己所处时代地位的自觉。农村问题是让他们从眼前身受种种问题,往深处认识之,了解之。非明白历史的变迁,必不会应付现在的环境而创造未来的前途。非从深处认识问题,就不知道问题的来历, 得不到解决问题的方法。然而这两件事皆非一般粗笨的农民所能谈到的。我们只能够领导曾经受过教育的乡村青年, 向此目标去求了解。同时养成他作乡村事业的技术也是必要的。因为较进步的事业都要有技术的训练;而技术的训练也天然要施之于少数人,天然要施之于青年。——这便是乡农学校的高级部。”[①]可见,高级部的设置主要是用来培养乡村事业的干部人才。

（二）乡村自卫

乡村自卫是梁漱溟组织成人教育的形式之一。乡村自卫的办法以当时中国乡村秩序混乱、乡民极度缺乏安全感为契机,参照了中国古代乡约的思想内涵和瑞士的民兵制度,以18至30岁的成年农民为主要对象,寓教育于军事,不仅要对成年农民进行军事训练以起到保护乡民、维持社会治安的目的,而且注重知识的传授以帮助其文化的进步和精神的提升。

乡村自卫组织最具代表性的当属山东邹平的自卫组织，名之为联庄会训练班。其组织编制以地段为界,当时邹平全县约27000~28000户,以25户为一闾,约1200闾，每闾选送两名18岁以上、25岁以下并且有身家田产的青年到各乡进行考试,择优录取一人入县集中训练,成为联庄会会员。联庄会训练班自1933年12月开始至1936年结束,共举行过四期训练,均在冬季进行,每期招收500余青年,训练时间为两个月。这两个月中,前六个星期各会员不分乡籍,混合编制;后两个星期按各会员的乡籍分别编制,并由该乡的分队长统一训练。

训练结束后,所有会员一律按所在的乡编为乡队,邹平分为14个乡,故编为14个乡队。每乡队由征训学员中选取正副队长各一人,直属于该乡学并受乡理事的指挥与监督。14个乡队的联庄会员各居住在本村,一个村或相邻两三个小村的会员编为一个村组,并选取正副村组长各一人,直属于该村学,受村理事的指挥监督。村组直辖于乡队。

联庄会会员接受训练后有以下责任:“遇有火灾,领导村民灭火;遇有水灾,领导村民堤防;遇有盗贼,领导村民警戒;遇有土匪,领导村民抵御;有害于乡村之人,随时呈报;有害于乡村之物,随时查禁;其他如劝诫与纠正村民之不良习惯,襄助与指导成年村民的军事训练……每年的夏防冬防期间,各乡队分批征调会员于乡学,一面训练,一面警备,并由乡队长率领到各村巡逻设卡,每批10天,

①梁漱溟:《乡农学校的办法及其意义》,中国文化书院学术委员会编:《梁漱溟全集》(第五卷),济南:山东人民出版社,1989年版,第355—356页。

每次防期2个月。”[①]

乡会乡射是联庄会训练班的补充教育。联庄会会员在联庄会训练班结课后，定期（每月一次，每次一天）参加以乡队为单位进行的补习训练，上午开会名为“乡会”，下午射击会操名为“乡射”。“乡会”主要讲述乡村的各项问题，报告县政府本乡当月工作，包括取得的成绩、遇到的困难，并且协商解决方法，提出下月工作开展计划；“乡射”则是乡队长带领联庄会员赴野外打靶。

梁漱溟认为，乡会乡射具有以下四种积极作用：第一，上午的训话和下午的射击操练，使得会员的知识、技能得到定期补习；第二，以此形式定期集会，可加强会员间交流，增进友谊，进而有助于组织的稳固；第三，使会员养成集合的习惯，遇到情况可以及时调集而不延误时机；第四，会员在乡会乡射之日，往返乡村之时可进行全乡巡逻，并借以威慑匪类。

乡村自卫以成年农民为主体，将军事训练和文化教育有机结合，既是一个军事组织又是一个学习组织，是梁漱溟因时因地而创设的充满教育智慧的成人教育组织形式。

（三）自新习艺所

自新习艺所是类似于成人劳教所的一种机构。1933年6月，邹平县为改造吸毒人员、肃清烟毒成立戒烟所。1934年1月，为改造乡间小偷、地痞、赌徒等不良分子设立成人教育特别班。1935年9月，将戒烟所与成人教育特别班合并，取名“自新习艺所”，对品行不良者以劳动和劝善的方式施以特殊的成人教育。

（四）文娱教育

梁漱溟充分利用社会文娱活动来组织成人教育。在当时的乡村，农民日出而作、日落而息，生活的单调使得青年农民染上了赌博、吸毒等不良习惯。乡村建设人员一方面采取处罚措施，另一方面则主要从农民的业余生活着手进行宣传教育。

1.演文明戏

文明戏即现代话剧，其内容大多是关于社会教育或宣传旧风俗之害。

①郑大华：《民国乡村建设运动》，北京：社会科学文献出版社，2000年版，第279页。

2.放电影

研究院和县政府经常组织放映队下乡给农民放电影。电影内容丰富,既有故事片,又有宣传农业科技常识的科教片。当时所放映的影片大多是从国外进口,没有声音,隔几个镜头会有一段外文说明,由研究员的工作人员加以解释说明。据王向浦回忆:"1933 年深秋的一个晚上,他在本乡(第九乡)宋家村看过一场研究院和县政府组织的电影。电影有四个方面的内容:一是从正反两方面反映兴修水利的好处。正面是兴修水利后的农田灌溉、水路交通情况;反面是不重视水利建设,雨季到来,山洪暴发,农田被淹,村舍被毁,造成水灾。二是优质牛羊、波支猪、安哥拉兔、来克行鸡,成群满圈,体大膘肥,肉蛋奶的生产超过一般品种好几倍。三是农业机械生产情况。播种和中耕机,康拜因等,机械化生产代替了人力耕作,生产效益事半功倍。四是兴办社会教育情况。男女青少年及其他社会成员入校学习,课外开展丰富多彩的活动,接受多方面的培养教育。"[②]

以文娱活动这种喜闻乐见的形式对村民进行破除封建迷信、残风劣俗的教育,号召村民加入成人部、妇女部接受成人教育,学习文化知识和农业技术。其相比正规课程,具有普遍性和趣味性,容易召集村民,引发他们好奇心,减少抗拒心理,收到了良好的教育效果。

梁漱溟的一生都围绕着人生问题和社会问题而展开,对人生问题的思考使他成为一代学问家和思想家;对社会问题的奔走又使他成为一代教育家和社会活动家。梁漱溟自认为不是一个埋首故纸堆的学者,而是一个希冀对中国社会现实有所影响的知识分子,因此他更倾向于社会活动家的角色。他不只一次地说过:"将他看成一个'为学问而学问'的人,并不是真的了解他,把他看成一个着意于社会运动的学问家才是真的了解他。"[③]梁漱溟的一生也确实是这样做的,他抱着"教育救国"的宗旨思考中国社会问题,推行成人教育以创造新文化、改造旧社会,成人教育多样化与本土化融合的课程辅以相宜的组织形式有效提升了成人的文化素养,以成年人为主力的社会改造运动也得以推进。梁漱溟以成人教育的实施作为解决中国问题的主要手段,在思考中国社会的同时也使其成人

①王向浦:《乡建时期邹平农村宣传、文体活动的片断回忆》,山东省政协文史资料委员会、邹平县政协文史资料委员会编:《梁漱溟与山东乡村建设》,济南:山东人民出版社,1991 年版,第 180—181页。

②郑大华:《民国乡村建设运动》,北京:社会科学文献出版社,2000 年版,第 315 页。

③佟自光编:《飞扬与落寞——梁漱溟的孤独思考》,北京:东方出版社,2006 年版,第 258 页。

教育思想日臻完善。在中国近百年来的社会动荡、思想激进、人民苦难慢慢成为历史陈迹的时候,梁漱溟先生充满智慧和独创性的成人教育思想却成为我们永久珍藏的宝贵精神遗产。

第三节　教学论

从梁漱溟大半生的教学实践来看,他一直从解决社会问题和人生问题两方面入手思考教学问题,并着眼于中华民族文化的薪火相传,兼顾西方精神文明的生根开花,以人才培养和社会进步为价值追求,其教学论思想正是在他一生不懈探索与实践的基础上形成和发展起来的。

一、教学目标

梁漱溟基于当时中国内忧外患的基本国情,认为教学活动应当将个体发展和社会进步两者紧密结合,以教学实践提升个体素养进而成为推进社会进步的主干力量。因此,其设定的教学目标就包含着个体发展和社会进步两个因素。在个体发展方面,不仅包括知识技能的提升,而且尤为重视精神气质的完善,帮助学生学会生活;在社会进步方面,不仅要绵延文化,而且在当前社会动荡时期,尤要注重进行社会的改造以求其进步。

梁漱溟在1924年为山东曹州中学改革所撰写的《办学意见述略》一文中重点阐述了其教学所期望达到的目标:

> 我们的真动机是在自己求友,又与青年为友。兹先说明与青年为友一义。盖从我们对于教育的观念而言,所谓办教育就应当是与青年为友之意。所谓与青年为友一句话含有两层意思:一、是帮着他走路;二、此所云走路不单是指知识技能往前走,而实指一个人的全生活。然现在学校的教育则于此两层俱说不到。现在的学校只是讲习一点知识技能而已,并没有照顾到一个人的全生活,即在知识技能一面也说不到帮着走路。……而且教育只着眼知的一面,而遗却其他生理心理各面恐怕是根本不对的;何况要讲求知识技能,也非照顾到生理心理各面不行。我的意思,教育应当是着眼一个人的全生活而领着他去走人生大路,于身体的活泼、心理的活泼两点,实为根本重

要；至于知识的讲习，原自重要，然固后于此。……因为要在全生活上帮着走路，尤非对每个学生有一种真了解——了解他的体质、资禀、性格、脾气、以前的习惯、家庭的环境，乃至他心中此刻的问题思想——而随其所需，随时随地加以指点帮助才行。……要办教育，便需与学生成为极亲近的朋友而后始能对他有一种了解，始能对他有一些指导。我们办学的真动机，就是因为太没有人给青年帮忙，听着他无路走，而空讲些干燥知识以为教育，看着这种情形心里实在太痛苦，所以自己出来试做。[①]

在梁漱溟看来，教育最为重要的是帮助学生"走人生大路"，达到身体和心理的"活泼"才是根本，而机械地向学生传授基础知识则属于末端。故而，从这个意义上来说，教学的目标重点在于培养出具有高尚道德情操和良好自我修养的"君子"人格。而后由此在具体的教学实践中尤为强调"精神讲话"、重视精神陶冶的作用也就不难理解了，"我们'乡村服务人员之精神陶炼'一科目，就是要启发大家的深心大愿。我们能有深心大愿，才没有俗见俗肠。比如看见财利浮名都心热，无关轻重的成败毁誉都顾虑，这完全是世俗的心理"[②]。除此之外，因时代的诉求，他认为教育还应当起到"绵延文化"，并从中"求其进步"的作用，"以理言之，教育之在社会，其功用为绵续文化而求其进步；使教育果得尽其功，则社会宜无革命，以随时修缮，逐步改进，行其无所事也……（一）平时要在能为社会绵续文化而求其进步；（二）变时（改造时期）要在能减少暴力至可能最小限度于其前，能完成改造达可能最大限度于其后"[③]。

由于教学是教育的核心部分，也是教育活动的中心工作，教育方案在较大的程度上得由教学来体现并落实。教育、教学的目标要诉诸人才质量规格来反映，而人才的规格要求真实地展示了办学者的愿景及设计蓝图。可见，梁漱溟的理想教学目标所赋予的人才形象应当是在具有一定知识文化素养的基础上品性优良、修养高尚且有益于社会进步的完整个人。为达到这一理想的人才培养目标，他采取了多样化的课程内容、教学组织形式和教学方法。

---

①梁漱溟：《办学意见述略》，中国文化书院学术委员会编：《梁漱溟全集》（第四卷），济南：山东人民出版社，2005年版，第783—784页。

②梁漱溟：《精神陶炼要旨》，中国文化书院学术委员会编：《梁漱溟全集》（第五卷），济南：山东人民出版社，2005年版，第492页。

③梁漱溟：《社会本位的教育系统草案》，中国文化书院学术委员会编：《梁漱溟全集》（第五卷），济南：山东人民出版社，2005年版，第397—398页。

二、教学内容

教学内容是梁漱溟教学思想的基本载体,理想的人才目标设计需要修习与之相匹配的内容材料才能得以实现。梁漱溟的人才目标是知识丰富、品行修养优良且助于社会进步的完整个人，故而其设计的教学内容必然涵盖个人和社会两个方面:既有传统学校教育的课程内容,也涵盖社会教育以及学生自学活动的内容;不仅包括基础文化知识教育,而且因地制宜,增加富有地方特色乡土课程。鉴于他主持的乡村建设工程的复杂多样性以及教学实践的丰富多样，课程资源的开发设计灵活,难以一一阐述,故而作者仅就独创性的教学内容进行探讨,其主要表现为以下五个方面。

(一)基础课程

梁漱溟不论是开办村学、乡学,还是开办乡农学校,其教学方案或计划规定均修习部分基础课程:国语、算数、史地、自然、体育、音乐、美术、公民教育、党义等。据曾于1932年至1933年在邹平辉里镇镇立高级小学任教的卢资平回忆,乡学高级部的课程主要是国语、算数、史地、自然、劳作、体育等;初级部的课程主要有国语、算数、常识、体育、唱歌等。以下就唱歌课程的内容及教学为例加以说明。

唱歌是梁漱溟进行德化教育的重要手段，不论是学校式教育还是社会式教育;儿童教育还是成人教育,唱歌这一教学内容始终贯穿其中。所授歌曲内容丰富,种类繁多,积极向上,且与生产生活息息相关。

在乡农学校和各处训练部,每天早上学员跑操时要唱《朝操歌》:“淡淡的阳光照着,空气清且新,英伟的少年,兴起壮志定乾坤,好兄弟,好姐妹,大家有精神,一堂欢聚,来过这美好的清晨。”[①]一日三餐饭前列队唱《吃饭歌》:“一粥一饭,当思来处,粒粒辛苦,农民膏脂,哀鸣嗷嗷,遍地皆是,不劳而食,吾辈辱耻。”[②]唱完方准吃饭。晚上熄灯号响后,齐唱《睡觉歌》:“枕戈待旦,月正中。鸡鸣起舞

---

①卢资平:《论邹平实验县第十二乡乡学》,山东省政协文史资料委员会、邹平县政协文史资料委员会编:《梁漱溟与山东乡村建设》,济南:山东人民出版社,1991年版,第214页。

②卢资平:《山东邹平实验县的片段回忆》,山东省政协文史资料委员会、邹平县政协文史资料委员会编:《梁漱溟与山东乡村建设》,济南:山东人民出版社,1991年版,第127页。

歌《大风》。气薄星河，准备出征，我们要提高警惕；及时猛醒，待命奔征程。”[①]然后上床熄灯。平常的时候还学习《乡校学生歌》《阶级服从歌》《战斗歌》《早起歌》《战斗动作歌》《站岗歌》《劝军歌》等。

除此之外，教员们还根据各地教育需求编写出反映、赞美和教化农民的歌曲，譬如《精神陶炼歌》《戒烟歌》《放足歌》《植树歌》《农夫歌》等。据卢资平回忆，《农夫歌》的歌词是：“穿的粗布衣，吃的家常饭，腰里掖着旱烟袋儿，头戴草帽圈，手拿农作具，日在田野间，受些劳苦与风寒，功德高大无边，农事完毕急急纳粮捐（有的唱‘农事完毕急急把团练’），将粮交纳完（有的‘唱把团训练完’），自在且得安然，士工商兵轻视咱，轻视咱，无有农夫谁能活在天地间。”[②]

在邹平县简易乡村师范学校，教员还组织学生唱进步歌曲，包括《开路先锋》《大路歌》《渔光曲》《打回老家去》《毕业歌》《满江红》《锄头舞》《凤阳花鼓》等。

所有这些歌曲的歌词不仅通俗易懂，朗朗上口，易记好学，而且寓意深刻，颇具教化意义。在当时，贫苦的农村很少听到歌声，因此唱歌课大家都喜欢听、乐意学，学员们唱起来歌声嘹亮，情绪激昂，激发了人们齐心向上，学好求进步的精神。

乡村建设运动的一方面内容是稳定社会秩序，并改造、复活乡村组织结构。因此，梁漱溟在乡建活动中倡导村民自卫，组织乡村自卫队，开设联庄会训练班。各村各乡组织村民自卫训练均要修习的基础课程包括：军事训练和成人教育。军事训练分为学科和术科两种。学科有：射击、步兵操典、野外勤务、夜间教育；术科有：战斗训练、制式教练、射击、武术、夜间演习、打拳、劈刀、刺刀。成人教育课程内容丰富，据1933年8月考入邹平实验县民团干部训练所征训队的王建五回忆，其教学内容编制如下：

党义教育（讲授三民主义和时政），乡村建设大意（讲村学乡学须知，使其了解乡学、村学组织以及如何当好学众），法律常识（学习法律手续及调

①焦化民：《回忆在济宁县南贾村乡农学校的军训生活》，山东省政协文史资料委员会、邹平县政协文史资料委员会编：《梁漱溟与山东乡村建设》，济南：山东人民出版社，1991年版，第275页。

②山东省政协文史资料委员会、邹平县政协文史资料委员会编：《梁漱溟与山东乡村建设》，济南：山东人民出版社，1991年版，第127页。

解法,使其能服从法律、和睦乡里),史地教育(讲邹平乡土志,鸦片战争后国家大事及世界大势,使其明白自身在本县、本省、本国及世界之地位和义务),联庄会员须知(使知联庄会之意义、组织及会员之责任),识字明理教育,教唱歌(学会军歌、农夫歌和其他歌曲30首,以激发大众团结奋斗、救乡救国之精神),精神讲话(讲解中国民族历史概要,使其知道中华民族历史及历史上的领袖人物),合作教育(讲合作纲要,使其明了合作之意义及合作之办法),自卫教育(讲自卫要义,使其明了农村自卫的意义及办法),农村问题教育(讲中国农村重要问题及其解决方案,唤起乡村人士团结自卫之信念)。①

以上这些课程既包括学校常规教学计划的教学内容,又涵盖了社会教育的范畴,保障了学生基础知识的掌握、基本素养的形成以及农村社会的实际需求。

(二)乡土课程

除却各村学、乡学共同修习的基础课程外,梁漱溟还倡导各乡镇将本地教育实践和地方特点相结合,因地因时、生动活泼地推出一系列乡土教学课程。正如他所设计的如下方案:

各乡校事实上必须应付它的环境来解决问题,才能发生我们所希望的作用与效果;故须自有它因时因地制宜的功课。例如有匪患的地方,他们自要感觉到讨论到匪患问题,我们的教员就可以帮助他们想办法。大家都赞同一个办法以后,就可以领导者农民实地去作。例如成立自卫组织,作自卫训练,这就是此时此地乡校的功课。再如山地可以造林,我们的教员要指点出来使他们注意,并且帮助他们想办法,像邹平西南部即多山,问他们本地人为何不种树?他们说:“种树有好处,我们都知道;但种树容易,保护难,总不能长成材。”然研究商讨的结果,要大家合起来有组织的共同造林,共同保护,就可以解决这困难。当这去实行的时候,就是此地乡校的功课。邹平第二、三区一带地方,所成立之林业公会,不下数十处,皆乡农学校所倡导也。又如产棉区域,我们要帮助他们选用好的种子,指导种植方法,然后再指导他们组织运销合作社。这一切都是我们乡校的功课。因此乡农学校可以随

①王建五:《忆邹平实验县自卫训练及第五乡乡学》,山东省政协文史资料委员会、邹平县政协文史资料委员会编:《梁漱溟与山东乡村建设》,济南:山东人民出版社,1991年版,第196页。

> 时成立种种短期的职业补习班或讲习班，在实地作时就与他们讲解，如种棉、造林、织布、养蚕、烘茧等等。[①]

乡土课程集中以当时当地学生的实际需求为出发点而设立，更具有灵活性、实用性和操作性，同时直接指向梁漱溟精心规划并主持推行的山东邹平乡村建设区的教育实践，成为改造旧社会、推进社会进步的重要举措。

（三）人生情意教育课程

梁漱溟比较东西方教育异同，认为其差异源于文化观念及其性质，并与东西方各自文化的类型和特点相一致。西方教育重视知识的传授，中国教育重在情意的感化。自西方文化传入中国以来，西方教育的工具性理念便占据上风，致使中国传统教育体制濒临瓦解，而情意教育作为本土原有教育之所长，是亟须振兴和发扬的。故而，梁漱溟在办学中极为重视人生情意这一教学内容。

> 生活的本身全在情志方面，而知的一边——包固有的智慧和后天的知识——只是生活之工具。工具弄不好，固然生活弄不好，生活本身（即情志方面）如果没有弄得妥帖恰好，则工具虽利将无所用之，或转自贻戚，所以情志教育更是根本的。这就是说，怎样要生活本身弄得恰好是第一个问题；生活工具的讲求固是必要，无论如何，不能不居于第二个问题。所谓教育不但在智慧的启牖和知识的创造授受，尤在调顺本能使生活本身得其恰好。本能虽不待教给、非可教给者，但仍旧可以教育的，并且很需要教育。因为本能极容易搅乱失宜，即生活很难妥帖恰好，所以要调理他得以发育活动到好处，这便是情志的教育所要用的功夫，——其功夫与智慧的启牖，或近与知识的教给便大不同。从来中国人的教育很着意于要人得有合理的生活，而极顾虑情志的失宜。[②]

梁漱溟认为，中国人自古崇尚读书明理，这个“理”便是人生之理、情意之理，人生情意教育是其他一切教学活动的前提。

> 中国教育除非从此没办法则已，如其有办法，必自人生行谊教育之重

---

①梁漱溟：《乡农学校的办法及其意义》，中国文化书院学术委员会编：《梁漱溟全集》（第五卷），济南：山东人民出版社，2005年版，第350—351页。

②梁漱溟：《东西人的教育之不同》，中国文化书院学术委员会编：《梁漱溟全集》（第四卷），济南：山东人民出版社，2005年版，第663页。

提,而后其他一切知识技能教育乃得著其功;抑必将始终以人生行谊教育为基点而发达其他知识技能教育焉……中国教育今当置重于乡村教育民众教育。然使所谓民众教育徒琐琐于识字、于常识、于农业改良,而于吾人如何处兹历史剧变的世界,无所启发指点,则可云毫不相干。今之乡村社会于千余年风教不改之后,忽而变革激急,祸患迭乘,目眩黑白之辨,人无乐生之心;而时则旧文化既毁,若政治,若经济、社会生活之各方面,乃非有伟大的创造,开民族历史之新局,必无生路。一方农民心理既不胜其窘闷消沉;一方时代责任所期于彼者顾极重且远。自非有极深之信仰绝强之意志之大教育家,从人生问题上启发指点,俾其心理有大转移,则一切谈不到。更无论所谓识字运动、农业改良运动等,在其本身各有难于推行之点,可断言其无功也。①

知识技能是死的,是工具;而生命本身是活的,是根基。只有具备活泼的生命,而后的知识技能才能发挥真正的效用。

将精神陶炼作为必需的课程资源是梁漱溟教学思想的一大特色,是人生情意教育的核心内容。他认为,中国的乡村近20年受到世界潮流的影响发生激烈变化,民众的思想却不能与之同步,传统的价值判断丧失,而新的价值体系还没有形成,再加上近几十年天灾人祸不断,民众精神消沉、死板沉寂。在此民族精神最颓废的危急时刻,梁漱溟探索出精神陶炼这一课程资源,以期恢复广大民众的自信心和合理价值观念,增强民族凝聚力及旺盛的生机,实现中华民族精神复兴。

精神陶炼包括:合理人生态度的指点、中华历史文化的分析和人生实际问题的讨论,而三者皆以"中国民族精神"为核心。在乡农学校,"精神陶炼的共同内容是'忠爱''孝悌'以及当时时代所需的伦理规范,以《弟子规》《朱子治家格言》《三字经》等篇为初步教材,再以《礼记》《小学》作精神陶炼教授课本,同时适当吸收西方社会的新道德、新知识"②。具体步骤是:"大概起初要先顺着他的心理,以稳定他的意志,将中国的旧道理巩固他们的自信力。如此则我们与农民的心理感情才可以沟通融洽。然后再输入新的知识道理来改革从前不适用的一切,

①梁漱溟:《丹麦的教育与我们的教育》,中国文化书院学术委员会编:《梁漱溟全集》(第七卷),济南:山东人民出版社,2005年版,第681页。

②吴洪成:《梁漱溟的乡村教育实验探析》,重庆社会科学院哲学研究所编:《文化与人生——梁漱溟先生诞辰110周年纪念文集》,重庆:重庆出版社,2004年版,第124页。

以适应现在的世界”[①]。于此相应的还有一首《精神陶炼歌》，对教学精神的反映非常明显，歌词如下：

思想、思想、思想，养成纯洁与清高。升官发财自私利，丝毫切勿要！效国救民此为本，应看作至宝。愿我同胞常自省，兽欲恶念全都消！

精神、精神、精神，养成牺牲与奋斗。直接献身与地方，间接把国救。本此精神去建设，丰功可立奏。愿我同胞齐努力，走此正大光明路！

行动、行动、行动，务要时时守纪律。吾人生在世界上，名誉为第一。秋毫无犯岳家军，到处民欢喜。愿我同胞齐效法，切戒妄为招人嫉！

工作、工作、工作，军人需要劳动化。操作而外习农工，自救不二法。各人手艺学精巧，能力真无价。愿我同胞俱热心，实行兵工救中华！

习惯、习惯、习惯，养成吃苦与耐劳。怠惰苟安畏难心，务须快除掉。贪诈虚伪恶根性，一切都莫要。愿我同胞时自励，提起朝气往前跑！

责任、责任、责任，第一肃清土匪患。自治自卫双方进，保障我闾阎。常备后备同奋勉，铲除匪根源。愿我同胞齐担负，捍卫地方作中坚！

目的、目的、目的，民团希望有两层。目前秩序能维持，社会得安宁。再为将来图建设，自治大功成。愿我同胞主意定，三民五权能实行！[②]

歌词以昂扬的斗志和铿锵的豪情抒发了改造农村、复活文化以及实现理想社会的宏图愿景，深刻地展现了梁漱溟乡村建设的设计目标及实践诉求，其中也洋溢并散发出建设家乡、富强国家的爱国主义情怀。

---

①梁漱溟：《乡农学校的办法及其意义》，中国文化书院学术委员会编：《梁漱溟全集》（第五卷），济南：山东人民出版社，2005 年版，第 350 页。

②王建五：《忆邹平实验县自卫训练及第五乡乡学》，山东省政协文史资料委员会、邹平县政协文史资料委员会编：《梁漱溟与山东乡村建设》，济南：山东人民出版社，1991 年版，第 197 页。

三、教学组织形式

教学组织形式是教学活动中教师和学生相互作用的结构形式,是教学实践的真正落脚点。梁漱溟所采取的教学组织形式并不是一成不变的,其随着乡村教育特定教育对象及其对培养人才的具体要求而不断丰富和改进,并在教学实践中根据教学条件和具体的教学需求,因地、因时制宜采取多种教学组织形式。

(一)班级授课制

班级授课制是按年龄和文化程度将学生分别编成一定规模的教学班,教师根据规定的课程内容和教学计划对其进行集体授课。班级授课是梁漱溟教学活动的基本组织形式,根据各个地区的实际情况和学生主体差异,班级授课的实施方法和具体表现略有不同。

在河南村治学院,梁漱溟起草的《河南村治学院学则及课程》第一章第四条明确规定了班级的人数:"各部学生,除农业实习生外,均以三十名为一班,于入学时编订其班级。"[①]在邹平试验区,乡学每班则四五十人。梁漱溟根据山东邹平受教育对象的特点探索出多种教育组织方式,如村学、乡学,其中的儿童部、成人部、职业训练部、高级部、共学处、夜校等,大部分采用班级授课的形式组织教学。以夜校和共学处为例,夜校于各村分别设一处,由村学教师每晚 7 点至 9 点对成年农民集中授课 2 个小时。1935 年后,农闲季节里,16 至 30 岁之间的男村民必须修够十周的短期课程,一个班最多的时候有七八十人。共学处是为了解决失学儿童的就学问题而设立的,"每天,从 10 人到 100 人不等的年轻人聚集在约好的庙宇、空房子、树林,甚至街巷的角落里。他们在一起上识字课,用唱歌和讲故事的形式把卫生、时事等方面的基本常识灌输给大家,有时还举行识字比赛和唱歌比赛,很快就使学生对他们的'班集体'产生了热情……"[②]另外,由于师资、生源、经费等原因,部分乡学中的初级班采取两个及两个以上年级合为一班,即复式班的形式组织教学,学生大都来自本村;高级班采取一个年级一个或几个平行班编制,即单式班的形式组织教学,学生则来自全乡所辖的各行政村。

---

①中国人民政治协商会议河南省委员会文史资料研究委员会:《河南文史资料》(第二十辑),豫刊证字第 16 号,1986 年版,第 8 页。

②[美]艾恺:《最后的儒家——梁漱溟与中国现代化的两难》,王宗昱、冀建中译,南京:江苏人民出版社,2003 年版,第 181—182 页。

梁漱溟采取班级授课制组织教学，教师面对全班学生进行集体授课，不仅充分发挥了教师优势，弥补了教育资源的短缺，提高了教育教学效率，而且使得学生在教学班中形成了相互启发、团结互助的道德品质。

（二）道尔顿制

梁漱溟领导的山东省邹平县简易乡村师范学校采用道尔顿制组织教学，主要方法以学生讨论为主，在学生自主学习的基础上，教师给予必要的讲解和指导。“教室内除教桌外，设了四张长方形课桌，学生分四组围坐，各科任课教师事先把学习的内容告诉学生，学生经过自学提出问题，然后教师作总结式的讲解，再布置必要的作业。”[①]此外，邹平实验县的部分乡学也实行过道尔顿制，操作方法是：“把课本上的一单元，由教师拟出表式提纲，并找出有关材料，课堂上把学生分成组，讨论解答问题，这时教师巡回指导。学生经过讨论后，仍不能解答的问题向教师提出，由教师引导启发学生解答，然后师生共同研究答案，写好提纲细目，最后由教师总结，系统讲述。”[②]

道尔顿制强调学生独立工作能力的培养，最大限度地发挥了学生的主动性、积极性。师生之间通过讨论产生思想的交流与碰撞，不仅活跃了课堂气氛，增强了师生情谊，而且有助于针对学生的差异性长善救失、因材施教，同时培养学生的实践操作能力。

（三）共学团制

梁漱溟在山东邹平的乡农学校借鉴了陶行知的小先生制创立了共学团，又称为共学处、导友制。团内设团长、副团长及秘书长，均由学生担任。

按照《邹平实验县教育辅导方针》的相关规定，共学团制主要针对的是各村各乡的失学儿童和失学青年而采用的，一方面补充这批人群学龄阶段教育的荒疏，另一方面也可辅助乡农学校组织的教育功能。学生按程度高低分成两部分，程度高的称“导友”，程度低的称“学友”。导友的类型或角色按照教育层次分为

①宋一平、王景五、耿巨吾：《邹平县简易乡村师范学校与张宗麟老师》，山东省政协文史资料委员会、邹平县政协文史资料委员会编：《梁漱溟与山东乡村建设》，济南：山东人民出版社，1991年版，第235页。

②卢资平：《山东邹平实验县的片段回忆》，山东省政协文史资料委员会、邹平县政协文史资料委员会编：《梁漱溟与山东乡村建设》，济南：山东人民出版社，1991年版，第126页。

识字导友和专科导友;依据专业领域又分为文化导友、政治导友和经济导友三种。每团下设五组(处),每组由3名导友、10—100名学友合成。教学方法分为直接教学、分组教学和野外教学三种,学习方法采用“自学辅导制”。

针对失学儿童的具体特点以及继续教育的需要,该种教学组织形式的基本做法为:各村学、乡学把各所在村镇6—14岁的失学儿童,在经过调查与召集村老谈话取得其同情理解后,编入共学处,由各乡学学生及村学三、四年级学生担任导友,学生称为学友,由导友对学友进行教育。共学处学生以3~10人为准。教学时间与地点由各导师(即教员)与导友斟酌当地情形自行决定。导师每日至少须对所办之共学处巡视一周,并随时予以指导。①梁漱溟附设共学处,组织村学儿童部的优等生担任导友,利用每天午饭、晚饭前一至一个半小时的空闲时间教失学儿童读书识字。“每组最多不超过10人。每组教师2人……教具是小黑板一块,写上粉笔字,小先生也教识,也教讲,也教写,学生自带石板石笔练习,后来还有印成的小课本。”②另外,针对各村中白天要饭讨食,连共学处也不能上的贫苦失学儿童开办了贫儿夜校,同样采用导友制组织教学。

共学团制这一教学组织形式发展迅速,并且在普及儿童教育方面成效显著。邹平各村各乡的导友在教员的鼓励和指导下,不管是在炎炎的烈日下还是凛冽的寒风中都坚持教学友识字、唱歌等,学友的学习积极性也很高。据1936年统计,邹平县共建有共学处262处,招收失学儿童2227人。截止到1937年1月,全县共学处达到了466处,招收学生5468人。

(四)小组教学

为了有利于培养专业或职业技术人才,山东邹平乡村建设实验区的一些乡农学校尝试在班级授课制的基础之上,采取小组教学,根据学生的水平程度、兴趣愿望,对一些必修的专业基础课加深、提升要求,拓宽教学。“把学生分为文学、数学、史地、理化、教育学、社会学、军事、美术、音乐等学习组,对参加各组学习的同学分别提出不同要求。如学历史要求弄通中国历代农民起义失败的原因、

---

①徐瑞芹:《邹平郭庄村学共学处开办之经过及其活动》,萧克木编校:《邹平的村学乡学》,山东邹平:邹平乡村书店,1936年版,第294—296页。

②卢资平:《山东邹平实验县的片段回忆》,山东省政协文史资料委员会、邹平县政协文史资料委员会编:《梁漱溟与山东乡村建设》,济南:山东人民出版社,1991年版,第128页。

辛亥革命的教训等；学地理要算一算中国还有多少干净土地，帝国主义侵占了我们多少领土；军事组要学会步枪、手枪、冲锋枪、手榴弹的使用，学习阵地战、游击战知识，练习露营野餐，学习战地救护。”[1]小组教学的形式是对班级授课制的补充，对加强文化知识的实际应用十分有效，因此，学生学习积极性空前高涨。

四、教学方法

教学方法是指在教学过程中，教师和学生为实现教学目的、完成教学任务而采取的行为方式的总称。梁漱溟根据学生的不同要求和教学环境的特点采取了多种教学方法。由于教学是教与学相统一的活动，故梁漱溟在具体教学实践中所采用的教学方法不仅包括教的方法还包括学的方法。

（一）朝会

梁漱溟一直强调希望复兴中国古人讲学之风，在《东西文化及其哲学》的结束部分，他说道：“明白的说，照我意思是要如宋明人那样再创讲学之风，以孔颜的人生为现在的青年解决他烦闷的人生问题，一个个替他开出一条路来去走。”[2]而朝会便是梁漱溟重振古人讲学之风的理想在具体实践中的应用。朝会作为一种教学方法，并非古板的讲书，而是将知识的传承和人格的修养紧密结合，是具有浓厚神圣气息的反省活动。

朝会的发端是在1925年的北京什刹海，梁漱溟在《朝话》中讲道：

> 在北平师生共约十人，我们在什刹海租了一所房，共同居住，朝会自那时就很认真去做，大家共勉互进，讲求策励，极为认真。如在冬季，天将明未明时，大家起来后在月台上团坐，疏星残月，悠悬空际，山河大地，皆在静默，惟间闻更鸡喔喔作啼，此情此景，最易令人兴起，特别的感觉心地清明、兴奋、静寂，觉得世人都在睡梦中，我独清醒，若益感到自身责任之重大。在

①宋一平、王景五、耿巨吾：《邹平县简易乡村师范学校与张宗麟老师》，山东省政协文史资料委员会、邹平县政协文史资料委员会编：《梁漱溟与山东乡村建设》，济南：山东人民出版社，1991年版，第236页。

②梁漱溟：《东西文化及其哲学》，中国文化书院学术委员会编：《梁漱溟全集》（第一卷），济南：山东人民出版社，2005年版，第539页。

> 我们团坐时，都静默着，一点声息皆无。静默真是如何有意思啊！这样静默有时很长，最后亦不一定要讲话，即(使)讲话也讲得很少。无论说话与否，都觉得很有意义，我们就是在这时候反省自己，只要能兴奋反省，就是我们生命中最宝贵的一刹那。①

此时的朝会活动，规模较小，仅限于亲师密友之间。

朝会的鼎盛时期是在 19 世纪 30 年代早期梁漱溟主持山东乡村建设研究院的时候。据梁漱溟回忆：

> 我若干年来办学，大都率领学生作朝会；尤其自民国二十年夏至二十三年夏一段，我自任乡建院研究部主任时，行之最勤。天天黎明起来就作朝会(冬天都须点灯)，极少间断过。后两年，便不暇天天亲自出席了。在朝会上的精神如何，与这一整天大家(师生)的精神都相关系。即朝会作得好，则这一天大家的生活都要自然温润些，奋勉些。当时讲话很不拘定，有时一次中零碎讲了几点，没有一个题目；有时一个题目一次讲不完，次日续讲。多半是有感而发；或者从自己身上发出的感想，或从学生身上发出的感想，或者有感于时事。②

梁漱溟将朝会活动一直坚持下来，不论是在广东、河南还是山东，都曾带领学生去做，还不止一次地将其定为学校的教学制度。朝会这一教学方法并不在意知识的传承，而是侧重个体人格的修养和精神的陶冶。在他看来，只有品性高尚的人才有望成为国家栋梁，朝会正是实现梁漱溟教学理想目标的一个重要手段。

(二)自学

梁漱溟关于学生自学的思想是其教学方法的一次大胆尝试。然而这种想法却并非空穴来风，因为梁漱溟的学生时代就是大多依靠自身的自学能力而度过的，之后也一直自我勉励、自我学习，并且收效甚丰。他主张改良当时讲授课本的模式，采取学生自学的方法。

①梁漱溟：《朝话》，中国文化书院学术委员会编：《梁漱溟全集》(第二卷)，济南：山东人民出版社，2005 年版，第 40—41 页。

②梁漱溟：《朝话——增订版叙言》，中国文化书院学术委员会编：《梁漱溟全集》(第二卷)，济南：山东人民出版社，2005 年版，第 38 页。

现在功课的科目分得很多，上课的钟点也多——一时上堂，一时下堂；一时又上堂，一时又下堂。而每堂总是一面讲一面听，我觉得教师和同学，都会感觉得太苦。尤其是对于学生方面，太使他们居于被动的地位了。我们应该想个方法，使上堂的钟点减少，而把自修的工夫加多加重。我以为有好多的功课，若是由学生自己去看书，一定要比上堂由先生讲课本，比较要方便，也要多得些益处。尤其是高中的功课，大多只要在教师指导之下，由学生自己去找参考书，比较要好些。就是英文和数学大家认为要难点的课程，我记得从前读书的时候，我和几个同学自己做的，常常要比先生在教室里讲的快很多。像英文还只讲到五十页，而我们自己就已经读到八十页了；又像代数，先生还不曾讲到二次方程式，而我们自己的算草，就已经演到二次方程式了。在英文和数学，都可以是这样自己来做，至于其他功课，自然更要容易做了。像高中的社会问题、世界进化史等等，如果自己肯用心读书，就不上课，都能够自己了解；不然，你就天天上课，所晓得的，只有先生在讲堂上所讲的，而且不能亲切自得。①

自学是学生学习的一种极为普遍的方式，其能否有效地被运用，关键在于自学者是否有自觉性，是否有一片"向上心"。"所谓自学应当就是一个人整个生命的向上自强，要紧在生活中有自觉。单是求知识，却不足以尽自学之事。在整个生命向上自强之中，可以包括了求知识。……有智慧识见发出来，就是生命向上自强之效验，就是善学。假若求知识以至废寝忘食，身体精神不健全，甚至所知愈多头脑愈昏，就不得善学。……总之，向上心是自学的根本。"②

当然，自学并非对学生放任不管，自学法要搭配导师制进行。导师即为教师，每位导师分有几个或十几个学生，对学生的学习进行监督指导。

(三)其他教学方法

梁漱溟虽倡导学生自学，但并不意味着要废除其他以教师组织引导为主的教学方法，相反，他认为在实际的教学活动中多种教法应各显神通，共为教学服务。其中包括讲授法、讨论法、五段教学法和直观教学法。

---

①梁漱溟：《今后一中改造之方向》，中国文化书院学术委员会编：《梁漱溟全集》(第四卷)，济南：山东人民出版社，2005年版，第871页。

②梁漱溟：《我的自学小史》，中国文化书院学术委员会编：《梁漱溟全集》(第二卷)，济南：山东人民出版社，2005年版，第674—675页。

讲授法,是学校教员通过简明且生动的口头语言向学众传递知识和技能。讲授法一直是教学史上最主要的教学方法,在学校教学中既经济又有效,也是梁漱溟的教学活动中最为常用的一种方法。讨论法,是在教员的科学指导下,学众以班集或小组为单位,围绕教学材料的中心问题,通过讨论或辩论的形式获得和巩固知识。在山东邹平简易乡村师范学校运用的主要教学方法就是讨论法。"教室内除教桌外,设了四张长方形课桌,学生分四组围坐,各科任课教师事先把学习的内容告诉学生,学生经过自学提出问题,然后教师作总结式的讲解,再布置必要的作业。"①五段教学法,起源于赫尔巴特学派的程序教学阶段,指在课堂内的知识文化课程教学实施中教师按照"准备—揭示—比较—概括—应用"五个步骤来教授知识。梁漱溟在教学中也并入了此法。曾在邹平县辉里镇镇立小学任教的卢资平就提到了这一教法,他说当时学校"主张对学生启发诱导,反对填鸭式、注入式,同时也并入了五段教学法,即预备、提示、比较、总结、应用。每一课要先引起动机,再决定目的"②。直观教学法,是以直接感知为主促进学生有效理解知识、掌握学科概念及原理的教学方法。教员通过组织参观或对具体实物、直观教具的演示刺激学众的感官认知,从而有助于学生的内化及建构。曾在邹平实验小学任教的邹晓青回忆说:"我们除鼓励学生多看参考书,开阔知识面外,又办起地理、数学、自然等科的教学室。教学室陈设模型,挂上图画、图表等物,进行直观教学,并引导学生实际操作,从动眼、动脑到动手,获取全面的知识。"③直观教学具有形象性、真实性,与讲授法相结合,保证了教学质量。

通过探析梁漱溟教学思想的基本内容可以得知，其内涵因素兼具时代特征和个人特色,也自有合理性及现实价值,这种积极意义的获取主要在于他看到了当时中国乡村教育发展和努力的方向,将人才培养与社会进步紧密融合,敏锐地把握了乡村教育的教学内容,并合理运用了多种教学组织形式和方法。在价值多元的当代社会,梁漱溟的教学思想及其蕴含的深刻理念将为复兴我国民族文化、推进人才强国战略提供借鉴。

---

①宋一平、王景五、耿巨吾:《邹平县简易乡村师范学校与张宗麟老师》,山东省政协文史资料委员会、邹平县政协文史资料委员会编:《梁漱溟与山东乡村建设》,济南:山东人民出版社,1991 年版,第 235 页。

②卢资平:《山东邹平实验县的片段回忆》,山东省政协文史资料委员会、邹平县政协文史资料委员会编:《梁漱溟与山东乡村建设》,济南:山东人民出版社,1991 年版,第 126 页。

③邹晓青:《回忆三十年代我在邹平县从事教育工作的经历》,山东省政协文史资料委员会、邹平县政协文史资料委员会编:《梁漱溟与山东乡村建设》,济南:山东人民出版社,1991 年版,第 185 页。

参考文献

一、文献史料类

[1]宋恩荣.晏阳初全集[M].长沙:湖南教育出版社,1989.

[2]中国人民政治协商会议河南省委员会文史资料研究会.河南文史资料(第二十辑)[M].豫刊证字第16号,1986.

[3]马秋帆.梁漱溟教育论著选[M].北京:人民教育出版社,1994.

[4]白吉庵,刘燕云.胡适教育论著选[M].北京:人民教育出版社,1999.

[5]卢育三.老子释义[M].天津:天津古籍出版社,1987.

[6]马秋帆.梁漱溟教育论著选[M].北京:人民教育出版社,1994.

[7]璩鑫圭,童富勇.中国近代教育史资料汇编:教育思想[M].上海:上海教育出版社,1997.

[8]中国文化书院学术委员会.梁漱溟全集(第1—8卷)[M].济南:山东人民出版社,2005.

[9]孟宪承,陈学恂.中国古代教育史资料[M].北京:人民教育出版社,1961.

[10]朱有瓛.中国近代学制史料(第一辑下册、第二辑上册)[M].上海:华东师范大学出版社,1986、1987.

[11]韩朴,田红."北京教育志丛书":北京近代中学教育史料(上册)[M].北京:北京教育出版社,1995.

[12]梁漱溟.忆往谈旧录[M].西安:陕西师范大学出版社,2009.

[13]梁培宽.梁漱溟自传[M].南京:江苏文艺出版社,1998.

[14]宋恩荣.梁漱溟教育文集[M].南京:江苏教育出版社,1987.

[15]孟宪承.中国古代教育文选(第三版)[M].孙培青注释.北京:人民教育出版社,2003.

[16]汪东林.梁漱溟问答录[M].长沙:湖南人民出版社,1988.

[17]山东省政协文史资料委员会,邹平县政协文史资料委员会.梁漱溟与山东乡村建设[M].济南:山东人民出版社,1991.

[18]重庆社会科学院哲学研究所.文化与人生:梁漱溟先生诞辰110周年纪念文集[M].重庆:重庆出版社,2004.

[19]萧克木.邹平的村学乡学[M].邹平乡村书店,1936.

[20]梁漱溟.梁漱溟学术精华[M].北京:北京师范大学出版社,1980.

[21]中华职业教育社.黄炎培教育文选[M].上海:上海教育出版社,1985.

[22]华中师范学院教育科学研究所.陶行知全集[M].长沙:湖南教育出版社,1986.

[23]凌耀伦.卢作孚文集[M].北京:北京大学出版社,1998.

二、工具书类

[1]教育大辞典编纂委员会.教育大辞典:中国近现代教育史(第10卷)[M].上海:上海教育出版社,1991.

[2]中国大百科全书总编辑委员会.中国大百科全书:教育[M].北京:中国大百科全书出版社,1985.

[3]朱作仁.教育辞典[M].南昌:江西教育出版社,1987.

[4]苑书义.中国历史大事典[M].石家庄:河北教育出版社,1988.

[5]陈旭麓.中国近代史词典[M].上海:上海辞书出版社,1982.

[6]陈学恂.中国近代教育大事记[M].上海:上海教育出版社,1981.

[7]中央教育科学研究所.中国现代教育大事记[M].北京:教育科学出版社,1988.

[8]李华兴.近代中国百年史辞典[M].杭州:浙江人民出版社,1987.

[9]教育大辞典编纂委员会.教育大辞典:教育心理学(第5卷)[M].上海:上海教育出版社,1990.

[10]教育大辞典编纂委员会.教育大辞典:中国古代教育史(第8卷上)[M].上海:上海教育出版社,1991.

[11]辞海编辑委员会.辞海(缩印本)[M].上海:上海辞书出版社,1980.

三、著作类

[1]艾恺.最后的儒家:梁漱溟与中国现代化的两难[M].南京:江苏人民出版社,2003.

[2]梁培宽.梁漱溟先生纪念文集[M].北京:中国工人出版社,2003.

[3]山东省政协文史资料委员会,邹平县政协文史资料委员会.梁漱溟与山东建设[M].济南:山东人民出版社,1991.

[4](美)费正清.剑桥中华民国史(上卷)[M].北京:社会科学出版社,1998.

[5](美)周策纵.五四运动:现代中国思想革命[M].周子平译.南京:江苏人民出版社,1999.

[6]苗春德.中国近代乡村教育史[M].北京:人民教育出版社,2004.

[7]熊民安,周洪宇.中国近现代教育实验史[M].济南:山东教育出版社,2001.

[8]朱汉国.梁漱溟乡村建设研究[M].太原:山西教育出版社,1996.

[9]马勇.梁漱溟教育思想研究[M].沈阳:辽宁教育出版社,1994.

[10]虞和平.中国现代化历程[M].南京:江苏人民出版社,2001.

[11]徐有礼.30 年代宛西乡村建设模式研究[M].郑州:中州古籍出版社,1999.

[12](美)张信.二十世纪初期中国社会之演变[M].北京:中华书局,2004.

[13]于天命.一代完人彭禹廷先生[M].北京:华夏出版社,2008.

[14]张汝纶.现代中国思想研究[M].上海:上海人民出版社,2001.

[15]郑大华.民国乡村建设运动[M].北京:社会科学文献出版社,2000.

[16]唐宦存,杜林.师足寻迹:记现代新儒家宗师梁漱溟(内部交流本)[M],2003.

[17]刘定祥等.梁漱溟研究集[C].桂林:广西师范大学出版社,1994.

[18]吴洪成,郭丽平.教育开发西南:卢作孚的事业与思想[M].重庆:重庆出版社,2006.

[19]李渊庭,阎秉华.梁漱溟先生年谱[M].桂林:广西师范大学出版社,1991.

[20]金林祥.中国教育思想史(第三卷)[M].上海:华东师范大学出版社,1995.

[21]重庆社会科学院哲学所.文化与人生:梁漱溟先生诞辰 110 周年纪念文集[M].重庆:重庆出版社,2004.

[22]郑大华.梁漱溟与胡适:文化保守主义与西化思潮的比较[M].北京:中华书局,1994.
[23]陈平原,夏晓虹.触摸历史:五四人物与现代中国[M].北京:北京大学出版社,2009.
[24]赵晓玲.卢作孚的梦想与实践[M].成都:四川人民出版社,2002.
[25]刘重来.中国西部乡村建设的先驱者:卢作孚与民国乡村建设研究[M].北京:人民出版社,2007.
[26]孙培青.中国教育史[M].上海:华东师范大学出版社,2009.
[27]王炳照,郭齐家.简明中国教育史[M].北京:北京师范大学出版社,2007.
[28]刘仲华.北京教育史[M].北京:人民出版社,2008.
[29]郑家栋.现代新儒学概论[M].南宁:广西人民出版社,1990.
[30]胡长水,李瑗.横空出世:1935年前的毛泽东[M].北京:中国青年出版社,1993.
[31]马东玉.梁漱溟传[M].北京:东方出版社,1993.
[32]郑大华.梁漱溟学术思想评传[M].北京:北京图书馆出版社,1999.
[33]郑大华.梁漱溟传[M].北京:人民出版社,2001.
[34]郑大华.梁漱溟与现代新儒学[M].北京:文津出版社,1993.
[35]重庆市梁漱溟研究会,重庆市北碚区梁漱溟研究会.仁道承继:纪念梁漱溟诞辰110周年专辑(会刊第6集)(内部交流本),2003.
[36]马勇.梁漱溟评传[M].合肥:安徽人民出版社,1992.
[37]曹跃明.梁漱溟思想研究[M].天津:天津人民出版社,1995.
[38]善峰.梁漱溟社会改造构想研究[M].济南:山东大学出版社,1996.
[39]郭齐勇,龚建平.梁漱溟哲学思想[M].北京:北京大学出版社,2011.
[40]金林祥.思想自由、兼容并包:北京大学大学校长蔡元培[M].济南:山东教育出版社,2004.
[41]汪林东."反面教员"梁漱溟[M].北京:当代中国出版社,2011.
[42]董远骞.教学原理和方法[M].北京:人民教育出版社,1985.
[43]刘宗贤,蔡德贵.当代东方儒学[M].北京:人民出版社,2003.
[44]张书丰.山东教育通史(近现代卷)[M].济南:山东人民出版社,2002.
[45]李华兴.民国教育史[M].上海:上海教育出版社,1997.

[46]许光枨,林浣芬.中国近现代政治思想史[M].南京:南京大学出版社,1990.

[47](丹麦)曹诗弟.文化县:从山东邹平的乡村学校看二十世纪的中国[M].泥安儒译.济南:山东大学出版社,2005.

[48]王雷.近代中国社会教育事业与管理[M].哈尔滨:黑龙江人民出版社,2002.

[49]周积民,郭莹.震荡与冲突:中国早期现代化进程中的思潮和社会[M].北京:商务印书馆,2003.

[50]韩明汉.中国社会学史[M].天津:天津人民出版社,1987.

[51]王先明.中国近代社会文化史续论[M].南京:南开大学出版社,2005.

[52]何晓明.百年忧患:知识分子命运与中国现代化进程[M].北京:东方出版社,1996.

[53](美)艾恺.最后的儒家:梁漱溟与中国现代化的两难[M].王宗昱,冀建中,译.南京:江苏人民出版社,2003.

[54]张汝伦.现代中国思想研究[M].上海:上海人民出版社,2001.

[55]熊明安,周洪宇.中国近现代教育实验史[M].济南:山东教育出版社,2000.

[56]郑大华.梁漱溟学术思想评传[M].北京:北京图书馆出版社,1992.

[57]马勇.末代硕儒:名人笔下的梁漱溟,梁漱溟笔下的名人[M].北京:东方出版中心,1998.

[58](美)艾恺.梁漱溟传[M].郑大华译.长沙:湖南出版社,1988.

[59]梁漱溟.我生有涯愿无尽:梁漱溟自述文录[M].北京:中国人民大学出版社,2004.

[60]梁漱溟.我的努力与反省[M].桂林:漓江出版社,1987.

[61]钟离蒙,杨凤麟.中国现代哲学史资料汇编(第二集第八册)[M].辽宁大学哲学系,1982.

[62]李渊庭,阎秉华.梁漱溟先生年谱[M].桂林:广西师范大学出版社,1991.

[63]董宝良,周洪宇.中国近现代教育思潮与流派[M].北京:人民教育出版社,1997.

[64]佟自光.飞扬与落寞:梁漱溟的孤独思考[M].北京:东方出版社,2006.

[65]金一鸣.教育原理[M].北京:高等教育出版社,2002.

[66]高奇.中国教育史研究:现代分卷[M].上海:华东师范大学出版社,1994.

[67]汪东林.1949年后的梁漱溟[M].北京:当代中国出版社,2007.

[68]马勇.中国圣雄:梁漱溟传[M].石家庄:河北人民出版社,2010.

四、论文类

[1]顾红亮.梁漱溟的教育观念及其意义[J].南方社会科学,2010(1).

[2]李晓.梁漱溟成人教育思想考略[J].河北大学成人教育学院学报,2010(2).

[3]杨孝容."创造新文化、救活旧农村":略论梁漱溟乡村民众教育思想[J].西南民族大学学报(人文社科版),2005(4).

[4]王安华.梁漱溟的中国问题与解决之道:关于其中国问题研究的政治学解读[J].福建论坛(社科教育版),2010(8).

[5]熊春文.以理性复兴中国、以学校组织社会:对梁漱溟乡村建设及乡村教育思想的社会学解读[J].社会,2007,27(3).

[6]熊吕茂.梁漱溟的政教合一思想述评[J].常德师范学院学报(社会科学版),2002(1):57—60.

[7]吴洪成.晏阳初的定县乡村平民教育实验述评[J].临沂师范学院学报,2005(2).

[8]顾红亮.梁漱溟的教育观念及其意义[J].南京社会科学,2010(1).

[9]周良发."生命"的彰显与"我"的挺立:梁漱溟生命本体论探析[J].十堰职业技术学院学报,2011(10).

[10]张文鹏,丁科.梁漱溟的人生情谊教育思想探析[J].西南民族大学学报(人文社科版),2008(8).

[11]马广荣.梁漱溟成人道德教育思想及其启示[J].河北大学成人教育学院学报,2012(3).

[12]晏玉荣.梁漱溟德育思想述略[J].鲁东大学学报(哲学社会科学版),2008(1).

[13]颜芳.梁漱溟的德育思想及其现代启示[J].广西教育学院学报,2010(2).

附录　梁漱溟著述辑佚

河南村治学院组织大纲

第一条　本院为河南省政府设立，直隶于省政府，定名河南村治学院。

第二条　本院宗旨，在研究乡村自治，及一切乡村问题，并培养乡村自治及其他乡村服务人才，以期指导本省乡村自治之完成。

第三条　本院院址，经省政府制定，设于辉县苏门山之百泉。

第四条　本院设院长、副院长各一人，由省政府任命之。院长主持全院院务，副院长襄助院长处理院务，院长不在院时，代理其职务。

第五条　本院设教务长、总务长各一人，由院长聘任之。教务长商承院长、副院长，掌理教务事宜，总务长商承院长、副院长，掌理其他一切事宜。

第六条　本院置办院务办公处，为全院中枢办事机关，以副院长、教务长、总务长合组之，督导事务人员分左列各股办事：(1)教务股。(2)注册股。(3)文书股。(4)会计股。(5)庶务股。

办公处共用事务员八人，由院长委任之，承命办事，其办事细则另订之。

第七条　本院教学，分农村组织训练部、农村师范部二部，并附办村长训练部、农林警察训练部、农业实习部等部，其学则另订之。

前项附办各部，得由院务会议之议决，呈准省政府，增置或简设之。

第八条　本院教学各部，置主任各一人，会同各学科教员，分任指导各该部学生作业事宜。各部作业课程另订之。

第九条　本院置农场，一部为农业改良试验，一部为经济经营，并附办农家副业。设主任一人，技师二人，均由院长聘任之。主任商承院长、副院长，掌理全场常务，技师承主任委托，分任技术事宜，并协助主任分理场务。农业实习部实习生，随同主任、各技师实习技术，并承命办理场中杂务。场内组织章程及办事细则另订之。

农场主任、各技师均兼本院教员，负指导学生作业之责。

第十条　本院置图书馆，设主任一人，由院长聘任之，主管本院图书事宜。助理员二人，由院长委任，承主任命，助理馆中事务。其办事及阅览等规程另订之。

第十一条　本院置医院，设主任一人，又中医师一人，由院长聘任之，主管本院及院外左近乡村医药卫生事宜。助手看护各一人，由院长委任之，承主任命，办理医院各事。

第十二条　本院为商讨院务，特设院务会议，为院长、副院长咨询机关，以院长、副院长、教务长、总务长、各部主任、农场主任、图书馆主任、医院主任及院长特约之教员一人至三人组织之，其会议规程另订之。

第十三条　本院院务办公处，为商决事务、促进事务进行，得召集事务会议，其与议人员，除本处各事务员例当列席外，余由办公处指定通知之。

第十四条　农村组织训练部，关于应办社会调查，巡回讲演，及各种乡村事业之改进运动，由部主任、各教员及学生成立本部指导作业室，分股办事，其组织及办事等章则，由该部提出，经院务会议订定之。

第十五条　农村师范部，在本院左近乡村应办之实验小学，及教育推广等事项，由部主任、各教员及学生成立本部指导作业室，分股办事，其组织及办事等章则，由该部提出，经院务会议订定之。

第十六条　村长训练部、农林警察训练部，于十四条、十五条之乡村社会活动，有应参加者，由该部主任会商农村组织训练部、农村师范部各主任，指导学生会合办理，一同进行，不另立组织。

第十七条　农村组织训练部，农村师范部，为商讨各该部作业进行，及各项设计，得由主任召集各该部务会议，由各该部主任、教员及主任所特约之人员组织，其会议规程另订之。

第十八条　本组织大纲如有未尽事宜，得经院务会议议决，呈请省政府修改之。

第十九条　本组织大纲，自河南省政府批准公布之日施行。①

河南村治学院学则及课程

第一章　部别班级

第一条　本院依组织大纲第七条之规定，分设农村组织训练部、农村师范部二部，附设村长训练部、农林警察训练部、农业实习部三部。

第二条　农村组织训练部，农村师范部，各分设正班及速成班，正班各以修满二年为结业期限，速成班各以修满一年为结业期限。（一）

第三条　村长训练部，以修满六个月为结业期限，农林警察训练部，以修满

①中国人民政治协商会议河南省委员会文史资料研究委员会编：《河南文史资料》第二十辑，豫刊证字第16号，1986年印，第4—7页。

一年为结业期限，农业实习部，不定期结业，但至低限度，不得少于三年。（二）

第四条　各部学生，除农业实习生外，均以三十名为一班，于入学时编定其班级。

［说明］（一）本院不在部订学制系统内，于一般学校班级教学之制度，正宜不再沿用，除农业实习生外，其余以应事实需要，不能不采定期一齐结业办法，遂使资力敏给之学生，不能不为年级所限，又以结业期促，应行修习之学科颇多，虽于一一从容自求，间有须成班讲授者，此亦获打破班级制之一因也。

（二）农业实习生既不定期结业，而又限以至低三年者，因农业生产，每限于自然节候，其技术实习，或有一年只得一度者，故不得更少于三年也。

第二章　入学及试学

第五条　本院除农业实习部外，各部均定为春季始业，每年先于冬季订期举行入学试验其报名手续，试验科目等项，在期前一个月内宣布之。（一）

第六条　农村组织训练部正班、速成班，均以高级中学毕业或具同等学力者，经本院录取，为入学资格。农村师范部速成班之入学资格同前，其正班以初级中学毕业，或具同等学力者，经本院录取，为入学资格。（二）

第七条　村长训练部，以本省各村现任村长，或曾任村长，名誉良好者，由指定各县保送，经本院录取，为入学资格，其保送及甄录办法，于入学期前两个月订定，并宣布之。

第八条　农林警察训练部，以后期小学毕业，或具同等学力者，经本院录取，为入学资格。

第九条　农业实习部实习生，不限定入学资格，凡年力足任农场工作，自粗识文字以上，讫于各种农业学校毕业者，经本院农村主任面试合格后，得院长之许可随时入场实习。

第十条　本院得应外间请求，酌收外省自备资斧前来附学者，不限资格，亦无结业，经院长、副院长得教务长同意而许可入学。其名额不得逾本院现有学生十二分之一。

第十一条　农村组织训练部，农村师范部学生，均定以入学初三个月为试学期，本院于此期间，得就其资性、体质、思想、行为，加以甄别而去留之。（三）

第十二条　农业实习生，定以入学初一个月为试学期，农场主任得视其能耐劳作与否而去留之。

［说明］（一）本院第一届招生，适在冬季，其入学自必以春季为始业，而又限于经费及院舍，最后不能续行招生，则第二届必仍在冬季，以此推沿，故即为

春季始业之规定，以后有扩充机会，或行之不便，当由院务会议更订之。

（二）本院于入学资格，当注意学力程度，不注意学历。以各地学校程度不齐，而一校之中，各人程度亦有差殊，学历上某等级学校毕业之云，实不足据也。又本院于学力程度，悬格亦不高，而颇须年龄等条件，不为某级学校毕业之限则，亦意在广收不同学历之学生。年龄等条件，在推想上似年龄过低，稍于乡村服务不宜，但究竟为何，尚觉难言，故于此不为规定，留待每届招生简章中订定之。

（三）本院期在培养实地服务之才，故于学生之资性、体质、思想、行为，不能不加意，而一度之学试，又未足以知其如何，故特设为试学期之规定，唯村长训练部，肄业期短，农林警察训练部，服务较易，均不适用此项办法，故无其规定。

第三章　在学待遇及结业服务

第十三条　本院学生，除前第十条所规定外省附学者外，一律由院供给膳宿，并每年发给单棉制服各一套，理发沐浴，亦由本院设备。

第十四条　本院教学，注重讨论、研究及实习，其各科间有提纲等，由院编印发给，不征讲义费外，所有参考书籍、笔墨纸张等，该归学生自备。

第十五条　农村组织训练部、农村师范部、村长训练部，各学生修业期满，经本院准予结业者，结业后由本院呈请省政府分派各地方或发交各本县服务。其农林警察部结业学生，酌留本院，余由本院分派或介绍各处服务。各结业学生服务情形，每月须向本院作详细报告，以便考验其成绩而为之指导。

第十六条　本院期在培养地方服务之才，凡学生结业，必须具有解决乡村各种问题之知识能力，及勤劳奋勉之精神，乃副初旨。其有修业期满，而不足以副此者，本院得缓予结业，或不予分派服务。

第十七条　本院结业学生，经分派服务后，如有自行他就者，应追偿其修业期间膳宿服装各费。

第十八条　本院学生，未经结业，中途自请退学者，或因重大过犯开除学籍者，应追偿其修业期间膳宿服装各费。

第十九条　农业实习生，以农业技术实习有成，经本院农场主任认许者为结业，结业后愿在本院服务者，量给薪资，自愿他就者亦听。

农业实习生入场满一年未经结业，而农场主任认为工作成绩优良者，亦得酌给津贴。

第四章　院内公共生活秩序

第二十条　本院教职员，除不在院内住宿者外，本院学生，除农业实习生外，

均应遵守本院所厘订公共生活秩序。(一)

第二十一条　本院以每年一月十日为开学始业期，十二月三十日为学生结业期。在此期间内，公共生活秩序，每日均须遵守，概无寒暑假期，及其他一切例假之规定。但遇国庆日或其他纪念日，仍应举行纪念仪式，由院务办公处先期公告。(二)

第二十二条　每日生活，以昼作夜息，分为二大段。自早五时起，迄晚八时五十分止，为昼作段。晚八时五十分以后，至翌日早五时，为夜息段。届昼作段，鸣钟起床，届夜息段，鸣钟休息，不得后时。

前项起床休息之规定，于每年一月、二月及十一月、十二月四个月内，均各延迟一时，即以早时六时鸣钟起床，晚九时五十分鸣钟休息。

第二十三条　起床后二十分钟，为盥漱时间，随即在礼堂举行朝会，鸣钟齐集，不得后时。

朝会规定三十分钟，自院长以次各教职员，有诰诫勖勉于同人及学生者，于此致词。院务办公处及各部馆院，有应提示或报告于众者，于此致词。时间不足，得延长之。

第二十四条　朝会后在体育场集众，习健身拳术三十分钟。职员不愿参列，得预先声明，既经参列，应逐日到场。学生一律教学习，不得有异。

朝会延长时，即停习拳术一日。

第二十五条　习拳术后二十分钟，在食堂朝餐。午餐应定在正午十二时至一时之间，晚餐应定在晚五时至六时之间。凡本院职员，均须与学生同席共餐，教员得听其便。

第二十六条　自朝餐迄午餐，自午餐迄晚餐，应各划定三小时，自晚餐迄夜息，应划定两小时，计共八小时，为主任或教员指导学生作业期间，由教务长会商各部主任，依第六章课程之规定，编制各该部功课表公表之。

第二十七条　每日晚餐后，以二十分钟为院内各庭舍洒扫清洁时间，划分区域，配定学生人数，同时行之。

第二十八条　每日晚间作业之余，夜息之前，由各部主任指导学生，各作日记，并为阅订，于次日写作日记前发还之。

第二十九条　自早起迄夜息，应有一日公共生活时序表，由院务会议依据二十二条迄二十八条各规定，视节候所宜，教学所便，排定钟点公表之。

第三十条　自院长以次各教职员，有因病、因事于公共生活秩序，不能遵行，或于功课表排定功课缺席者，应于事前向院务办公处声明请假。

第三十一条　各部学生有因病、因事于公共生活秩序不能遵行，或于功课表排定功课缺席者，应于事前向各该部主任请假，但必以下列条件为限：

1.因病者须先经医院主任或中医师诊断，认为有假息之必要。

2.因事者须亲丧等特别事故，经该部主任讯问明白后之认许。

［说明］（一）农业实习生须住宿农场，离院较远，又因农事忙闲不时，自难与各部学生同其秩序。

（二）一般学校之寒暑假期星期例假，实为沿袭西洋人生活习惯，在教育上初无何等意义，识者因已议之。本院在养成乡村人才，于此不合农业社会之习惯，应予矫正，又结业期促，亟须爱惜时光，故决为废除之规定。

第五章　部主任制

第三十二条　本院以各部主任负教育中心责任，依组织大纲第八条之规定，置农村组织训练部主任、农村师范部主任、村长训练部主任、农林警察训练部主任各一人。（一）

于必要时，经院务会议议决，于部主任下，增置班主任，辅助部主任执行其职务。

第三十三条　各部主任对于各该部学生之身心各方面活动，皆负有指导照管之责。凡学生精神之陶铸，学识之培益，身体之保育锻炼等，固自有学科课程分别作业，分别训练，但必得部主任之指导照管为中心乃有所系属。

第三十四条　各部主任应与各该部同学同起居共饮食，除学生课业，别有教员指导，不定须参加外，皆以时常聚处为原则。

第三十五条　各部主任对于学生之教导，要在能事事以身作则，人格感化之。（二）

第三十六条　各部主任对于各该部学生之性情、资质、思想、习惯、家庭环境等，须时加体察而了解之，以为设计施教之所资。又依第二十八条之规定，部主任应逐日查阅学生日记而批改之。（三）

第三十七条　各部主任对于各该部课程之订定，科目之增损，教材之选择，及教学之方法，教育上之设备等，得提出意见或计划于教务长，转送院务会议，筹议进行。其问题较小，或不涉变更成案者，得随时召开各该部部务会议商决之。

第三十八条　各部主任指导学生在本院许可范围内，成立各该部学生自治团，进行自治。凡经本院划归该部自行办理之教务、庶务、卫生等事，及指定之该部指导作业室、宿舍庭除等，均得在各部主任指导监督之下，自行料理之。

第三十九条　本院于学生学行成绩，第于平时考核之，不举行何种定期书面试验，统称学行成绩，亦不设为学业操行之分别。其考核之总评定，以各该部主任所评定者占半数，以各学科教员所评定之汇合平均数占半数。

第四十条　前第十一条规定农村组织训练部、农村师范部学生，以初入学三个月为试学期，于此期间，本院得就其资性、体质、思想、行为，加以甄别而去留之。其甄别方法，以各该部主所具评定报告，经院长、副院长参取各教员意见，复核而定之。

[说明]（一）现在一般学校，类为偏于知识一面的教育，久为世病。本院在造就乡村实地服务人才，苟不能陶铸其吃苦耐劳，奋勇牺牲，而又和平潜抑之精神，而一沿时弊，其贻害于社会者，将更大于寻常，又不独不足以解决乡村问题已也。近年广东省立第一中学，实行班主任制，颇能发生师生间真实关系，增进教育效率。又闻民国八年山西省立国民师范学校，亦曾有类此之制度，甚著成绩。本院今仿其意。

（二）据广州第一中学各班主任任事一年后，其所心得之点，即最忌空说好话。苟犯此病，则一切失败。惟有躬自厚而薄责于人，所以自勉者切，而愿与人共勉之，庶可以成功。

（三）据广州第一中学班主任制试验之结果，逐日批阅学生日记，为极有关系之点。班主任于此，可增进其对于学生之了解，而因宜指导之。学生于此，可时有自己身心之省察注意，至于文思之显著进步，又其余事也。

第六章　课程概要

第四十一条　本院教育以养成实际作事能力为主，所有各部课程，概不出：（一）各种实际问题之讨论、研究及其实习试做；（二）为解决或应付实际问题所必要之知识技能之指授训练；（三）实际作事之精神陶炼。

第四十二条　农村组织训练部之作业课程，大别为五部，如次：

甲、党义之研究，概括《三民主义》《建国大纲》《建国方略》，及其他等目。

乙、乡村服务人才之精神陶炼。

丙、村民自卫之常识及技能之训练，概括自卫问题研究、军事训练、拳术，及其他等目。

丁、农村经济方面之问题研究，概括经济学大意、农业经济信用、生产消费各项合作、簿记社会调查及统计、农业常识及技术、农业制造、农家副业、水利、造林，及其他等目。

戊、农村政治方面之问题研究，概括政治学大意、现行法令、乡村自治组织、地方自治、户籍、土地、公安、风俗改良、卫生、筑路，及其他等目。

第四十三条　农村师范部之作业课程，大别为五部，如次：

甲、党义之研究，概括《三民主义》《建国大纲》《建国方略》，及其他等目。

乙、乡村服务人才之精神陶炼。

丙、村民自卫之常识及技能之训练，概括自卫问题研究、军事训练、拳术，及其他等目。

丁、农村改进之研究，概括农村经济问题、农村自治问题、各项合作、簿记、农业改良、风俗改良，及其他等目。

戊、农村小学教育之问题研究，概括教育原理、教育心理、农村小学各科教材及教法、学校行政及组织、学校教育推广、乡村教育行政，及其他等目。

第四十四条　村长训练部之作业课程，大别为五部，如次：

甲、党义之研究，概括《三民主义》《建国大纲》《建国方略》，及其他等目。

乙、乡村服务人才之精神陶炼。

丙、村民自卫之常识及技能之训练，概括自卫问题研究、军事训练、拳术，及其他等目。

丁、农村经济方面之问题研究。

戊、农村政治方面之问题研究，概括农村自治组织、现行法令、户籍、土地、各项登记、公安、卫生、风俗改良，及其他等目。

第四十五条　农林警察训练部之作业课程，大别为五部，如次：

甲、党义之研究，概括《三民主义》《建国大纲》《建国方略》，及其他等目。

乙、乡村服务人才之精神陶炼。

丙、村民自卫之常识及技术之训练，概括自卫问题研究、军事训练、拳术，及其他等目。

丁、农林知识及技能之训练，概括农艺、森林、园艺、畜产、兽医、蚕桑、病虫害等学科之大意，及其他等目。

戊、农林事业保护方法之训练，概括关于农场林野之巡查、管理、警戒、劝导等事项，又动植物病害之预防扑灭等技术，及其他等目。

第四十六条　依前第二十六条之规定，每日午前午后晚间三段共八小时为作业时间，又二十一条之规定，无星期例假，每周以七日计，应共得作业时间五十六小时。

前项规定之作业时间，凡课程中之讨论研究，讲授，阅读参考书籍，军事训练，野外操演，农业实习，参观旅行，小学试验，乡村调查，及一切乡村活动等皆属之。

第四十七条　农村组织训练部、师范部、村长训练部、农林警察训练部作业课程之五部，其作业时间，在每周中之分配如次（以下略）。

第五十一条　各部作业，类须有较长时间，甚或有不能据定时期者，课表第就午前午后晚间三段，或其半段，配定功课，除极少数之课目外，皆不以一小时为单位，前列各条，每周占若干小时之云，但为约计之概数。

第五十二条　依本院组织大纲第十四条、第十五条之规定，各部主任及教员学生，应成立各该部指导作业室，依院务办公处公表之各该部课表，指导学生作业。

第五十三条　各教员指导学生作业时，得约请其他教员或该部主任，一同参与之，于必要时，并得于课表规定其参加。

[说明](一)一般学校，类偏于知识一面的教育，固为世病，而尤足病者，以讲授注入为方法，即知识亦不能真得是也。又晚世科学发达，科目愈分愈繁，炫夺耳目，而实皆出于一事物上所为多方面之研究，各别讲习，尤有隔碍不通支离破碎之病，故学生自动之说，打破学科界限之说，遂为识者所许，而有教学做合一设计教学法、综合教学法之各种提倡。本院以造就实地服务人才为期，不能不从实际问题之具体研究入手，以开发学生应付环境解决问题之能力。而所有课程，皆为综括数部之规定，亦即此意，其或有当于时贤之所倡导，然固非浮慕时下风气也。

(二)大抵讨论、研究、实习、试作之课目，最好能自由运用其时间，其讲授、训练之课目，则不妨划为一小时行之，甚或半小时亦可，一日之间，以三段或其半段配定功课。

(三)讨论、研究、实习、实做之课目，皆宜于部主任或其他教员之参合指导。

后　记

这本书是应《新课程》杂志社乔彦鹏编辑之约而写的，对于乔编辑的信任和支持以及他所在单位领导的热心提携深表谢意。该书主要用于中小学教育，教师的培训、阅读、拓展之需，当然，对于梁漱溟思想、新儒家哲学、现代教育史以及民国乡村建设运动感兴趣或有感悟的学者、师生群体及相关管理部门人员也有重要参考价值。

根据编辑、策划及出版这套"教育薪火"书系的体例及写作风格要求，重在反映教育家活动、思想及实践事业的闪光内容，不必全面、平均使力以及体系化的整齐完备，行文风格应平实、朴素、生动而富有情节化，避免深奥玄虚的空泛或难以捉摸。我自忖在设计、规划、整理、分析及写作文本过程中已经朝着这一目标努力，但是否符合，恐怕难以蠡测，且有一定距离。这或许除了自身在高校任教职 20 余年以来，受职业及工作方式的特点与惯性影响之外，与这位评述主人公梁漱溟的角色担当、著作言论风格以及活动事业表现方式更有紧密的相关度。另外，多位研究生参与配合写作使所呈现的文本表述差异性极大，虽经我统稿、文字加工及润色，仍有参差及多样化。这是需要编辑，尤其是广大读者多予体谅的。

梁漱溟是现代新儒家代表，思想内容之复杂、经历人生之丰富、社会影响之广泛都令人叹为观止，而以这三维考察，会惊讶地发现，其在现代思想文化史、哲学史、教育史等多领域，乃至整个当代中国社会史中都拥有一流的历史地位，其人生思想及业绩成就备受关注，因故也就为研究者所瞩目与投入。因此，在相关学术专业论著中均有梁漱溟的内容，各类研究探讨论著十分丰富多样。这一方面为我们的设计及写作提供了丰厚的资源，登高而望远，更上一层楼也有了凭依或台阶。但与此同时，也是更为棘手的挑战，就是如何突破和创新，这是艰难困苦的，也是非做出努力不可的。以我为首的小团队对此十分清醒，因此，在研究计划编订及操作过程中力图从教育学科和教育实验与改革层面及视阈加以把握与解读，这与当下的哲学、社会学、政治学为主的探究路向与著述文本相较便有了明显的特色，体现出我们独到的构思及创意，恰好符合当今中小学教师及教育学界同仁，尤其专业师生的需求。当然，其中存在的不足与困惑依然不少，我自忖已经尽力，相信读者也会有所认识，还望包涵见谅的同时，多予中肯批评，我们虚心接受。不过，本书仍期盼着对“梁学”工程有所贡献，并对中国现代教育理论与历史，尤其是当代农村教育改革有所裨益，如果有这方面的些许成效，我们的一年多的辛劳也就如愿以偿，内心自然会生发出几丝释然宽慰的心绪了。

本书的写作提纲、思路及主要论点取向均由我思考而确立，本想独立完成，但课题项目难度系数超出想象，而我自己在教学、科研、研究生培养等繁重任务进展的同时，身受长期以来工作劳顿兼豪饮贪杯双管齐下的疾患折磨，已濒于身心俱疲，形神如枯槁，机体几若油灯耗尽的状态，实无力实现初衷。于是，便约请了数位所指导的硕士研究生襄助，当然，这也是专业培养训练研究生的一种方式，是有助于他们的学术提升和能力发展的。这里应将具体合作方式加以说明：全书引言和第一、二、三、六章及结语由吴洪成（河北大学教育学院教授）独立撰写；第四章由吴洪成、王彤（河北大学教育学院教育史专业硕士研究生）合写；第五章由姜柏强（原河北大学教育学院教育史专业硕士研究生，现为北京师范大学教育学部教育史专业博士研究生）、吴洪成合写；第七、八章由吴洪成、宋云青（河北大学教育学院教育史专业硕士研究生）合写，其中第七章第一节由吴洪成、黄利芬（河北大学教育学院教育学原理专业研究生）合写；第九章由吴洪成、许娟（河北大学教育学院教育史专业硕士研究生）合写；第十章第一节由吴洪成、李阳阳（河北大学教育学院教育史专业硕士研究生）合写，第二节由吴洪成、黄利芬合写，第三节由吴洪成、张素雅（河北大学教育学院教育学原理专业硕士研究生）合写；第十一章第一节由黄利芬、吴洪成合写，第二、三节由吴洪成、兰丽燕（河北大学教育学院教育学原理专业硕士研究生）合写。全书的统稿、修改及文字润色由吴洪成完成，姜柏强同学配合主撰者做了许多技术及专业修订方面的工作。上述可知，该著是师生合作、彼此讨论、沟通交流的产物。作为主持者，对诸位年轻学子费心劳力、不计得失、辛苦奉献的付出及精神深表谢忱。燕赵学子的勤勉、智慧以及无私达观，不是从中得到了生动而周详的体现了吗？

书稿虽然交出，但对梁漱溟教育学的探索是无止境的，其中的不足及遗憾在后续的生涯中有机会仍要补正及提升，以有裨于完成更为充实、丰满的该学术领域成果，但愿这一愫情愿景不致落空，也别太遥远。

吴洪成笔于京南门户、华北重镇之河北保定